대학입시
핵심전략
2022

대학입시 핵심전략 2022

초판 1쇄 2019년 12월 4일
2판 1쇄 2021년 1월 29일
지은이 김기석 | **편집** 북지육림 | **본문디자인** 운용 | **제작** 제이오
펴낸곳 지노 | **펴낸이** 도진호, 조소진 | **출판신고** 제2019-000277호
주소 서울특별시 마포구 월드컵북로 400, 5층 19호
전화 070-4156-7770 | **팩스** 031-629-6577 | **이메일** jinopress@gmail.com

© 김기석, 2019
ISBN 979-11-90282-17-8 (43370)

대학입시
핵심전략

— 1-9등급 성적별 입시정보 —

2022

— 합격을 위한 입시전략 세우는 법 —

김기석 지음

INNOPRESS

들어가는 글

'입시는 모두가 명문 대학에 가는 것이 불가능한 상대평가 시스템이다.'

대학별 정원이 정해져 있고
그래서 모두가 원하는 대로 대학을 갈 수 없고
상위권 대학을 가지 못하는 학생이 대부분인데
다들 상위권 입시에 대한 이야기만 하고 있다.

수능의 일부 과목에는 절대평가가 도입되었고
내신에도 절대평가를 도입하려는 움직임이 있다.

하지만 어떠한 제도를 도입한다 해도
입시가 일정한 기준으로
학생을 줄 세운다는 사실은 변하지 않는다.

열심히 노력한다면 '누구나' 1등급이 될 수 있지만
열심히 노력한다고 '모두가' 1등급이 될 수 없는

상대평가 입시제도 속에서

상위권 학생들에게만 해당하는
'반 쪽도 안 되는 입시정보와 전략'이 아니라

상위권부터 하위권, 1~9등급 모든 학생을 위한
'진짜 입시정보와 전략'을 이 책에 담았다.

우리 주변의 평범한 학생들을 위해.

입시는 1~9등급 모든 학생에게 가장 중요한 이슈다

입시가 인생의 모든 것을 결정짓는 것은 아니다. 인생 전체를 놓고 보면 큰 이슈는 아닐 수 있다. 하지만 학생 시절에 가장 중요한 이슈는 입시이며 그 결과가 학생들의 인생에 큰 영향을 미치는 것은 부인할 수 없다. 그래서 대한민국의 교육도 입시를 중심으로 돌아가고 있다.

입시의 영향력은 상위권 학생들에게만 미치는 것이 아니다. 1등급부터 9등급까지 모든 학생의 인생에 입시는 큰 영향을 준다. 그래서 입시는 1등급부터 9등급까지 모든 학생에게 중요하다.

하지만 모두가 상위권 입시에만 집중하는 것이 현실이다

성적에 상관없이 모든 학생에게 중요한 입시지만 우리가 현실에서 접하는 입시 관련 내용은 모두 상위권에 집중되어 있다. 정부, 언론, 공교육, 사교육 모두가 상위권 입시에만 관심을 가지고 있다. 그래서 대부분 학생과 학부모는 상위권 입시에만 해당하는 내용을 마치 입시의 전부인 것처럼 느낀다.

정보가 생명인 입시, 입시정보마저 상위권에 집중되어 있다

입시에서 정보는 생명이라는 표현을 심심찮게 접한다. 입시 제도가 복잡한 데다 매해 변하기 때문에, 정보와 그에 기반을 둔 전략은 그런 표현을 쓸 만큼 중요하다. 하지만 문제는 입시정보마저 상위권에 집중되어 있다는 것이다. 중하위권 학생의 수가 상위권의 3배가 넘는다는 것을 고려하면 어이가 없는 현실이다.

입시를 위해 정보와 전략이 필요할 때 가장 먼저 떠올리는 것이 바로 입시설명회다. 그런데 막상 입시설명회에 가보면, 그 내용은 항상 의대, 'SKY'로부터 시작해 '인서울' 대학의 입시전략으로 마무리된다. 중하위권 학생과 학부모는 자신과 전혀 상관없는 상위권의 입시정보만 듣고 허탈감만 느낀다. 입시설명회라면 모든 학생을 위한 입시전략이 있어야 한다. 그런데 실제 현장에서 만나는 입시전략은 상위권 학생만을 위한 반 쪽도 안 되는 입시전략이다.

입시설명회 내용

〈의·치·한 ⇨ SKY ⇨ … ⇨ 인서울 대학〉의 입시

입시설명회(X)

상위권 입시설명회(O)

1등급부터 9등급까지 모든 학생이
자신에게 적합한 입시정보와 전략이 필요하다

상위권 입시와 중하위권 입시는 많이 다르다. 일단 전형별 모집 비율부터 차이가 크다. 그리고 똑같은 전형이라고 해도 전형요소별로 적용 방법이 완전히 다르다. 똑같은 학생부와 수능 성적을 사용하지만 다른 전형이라고 봐야 한다. 그래서 상위권 입시에서는 유효했던 정보와 전략을 중하위권 입시에 그대로 적용하면 잘못된 방향으로 가게 되는 경우가 많다. 자신에게 맞지 않는 잘못된 전략으로 준비했다가 지원할 때가 되어서야 문제를 깨닫는 경우를 흔히 볼 수 있다.

자신의 성적, 상황과 목표에 적합한 정보와 전략이 필요한데, 실제 접할 수 있는 정보는 모두 상위권에 편중되어 있기 때문에 벌어지는 현상이다. 어쩔 수 없이 몸에 맞지 않는 옷을 입고 있는 것과 같다. 입시는 상위권 학생들에게만 중요한 것이 아니다. 상위권이 아닌 학생들도 자신에게 적합한 입시정보와 전략이 필요하다.

모든 학생을 위한 입시정보와 전략을 찾기 위한 노력

모두에게 입시정보가 필요하지만, 상위권만을 위한 입시정보만 존재하는 현실 속에서 맵스터디는 '1~9등급 모두를 위한 진짜 입시정보와 전략'을 찾기 위한 연구를 지속해왔다.

입시제도가 복잡한 이유는 대학교의 수가 너무 많고 그 대학마다 각기 다른 방법으로 학생을 선발하기 때문이다. 모든 학생을 위한 입시정보와 전략을 연구하기 위해서는 331개 정도 되는 전국의 4년제 대학과 전문대의 입시요강과 입시 결과를 매년 정리해야 한다. 분석해야 할 입시 요강만 해도 수시와 정시, 총 700개 정도이며 이에 더해 입시 결과까지 비교하고 정리해야 입시에 대한 전체적인 그림을 그려볼 수 있다. 또 입시 요강이 매년 변하므로 수많은 데이터와 매년 반복해서 싸워야 한다.

많은 시간과 노력이 투자된 연구, 그리고 이를 바탕으로 한 실전 상담 경험을 통해 상위권만을 위한 반쪽 입시전략이 아닌 1등급부터 9등급까지 모든 학생의 개인별 상황에 맞춘 진짜 입시정보와 전략을 제공할 수 있게 되었다.

제대로 된 입시정보는 학생의 인생을 바꾼다

학생의 시기에 가장 중요한 것은 입시다. 학생들도 알고 있다. 하지만 입시의 중요성을 강조하고 싶다면 학생들에게 적절한 입시정보도 함께 주어야 한다. '열심히 공부하면 1등급이 가능하다', '상위권 대학에 가기 위해 열심히 공부해야 한다.' 등의 막연하고도 강압적인 메시지는 학생들에게 잔소리로 느껴질 뿐이다.

자신에게 필요한, 제대로 된 입시정보를 접하고 이해하게 되면 자연스럽게 최적의 입시전략이 수립된다. 구체적인 목표가 생기고 공부의 우선순위도 자연스럽게 깨닫는다. 그 결과로 공부에 의욕이 생기고 인생이 바뀔 수 있다.

더 많은 학생에게 진짜 입시정보를 주기 위해 노력하고 있지만 컨설팅과 입시설명회 같은 직접적인 방법만으로 입시정보를 전달하는 데는 한계가 있다. 그래서 매년 책을 통해 1등급부터 9등급까지 모든 학생을 위한 '진짜' 입시에 대한 이야기를 해오고 있다.

매년 바뀌는 입시제도에 맞춰서 내용을 수정하는 작업이 만만치 않다. 전달하고 싶은 정보는 많은데 한정된 분량이 있어서 매년 아쉽다. 그래도 현 입시제도에서 가장 핵심적인 내용은 모두 정리해 담았다.

정보와 전략의 부재로 입시에서 방향성을 잃은 학생들이 많다. 그로 인해 학창시절을 의미 없이 보내고 있는 학생들에게 도움을 주고자 이 책을 썼다. 이 책은 학생 한 명 한 명에게 정답을 알려주는 책이 아니라 입시전략 기본지침서다. 워낙 입시가 방대하기 때문에 책 한 권을 통해서 모든 학생에게 적절한 입시전략을 제시할 수는 없다. 하지만 독자 자신에게 필요한 입시정보가 어떤 것인지 그리고 어떻게 입시전략을 세워야 할지 그 방향은 충분히 제시해줄 수 있다.

차례

3부. 2015 개정교육과정 도입, 입시는 어떻게 달라지나?

4부. 입시전략 수립 방법 & 입시컨설팅

5부. 상황별, 성적별 입시컨설팅 사례

6부. 입시 관련 Tip과 Q & A

1부

대학입시,
이것부터
알고 가자!

01

〈줄 세우기〉
– 부인할 수 없는 입시의 본질

입시의 본질

입시의 본질을 한마디로 요약하면 '줄 세우기'라고 할 수 있다. 입시는 대학교마다 각기 다른 방법으로 학생들에게 점수를 부여한 뒤 그 점수의 순서대로 학생들을 줄을 세운 다음, 줄의 앞쪽에 서 있는 점수가 높은 학생을 선발하는 것이다. 정해져 있는 모집 인원보다 입학을 원하는 학생이 많다면 경쟁은 필연적으로 발생한다. 학생을 선발하는 대학교 입장에서는 지원자 중에서 자신들이 원하는 학생을 뽑기 위해 기준을 만들고 줄을 세울 수밖에 없다.

입시 = 줄 세우기

학생부 종합 전형의 도입, 수능 일부 영역의 절대평가 도입 등을 예시로 들며 우리나라 입시가 서열화에서 조금씩 벗어나고 있다는 일부의 의견도 있다. 단순했던 이전 입시와 비교해보면 다양한 전형 방법이 생긴 것도 사실이다. 하지만 그 새롭게 생긴 전형 방법 또한 줄 세우는 방법에서 차이가 있을 뿐 입시의 본질이 '줄 세우기'라는 것을 벗어난 것은 아니다. 그럼 대학교는 과연 어떤 기준과 방법을 가지고 수험생들을 줄을 세울까?

'줄 세우기'의 방법과 기준, 입시요강과 전형

입시요강은 '줄 세우기'의 방법과 기준에 대해 자세히 정리해놓은 것이다. 전국 331개 대학교(4년제+전문대)가 각자 다른 입시요강을 가지고 있다. 학교마다 줄 세우는 방법이 다르다는 것이다. 게다가 매년 바뀐다. 매년 줄 세우는 방법이 조금씩 달라진다는 것이다.

하나의 대학교에서 하나의 방법과 기준으로만 학생들을 줄 세우는 것은 아니다. 대학마다 여러 개의 다른 기준으로 학생들에게 점수를 부여하며 여러 줄을 만들고 있다. 그 줄 하나하나를 전형이라고 한다. 입시요강은 대학이 가진 다양한 전형을 설명해놓은 것이다.

∨ 중앙대학교 2022 요강(전형 계획)의 목차 일부

(출처: 2022 중앙대학교 전형 계획)

I. 수시모집 전형안내
1. 학생부교과(지역균형전형)
2. 학생부종합(다빈치형인재전형)
3. 학생부종합(탐구형인재전형)
4. 학생부종합(SW인재전형)
5. 학생부종합(사회통합전형)

6. 학생부종합(고른기회전형)

7. 논술(논술전형)

8. 실기 / 실적(실기형전형)

9. 실기 / 실적(특기형전형)

II. 정시모집 전형안내

1. 수능(일반전형)

2. 수능(실기형전형)

3. 실기 / 실적(실기형전형)

4. 수능(고른기회-특성화고교졸업자전형)

5. 수능(고른기회-농어촌학생, 기초생활수급자 및 차상위계층전형)

6. 학생부종합(고른기회-특성화고졸재직자전형)

중앙대의 요강에서 확인할 수 있는 것처럼, 하나의 대학교 내에서도 다양한 전형이 있으며 그 전형마다 학생들을 평가하는 주요 기준이 다르다. 그 기준은 내신 또는 수능 성적일 수도 있고, 논술일 수도 있다. 그 이외에도 다양한 기준을 가진 전형들이 존재한다. 입시는 그 각각의 전형마다 고유의 기준을 가지고 학생들에게 점수를 부여하고 그 점수대로 줄을 세워서 그 줄의 앞에 선 학생을 선발하는 것이다.

입시 대비는 전형의 기준에 맞추어서 해야 한다

입시는 그냥 무작정 공부를 열심히 하는 학생을 선발하는 것이 아니다. 입시에 대한 이해와 정보 없이 무계획으로 공부한다면 정말 무모한 일이다. 한 대학에서 야구 선수 선발 테스트를 한다고 하자. 축구 선수 손흥민이 지원한 다면 합격할 수 있을까? 결과는 당연히 불합격일 것이다. 손흥민은 뛰어난 재능에 노력까지 더해진, 운동을 잘하는 선수임이 분명하다. 하지만 야구 선수 선발 테스트는 손흥민이 잘하는 운동인 축구가 아니라 야구 실력으로 선발한다. 손흥민이 좋은 성적을 받을 수 있을 리가 없다. 야구 선수가 되기를 원한다면 공을 차면서 보낸 시간과 땀은 낭비일 뿐이다.

입시도 마찬가지이다. 대학이 입시를 통해 공부를 열심히 하고 잘하는 학생을 선발한다는 것은 틀린 이야기는 아니다. 그런데 어떤 학생이 얼마나 열심히 하고 잘하는지 대학은 어떻게 평가할까? 그 평가를 위해 대학은 각 전형마다 다른 평가 기준을 두고 있다. 그 기준에 걸맞은 학생이 그 전형에서는 공부를 잘하는 학생이며, 기준에 따른 점수 획득에 도움이 되지 않는 공부를 하는 데 투자된 시간은 낭비일 뿐이다.

따라서 학생 자신에게 유리한 평가 기준을 가진 전형을 찾고 그에 맞춰 공부를 열심히 해야 한다. 입시까지 주어진 시간은 제한되어 있다. 내신, 수능, 논술, 학생부 비교과, 면접 등 입시의 다양한 평가 기준을 모두 완벽히 대비하는 것은 상위권 학생들에게도 어려우며 중하위권 학생에게는 불가능할 것이다. 그래서 자신에게 가장 유리하게 적용되는 전형을 찾아야 한다. 그리고 그 전형에 대한 대비를 집중적으로 하는 것이 가장 효율적인 입시전략이다. 입시 준비의 우선순위를 정해야 하는 것이다. 이것저것 모든 전형을 다 대비하려다가는 어떤 전형에서도 높은 점수를 받을 수 없다. 먼저 자신에게 유리한 전형을 찾고 남아 있는 한정된 기간 동안 그 전형 위주로 입시 대비를 해야 한다.

많아도 너무 많은 입시 전형의 수

입시에서 좋은 결과를 얻으려면 다양한 전형들 속에서 자신에게 유리한 전형을 찾아야 하는데 수험생이 입시에서 마주할 전형의 수는 과연 얼마나 될까?

전형의 수를 세는 방법에 여러 가지 이견이 있을 수 있다. 객관성을 확보하기 위해 전형의 수에 대한 논란이 있었던 2015년 입시에서 한국 대학교육협의회(대교협)가 공식적으로 인정한 전형 방법의 수를 살펴보자. 대교협에서 밝힌 2015년 입시 전형 방법의 수는 892개이며, 2014년에는 1,454개였다. 2015년 후에는 공식적으로 전형의 수를 집계하지 않았으나 2015년 입시와 그 후의 입시는 전형별 선발 인원의 조정이 있었을 뿐 전형의 수는 큰 차이가 없어 보인다. 대교협이 밝힌 892라는 숫자는 농어촌학생 전형 등 정원 외 전형과 예체능 계열의 전형을 빼고 산출한 것이다. 그리고 일반전형 안에서도 과목별 반영 비율이 다양하기 때문에 실제 수험생이 체감하는 전형의 숫자는 892개보다 훨씬 많다.

이 정도 숫자도 이미 수험생이 감당하기 어렵지만 여기서 끝나지 않는다. 대학 입시는 전문대까지 포함해서 생각해야 한다. 4년제 대학이 2022년 입시에서 346,553명을 모집할 때 전문대도 198,458명을 모집한다(대입전형 시행 계획 기준). 대학에 진학하는 전체 학생의 36.41%가 전문대로 진학하게 되며, 전문대의 다양한 전형들까지 수험생을 기다리고 있다. 대한민국 수험생들은 이렇게 많은 전형 속에서 자신에게 적합한 전형을 찾아서 지원해야 한다.

입시정보의 중요성

수많은 입시 전형들 가운데 유리한 전형을 찾기 위해 필요한 것이 입시정보다. 우선 각 전형이 어떻게 이루어지는지 전형에 대한 정보가 있어야 유리한 전형을 찾고 입시전략을 세울 수 있다. 전형 분석은 입시정보에서 가장 중요하다.

하지만 전형을 분석하고 자신에게 적합한 전형을 찾는 것만으로는 충분한 입시정보라고 할 수 없다. 아무리 유리한 전형이라고 하더라도 자신의 성적이 그 대학에 지원 가능한 수준인지 점검이 필요하다. 간단한 예를 들어보자. 영어가 3등급이고 다른 과목이 모두 5등급인 수험생은 다른 과목에 비해 영어를 제일 잘하는 학생이다. 그렇다면 영어의 반영 비율이 높은 전형을 가진 학교를 찾아 지원하는 것이 가장 유리하다. 하지만 그 성적으로 서울 명문 대학의 영어 반영 비율이 높은 학과에는 지원할 수 없다. 전형 자체의 유불리뿐 아니라 합격 가능성까지 고려해서 지원해야 한다.

입시 결과 분석의 어려움

합격 가능성을 파악하는 데 가장 좋은 자료는 지난 입시 결과이다. 하지만 지난 입시 결과 분석은 입시요강을 통해 전형을 분석하는 것보다 더 어렵다. 일단 상위권 대학은 입시 결과를 공개하지 않는 학교가 많다. 중하위권 대학은 입시 결과를 대부분 공개하지만 그 결과를 해석하기가 어렵다. 용인대학교의 2020 정시 입시 결과를 보자.

∨ 용인대학교 2020 정시 입시 결과

(출처: 용인대학교 홈페이지)

학과	내신등급			수능백분위		
	최고	평균	최저	최고	평균	최저
경영학과	2.3	3.0	3.5	85.1	79.8	76.0
문화관광학과	2.6	3.5	5.2	79.1	75.6	69.4
경찰행정학과	1.3	2.1	2.8	89.6	87.7	85.9
중국학과	2.7	3.2	4.5	84.1	78.4	76.4
영어과	2.3	3.1	4.6	86.3	79.7	74.5
산업환경보건학과	2.7	3.4	5.0	87.0	78.1	76.2
환경학과	2.7	3.5	4.2	81.5	75.3	71.9
컴퓨터과학과	2.3	3.3	5.2	86.4	79.9	72.4
생명과학과	2.7	3.5	4.5	82.8	77.5	70.4
식품영양학과	2.3	3.2	4.3	86.5	78.8	75.4
물리치료학과	2.0	2.9	4.3	89.8	86.3	84.3

　　용인대 정시 입시 결과에 나와 있는 숫자들의 의미를 온전히 파악하기는 결코 쉽지 않다. 내신 등급의 기준도 명확하지 않으며 수능의 영역별 반영 비율과 영어 등급별 환산 점수도 이 자료만 보아서는 알 수 없다. 용인대의 2020년 정시 입시요강을 살펴보고 분석해야 저 숫자들의 의미를 알 수 있다. 그 의미를 파악하고 자신의 성적을 동일한 기준에 대입해 보아야 합격 가능성을 제대로 예측해볼 수 있다. 단순히 대학이 공개한 입시 결과만 보고 자신의 합격 가능성을 예측하기는 어렵다. 그래서 다들 입시가 어렵고 복잡하다고 느낀다.

어려운 입시, 그래서 입시정보가 더 중요하다

살펴본 것처럼 대한민국의 입시는 어렵다. 우선 그 수많은 전형 가운데 자신에게 유리한 전형을 찾기가 어렵다. 입시요강 하나를 분석하기도 어려운 학생과 학부모가 수많은 학교의 입시요강을 분석하고 비교한다는 것은 불가능에 가깝다. 지난 입시 결과 분석은 요강 분석보다 더 어렵다. 작년의 요강을 분석해야 하고, 학교가 어떤 기준으로 입시 결과를 발표했는지까지 정확히 파악해야 한다. 또 작년과 올해의 선발 방식에 차이가 있는지 확인하고 변화가 있다면 그 영향력까지 감안해야 한다. 제대로 된 조사와 분석이 불가능해 보일 정도로 어려워 보인다.

하지만 입시가 어렵다고 대책 없이 시간을 보낼 수는 없다. 복잡한 입시의 모든 것을 알 수는 없지만 최소한의 정보는 꼭 필요하다. 그리고 입시정보가 다른 경쟁자들에 비해 많으면 많을수록 훨씬 유리한 고지를 점할 수 있다. 방향성 없이 무작정 공부만 해서는 입시에서 좋은 결과를 얻을 수 없다. 입시정보와 전략에 시간을 투자하는 것은 선택이 아닌 필수다.

02

〈3등급〉
- 상위권과 중하위권 구분의 기준

우리 입시는 수험생들을 성적에 따라 상위권과 중하위권, 두 그룹으로 나누고 모든 관심을 상위권에만 집중시키고 있다. 입시제도 또한 그 두 그룹에서 큰 차이를 보인다. 상위권 또는 중하위권이라는 표현은 누구에게나 익숙한 표현일 것이다. 그런데 도대체 어디까지가 상위권이고 어디부터가 중하위권일까? 그 기준에 대해 알 필요가 있다.

상위권과 중하위권을 구분하는 공식적인 기준은 없다. 그 기준이 존재한다는 것만으로도 서열화를 인정하는 것이기 때문에 교육부의 입장에서 기준을 제시할 수 없다. 하지만 맵스터디는 그 기준을 3등급으로 보고 3등급을 기준으로 상위권과 중하위권을 나누고 있다. 3등급의 커트라인은 백분위 23%이다. 학생 100명 중에서 23등까지는 상위권, 나머지 학생은 중하위권으로 본다.

━ 상위권(1~3등급) ━━━━━━━━━━ 중하위권(4~9등급) ━━━━━━━

느슨해 보이는 기준, 3등급

3등급이라는 기준이 느슨해 보일 수 있다. 소위 얘기하는 명문대에 합격할 정도는 되어야 상위권 학생이라고 할 수 있는 것이 아니냐고 생각할 수 있다. 이름만 대면 누구나 아는 그런 대학은 갈 수 있어야 상위권이라고 생각하는 사람들이 많다. 그래서 상위 23%의 3등급이라는 기준이 느슨하다는 것이다.

하지만 그런 생각을 하는 사람들에게 되묻고 싶다. 학생이 10명 있는데, 그중 2등인 학생을 상위권이 아니라고 할 수 있을까? 누구나 알 정도의 지명도를 가진 대학들은 상위 10%의 학생들도 입학을 장담하기 어려운 학교들이다. 그 기준대로라면 상위권은 10명 중 1명, 중하위권은 10명 중 9명이 되어버린다. 10명 중에서 2등까지 중하위권이라는 딱지를 달아주는 것은 너무 가혹하다. 그 학생은 상위권으로 분류하는 것이 옳다. 대분류에서까지 그 학생들을 중하위권으로 만들어서는 안 된다.

인서울 대학에 진학 가능한 수준, 3등급

인서울 대학을 서울에 있는 4년제 종합대학이라고 하면 일반적으로 3등급 이내를 그 대학에 지원 가능한 최저 성적으로 본다. 인서울 대학 중 입시 결과가 낮은 편인 상명대학교의 2020년 수시 입시 결과를 보자.

∨ 상명대학교(서울), 2020학년도 수시 입시 결과(학생부 교과 우수자전형)

(출처: 상명대학교 홈페이지)

모집단위		2020	
		평균	표준편차
인문콘텐츠학부	역사콘텐츠전공	2.33	0.11
	지적재산권전공	2.62	0.38
	문헌정보학전공	2.27	0.12
공간환경학부		2.48	0.12
공공인재학부		2.33	0.11
가족복지학과		2.39	0.14
경제금융학부		2.31	0.18
경영학부		2.11	0.22
글로벌경영학과		2.37	0.12
SW융합학부	휴먼지능정보공학전공	2.74	0.17
	컴퓨터과학전공	2.62	0.23
	게임전공	2.97	0.71
	애니메이션전공	2.46	0.31
	한일문화콘텐츠전공	2.70	0.05
전기전자공학부	전기공학전공	2.54	0.08
	융합전자공학전공	2.30	0.38
생명화학공학부	생명공학전공	2.05	0.15
	화학에너지공학전공	2.47	0.18
	화공신소재전공	2.52	0.04
외식의류학부	식품영양학전공	2.59	0.01
	의류학전공	2.50	0.22

최종합격자의 평균 등급이 대략 2등급 중반 정도이다. 커트라인을 정확히 발표하지는 않았고 학과에 따라 다르겠지만 대략 3등급 내외의 학생들에게까지 합격의 가능성이 주어졌을 것으로 보인다. 학교와 학과마다 그리고 각 대학의 전형마다 입시 결과는 조금씩 다르지만 3등급이라는 기준을 인서울 대학 입학의 일반적 합격선으로 보아도 무리는 없을 것이다. 입시 관계자들의 일반적인 인식 또한 3등급이 인서울 대학 합격의 경계선이다.

이처럼 인서울 대학교에 합격이 가능한 성적 수준을 3등급까지라고 한다면, (3등급의 기준은 백분위로 23%까지이니) 전체 수험생 가운데서 비율상 100명 중 23명이 3등급 이내의 학생이다. 대략 4명 중 1명 정도로 볼 수 있다. 3등급 안에 들려면 4명 중 1등을 해야 하는데, 그게 쉬운 것이 아니다. 한국 사회가 생각하는 상위권의 기준은 너무 높은 경향이 있다. 크게 분류를 할 때, 이 정도까지는 상위권이라고 인정해주어야 한다. '3등급까지를 상위권으로 나머지를 중하위권으로.' 맵스터디는 애매한 상위권과 중하위권을 이렇게 분류한다.

상위권의 3배 이상이지만 소외받는 중하위권의 입시

대한민국 입시의 주요 관심 대상은 3등급 이내의 상위권 입시이다. 정부의 정책도, 언론의 호들갑도, 학교의 입시 실적도, 사교육의 주요 시장도 이 3등급 이내의 입시에 집중되어 있다. 그래서 학생과 학부모가 접할 수 있는 입시정보도 대부분 4명 중 1명인 상위권 학생들에게만 해당하는 내용이다.

입시정보는 1등급부터 9등급까지 모든 학생에게 필요한데, 전체의 23%밖에 되지 않는 1등급부터 3등급까지의 학생들만 입시정보를 얻을 수 있는 것이다. 정작 다수인 나머지 77%의 중하위권 학생들에게는 어떤 방법으로든 열심히 해서 4명 중 1명 안에, 즉 나머지 3명을 제치고 상위권에 들라고 얘기하고 있다. 모두가 열심히 한다고 해도 '줄 세우기'인 입시에서 모두가 앞에 설 수는 없다. 그래서 대한민국 수험생 4분의 3이 입시정보에 갈급한 상황이다.

03

9등급 제도의 이해
- 3.8등급은 반에서 몇 등일까?

입시에서 쓰이는 9개의 등급은 '줄 세우기'인 입시의 기본적인 기준이다. 이 9등급 제도는 확실하게 이해해야 한다. 그래야 상위권과 중하위권의 기준을 명확히 알 수 있다. 먼저 간단한 OX 퀴즈를 풀어보자.

Q: 고등학교 내신평가에 사용하는 등급은 1~9등급까지 9개이다.
그럼 5등급인 학생은 9명 중 1명이다.

정답은 O일까, X일까? 의외로 많은 학생과 학부모가 기본 중에 기본이라고 할 수 있는 9등급 제도에 대한 이해가 부족하다. 가장 많이 착각하는 것이 9개의 등급별 비율이 같다고 생각하는 것이다. 다음은 등급에 따른 백분위를 정리한 표이다.

∨ 등급 백분위 기준표

등급	백분위	100명 중 등수	100명 중
1등급	0 ~ 4%	1등 ~ 4등	4명
2등급	4.01 ~ 11%	5등 ~ 11등	7명
3등급	11.01 ~ 23%	12등 ~ 23등	12명
4등급	23.01 ~ 40%	24등 ~ 40등	17명
5등급	40.01 ~ 60%	41등 ~ 60등	20명
6등급	60.01 ~ 77%	61등 ~ 77등	17명
7등급	77.01 ~ 89%	78등 ~ 89등	12명
8등급	89.01 ~ 96%	90등 ~ 96등	7명
9등급	96.01 ~ 100%	97등 ~ 100등	4명

표의 제일 오른쪽을 보면 100명의 학생 중 그 등급에 해당하는 학생의 비율이 얼마나 되는지 알 수 있다. 등급별 비율은 동일한 것이 아니라 각 등급마다 다르다. 아래의 그림에서 각 등급마다의 면적을 그 등급이 차지하는 비율로 보면 이해가 훨씬 쉽다.

∨ 등급별 차지 비율

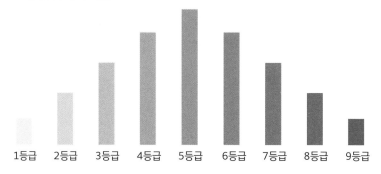

OX 퀴즈의 정답은 당연히 X다. 5등급의 학생은 100명 중 20명, 즉 5명 중 1명으로 9개의 등급 중 가장 높은 비율을 차지한다.

주변에 1등급은 있는데 9등급은 없다. 왜 그럴까?

"너도 5등급이야? 신기하게 내 주변에는 5등급이 많네."

이런 얘기를 하는 학생들을 흔히 볼 수 있다. 그런데 그건 신기한 것이 아니라 당연한 것이다. 등급 제도가 그런 시스템을 가지고 있다. 4~6등급인 학생이 전체의 54%로 절반이 넘는다. 2명 중 1명 이상이 4~6등급이다. 그리고 1등급과 9등급의 비율은 각각 4%씩으로 가장 적다. 2020 교육통계 기준으로 2022입시에서 수험생이 되는 고2의 학생수는 452,137명이며 총 학급수는 18,999개로 학급당 평균 학생의 수는 23.80명이다. 1등급과 9등급은 100명당 4명씩이니 학급의 인원이 23.80명이라면 학급마다 1등급과 9등급을 받은 학생의 수는 각각 0.95명씩으로 1명도 되지 않는다. 대략적으로 한 반에서 1등을 해야 1등급이고, 꼴찌를 해야 9등급인 것이다. 1등급과 9등급은 그만큼 찾아보기 보기 힘든 등급이다.

그런데 주변을 살펴보면 1등급은 간혹 있는데 9등급은 아예 찾아보기 어렵다. 통계적으로는 분명히 같은 비율로 존재해야 하는데 그렇지 않은 이유가 뭘까? 학생과 학부모는 평균 등급을 자신에게 유리한 대로 해석하는 경향이 있기 때문이다.

	국어	수학	영어	사회	과학	평균등급
A학생	1	1	1	2	2	1.4
B학생	9	9	9	8	8	8.6

예를 들어 상위권 A학생은 3과목에서 1등급을, 나머지 2과목에서 2등급을 받았고, 하위권 B학생은 3과목에서 9등급을, 나머지 2과목에서 8등급을 받았다. 공부를 잘하는 학생이라도 전 과목에서 반 1등을 차지하기란 쉽지 않다. 반대로 아주 못하는 학생도 전 과목 꼴찌를 독차지하기는 어렵다. 저 등급대로라면 A학생과 B학생의 성적은 반에서 실제 1등과 꼴찌의 성적이라고 봐도 무방할 것이다.

과목별 반영 비율이 같다면 A학생의 평균 등급은 1.4등급이고 B학생은 8.6등급이다. 하지만 이 두 학생에게 등급을 물어본다면 대개의 경우 A학생은 1등급이라고 대답하고 B학생은 8등급이라고 대답할 것이다. 자신에게 유리한 대로 해석하고 싶기 때문이다. 그래서 보통 등급 뒤에 붙어 있는 소수점을 버리고 이야기하는 경향이 있다. 이 경향은 학생보다는 학부모에게서 더욱 심하게 나타난다. 특히 B학생의 학부모는 다른 학기의 다른 과목에 찍혀 있었던 7등급이라는 숫자만 기억하려 한다. 또 자녀가 조금만 공부를 열심히 하면 곧 성적이 오를 수 있다고 믿기 때문에 자신의 자녀가 9등급이라는 현실을 받아들이려 하지 않는다. 그래서 주변에 1등급은 있지만 9등급은 없는 것이다. 이런 경향은 1등급과 9등급 학생의 부모뿐 아니라 성적과 상관없이 모든 학부모에게서 찾을 수 있다.

3.8등급은 반에서 몇 등일까?

수시에서 가장 중요한 것은 학생부 교과, 즉 내신등급이다. 그래서 내신등급에 따른 자신의 위치를 정확히 알아야 한다. 예를 들어 3.8등급이라고 하면 반에서 어느 정도 등수의 학생인지 감이 오지 않을 것이다. 자신의 등급이 전체 학생 중에서 실제 어느 정도 순위가 될지 추산해보려면 등급 중간값을 활용하면 된다.

등급	백분위	등급 중간값
1등급	0.00~4.00%	2%
2등급	4.01~11.00%	7.50%
3등급	11.01~23.00%	17%
4등급	23.01~40.00%	31.50%
5등급	40.01~60.00%	50%
6등급	60.01~77.00%	68.50%
7등급	77.01~89.00%	83%
8등급	89.01~96.00%	92.50%
9등급	96.01~100.00%	98%

100명을 9등급으로 나누었을 때 전체 100명 중에서 24등부터 40등까지가 4등급이다. 같은 4등급이라고 해도 24등과 40등의 학업 수준의 차이는 크다. 하지만 대학에서 내신 성적을 평가할 때는 주로 학생의 내신등급만 활용한다. 24등과 40등이 같은 4등급인 것이다. 이런 상황에서 대학이 4등급인 학생들의 순위를 합리적으로 추정하려면 4등급 학생 모두를 4등급의 중간 등수인 31.5등의 학생이라고 추정할 수밖에 없다.

그러면 3.8등급의 학생의 백분위는 어떻게 추정할 수 있을까? 편의상 5과목을 같은 비율로 반영한다고 가정하고 계산해보자. 5과목이 각각 3, 4, 4, 4, 4등급이라면 내신 평균 등급은 3.8등급이 될 것이다. 그러면 3.8등급의 추정 백분위는 등급별로 추정백분위의 평균을 내보면 된다. 다음과 같이 계산해보면 3.8등급의 추정 백분위는 28.6%가 된다.

$$\text{3.8등급의 추정 백분위} = \frac{(17\% + 31.5\% + 31.5\% + 31.5\% + 31.5\%)}{5} = 28.6\%$$

동일한 방식으로 평균 등급별 추정 백분위를 표로 만들어보았다. 3.8등급의 학생이라면 그 학생의 백분위는 상위 28.6%로 추정할 수 있다. 이 표를 보고 자신의 평균 등급을 대입해보면 입시에서 내신으로 줄을 세울 때 어느 정도의 위치에 있는지 파악할 수 있다.

평균 등급	1	1.2	1.4	1.5	1.6	1.8	2
백분위	2.00%	3.10%	4.20%	4.75%	5.30%	6.40%	7.50%
평균 등급	2.2	2.4	2.5	2.6	2.8	3	3.2
백분위	9.40%	11.30%	12.25%	13.20%	15.10%	17.00%	19.90%
평균 등급	3.4	3.5	3.6	3.8	4	4.2	4.4
백분위	22.80%	24.25%	25.70%	28.60%	31.50%	35.20%	38.90%
평균 등급	4.5	4.6	4.8	5	5.2	5.4	5.5
백분위	40.75%	42.60%	46.30%	50.00%	53.70%	57.40%	59.25%
평균 등급	5.6	5.8	6	6.2	6.4	6.5	6.6
백분위	61.10%	64.80%	68.50%	71.40%	74.30%	75.75%	77.20%
평균 등급	6.8	7	7.2	7.4	7.5	7.6	7.8
백분위	80.10%	83.00%	84.90%	86.80%	87.75%	88.70%	90.60%
평균 등급	8	8.2	8.4	8.5	8.6	8.8	9
백분위	92.50%	93.60%	94.70%	95.25%	95.80%	96.90%	98.00%

3.2등급도 4등급 초반이고, 4.2등급도 4등급 초반이다?

학부모들에게 자녀들의 내신 성적을 물어보면 X등급 초/중/후반이라는 답변을 많이 한다. 하지만 실제 학생부를 통해 등급을 확인해보면 그 차이가 큰 경우가 많다.

4등급 초반이라는 성적의 의미에 대해 알아보자. 웃기는 이야기일 수 있지만 3.2등급도 4등급 초반이고, 4.2등급도 4등급 초반이다. 말이 안 되는 것 같지만 실제로 그렇다. 백분위 기준표에 따르면 4등급 학생은 상위 23~40%이다. 평균 등급이 3.2인 학생은 자신이 3등급 안에 못 들었지만 4등급을 받은 학생 중 앞쪽에 위치한 학생이라고 생각할 수 있다. 3.2등급이 4등급 초반이라는 것은 일리가 있는 이야기이다. 다르게 해석해보면, 4.2라는 숫자는 4점대 초반이다. 평균 4.2등급의 학생의 성적을 이야기할 때 4점대 초반의 평균 등급이라고 이야기하는 것 역시 일리가 있다. 둘 다 말은 되는 것이다.

하지만 이 두 학생의 성적은 어마어마한 차이가 있다. 앞서 살펴본 등급 중간값으로 각 학생의 백분위를 추산해볼 때, 3.2등급인 학생은 대략 상위 20%로, 4.2등급인 학생은 대략 35%로 봐야 한다. 3.2등급과 4.2등급 간의 차이는 그 사이에 커트라인이 포함될 대학과 학과가 몇 개인지 가늠하기 어려울 만큼 어마어마하다. 20%면 인서울 대학까지 지원이 가능한 성적이며 35%면 수도권에서는 최하위 대학에만 지원 가능한 성적이다.

잘못된 정보 + 정확한 정보 = 잘못된 정보

4.2등급이 4등급 초반이라는 입시에 대한 잘못된 이해가 자연계열은 4등급 초반까지 인서울 대학 지원이 가능하다는 정확한 정보를 만나 자신이 인

서울 대학 지원에 가능하다는 잘못된 생각을 할 수 있다. 실제로 이렇게 이해하고 있는 부모님들을 상담에서 자주 만나게 된다.

입시 준비는 자신이 입시라는 '줄 세우기'에서 어떤 위치에 있는지 정확히 아는 것에서 시작된다. 그래서 등급에 대한 제대로 된 이해가 꼭 필요하다.

이제 등급에 대해 명확하게 이해했으니 상위권과 중하위권을 구분하는 기준도 다시 한 번 정리해보자. 3등급의 기준을 전체 학생 중 상위 23%까지로 본다면 대략 3.4등급까지의 학생으로 볼 수 있다. 하지만 실제 3.4등급으로 진학 가능한 대학의 입시 결과와 그 대학들의 인지도 등을 고려한다면 상위권과 중하위권의 기준을 3.4등급으로 삼는 것은 너무 낮은 감이 있다. 그래서 이 책에서는 실제 인서울 대학의 입시 결과와도 부합하면서 직관적으로 이해하기도 쉬운 3.0등급을 상위권과 중하위권 구분의 기준으로 삼으려고 한다. 이 책에서 정의하는 상위권은 내신이나 수능 모의고사 성적이 3.0등급 이내에 드는 학생들이며 중하위권은 나머지 3.0~9등급의 모든 학생이다.

수능 영어/한국사 절대평가 등급

수능에서도 앞서 설명한 상대평가인 9등급 제도가 똑같이 활용되어왔으나 2017 수능부터 한국사에, 2018 수능부터는 영어까지 절대평가 등급이 도입되었다. 절대평가는 일정 점수 이상을 받은 학생이라면 누구나 같은 등급을 받는 제도이다. 90점 이상의 점수를 받은 모든 학생이 1등급이라는 것이다. 절대평가 등급의 영향력은 이 책의 다른 장에서 별도로 다루고 있으니 참고하면 된다.

04
중하위권 입시정보가 버림받은 이유?
돈이 안 되니까!

    1~9등급 모두를 위한 얘기를 할 때는 상위권보다는 중하위권 입시에 대한 이야기를 더 많이 할 수밖에 없다. 일단 중하위권 학생이 전체의 77%로 상위권 학생들보다 훨씬 많다. 그리고 상위권을 위한 입시정보는 조금만 노력하면 충분히 얻을 수 있지만 중하위권 입시정보는 찾아보기 어렵다. 언론, 학교, 학원뿐 아니라 사교육의 종착역인 입시컨설팅마저도 중하위권 학생들을 버린 것이나 마찬가지인 상황이다. 이해하기 어려운 것은 정부나 공교육 기관뿐 아니라 수익이 된다면 무엇이라도 해줄 것 같은 입시컨설팅 업체까지 중하위권 입시를 외면하고 있다는 것이다. 소수인 상위권 학생을 위한 입시정보와 맞춤형 입시컨설팅 서비스는 쉽게 찾아볼 수 있는데도 말이다. 왜 그런지 자세히 알아보자.

좋은 입시정보는 유리한 전형을 찾는 데서 시작한다

현행 입시는 수시에서 6번, 정시에서 3번, 총 9번의 지원 기회, 즉 줄을 설수 있는 기회를 부여한다. 수시와 정시가 완전히 분리되어 있기 때문에 학생 입장에서는 기회의 수가 넉넉하지 않다. 그 한정된 기회 속에서 입시에서 좋은 결과를 얻으려면 전형, 즉 '줄 세우는 기준'에 대한 정보가 있어야 한다. 그리고 그 기준은 입시요강에 나와 있다. 그래서 입시요강 분석은 필수이다.

특정한 한 대학교의 전형을 분석하는 것은 시간만 충분히 투자한다면 평범한 학생이나 학부모도 할 수 있다. 입시요강을 천천히 꼼꼼히 읽어보면 전형의 특징을 이해할 수 있다. 하지만 한 대학교의 분석만으로는 입시전략을 수립할 수 없다. 가치가 있는 입시정보는 여러 학교의 입시정보를 비교, 분석해 데이터를 정리하고 가공해야만 얻을 수 있다. 입시정보는 빅데이터이다. 좋은 입시정보의 예를 몇 가지 들어보자.

∨ 좋은 입시정보의 예

- 수능 이후에 학생부 종합전형 면접이 있는 대학교
- 수능 영어 절대평가 1등급에게 가장 유리한 수능 반영방법의 대학교
- 1학년 성적에 비해 2~3학년 성적이 큰 폭으로 낮아진 학생에게 유리한 학생부 교과 전형
- 이과 전공이지만 문과 수학(확률과 통계) 응시자도 지원 가능한 수능 100% 전형
- 수능 이과 수학(미적분/기하) 가산점이 가장 큰(또는 적은) 대학교
- 수능 최저학력기준과 면접이 없으면서 사회과목 내신을 반영하지 않는 학생부 전형
- 수능에서 과학을 응시하지 않아도 간호학과 지원이 가능한 대학교

예시로 든 특징을 가진 전형에 지원하는 것이 유리한 학생들이 꽤 많을 것이다. 그 학생들이 입시에서 좋은 결과를 얻기 위해 꼭 필요한 것이 적절한 입시정보다. 하지만 이런 정보를 얻기 위해서는 학교별, 전형별 특징을 주요 항목별로 비교해보는 과정을 거쳐야 한다. 그러기 위해서는 모든 대학교의 입시요강 전부를 분석하고 정리해야 하는데 분량이 엄청나다.

∨ 대학교육협의회가 인정한 전형의 수

2014년	1,454개
2015년	892개
2016년 이후	2015년과 비슷할 것으로 추정

대교협 분류 기준에 따른 전국의 4년제 대학교가 198개[*]이고 그 대학교마다 수시와 정시의 요강이 있으니 분석해야 할 입시요강만 396개다. 현재의 입시와 그리 다르지 않은 2015년 입시에서 대교협이 공식적으로 인정한 전형의 개수가 892개인데 이마저도 농어촌 전형 등 정원 외 전형과 예체능 계열의 실기전형을 빼고 산출한 것이다. 또 같은 전형 안에서도 과목별 반영 비율이 다양한데 그것들은 사실상 다른 전형으로 봐야 한다. 그렇게 본다면 전형의 개수는 추산이 어려울 정도다. 입시요강과 전형을 일일이 분석하고 비교해야 좋은 데이터를 얻을 수 있는데 그 분량이 너무 많다. 하지만 그것으로 끝이 아니다. 입시요강은 매해 바뀐다.

---

[*] 2018 입시에서 대교협은 대학의 개수를 212개로 분류하여 자료를 공개했으나 2019 입시부터는 198개로 분류했다. 2018 입시까지는 지역별 캠퍼스를 별개의 대학으로 분류하는 경향이 강했으나 2019 입시부터는 하나로 통합해서 분류하려는 경향이 강해졌다.

매해 바뀌는 입시요강 분석, 감당할 수 있을까?

가천대학교의 2021년과 2022년의 입시요강을 비교한 표를 보면 같은 대학교지만 두 해의 입시가 완전히 다르다는 것을 알 수 있다.

∨ **가천대학교 2021년-2022년 입시 비교** (전형 계획 기준)

		2021 입시			2022 입시		
전형 대분류		세부 전형명	선발인원	수능최저	세부 전형명	선발인원	수능최저
수시	학생부 교과	학생부우수자 (면접X)	428	O	학생부우수자 (면접X)	381	O
		2022 입시에 지역균형전형 신설			지역균형전형 (면접O)	335	O
	학생부 종합	가천의 예	31	O	가천의약학	44	O
		가천바람개비1	427	X	가천바람개비	449	X
		가천바람개비2	274	X			
		학석사통합	34	X			
		가천 AI·SW	25	X	가천 AI·SW	42	X
	적성	적성우수자	1031	X	적성고사 전형 폐지		
	논술	2022 입시에 논술전형 신설			논술전형	851	O
정시	수능위주	일반전형1	811	X	일반전형1	975	X
		일반전형2 (수능3영역)	272	X	일반전형2 (수능4영역)	341	X

먼저 적성고사 전형이 폐지되었고 지역균형전형과 논술전형이 신설되었다. 새로운 선발방식의 전형이 두 개나 추가되었으며 각 전형별 선발비중도

크게 변경되었다.

이처럼 입시전형 방법이 대폭 변경되는 경우가 적지 않다. 게다가 2022 입시는 2015 개정교육과정이 본격적으로 반영되는 첫 번째 입시라 전년도 입시 대비 변화가 예년에 비해 더욱 클 수밖에 없다. 그리고 전체적인 틀이 유지된다고 해도 세세한 조건은 매년 조금씩 달라진다. 문제는 요강 속에 있는 작은 조건 하나만 바뀌어도 그 전형에 유리한 학생이 완전히 달라진다는 것이다.

예를 들어 가천대학교 정시의 일반전형2의 경우 수능 반영과목의 수가 바뀌었다. 2021 입시에서는 수능 성적 중 3개의 영역만 반영해서 특정 1개 영역 성적이 타 영역에 비해 매우 낮은 학생들의 쏠림 현상이 심했으나 2022 입시에서는 4개의 영역 모두를 반영하게 된다. 이런 상황이라면 2021년의 입시결과는 참고할만한 가치가 전혀 없을 것이다. 전형의 이름은 그대로 유지되었지만 완전히 새로운 전형으로 인식해야만 하는 상황이다. 이런 식으로 선발방식의 변화가 입시 결과에 큰 영향을 주고, 이번 년도에는 어떤 대학의 입시에서 어떤 변화가 있을지 모른다. 입시컨설팅 업체가 정확한 정보를 제공하기 위해서는 전체 요강을 매년 새로 분석할 수밖에 없다.

입시요강 분석, 4년제 대학이 전부가 아니다. 전문대도 있다

2022 대입 전형 계획에 따르면 4년제 대학이 346,553명을, 전문대가 198,458명을 모집한다. 대학에 진학하는 학생 3명 중 1명 이상은 전문대로 진학한다. 상위권 학생들이 주로 진학하는 학교의 선발 인원을 제외하고 계산해보면 중하위권 학생들의 경우 약 절반의 학생이 전문대에 진학한다.

중하위권 학생 절반이 전문대 진학을 하고 있다는 것으로 미루어 중하위권 학생 대부분이 전문대 입시에 지원한다고 해석할 수 있다. 일단 4년제와 전문대를 모두 지원한 뒤, 합격한 학교 중에서 진학할 학교를 선택하는 것이다. 실제 입시 시즌에 맵스터디컨설팅을 방문하는 중하위권 학생 중 4년제 대학에만 지원하는 경우는 많지 않다. 하지만 제대로 된 전문대 입시컨설팅이 가능한 업체는 찾아보기 어렵다. 다른 입시컨설팅 업체에서 4년제 대학 컨설팅은 받았지만 전문대 입시에 대한 도움을 받지 못해 별도로 맵스터디를 찾아오는 경우도 많다.

∨ 2022 입시

구분	대학의 수	선발 인원	선발 비율
4년제 대학	198	346,553	63.59%
전문대	133	198,458	36.41%
합계	331	545,011	100%

중하위권 입시에서 4년제 입시와 전문대 입시를 별도로 생각하면 안 된다. 그래서 중하위권 학생들에게 전문대 입시정보는 필수다. 전국 133개 전문대학의 제각각이며 매년 바뀌는 입시요강을 분석해야만 한다. 모두를 위한 진짜 입시정보와 전략을 세우기 위해서는 중하위권 입시제도 분석은 필수다. 4년제 입시요강 분석만으로도 감당이 어려운 상황에서 전문대까지 생각해야 한다.

입시정보가 상위권에만 쏠린 이유

입시 공화국인 대한민국에서 입시정보는 수요가 많은 좋은 사업 아이템이다. 하지만 분석해야 할 자료의 양이 많고 매년 바뀌기 때문에 입시 관련 사교육 업체 입장에서도 모든 대학교의 입시를 분석하는 것은 부담이 크다. 그래서 입시컨설팅 업계는 상위권 입시정보에만 집중하고 있다. 집중의 대상으로 인원이 많은 중하위권이 아닌 소수의 상위권을 택한 이유는 여러 가지가 있다.

첫째, 중하위권 입시는 상위권 입시에 비해 수익성이 떨어진다. 쉽게 얘기해 중하위권 입시는 돈이 안 된다는 것이다. 상위권 학생은 전체의 23%로 중하위권 학생들보다 그 수가 적다. 하지만 입시에 도움이 된다면 비용을 아낌없이 투자할 준비가 된 학부모의 비율은 상위권이 중하위권보다 높다. 그리고 그런 비용 지출이 자녀들의 상위권 진입과 유지에 큰 역할을 하는 것도 부인할 수 없다. 비싼 비용을 지불하고 사교육의 도움을 받으면, 투자한 금액만큼 성적이 오르지 않더라도, 투자하지 않는 것보다는 입시에 도움이 되는 것이 사실이다. 강남 학군의 명문대 진학률이 높은 것 등을 보면 입시에서 부익부 빈익빈 현상은 인정하지 않을 수가 없다. 또 상위권 입시의 주요 전형인 논술전형과 학생부 종합전형을 대비하기 위해서는 비용이 많이 드는 사교육이 필요하다. 상위권 입시의 주요 전형은 중하위권 입시의 주요 전형보다 수익성까지 높은 것이다.

둘째, 중하위권 입시는 수익성은 낮지만 분석 대상은 상위권보다 훨씬 많다. 상위권 입시의 대상이 되는 학교는 인서울 대학들과 수도권에서 상위권 대학들 그리고 지방 거점 명문 국립대와 교대 정도다. 50개 정도의 대학밖에 되지 않는다. 그보다 입학 성적이 조금 낮은 학교까지 분석한다 해도 70개를 벗어나지 않는 수준이다.

하지만 중하위권 입시를 위해서는 전국 198개 4년제 대학과 133개 전문대까지 총 331개의 대학을 분석해야 한다. 수익성이 낮은 것에 비해 분석하고 자료를 만들어야 할 분량이 훨씬 많다. 수익을 추구하는 입시컨설팅 업체 입장에서 모든 학교를 분석하기는 어렵다. 그래서 수익성 높은 상위권 입시에 집중할 수밖에 없다.

마지막 이유는 학부모들이 자신의 자녀가 중하위권이라고 받아들이고 싶어 하지 않는다는 것이다. 입시는 '줄 세우기'이며 100명이 줄을 서면 23명만 상위권이고 나머지 77명은 중하위권이다. 하지만 그 77명의 학부모 중 많은 수가 자신의 자녀가 중하위권임을 인정하려 하지 않는다.

현재 중하위권이지만, 한때 상위권 성적을 기록한 적 있는 학생의 부모는 가장 성적이 좋았을 때만 떠올리며 자신의 자녀가 상위권이라고 생각한다. 상위권에 들어본 적 없는 학생의 학부모도 자신의 자녀가 조금만 열심히 하면 상위권에 진입할 수 있다고 생각한다. 입시까지 남아 있는 기간 동안 자녀가 성적이 오를 것이라는 막연한 기대감을 품는다. 그래서 일부 부모들은 객관적 예측이 가능한 내신이나 수능 모의고사 성적을 외면한다. 자녀의 성적으로는 원하는 대학 진학이 어렵기 때문이다. 대신 성적이 확정되지 않은 논술 또는 예체능으로 눈을 돌리는 경우가 많다. 하지만 내신이나 수능 성적이 부족한 학생이 다른 평가 기준을 가진 시험에서 높은 성적을 받을 것이라는 근거는 어디에서도 찾을 수 없다. 다른 전형보다 훨씬 높은 경쟁률만 그들을 기다릴 뿐이다. 평가 기준이 명확하지 않은 학생부 비교과를 활용해 학생부 종합전형으로 인서울 진학을 노릴 방법이 없는지 알아보려는 학부모도 있다. 하지만 가장 중요한 학생부 비교과는 내신이기에 부족한 내신의 벽을 넘어서는 것은 쉽지 않다.

하지만 이런 학부모일수록 입시에 관심이 많으며, 도움이 된다면 비용을 투자하는 데 망설임이 없다. 입시 사교육 시장에서는 큰 고객이다. 그들의 자녀들이 상위권 대학 진학이 가능하다고 말해주어야 그들이 지갑을 연다. 그래서 입시 관련 사교육 업체들은 현실성은 떨어지지만 그들이 듣고 싶어 하는 상위권 입시에 관한 이야기를 하는 것이다.

이런 여러 가지 이유로 입시컨설팅 업체들도 중하위권 입시정보가 부족하다. 중하위권 학생들은 많지만 그들을 위한 입시정보를 제공해줄 수 있는 곳이 없다. 그렇다면 '중하위권 입시컨설팅은 경쟁자가 없는 블루오션 시장이 아닌가?'라는 의문이 들 수 있다. 맞는 이야기다. 중하위권 입시컨설팅은 제대로 된 서비스만 제공할 수 있다면 엄청난 블루오션 시장이 될 수 있다. 상위권 입시컨설팅은 자본력을 보유한 대형 업체부터 교육청의 허가도 받지 않은 소규모 업체까지 많은 업체가 난립해 경쟁이 치열하다. 전형적인 레드오션 시장이다. 반면 중하위권 입시에 대한 전문성을 가지고 있다고 자신 있게 말하는 입시컨설팅 업체는 찾아보기 어렵다. 그리고 중하위권 입시는 상위권에 비해 수익성이 낮은 대신 대상자가 많아서 시장이 크다. 수능을 치르는 수험생 50만 명 중 중하위권은 35~40만 명이나 된다. 매해 그만큼의 학생들이 수험생으로서 입시와 정면으로 마주한다. 입시 준비는 더 일찍 시작해야 해서 실제 대상자는 그 몇 배다. 중하위권 입시는 경쟁자는 없고 시장은 큰, 흔히 보기 힘든 블루오션 시장이다. 그런데도 입시컨설팅 업체가 중하위권 입시컨설팅에 뛰어들지 못하는 데는 이유가 있다.

중하위권 입시컨설팅, 왜 어려운가?

우선 중하위권 입시컨설팅 능력을 가진 업체가 없다는 것이 첫 번째 이유다. 여러 번 언급했지만 중하위권 입시를 파악하기 위해서는 전국 331개의 4년제 대학과 전문대의 수시와 정시 요강을 모두 분석해야 한다. 그리고 그 요강의 분석은 한 번으로 끝나지 않는다. 입시요강이 매해 변하기 때문이다.

대형 입시컨설팅 업체들은 훌륭한 인재들과 충분한 자본을 갖추고 있다. 하지만 그들은 상위권 입시컨설팅을 위한 준비만으로도 충분히 분주하다. 중하위권 입시를 분석할 만한 재능을 가진 인재가 있어도, 그 인력을 상위권 입시에 투입할 수밖에 없다. 상위권 입시가 수익성이 더 좋기 때문이다. 대형 업체들은 중하위권 입시까지 분석할 만한 여유가 없다.

소규모 입시컨설팅 업체들은 중하위권 입시를 분석할 만한 능력이 부족하다. 대학들의 그 많은 입시요강을 분석하려면 능력 있는 인재들이 매년 몇 개월 동안 입시요강 분석에 매달려야 한다. 소규모 업체에는 뛰어난 인재가 많지 않으며 그 기간을 버틸 자본력도 부족하다.

두 번째 이유는 중하위권 입시는 공개된 자료는 많지만 그 해석이 어렵다는 데서 찾을 수 있다. 상위권 대학 중에는 입시 결과를 공표하지 않는 학교가 많다. 그런데 중하위권 대학들은 대부분 지난 입시 결과를 공식적으로 발표한다. 입시의 전형 방법 중 가장 모집 비중이 높은 전형은 학생부 교과전형과 수능전형이다. 두 전형에서는 지난 입시 결과의 해석이 가장 중요한 입시 정보라고 할 수 있다. 하지만 자료의 양이 너무 많고 해석이 복잡해 입시 전문가들조차 잘 파악하지 못한다. 실제 예를 보자.

수시모집의 입시 결과가 똑같이 학생부 내신 4등급(4.0등급)으로 발표된 3개의 대학교가 있다고 하자. 그렇다면 과연 이 4등급이 같은 성적일까? 그 대학 입시요강에 나와 있는 학생부 반영 과목과 반영 비율에 따라 4등급의 의미는 크게 달라진다.

∨ 학생부 반영 방법

A대학	반영 과목	국어, 영어, 수학, 사회, 과학 전 과목
	반영 비율	1학년 20%, 2학년 40%, 3학년 40%
B대학	반영 과목	국어, 영어, (사회와 과학 중 택1) 전 과목
	반영 비율	1학년 40%, 2학년 40%, 3학년 20%
C대학	반영 과목	영어 3과목, (국어와 수학 중 택1) 3과목, (사회와 과학 중 택1) 3과목
	반영 비율	총 9과목을 이수단위에 관계없이 반영

입시 결과가 같은 4등급이라도 A대학 〉 B대학 〉 C대학 순으로 합격생의 실제 내신등급은 높았다고 할 수 있다. A대학은 주요 과목 전부를 반영하며, B대학은 수학은 반영하지 않고 사회와 과학 중 성적이 좋은 과목만 반영한다. 수학 성적이 낮은 학생이 몰리기 때문에 전체 내신 성적은 A대학 합격자보다 낮을 수밖에 없다. C대학은 성적이 좋은 교과와 과목을 선택할 수 있기 때문에 그 합격자들의 전체 내신 평균 등급은 3곳의 대학 중에서 가장 낮을 것이다.

이런 식으로 학생부 반영법과 수능 반영법이 학교마다 다르기 때문에 해석이 어렵다. 사실 비교해야 할 학교가 이렇게 3개 대학밖에 없다면 누구나 분석이 가능하다. 하지만 대학의 수가 너무 많으며 같은 대학 내에서도 모집단위별로 반영 과목과 비율이 다르다. 그래서 중하위권 대학의 입시 결과 분석은 감당하기 어려울 정도로 많은 시간 투자가 필요하다.

그래서 입시컨설팅 업체들은 가장 가치 있는 자료인 지난 입시 결과 분석을 포기하고, 합격 예측 프로그램에 의지한 채 컨설팅을 진행하고 있다. 하지만 합격 예측 프로그램의 결과는 입시컨설팅에 필요한 여러 가지 자료 중 하나일 뿐이며 심지어 수험생이 직접 구매하는 것도 가능하다. 대부분의 입시컨설팅 업체에서 중하위권 수험생에게 제공하는 서비스의 수준이 프로그램 결과를 보고 읽어주는 수준이다. 서비스를 이용하는 고객의 입장에서 전문성을 느끼기 힘들다. 그래서 많은 업체들이 컨설팅 의뢰가 많은 수시와 정시 서류 접수 시즌에는 중하위권 학생은 접수조차 받지 않는다.

세 번째 이유는 입시요강 하나를 분석하는 것은 어렵지 않은데, 전체 대학의 입시요강을 분석하기에는 그 분량이 너무 많다는 것이다. 중하위권 입시요강 분석이 어렵다는 것은 그 요강 하나하나를 분석하는 것이 어렵다는 뜻이 아니다. 특정한 한 대학의 입시요강 분석은 학생이나 학부모도 시간을 투자하면 충분히 가능하다. 그러나 전체 요강을 분석하기에는 양이 너무 방대하다는 것이 문제다.

이것은 입시컨설팅을 진행하는 입시 전문가의 입장에서 큰 문제가 될 수 있다. 사전 전화 상담에서 언급이 없었던 대학에 관심이 생겨 상담 직전 그 대학의 입시요강을 찾아보고 온 학생과 학부모가 있을 수 있다. 이 경우 정보를 얻으러 온 학생과 학부모가 그 학교의 입시에 대해서는 입시 전문가보다 더 많은 정보를 알고 있는 경우도 많다. 경험이 많은 전문가라 하더라도 중하위권 대학 하나하나의 입시요강을 다 파악하지 못하는 경우가 많다. 이런 경우 서로 난감할 수밖에 없으며 전문가의 신뢰도는 바닥을 치게 된다.

마지막으로 중하위권 입시컨설팅은 돌발 질문에 대응하기가 어렵다. 컨설팅을 진행하면서 "이런 조건으로 선발하는 대학이 없나요?"라는 질문을 많이 받는다. 대부분의 입시 전문가가 그런 학생과 학부모의 질문에 시원하게 답을 하지 못한다. 자신이 파악하고 있는 대학 중에서는 없거나 생각나지 않지만 그런 조건의 대학이 있을 수도 있기 때문이다.

입시컨설팅은 적지 않은 비용을 지불해야 하는 서비스다. 지불하는 비용만큼 학생과 학부모의 기대치가 매우 높다. 하지만 보통의 입시 전문가들은 중하위권 입시에 대한 전문성이 떨어진다. 서비스의 불만족도가 높을 수밖에 없다. 컨설팅 업체 입장에서 중하위권 컨설팅은 상위권 입시보다 수익성이 낮고 사용자 만족도도 낮은 피곤한 사업 영역이다.

이런 여러 가지 이유가 중하위권 입시컨설팅의 진입 장벽이 되고 있다. 그래서 입시정보는 상위권에만 쏠려 있고 중하위권 학생과 학부모는 입시정보를 얻기 어려운 것이다.

2부

1~9등급
모두를 위한
'진짜' 입시설명회

01

입시전형별 분류와
선발 비율

입시에는 수많은 전형이 있다. 그 수많은 전형을 줄 세우는 기준인 주요 평가요소로 대분류하면 5개로 나눌 수 있다. 이는 대입 간소화를 외치면서 정부가 수시에서 전형 4개, 정시에서 전형 2개로 줄였다고 주장하는 기준과 동일하다. (실기전형은 수시와 정시 모두에서 선발한다.)

∨ 입시전형 유형 대분류

구분	전형 유형	주요 평가요소소
수시	학생부 교과	내신등급
	학생부 종합	입학사정관 평가
	논술	논술 점수
	실기	실기, 특기
정시	수능	수능 점수
	실기	실기, 특기

이 5가지 전형의 주요 평가요소를 모두 완벽하게 대비하기는 불가능하다. 그러므로 중점적으로 준비할 전형을 정하는 것이 입시전략의 기본이며 각 전형별 선발 비율을 정확히 파악하는 것이 중요하다.

∨ 2022 입시, 4년제 대학 전체 전형별 선발 비율 - 대교협 발표 기준

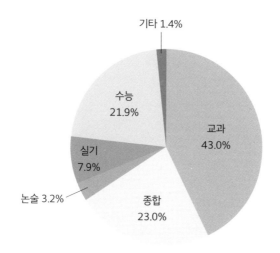

대교협의 2022 입시 보도자료의 전형별 선발 비율을 그래프로 나타내보았다. 문제는 이 비율이 공식적으로 인정된 데이터임에도 불구하고 실제 전형별 선발비율과 큰 차이가 있다는 것이다. 일반학생들과는 관련이 없는 예체능 위주 전형의 선발 인원과 지원 자격 제한이 있는 농어촌, 사회 배려, 특성화고 출신자 등의 특별전형도 포함되기 때문이다. 그래서 맵스터디에서는 2022 전형 계획을 기준으로 예체능 등의 실기 준비가 필수이거나 자격 제한의 벽이 높은 전형을 제외한 선발 인원, 즉 일반적인 고등학교 출신의 평범한 학생이라면 누구나 지원 가능한 전형만 따로 정리해서 그래프를 만들었다.

∨ 2022 입시, 4년제 대학 전체 전형별 선발 비율 - 일반 학생이 실제 지원 가능한 전형 기준

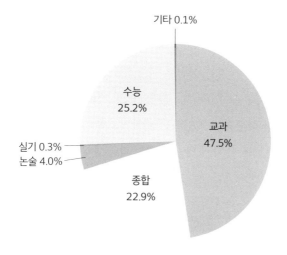

평범한 학생이라면 이 전형별 선발 비율대로 4년제 대학에 진학하게 된다. 표면적인 비율이 아니라 실질적 비율이다. 예체능 인원을 제외하니 실기 전형의 모집 비율은 0.3%로 줄었다. 학생부 교과전형과 수능전형은 표면적 비율에 비해 크게 늘었으며 학생부 종합전형의 비율은 비슷하다. 논술전형의 선발 비율은 4.0%, 기타로 분류된 정시의 비수능 선발 비율은 전체 입시를 놓고 보면 크지 않은 비율이다.

유리한 전형을 찾기 위해서 일반 학생들이 진학 가능한 실질적인 전형별 선발 비율까지 살펴보았다. 하지만 문제는 이 실질적 전형별 선발 비율로도 입시 준비 방향을 잡기 어렵다는 것이다. 상위권 입시와 중하위권 입시의 선발 비율에 큰 차이가 있기 때문이다.

상위권 대학을 분류해보자

모든 4년제 대학이 앞서 살펴본 전형별 선발 비율과 비슷한 비율로 학생을 선발하는 것은 아니다. 상위권과 중하위권 입시는 전형별 선발 비율부터 큰 차이가 있다. 먼저 상위권 대학을 분류해보자. 맵스터디에서 자체적으로 1~3등급 학생이 주로 진학하는 상위권 대학을 분류해보았다. 서울에 있는 종합대학과 수도권 명문 대학, 전국의 교대와 지방 명문 국립대 등 입시 결과가 높은 64개 대학을 선정했다. KAIST나 과학기술원, 사관학교 등의 특수대학은 제외했다. 선정 기준에 대해 다른 의견이 있을 수 있겠지만 상위권과 중하위권 입시를 구별하기에 무리는 없을 것이다.

서울		수도권	지방 국립대	교대	기타
서울대	숭실대	인하대	충남대	서울교대	포항공대
연세대(서울)	세종대	아주대	충북대	경인교대	한국기술교육대
고려대(서울)	서울과기대	단국대(죽전)	전남대(광주)	공주교대	한동대
서강대	광운대	한국항공대	전북대	청주교대	
성균관대	명지대(서울)	경기대(경기)	강원대(춘천)	한국교원대	
한양대(서울)	상명대(서울)	한양대(에리카)	경북대	광주교대	
중앙대(서울)	가톨릭대	중앙대(안성)	부산대	전주교대	
경희대	성신여대	한국외대(글로벌)		춘천교대	
한국외대(서울)	한성대	명지대(용인)		대구교대	
서울시립대	서경대	가천대		부산교대	
이화여대	삼육대	인천대		진주교대	
건국대(서울)	동덕여대				
동국대(서울)	서울여대				
홍익대(서울)	덕성여대				
숙명여대	성공회대				
국민대	경기대(서울)				

이제 열거한 상위권 대학들이 어떤 전형으로 학생을 주로 선발하는지 상위권 입시의 전형별 선발 비율을 살펴보자.

∨ 2022 상위권 대학 입시전형별 선발 비율

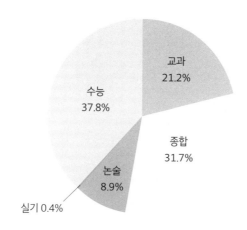

전체 입시에서 모집 비율이 가장 높았던 학생부 교과전형의 비율은 절반 이하로 줄어들었으며 (수시에서는) 학생부 종합전형의 선발 비율이 가장 높다. 논술전형의 선발 비율도 전체 입시에서보다 커졌다. 작년 입시까지는 수시와 정시를 모두 합해서도 학생부 종합전형의 선발 비율이 가장 높았으나 올해는 수능으로 선발하는 인원이 가장 많아졌다는 것이 올해 상위권 입시의 가장 큰 변화다. 그럼 상위권 대학을 제외한 나머지 대학의 선발 비율은 어떻게 될까? 중하위권 입시의 전형별 선발 비율도 살펴보자.

∨ 2022 중하위권 대학 입시전형별 선발 비율

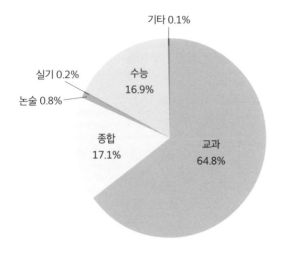

중하위권 입시는 학생부 교과전형의 선발 비율이 65%에 육박한다. 다른 모든 전형의 선발 비율이 줄어들었으며 특히 논술전형의 비율은 0.8%로 극히 적은 수준이다.

이처럼 상위권 입시와 중하위권 입시는 전형별 선발 비율에서부터 큰 차이가 있다. 선발 비율의 차이는 선발 방식의 차이를 의미한다. 선발하는 방식이 다르다면 입시 준비도 다를 수밖에 없다. 그래서 상위권 입시와 중하위권 입시는 완전히 다른 입시라고 할 수 있다. 자신의 현재 성적과 성적 향상 가능성을 정확히 파악하고 그에 맞추어서 입시에 대비해야 한다. 이제 각 전형별 특징과 대비 전략에 대해 자세히 살펴보자.

02
학생부 교과전형

학생부 교과전형은 고등학교의 '내신 성적' 위주로 학생을 선발하는 전형이다. 고등학교의 내신 성적은 등급으로 표기된다. 학생부 교과전형은 그 등급을 기준으로 학생들을 줄 세워서 선발한다. 내신등급은 3.65, 5.91 같은 숫자로 표기된다. 학교의 학생부 반영법의 기준에 따라 산출되는 등급의 숫자를 낮추는 것이 학생부 교과전형의 핵심이다.

※ 2015 개정 교육과정에서는 진로선택 과목에서 성취평가제가 도입되었다. 이 과목에서는 1~9등급의 내신 등급이 나오지 않는데, 진로선택 과목의 비율이 매우 낮은 편이라 학생부 교과전형에서는 여전히 1~9등급의 등급이 산출되는 과목의 비중이 절대적이다. 학생부 교과전형에서 진로선택 과목을 반영하는 방식은 이 책의 다른 장에서 별도로 다루고 있다.

학생부 교과전형에서 가장 중요하게 살펴보아야 할 것은 선발 비율이다. 상위권과 중하위권 입시에서의 선발 비율에 큰 차이가 있기 때문이다.

학생부 교과전형 선발 비율		
전체 입시	상위권 입시	중하위권 입시
47.5%	21.2%	64.8%

상위권 입시에서의 학생부 교과전형

상위권 대학으로 진학하기를 원한다면 학생부 교과전형 중심으로 입시전략을 세워서는 안 된다. 학생부 교과전형의 선발 인원이 너무 적기 때문이다.

상위권 입시 전체의 학생부 교과전형의 선발 비율은 21.2%밖에 되지 않는다. 그리고 상위권 입시로 분류된 대학 중에서 학생들의 선호도가 높은 대학일수록 학생부 교과전형의 모집인원은 더 적어진다. 학생들이 가장 선호하는 서울의 주요 11개 대학 전체에서 선발하는 학생부 교과전형의 모집인원을 살펴보자.

∨ TOP11대학 2022년 학생부 교과전형 선발 인원

서울대	0
연세대(서울)	523
고려대(서울)	0
서강대	172
성균관대	0

한양대(서울)	320
중앙대	501
경희대	540
한국외대	373
서울시립대	192
이화여대	400
총합	**3,021**

※ 고려대 학교 추천전형, 성균관대 학교장 추천전형은 입학사정관의 평가를 입시에 반영하기에 학생부
종합전형으로 분류

모집인원이 아예 없는 대학이 더 많으며 전체 인원을 모두 합해도 3,021
명밖에 되지 않는다. 수험생을 대략 50만 명으로 추산할 때 전체 수험생의
0.6%에 불과하다. 상위권 대학은 내신 성적만 좋은 학생을 선발하려고 하지
않는다. 상위권 대학 진학을 원한다면 다른 전형을 중심으로 준비해야 한다.

중하위권 입시에서의 학생부 교과전형

상위권 대학을 제외한 중하위권 대학들의 전형별 선발 비율을 살펴보자.
상위권 대학을 제외한 중하위권 대학에서 학생부 교과전형의 모집 비율은
64.8%로 상위권 대학의 선발 비율의 3배가 넘는다. 하지만 여기서 끝이 아
니다. 64.8%라는 비율은 4년제 대학의 모집인원만 통계낸 결과다. 중하위권
입시의 경우 4년제 대학만 고려해서는 안 된다. 중하위권 입시의 절반인 전
문대 입시까지 생각해야 한다.

2022년 입시의 4년제 대학 전체 모집인원 342,152명에서 상위권으로 분류한 64개 대학의 모집인원인 135,747명을 뺀 나머지는 206,405명이다. 전문대 입시 모집인원 198,458명과 거의 비슷한 수다. 즉 중하위권 학생 2명 중 1명은 전문대에 진학하는 것이다.

전문대의 학생부 교과전형 선발 비율은 68.8%이다. 모집인원이 비슷한 4년제 중하위권 입시의 선발 비율인 64.8%와 68.8%를 평균하면 전체 중하위권 입시에서 학생부 교과전형 비율은 대략 66.8%가 된다. 중하위권 학생 3명 중 2명은 학생부 교과전형으로 대학에 진학하는 것이다.

이렇게 대다수의 중하위권 학생이 학생부 교과전형으로 대학에 진학한다는 것은 그만큼 다른 전형의 문이 좁다는 의미다. 내신 성적이 좋지 않은 학생 중 상당수가 학생부 교과전형을 자신과 상관없다고 생각하는데, 전체 대학에서 학생부 교과전형 비율은 확인한 것처럼 압도적으로 높다. 자신은 피해 갈 수 있다고 장담할 수 없다. 학생부 교과전형을 자신과 상관없는 전형이라고 생각해서는 안 된다.

학생부 교과전형의 핵심, 학생부 반영법

학생부 교과전형이 실제로 어떻게 학생을 선발하는지 자세히 살펴보자. 학생부 교과전형은 지원하는 학생을 내신등급으로 줄 세우는 전형으로, 대학마다 줄 세우는 방법인 학생부 반영법은 제각각이다. 그러므로 학생부 반영법에 대해 분석하고, 그 정보를 토대로 유리한 대학을 찾아 합격 가능성을 예측하고 입시전략을 세워야 한다. 학생부 반영법에서는 학생부에서 어떤 교과를 어떻게 반영하느냐가 가장 중요한데, 그 점에서 상위권 대학교와 중하위권 대학교가 다르다.

먼저 상위권 대학의 학생부 반영법을 살펴보자. 국민대학교의 학생부 반영법이다.

∨ **국민대학교 2022 학생부 반영법**　　(출처 : 국민대학교 전형 계획)

모집단위	반영 교과영역	반영 지표	반영 과목수	학년별 반영비율(%)			
				1학년	2학년	3학년 1학기	3학년 2학기
인문계	국어 / 영어 / 수학 / 사회	석차 등급	이수한 모든 교과목	100 (학년별 차등 반영 안 함)			반영 안 함
자연계	국어 / 영어 / 수학 / 과학						
예·체능계	국어 / 영어						

보통 학생과 학부모가 알고 있는 전형적인 학생부 반영법이다. 인문계열은 '국어, 영어, 수학, 사회', 자연계열은 '국어, 영어, 수학, 과학' 교과의 전 과목을 반영한다. 대부분의 상위권 대학이 이 반영법을 따르고 있다.

이제 중하위권 대학의 학생부 반영법을 살펴보자. 상위권 대학이 주요 교과의 전 과목을 반영하는 데 비해 중하위권 대학은 그보다 반영 교과나 과목의 수가 적다. 상위권 대학과 같은 학생부 반영법을 가진 학교도 있지만 그렇지 않은 학교가 더 많다. 반영 교과와 반영 과목의 수는 학교 선호도와 입시 결과가 낮을수록 더 적어지는 경향을 보인다.

∨ 상위권 vs 중하위권, 학생부 반영법 비교

	상위권 입시	중하위권 입시
반영교과	주요 교과 모두	일부 교과만 반영하는 학교가 많음
반영과목	반영 교과의 전 과목 반영	일부는 과목 선택도 가능
특징	주요 과목 모두 잘해야 하므로 입시정보의 영향력 적음	지원시 유리한 학교를 찾는 데 입시정보의 활용 가치가 큼

일부 교과와 일부 과목만 반영한다는 것은 그 반영 과목을 제외한 나머지는 반영하지 않는다는 뜻이다. 중하위권 입시에서는 자신이 유리한 과목은 많이, 불리한 과목은 적게 반영하는 학교를 찾아야 한다. 상위권 입시에서는 주요 과목 모두를 잘해야 하므로 입시정보의 영향력이 제한적이지만 중하위권 입시에서는 입시정보의 영향력이 크다. 실제 중하위권 대학교의 학생부 반영법을 확인해보자.

∨ 한세대학교 2022 학생부 반영법 (출처: 한세대학교 전형 계획)

학부 및 모집 단위	반영 교과
신학부, 인문사회과학부, 산업보안학과, 사회복지학과, 디자인학부, 예술학부	국어, 영어, 사회
컴퓨터공학과, ICT융합학과	수학, 영어, 과학

한세대학교의 학생부 반영법을 보면 상위권 학교에 비해 반영 교과의 수가 적다. 인문계열은 수학 교과를 반영하지 않고, 자연계열은 국어 교과를 반영하지 않는다. 수학이 9등급인 학생이라도 다른 교과의 성적이 좋다면 한세

대학교 인문계열에 지원한다면 좋은 평가를 받을 수 있다. 국·영·수는 입시에서 주요 과목이지만 모든 대학에서 국·영·수를 필수로 반영하는 것은 아니다. 특정 과목에 약점이 있는 학생이라면 이런 학생부 반영법을 가진 대학에 지원하는 것이 유리하다. 이번에는 협성대학교의 학생부 교과전형의 학생부 반영법을 보자. 이 대학은 1학년 1학기에서 3학년 1학기까지 5학기 중에서 총 9과목의 성적만 반영한다.

∨ 협성대학교 2022 학생부 반영법

(출처: 협성대학교 전형 계획)

구분	전 모집단위	비고
반영지표	석차등급	
반영교과	- 국어/수학 교과 중 상위 3과목 - 영어교과 중 상위 3과목 - 사회/과학 교과 중 상위 3과목	
학년별 비율	1학년 + 2학년 + 3학년 1학기 = 100%	졸업예정자 및 졸업자

보통의 고등학생은 한 학기에 주요 과목만 적어도 6과목 이상 이수한다. 5학기 동안 이수한 30개가 넘는 주요과목 중에서 일부 교과에서 성적이 좋은 9개의 과목만 반영하는 것이다. 성적이 낮은 과목이 반영에서 제외되는 것을 성적 만회의 기회로 활용할 수 있다.

∨ 안양대학교 2022 학생부 반영법

(출처: 안양대학교 전형 계획)

학교생활기록부 학년별 반영비율(%)			
구분	1학년	2학년	3학년
학년별	20	40	40

학년별 반영 비율로 성적 만회의 기회를 주는 학교도 있다. 안양대학교의 경우 3학년 성적을 40% 반영한다. 학생부 교과전형에서 3학년 성적은 1학기만 반영되기 때문에 실질적으로는 3학년 1학기 성적을 40% 반영하는 것이다. 1학년 성적은 학기당 10%, 2학년 성적은 학기당 20% 반영되었던 것에 비하면 훨씬 큰 가중치를 가진다. 학생부 교과전형에 지원할 때는 이렇게 대학별로 다른 학생부 반영법을 잘 파악하고 자신에게 유리한 대학에 지원해야 한다.

합격 가능성 예측이 쉬운 객관적 전형

수시에서는 6번의 지원 기회가 있으며 학생부 교과전형은 수시에 포함된다. 지원 가능 횟수가 제한되어 있기에 한 번의 기회도 의미 없이 날려버려서는 안 된다. 그래서 합격 가능성 예측이 중요하다. 수시에서 합격 가능성 예측 적중률이 가장 높은 전형이 바로 학생부 교과전형이다. 가장 객관적인 평가 기준을 가졌기 때문이다.

학생부 교과전형은 내신등급으로 학생을 선발한다. 내신등급은 숫자로 표기되므로 객관적이다. 전년도 입시 결과와 비교해보면 자신의 합격 가능성을 예측해볼 수 있다. 하지만 수시의 다른 전형들인 학생부 종합전형, 논술전형, 실기전형은 그 기준이 주관적이며, 입학사정관이나 평가위원의 판단에서 자유로울 수 없어서 객관적이지 못하다. 그래서 합격 가능성을 예측하기가 어렵다.

수능에 자신이 없어서 정시로 넘어가기를 원하지 않는 학생의 경우, 수시에서 안정적으로 합격할 수 있는 대학이 꼭 필요하다. 하지만 학생부 교과전형을 제외한 수시의 다른 전형들은 평가 기준이 주관적이라 합격 가능성을 예측할 때 안정적이라는 단어를 사용하기 어렵다. 그렇기에 안정적인 지원 전략에서 학생부 교과전형은 필수다.

작년 입시 결과, 학생부 반영법, 자신의 내신등급 분석으로 합격 가능성 예측

학생부 교과전형은 내신등급이라는 객관적인 평가 기준으로 학생을 선발하는 전형이다. 작년 입시 결과와 자신의 내신등급을 비교해보면 대략적인 합격 가능성을 예측할 수 있다. 상위권 일부 대학을 제외하면 대부분 대학이 학생부 교과전형의 입시 결과를 공개하고 있다. 인터넷에 떠다니는 풍문과 주변 소문에 귀 기울이지 말고 정확한 입시 결과를 확인해야 한다. 그리고 대학에서 발표한 내신 등급이 어떠한 기준으로 산출되었는지 잘 알아보고 비교해야 한다. 예를 들어보자.

∨ **한세대학교 2020 학생부 우수자 전형 입시 결과** (출처: 한세대학교 홈페이지)

학과	최초합격자			최종등록자		
	최고	평균	최저	최고	평균	최저
미디어영상광고학과	2.40	2.72	2.90	2.60	3.02	3.50
국제경영학과	2.60	2.98	3.20	3.80	4.20	4.80
경찰행정학과	2.00	2.29	2.50	3.30	3.46	3.70
국제관광학과	2.70	2.99	3.10	2.90	3.37	3.70
영어학과	2.50	2.74	2.90	3.20	3.48	3.70
전자소프트웨어학과	2.30	2.97	3.20	3.20	3.48	3.70
ICT융합학과	3.20	3.43	3.60	3.20	4.07	4.40

산업보안학과	2.90	3.11	3.30	3.00	3.28	3.60
사회복지학과	2.70	2.83	3.00	2.80	3.13	3.30

입시 결과를 볼 때는 그 결과가 어떤 학생들의 성적인지 가장 먼저 확인해야 한다. 대부분 대학이 최종등록자의 성적을 공개하며 한세대의 경우 최초 합격자의 성적과 최종등록자의 성적을 모두 공개하고 있다. 일부 대학은 최초 합격자 기준의 성적만 공개하는데 그럴 경우 공개된 입시 결과와(등록 포기자와 추가 등록자가 반영된) 실제 입시 결과에 차이가 있음을 감안해야 한다.

또 이 대학은 합격자 중 최고, 최저, 평균 성적을 모두 공개하고 있다. 하지만 대부분의 대학은 평균 성적만 공개한다. 최고 성적은 참고할 만한 가치가 크지 않지만 평균과 최저(커트라인) 성적을 모두 공개하는 대학이라면 합격 가능성을 예측하기가 좋다. 예측할 근거가 더 많기 때문이다.

가장 중요한 것은 발표된 등급이 그 대학의 학생부 반영법대로 산출된 등급이라는 것이다. 평가에 반영되지 않는 교과는 등급에 전혀 영향을 주지 않는다. 한세대학교 2020 수시 요강에는 인문계열의 경우 학생부의 국어, 영어, 사회 교과의 전 과목을 반영한다고 기재되어 있다. 즉 반영되는 3개 교과의 내신등급이 미디어영상광고학과의 경우 평균이 3.02 커트라인이 3.50이었다는 뜻이다. 다른 과목은 1등급이어도 또는 9등급이어도 이 전형에 반영되지 않는다. 인문계열인 경우, 주요 과목인 수학이 평가에 포함되지 않는다. 2020년 입시에서 이 학교의 미디어영상광고학과에 지원한 A학생과 B학생의 경우를 예로 들어보자.

∨ 반영등급의 영향

	A학생(등급)	B학생(등급)
국어	4	3
영어	4	3
수학	1	9
사회	4	3
과학	1	9
평균등급	2.8	5.4
한세대 반영등급	4	3
	⇩	⇩
	불합격	합격

※ 학생부 반영과목-국어, 영어, 사회 전 과목(쉬운 예시 설명을 위해 학년별 반영비율, 이수단위 무시)

전체 성적을 보면 A학생은 B학생보다 성적이 월등히 뛰어나다. 주요 교과 평균 등급이 2.8로 5.4인 B학생과 차이가 크다. 하지만 이 대학의 미디어영상광고학과는 국어, 영어, 사회만 반영한다. 한세대의 학생부 반영법대로 내신을 산정하면 A학생은 4등급이고 B학생은 3등급이다. 2020년 합격자 커트라인이 3.50이었기 때문에 A학생은 탈락이고 B학생은 합격이다. 이 대학교에 지원하는 것은 A학생에게는 나쁜 선택이며, B학생에게는 좋은 선택인 것이다. 입시에 대한 이해 없이 대학의 대략적인 평판만 생각하고 지원한다면 이와 같은 잘못된 지원을 할 수 있다.

학생부 교과전형으로 지원할 경우에는 자신의 성적을 그 학교의 학생부 반영법대로 산출한 결과를 가지고 입시 결과와 비교해보아야 제대로 된 합격 가능성을 예측할 수 있다. 지난해와 올해의 학생부 반영법이 바뀌는 경우가 많으니 반드시 작년과 올해의 요강을 모두 확인해야 한다.

유리한 학생부 반영법을 가진 학교를 찾아라

학생부 교과전형에서는 유리한 학생부 반영법을 가진 대학을 찾는 것이 가장 중요하다. 자신의 내신 성적 중에서 좋지 않은 부분은 반영하지 않으면서 가장 성적이 높은 부분을 많이 반영해주는 대학을 찾아야 한다. 하지만 이 일은 각 대학의 학생부 반영법이 달라서 쉽지 않다.

목표 대학이 있고 그 대학이 입시 결과를 공개하고 있다면 그 대학에 대한 지원 여부 판단은 쉽다. 작년과 올해의 요강을 분석해 자신의 성적과 입시 결과를 비교해보면 지원 여부가 결정된다. 입시요강은 복잡하고 익숙하지 않아 분석이 어렵기는 하지만 시간을 충분히 투자한다면 목표한 대학 몇 군데의 요강 분석 정도는 충분히 스스로 해낼 수 있다. 제대로 분석이 된다면 지원 여부를 결정하는 것은 어렵지 않다. 하지만 대부분의 중하위권 학생들은 제대로 된 목표 대학 없이 성적에 맞춰서 진학하겠다는 생각을 가지고 있다.

그렇다면 입시는 아주 복잡해진다. 전국 198개 4년제 대학과 133개 전문대 중에서 자신에게 유리한 전형법을 가진 대학을 찾기란 쉽지 않다. 그래서 학생부 교과전형 지원에서 유리해지려면 학생부 전형법에 대한 정보가 조금이라도 더 많이 필요하다. 최대한 많은 대학에 대한 자료가 있어야 한다. 그래야 그 특징과 입시 결과를 자신의 성적과 비교해보고 그중에서 자신에게 유리한 대학을 찾을 수 있다.

고등학교 3학년 1학기 기말고사가 끝나면 학생부 교과전형에 반영될 내신등급은 확정되어 변하지 않는다. 자신의 내신 성적은 변하지 않지만 대학의 학생부 반영법에 따라 유불리가 갈린다. 따라서 지원할 대학을 결정하기 위해 입시요강 분석에 시간을 아낌없이 투자해야 한다. 하나라도 더 많은 대학의 입시요강을 분석하는 것은 자신의 성적을 올리는 것과 같다는 점을 명심해야 한다.

번거로운 요강 분석을 대신해 합격 예측 프로그램에 의존하는 것은 현명한 선택이 아니다. 프로그램의 합격 예측 결과는 여러 가지 입시정보 중 하나일 뿐이다. 업체마다 결과도 다르고 정확하지도 않으며 자기 성적의 유불리를 판별해주는 것도 아니다. 앞서 예를 든 A학생의 경우 그 대학에는 상향 지원이라는 결과가 나오겠지만 그보다 더 평판이 좋은 대학에서는 하향지원이라는 결과가 나올 수 있다. 프로그램에 의존한다면 중요한 대학 선택에 있어서 혼란을 겪게 된다.

일반고 학생이라면, 학생부 교과전형이 더 유리

학생부 교과전형은 고등학교 내신등급으로 학생을 선발한다. 이때 학생이 다니는 고등학교의 학업 수준은 반영하지 않는다. 과학고나 외고 등의 특목고 내신 4등급 학생이라면 학업 수준이 낮은 일반고에서는 1등급의 성적이 나올 능력을 갖추었을 수도 있다. 하지만 학생부 교과전형에서는 특목고 4등급 학생과 일반고 4등급 학생을 같은 성적의 학생으로 본다.

학교의 학업 수준이 낮으면 낮을수록 학생부 교과전형에서는 유리한 것이다. 강남이나 목동 등에 위치한 내신 경쟁이 치열한 일부 학교 재학생이 아니라면 일반고 학생에게 학생부 교과전형은 유리하다. 실제 학업실력이 아니라 숫자로 표기되는 내신등급만으로 대학교가 평가하는데, 좋은 등급을 받기에는 일반고가 훨씬 유리하다.

∨ 학생부 교과전형의 학생부 반영 방법

특목고 4등급 = 일반고 4등급

학교의 학업 수준 차이를 반영하지 않음 → 학업 수준이 낮은 학교의 학생에게 유리

하지만 학생을 선발하는 대학도 이런 부분을 전혀 고려하지 않는 것은 아니다. 학력 수준이 정말 낮은 일반고 출신의 학생 중에서는 높은 내신등급에도 불구하고 대학에서 원하는 최소한의 학력 수준조차 갖추지 못한 학생도 있다. 그래서 일부 대학은 최소한의 객관적 학업 능력을 확인하기 위해 수능 최저학력기준을 정해두고 있다.

수능 최저학력기준에 맞춰 자신에게 유리한 학교로 지원

수능은 전국의 모든 수험생이 치르는 객관적인 시험이다. 수능 최저학력기준을 적용하는 학교는 수능이라는 객관적 시험을 통해서 최소한의 학력이 검증된 학생만 선발하겠다는 것이다. 그 기준을 통과한 학생만 학생부 반영법을 적용한 내신 성적으로 줄 세워 선발한다.

∨ 순천향대학교 2022 수능 최저학력기준 (출처: 순천향대학교 전형 계획)

전형	대학/모집단위	수능 최저학력기준	반영과목
학생부 교과 (일반학생 전형)	의료과학대학	2개 과목 등급 합 8 이내	국어, 수학, 영어, 탐구 (사탐, 과탐, 직탐)
	SCH미디어랩스(건축학과(5) 제외), 인문사회과학대학, 글로벌경영대학	2개 과목 등급 합 9 이내	
	건축학과(5), 자연과학대학, 공과대학	2개 과목 등급 합 10 이내	

	의예과	4개 과목 등급 합 6 이내 (탐구 2개)	
	간호학과	3개 과목 등급 합 10 이내 (탐구 2개)	국어, 수학, 영어, 탐구 (사탐, 과탐)
학생부 교과 (지역 인재 전형)	의예과	4개 과목 등급 합 6 이내	
	간호학과	3개 과목 등급 합 10 이내	

※ 탐구과목은 성적이 우수한 1개 과목만 반영함
　(단, 학생부교과(일반학생전형) 의예과, 간호학과는 탐구 2개 과목의 평균을 반영함)
※ 의예과, 간호학과는 직업탐구 과목을 반영하지 않음
※ 의예과 지원자가 '확률과통계' 과목을 응시한 경우 0.5등급 하향 조정 반영함
※ 의예과 지원자가 '사회탐구' 과목을 응시한 경우 0.5등급 하향 조정 반영함
※ 제2외국어/한문 과목은 반영하지 않음

모든 대학의 모든 학과에서 수능 최저학력기준을 적용하는 것은 아니다. 대학교나 학과의 입학 성적이 높을수록 최저학력기준을 요구하는 경향이 있다. 예시로 든 순천향대에서도 의예과나 간호학과의 경우 더 높은 최저학력기준을 적용한다. 이런 최저학력기준 적용 유무와 적용되는 최저학력의 난이도를 자신의 성적에 적합하게 활용한다면 입시에서 유리할 수 있다.

내신 성적에 비해서 수능 모의고사 성적이 높은 학생이라면 수능 최저학력기준이 높을수록 유리하다. 그 기준을 충족시키지 못하는 학생이 꽤 많으므로 실질적인 경쟁률을 낮출 수 있다. 학력이 낮은 일반고에서 수능에 비해 내신 성적만 좋은 학생이라면 수능에서 절대평가가 적용되어 높은 등급을 받기 수월해진 영어를 잘 활용해 어떻게든 수능 최저학력기준을 충족시키는 방향을 우선 추천한다. 하지만 그마저도 자신이 없다면 수능 최저학력기준을 적용하지 않는 학교도 함께 지원하는 것을 고려해야 한다.

대비법 - 고1부터 꾸준한 내신 관리

학생부 교과전형에 반영되는 성적은 대부분 고등학교 전체의 내신 성적이기 때문에 고1부터 내신을 꾸준히 관리해야 한다. 학기별 반영 비율이 동일한 경우를 가정해보자. 고등학교 1학년 1학기부터 3학년 1학기까지 총 5학기 동안 매 학기 두 번씩(중간, 기말), 시험을 총 10번 치른다. 반영 비율이 학기마다 동일하다면 고등학교에 입학하고 얼마 되지 않아 치르는 1학년 1학기 중간고사가 학생부 교과전형에서 10%의 성적을 결정짓는다. 입시는 고등학교 입학과 동시에 시작되는 것이다. 1학년 초반에 쉬엄쉬엄하다가 고학년에 올라가서 열심히 공부해도 입시에서 좋은 결과를 얻을 수도 있던 이전의 학력고사와 수능 위주의 입시가 진행되던 시절은 끝났다. 요즘 입시는 꾸준히 내신 관리를 잘한 학생이 유리하다. 입시를 위해서도 고등학교 생활을 충실히 해야 하는 것이다.

부족한 내신 성적 만회의 기회, 학생부 교과면접 전형

학생부 교과면접 전형은 내신 성적과 면접 점수를 통해 선발하는 전형이다. 면접의 반영 비율은 학교마다 다르지만 대략 10~50%로 다양하다. 내신 평가에서 기본 점수가 부여되는 학교도 많기 때문에 면접의 실질 반영 비율은 더 높은 편이다. 내신 성적이 원하는 대학의 학생부 교과전형에 지원하기에 부족하다면 학생부 교과와 함께 면접을 평가에 반영하는 학생부 교과면접 전형으로 선발하는 학교를 전략적으로 노려볼 필요가 있다.

∨ 학생부 교과면접 전형

1. 수능 최저학력기준 미적용 학교가 많다.
2. 학생부 교과전형에 비해 합격자의 성적이 낮은 편이다.
3. 중하위권 입시의 면접은 난이도가 높지 않아서 얼마나 준비하느냐에 따라
   점수가 결정된다.

　학생부 교과면접 전형은 수능 최저학력기준을 적용하지 않는 대학이 많다. 면접을 통해서 학생들의 최소한의 학업 수준을 파악할 수 있다고 대학들이 생각하는 듯하다. 내신 성적이 원하는 대학에 진학하기에 모자라고 수능에도 자신이 없는 학생이라면 수능 최저학력기준을 적용하지 않는 전형을 가진 학생부 교과면접 전형으로 진학하는 것이 좋은 전략이다.

　학생부 교과면접 전형은 학생부 교과전형에 비해서 합격자들의 내신등급이 낮다. 2020년 입시에서 안양대학교는 학생부 교과전형과 학생부 교과면접 전형을 별도로 시행했다. 학생부 반영법은 동일했으며 각 전형의 합격자 평균 성적은 다음과 같다.

∨ 안양대학교 2020 수시 입시 결과　　(출처: 안양대학교 홈페이지)

학과	아리학생부교과		아리학생부면접	
	평균	최저	평균	최저
국어국문학전공	3.28	3.76	3.90	4.10
영미언어문화전공	3.16	3.35	3.80	3.97
중국언어문화전공	3.34	3.51	3.86	4.03
유아교육과	2.60	2.97	2.91	3.10

글로벌경영학과	3.11	3.37	3.12	3.48
관광경영학과	3.41	4.54	2.94	3.84
행정학과	3.10	3.39	3.38	3.53
식품영양학과	2.95	3.34	3.18	3.92
정보전기전자공학전공	3.56	3.99	3.70	4.25
컴퓨터공학전공	3.27	3.52	3.62	4.12
소프트웨어전공	3.57	3.94	3.79	4.18
통계데이터과학전공	3.84	4.21	3.74	4.17
디지털미디어디자인전공	3.19	3.37	3.82	4.09

학생부 교과전형보다 학생부 교과면접 전형의 합격자 평균 내신 성적이 더 낮은 것을 확인할 수 있다. 지원자의 쏠림 현상과 경쟁률, 수능 최저 적용 여부에 따라 달라질 수 있지만 대개의 경우 학생부 교과면접 전형의 입시 결과가 낮다. 그 차이는 일반적으로 평균보다 커트라인(최저)에서 더 크게 날 것이다. 학생부 교과면접 전형에서 내신 성적이 가장 낮은 합격자는 면접에서 높은 점수를 받은 경우가 많기 때문이다.

학생부 교과면접 전형이 학생부 교과전형보다 입학 가능 내신이 낮은 이유는 간단하다. 면접 점수는 예측할 수 없는 부분이며, 면접 준비도 부담스럽기 때문에 학생부 교과전형에 지원하기에 안정적인 성적을 가진 학생이라면 학생부 교과전형으로 지원하기 때문이다. 즉 학생부 교과면접 전형은 학생부 교과전형 지원자들보다 내신 성적이 낮은 학생들끼리 경쟁하는 구조다. 그래서 면접에서 좋은 점수를 받는다면 내신 성적에 비해 좋은 대학에 진학할 수 있다.

철저한 준비가 수반된다면 면접에서 좋은 점수를 받을 수 있다

학생부 교과면접 전형의 면접은 간단한 편이다. 자신이 지원한 전공을 선택한 이유(지원동기)와 그 전공에 대해서 얼마나 알고 있는지, 앞으로의 계획 등 일반적인 질문이 대부분이다. 또 많은 대학이 작년 면접 기출 문제나 올해 예상 문제를 공개하고 있기 때문에 철저히 대비한다면 면접에서 좋은 점수를 받을 수 있다. 처음 보는 면접 위원들에게 평가를 받아야 해서 떨리고 어려울 것이다. 하지만 실전 같은 연습을 충분히 하고 단정한 옷차림과 올바른 태도로 면접에 임한다면 학생부 교과면접 전형은 부족한 내신 성적을 만회하는 기회가 될 수 있다. 또 실제 면접에 임하는 학생 중 많은 수가 충분한 대비 없이 임하는 경우가 많아 노력만 한다면 좋은 결과를 기대할 수 있다. 학생부 반영법 분석 후 유리한 대학을 선정해서 지원한 후 면접 고득점을 위해서 노력을 아끼지 않아야 한다.

[특징]

- 고등학교 내신등급으로 선발

- 상위권 입시에서는 선발 인원 적음

- 중하위권 입시에서는 절대적인 선발 비율

- 합격 가능성 예측이 쉬운 객관적 전형

- 학생부 반영법 해석이 핵심

- 수능 최저 적용 유무 확인 필요

[대비]

- 1학년 1학기 중간고사부터 입시는 시작

- 충실한 학교 생활로 내신 성적 관리

- 면접 포함되는 전형은 성적 만회의 기회

03
학생부 종합전형

학생부 종합전형은 학생부 교과와 비교과를 종합적으로 평가하여 학생을 선발하는 전형이다. 단순히 공부만 잘하는 인재를 선발하는 입시에서 벗어나 열정과 가능성을 가진 다양한 인재를 선발하기 위해 도입되었다. 그래서 학생부 교과(내신) 영역뿐 아니라 학교생활기록부에 기재된 모든 비교과 영역까지 종합적으로 평가해서 대학교와 학과가 원하는 열정과 가능성, 인성을 가진 인재를 선발하는 전형이다. 그 평가는 대학교의 입학사정관이 한다. 그래서 도입 당시의 명칭은 입학사정관 전형이었지만 명칭이 학생부 종합전형으로 바뀌었다.

'입시는 줄 세우기'라는 관점에서 학생부 종합전형을 간단히 설명하면, 입학사정관이 학생의 학생부를 종합적으로 평가해서 학생마다 점수를 매기고, 그에 따라 줄을 세우는 전형이다. 그래서 입학사정관에게 높은 평가를 받는 것이 학생부 종합전형의 핵심이다.

학생부 종합전형 선발 비율		
전체 입시	상위권 입시	중하위권 입시
22.9%	31.7%	17.1%

먼저 학생부 종합전형의 선발 비율부터 살펴보자. 전체 입시에서의 선발 비율은 22.9%이며 상위권 입시에서는 31.7%, 중하위권 입시에서는 17.1%를 차지하는데, 학생부 종합전형은 표면으로 보이는 수치보다 훨씬 중요한 전형이다. 이는 상위권과 중하위권 입시 모두에 해당한다.

상위권 입시와 중하위권 입시 모두에서 중요한 학생부 종합전형

상위권 대학 진학을 목표로 한다면 가장 중점적으로 준비해야 할 전형이 바로 학생부 종합전형이다. 아무리 정시 선발 비율이 늘어났다고 해도 여전히 입시의 중심은 수시인데, 상위권 입시의 수시에서 학생부 종합전형은 가장 선발 비율이 높은 전형이기 때문이다. 특히 학생과 학부모가 선호하는 대학일수록 학생부 종합전형의 선발 비율이 높다. TOP 11 대학의 경우 39.9%이며 특히 논술전형을 실시하지 않는 서울대와 고려대는 각 70.0%, 61.3%의 비율로 상위권 입시에서 가장 중요한 전형이 바로 학생부 종합전형이다.

∨ 2022 학생부 종합전형 선발 비율

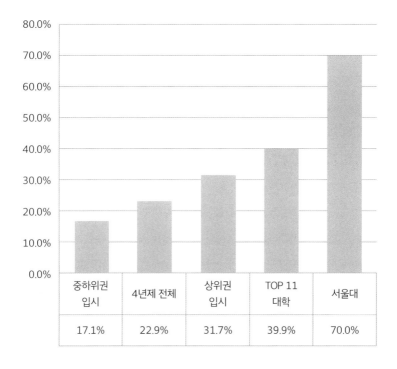

중하위권 입시	4년제 전체	상위권 입시	TOP 11 대학	서울대
17.1%	22.9%	31.7%	39.9%	70.0%

　　상위권 학생의 경우 수능이 쉬워진 데다 영어 절대평가까지 도입되면서 정시에서는 수능 한두 문제 차이로 입시 결과가 크게 바뀐다. 난이도와 학생의 당일 컨디션에 큰 영향을 받는 수능만 바라보고 입시를 준비한다면 위험이 크다. 그리고 수시가 마무리된 후에 정시 선발을 시작하는 입시 일정상 수능에 무게중심을 두고 입시를 대비하는 학생들도 수시에 지원하게 된다. 수시에서의 전형을 살펴보면 상위권 대학의 학생부 교과전형은 모집 인원이 적기 때문에 피하는 것이 좋고, 남은 것은 학생부 종합전형과 논술전형인데 논

술전형은 경쟁률이 너무 높으며 결과를 장담하기 어렵다. 결국 남는 전형은 학생부 종합전형이다. 상위권 대학에 진학하려면 (이미 1, 2학년의 내신 성적이 목표 대학 진학에 한참 부족한 학생이 아니라면) 학생부 종합전형 위주로 입시를 준비할 수밖에 없다.

중하위권 입시에서도 학생부 종합전형은 중요하다. 그리 높지 않아 보이는 17.1%의 선발 비율이지만 실제로는 그보다 훨씬 중요하다. 내신이 좋지 않은 학생이라도 수능에 올인하는 경우는 많지 않다. 불확실성이 높은 수능 성적에 모든 것을 걸기는 어렵다. 그런데 중하위권 입시는 논술전형이 거의 없기 때문에 수시전형은 학생부 교과전형과 학생부 종합전형이 전부라고 할 수 있다. 이 두 전형 중에서 내신 성적이 같다면 더 좋은 대학에 지원해볼 수 있는 전형이 학생부 종합전형이다. 그러므로 학생부 종합전형 대비는 상위권 학생이든 중하위권 학생이든 입시에서 좋은 결과를 얻고 싶다면 피할 수 없는 선택이다.

학생부 종합전형은 학생을 어떻게 평가하나?

학생부 종합전형은 입학사정관의 평가로 지원자의 점수를 결정한다. 2~3명의 입학사정관이 독립적으로 지원자를 평가해 점수를 매기고 평균을 내는 식이다. 실제로 입학사정관이 어떻게 평가하는지 살펴보기 위해 몇 개 대학의 학생부 종합전형의 평가기준표를 조합해 예시를 만들었다.

∨ 학생부 종합전형 평가 기준표와 평가방법 예시

평가영역	평가요소	배점	평가등급 및 평가 근거				
기초학업 능력	• 전반적 학업성취도 • 계열별 이수과목 성취도 • 학년별 학업성취도 추이 • 교과관련 활동 및 수상실적 • 자기소개서 학습경험	40점	A(40)	B(36) ∨	C(32)	D(28)	E(34)
				평가근거			
전공적 합성	• 전공이해도 • 전공에 대한 열의, 적성 • 전공관련 과목 학업성취도 • 관련활동의 적합성 • 학업, 진로계획의 타당성	30점	A(30)	B(27)	C(24) ∨	D(21)	E(18)
					평가근거		
인성	• 공동체의식 • 창의적 체험활동 • 성실성 • 교우관계	30점	A(30) ∨	B(27)	C(24)	D(21)	E(18)
				평가근거			

예시의 대학은 입학사정관이 지원자의 학생부와 자기소개서를 검토해서 기초학업능력과 전공적합성, 인성을 종합적으로 평가해 선발한다. 정량적이 아닌 정성적 평가라고 해도, 학생들에게 점수를 부여해서 줄을 세울 수밖에 없고 그 총점은 100점이며 기초학업능력이 40점, 전공적합성과 인성이 각 30점 만점이다.

기초학업능력을 평가할 때는 전반적 학업성취도와 계열별 이수과목 성취도 등 표에 표기된 주요 평가요소를 지원자가 제출한 학생부와 자기소개서를 토대로 평가한다. 입학사정관이 평가하기에 그 대학에 지원하는 경쟁자들에 비해 학생의 기초학업능력이 아주 뛰어나다고 생각된다면 A를 부여할 것이다. 그러면 그 학생의 기초학업능력 점수는 40점이 된다.

앞의 예시에 체크된 것처럼 B를 부여하면 36점을 받게 된다. 마찬가지로 전공적합성과 인성을 평가하며 이 학생은 총 90점(기초학업 능력 36점 + 전공적합성 24점 + 인성 30점)을 받게 된다. 보통 2~3명의 입학사정관이 지원자 1명을 독립적으로 평가하며 그 점수의 평균으로 줄을 세운다. 다른 입학사정관이 94점을 주었다면 이 학생의 점수는 90점과 94점의 평균인 92점을 받게 된다. 평가 항목과 배점은 대학에 따라 달라질 수 있겠지만 이런 식으로 매겨진 점수를 기준으로 줄을 세우는 것이 학생부 종합전형 서류 평가의 기본 형태이다.

학생부 종합전형 평가의 신뢰성은?

그럼 입학사정관이 평가하는 학생부 종합전형의 평가를 얼마나 신뢰할 수 있을까? 학생부 종합전형 도입 후 꽤 많은 시간이 흘렀다. 이제는 대학교마다 그 평가 기준이 확실히 자리 잡았으며 도입 초기에 있었던 제도에 대한 미숙함은 많이 사라졌다. 그럼에도 학생부 종합전형에서 입학사정관의 학생부 평가의 신뢰도에 대한 의문을 지울 수 없으며, 그 평가를 주관적이라고 볼 수밖에 없는 몇 가지 이유가 있다.

첫 번째는, 입학사정관 중 입시전문가의 비율이 낮다는 점이다. 입학사정관이라는 명칭만 놓고 보면 입시에 대한 전문성이 높을 것 같지만 실제로는 그렇지 않다. 입학사정관은 입학사정이 주 업무인 전임사정관과 대입전형 기간에만 입학사정 업무를 하는 위촉사정관이 있다. 전임사정관은 입시전문가라고 볼 수 있지만 위촉사정관은 대부분 그 학과의 교수가 맡고 있다. 교수들을 모아서 입학사정에 대한 약간의 교육을 한 후 바로 입학사정을 맡기는 것이다. (2019년 11월 교육부의 보도자료에 따르면 입학사정에 대한 필수교육 시간은 신임 30시간, 경력 15시간이었으나 40시간으로 변경될 예정이다.) 교수는 그 전공과목의 전문가이지 입시전문가가 아니다. 40시간 정도의 입학사정 관련 교육으로는 전문성을 기대하기는 어렵다.

입학사정을 제대로 하려면 입시전문가인 전임사정관의 비율이 높아야 한다. 그런데 문제는 전임사정관의 비율이 낮다는 것이다. 교육부의 자료를 받아 전희경 국회의원실이 분석한 자료에 따르면 주요 대학 대부분이 포함되는 고교교육 정상화 기여 대학의 2018학년도 전임 입학사정관의 수는 789명, 위촉 입학사정관의 수는 3,590명으로 전임 입학사정관 비율은 18%에 불과하다. 입시에 대한 전문성이 부족한 위촉사정관 비율이 높을수록 평가의 신뢰성은 떨어지게 된다.

두 번째는, 입학사정관이 학생을 평가할 만한 충분한 시간이 주어지지 않는다는 것이다. 보통 입학사정은 2~3명의 사정관이 지원자를 독립적으로 평가하는데 사정관 중 1명은 전임사정관이다. 그런데 이 전임사정관이 평가해야 할 학생의 수가 너무 많다는 것이 문제다.

위 대학의 경우 전임사정관 789명이 지원자 449,841명의 서류를 평가했다. 전임사정관 1명당 평균 570명의 서류를 심사한 것이다. 지원자를 제대로 평가하기에 서류 접수 후 1차 발표까지 주어지는 시간이 너무 짧다. 이런 환경 속에서 100% 공정하고 객관적인 평가를 기대하기는 어렵다.

학생부 종합전형에서 가장 중요한 것은?

학생부 종합전형의 평가에 의구심이 있다고 해도 학생부 종합전형이 현행 입시제도에서 가장 중요한 전형이라는 사실은 변하지 않는다. 수험생의 입장에서 학생부 종합전형 대비는 하지 않을 수 없다. 그러면 학생부 종합전형에서 가장 중요한 것은 무엇일까? 답은 학생부 교과, 바로 내신 성적이다. 내신 성적이나 수능 위주의 서열화 입시에서 탈피하기 위해 도입된 학생부 종합전형이지만, 그 전형에서 가장 중요한 것이 아이러니하게도 내신 성적이다.

그 이유는 첫 번째로, 고등학교 생활 전체를 보여 주는 학생부에서 내신 성적은 그 학생의 성실함을 보여주는 기본 지표이다. 기본을 성실히 하지 않은 학생은 다른 비교과 활동이 아무리 훌륭해도 좋은 평가를 받지 못한다. 내신은 바닥인데 비교과만 좋은 학생은 입학사정관이 보기에 주객이 전도된 학생이다. 학생이라면 비교과 활동보다 학교 공부가 더 우선이어야 한다. 또 내신 성적은 대학 진학 후의 학업 능력과 대학에서의 성실성을 추정할 수 있는 최고의 참고자료다. 일정 수준 이하의 내신 성적을 가진 학생은 대학에서 학업을 수행하기에 어려움이 있다고 볼 수밖에 없다.

두 번째 이유로는, 학생부에서 가장 객관적인 요소가 내신등급이기 때문이다. 자기소개서의 내용이나 학생부에 기재된 다른 내용(수상 실적, 동아리 활동, 다양한 탐구 활동 등)보다 내신등급이 더 객관적이기 때문이다. 예를 들어보자. 교내 영어 에세이 쓰기 대회 2위의 수상 실적이 있는 학생이라도 영어 내신등급이 5등급이라면 영어 실력을 의심받을 수밖에 없다. 과학 관련 탐구활동 보고서를 많이 작성하고 과학 대회 수상경력이 있는 학생이라도 과학 등급이 6등급이라면 보여주고자 하는 과학에 대한 탐구심은 입학사정관이 보기에 거짓된 것으로 느껴질 것이다.

앞서 제시한 평가기준표의 예시를 기준으로 100점 만점에서 70점의 배점을 차지하는 기초학업능력과 전공적합성에서 내신등급은 가장 중요한 평가요소다. 내신등급이 하위인데 기초학업능력 평가에서 A를 줄 수는 없다. 전공적합성에서도 전공에 대한 이해도와 열의나 적성을 객관적으로 파악할 수 있는 기본요소는 결국 관련 과목의 내신등급이다. 내신등급이 뒷받침되지 않는다면 그 어떤 방법으로 자신의 열의를 표현해도 입학사정관이 인정해 주기 어려울 것이다.

세 번째로, 학생부 비교과의 상향평준화가 이루어지고 있다는 것이다. 학생부 종합전형의 도입 초기만 하더라도 학생과 교사 모두 학생부 내용에 대해 크게 신경 쓰지 않았다. 입시의 주요 전형으로 학생부 종합전형을 인정하지 않았기 때문이다. 그 시기에는 학생부 비교과를 제대로 준비한 학생이 많지 않았기에 내신이 부족해도 잘 준비된 학생부 비교과를 강점으로 내세워 학생부 종합전형에서 좋은 결과를 얻은 경우가 많았다.

그러나 이제는 학생부 종합전형이 입시에서 가장 중요한 전형이라고 모두가 인정한다. 그래서 학생과 학부모가 학생부 내용, 특히 비교과 준비에 시간을 많이 투자하고 있다. 학생부를 작성하는 일선 교사들도 학생부 종합전형에 맞추어 학생부를 기재하는 요령이 많이 생겼다. 특히 학교의 입시실적으로 바로 연결되는 상위권 학생들의 경우에는 학생들이 비교과에 신경을 쓰지 못한 부분까지 학교에서 챙겨주기도 한다. 그래서 학생부 내용의 상향평준화가 이루어졌다. 학생부 교과와 비교과를 종합적으로 평가하는 학생부 종합전형에서 비교과의 평준화가 이루어졌다면 변별 요소는 다시 학생부 교과가 될 수밖에 없다. 그래서 학생부 종합전형에서 가장 중요한 것은 내신 성적이다.

학생부 종합전형에서 안정지원은 없다

실제 상담에서 '학생부 종합전형으로 OO대학에 지원해서 합격할 수 있을까요?'라는 질문을 많이 받는다. 그것이 학생이나 학부모 입장에서 가장 궁금하다는 점은 이해가 간다. 하지만 입시전문가의 입장에서는 그런 질문을 받을 때마다 '알 수 없습니다'라고 답할 수밖에 없다.

학생부 종합전형은 평가 기준과 실제로 이루어지는 방식, 대비법에 대해 충분히 이해했더라도 한 대학을 놓고 지원 시 합격 가능성을 정확히 예측할 수 없다. 앞서 살펴본 것처럼 학생부 종합전형은 입학사정관이 평가하며 결과는 다른 전형들에 비해서 주관적일 수밖에 없다. 수치화된 내신 또는 수능 성적으로 학생을 평가하는 학생부 교과전형이나 수능전형은 성적 계산이 가능하다. 그러므로 합격 가능성을 예측해볼 수 있다. 하지만 학생부 종합전형의 경우는 예측이 불가능하다. 똑같은 학생이라도 입학사정관이 평가하는 점수가 다를 수 있다.

그래서 수시에서 꼭 합격이 필요한 학생의 경우라면, 학생부 종합전형처럼 주관적 평가 기준을 가진 전형에 주어진 6번의 기회를 전부 사용해서는 안 된다. 안정적으로 합격이 가능한 대학이 있어야 하는데, 주관적 전형은 합격 가능성 예측이 어렵기 때문이다. 보통 학생부 교과전형으로는 목표 대학에 지원하기에 부족한 내신 성적일 때 자기소개서와 면접으로 만회하려고 학생부 종합전형에 지원한다. 하지만 자기소개서와 면접은 주관적 평가로 이루어지므로 누구도 좋은 성적을 확신할 수 없다.

입시는 12년의 교육 과정을 결산하는 대표적인 결과물이다. 그렇게 중요한 입시에서 제한된 6번의 기회를 모두 불확실한 승부에 건다면 도박이나 다름없는 무책임한 선택이다. 수시 합격이 필수라면 객관적 전형인 학생부 교과전형에서 안정적 지원을 하고 남은 기회를 주관적 전형에 사용해 역전을 노려야 한다.

학생부 종합전형에서 학생부 비교과의 가치

학생부 종합전형에서 가장 중요한 평가요소는 학생부 교과 즉 내신 성적이라는 것은 확인했다. 그러면 학생부 비교과는 어떤 가치를 가질까? 최상위권 입시와 나머지 입시로 나누어 살펴보아야 한다.

최상위권 입시에서는 학생부 종합전형의 비율이 가장 높으며 선호도가 높은 대학일수록 더 높아진다. 그래서 최상위권 대학 진학을 목표로 한다면 학생부 종합전형 대비, 즉 학생부 비교과 준비는 필수다. 아무리 내신 성적이 좋은 학생이라도 학생부 비교과가 준비되지 않았다면 학생부 종합전형으로 목표 대학에 진학하는 것은 불가능하다. 최상위권 대학에 학생부 종합전형으로 지원할 기회를 만들어주는 것, 이것이 최상위권 입시에서 학생부 비교과의 가치이다.

그러나 최상위권 대학을 제외한 나머지 대학의 입시에서는 학생부 비교과의 역할이 조금 다르다. 최상위권 입시에서는 학생부 비교과가 대학 진학의 필수 요소라면 나머지 대학들에서는 조금 더 선호하는 대학으로 진학하기 위한 옵션이라고 볼 수 있다. 학생부 종합전형에서는 학생부 교과(내신)의 불리함을 학생부 비교과 활동을 이용해 어느 정도 만회할 수 있기 때문이다. 같은 내신등급의 학생이라면 학생부 종합전형으로 지원해야만 학생부 교과전형으로 진학하는 것보다 더 선호하는 대학교에 진학할 수 있다. 학생부 비교과가 충실하게 준비된 학생에게는 학생부 교과전형으로 진학할 때보다 가산점을 더 주는 전형이 학생부 종합전형이라고 보면 된다. 그럼 그 가산점이 어느 정도 되는지 몇몇 학교의 입시 결과를 살펴보자.

∨ 2020 수시 입시 결과 비교. 학생부 교과 vs 학생부 종합

학교	2020 수시 입시 결과(합격자 평균)			
	학생부 교과		학생부 종합	
	인문	자연	인문	자연
숭실대	2.20	2.33	3.03	2.80
상명대(서울)	2.31	2.47	3.26	3.08
명지대	2.44	2.52	3.26	3.56
경기대	2.74	3.02	3.31	3.45
단국대(천안)	3.64	3.32	4.06	3.42
순천향대	3.65	3.70	4.14	4.19
상명대(천안)	3.53	3.87	4.54	4.51

각 전형으로 합격한 학생들의 내신 성적을 비교해보면 대부분 학생부 교과전형이 학생부 종합전형보다 월등히 좋은 것을 확인할 수 있다. 학생부 교과전형 합격자의 내신 성적이 더 좋은 이유는 간단하다. 학생부 교과전형은 비교과에 신경 쓸 이유도, 자기소개서를 쓸 필요도 없기 때문이다. 그리고 면접마저 없다면 인터넷 클릭을 통한 지원으로 모든 것이 끝난다. 클릭 몇 번만 하고 합격 발표를 기다리며 수능에 매진할 수 있다. 두 전형의 합격 가능성이 동일하다면 수능 준비를 할 시간을 쪼개어가면서 자기소개서를 쓰고 면접을 보러 다니는 수고를 할 수험생은 아무도 없다.

최상위권 대학을 제외한 모든 대학에서 학생부 종합전형은 학생부 비교과 활동 관리가 잘된 학생들에 한해서 0.5~1.5등급 정도의 가산점을 주어서, 같은 등급으로 학생부 교과전형을 통해 합격 가능한 대학보다 더 선호하는 대학교로 진학이 가능하게 기회를 주는 전형이라고 정의할 수 있다. 학생부 비교과 준비 여부에 따라서 부족한 내신 성적을 만회할 수 있는 것이다. 자신의 성적보다 입시에서 더 좋은 결과를 얻고 싶다면 수시에서 6번의 기회 중 일부는 학생부 종합전형 지원에 사용해야 한다. 학생부 종합전형은 특히 중학생이나 고등학교 저학년이 미리 준비한다면 입시에서 가장 좋은 결과를 낼 수 있는 전형이기 때문에 이해와 대비가 꼭 필요하다.

입학사정관을 설득시키는 자기소개서 작성법

학생부 종합전형에서 입학사정관이 학생부를 평가할 때 내신 성적 다음으로 가장 중요하게 활용하는 평가 요소가 자기소개서다. 입학사정관이 많은 지원자의 학생부를 세세히 살펴보기는 어렵다. 그래서 자기소개서를 통해서 학생에 대한 1차적인 평가를 하는 것이다. 입시에서 자기소개서는 단순히 자신이 어떤 사람인지 소개하는 글이 아니다. 자기소개서를 입시에 적합하게 잘 구성해서 입학사정관을 설득하는 것이 학생부 종합전형에서는 중요하다.

자기소개서 평가의 핵심, 적성과 인성

입학사정관이 자기소개서를 통해서 알고 싶은 것은 지원자의 '적성과 인성' 두 가지이다. 학생부 종합전형 지원자는 자신이 그 대학과 학과가 원하는 적성과 인성을 갖춘 지원자라는 것을 보여주어야 좋은 평가를 받을 수 있다.

자기소개서를 쓸 때는 대학에서 학업을 수행하기에 부족함이 없어 보이는 학업 능력과 함께 지망 전공에 대한 열정과 가능성을 보여서 자신이 그 대학과 전공에 적합한 인재라는 것을 입학사정관에게 알리는 것을 최우선으로 해야 한다. 입학사정관의 입장에서 지원자를 평가할 때, '이 학생은 대학에 와서 공부를 잘해낼 수 있을 것 같으며 분야에 대한 관심이 많고 재능도 있는 것 같다'라는 생각이 들도록 해야 한다. 전공에 대한 적성 못지않게 중요한 평가 요소는 인성이다. 자기소개서를 통해 성실함, 공동체 의식, 리더십 등을 보여서 인성까지 갖춘 인재라는 것을 입학사정관에게 어필해야 한다.

∨ 자기소개서 평가의 핵심

적성	지망하는 전공에 적합한 인재인가? → 대학에서 학업을 수행할만한 학업 능력을 보여 주어야 함. → 지망전공에 대한 열정과 가능성을 보여 주어야 함.
인성	훌륭한 인성을 갖춘 인재인가? → 성실성, 공동체 의식, 리더십 등을 보여 주어야 함.

일관성이 가져다주는 설득력

입학사정관은 자기소개서를 평가할 때 지원자의 적성과 인성을 중점적으로 보면서 대학과 학과가 원하는 가능성(적성)을 가진 인간다운 인재(인성)인지를 확인한다. 문제는 모든 지원자가 자기소개서에서 자신이 뛰어난 인재라고 이야기한다는 것이다. 모두가 자신을 훌륭한 인재라고 소개하는 자기소개서의 홍수 속에서 입학사정관에게 높은 평가를 받을 수 있는 설득력 있는 자기소개서를 써야 학생부 종합전형에서 좋은 결과를 얻을 수 있다.

자기소개서가 설득력 있으려면 고등학교 생활 전체를 아우르는 일관된 모습으로 자신이 적성과 인성을 갖춘 인재라는 것을 보여주어야 한다. 지원하는 학과와 관련된 분야에 대한 관심과 탐구 활동, 인성을 보일 수 있는 교내활동이나 봉사활동 등의 내용이 단발적으로 보이거나 자기소개서를 위해 급조된 느낌을 주어서는 안 된다. 즉 고등학교 생활을 하는 동안 일관적인 모습이 필요하다.

예를 들어 고1부터 꾸준하게 독거노인 관련 봉사활동을 해온 학생이 노인성 질병 전문 간호사가 되어서 어려운 노인들을 돕고 싶다는 자기소개서를 작성했다면 설득력이 있을 것이다. 하지만 고3이 되어서야 부랴부랴 관련 활동을 한 학생이라면 입학사정관의 입장에서는 자기소개서를 쓰기 위해 한 활동이라는 의심을 갖게 된다. 진정성이 느껴지지 않고 설득력이 떨어진다. 일관된 스토리를 보여주는 자기소개서라야 입학사정관을 설득할 수 있다. 그러므로 자기소개서 준비, 학생부 종합전형 준비는 일찍 시작할수록 유리하다.

하지만 일관된 내용을 가진 자기소개서도 그것이 말뿐이라면 의미가 없다. 학생이 자기소개서를 통해 이야기하는 내용을 입학사정관이 무작정 믿을 수도 없고 믿어주지도 않는다. 고1부터 꾸준히 독거노인 관련 봉사활동을 해왔다는 자기소개서 내용에 근거가 있어야 한다. 그리고 그 근거는 학생부 교과와 비교과 영역에서 찾아볼 수 있어야 한다. 학생부에 기록되어 있어야 입학사정관이 신뢰할 수 있다.

∨ 자기소개서의 근거

일관성 있는 학생부 내용(교과 + 비교과)

• 적성

- 전공에 대한 관심과 탐구, 역량 강화 노력이 꾸준해야 한다.

- 관련 과목 내신 성적의 철저한 관리 필수

• 인성

- 교내활동, 봉사활동 등을 꾸준히, 적극적으로 해야 한다.

- 관심 전공과 관련된 활동이면 더욱 좋다.

정리해보면 자기소개서를 통해 자신이 적성과 인성을 모두 갖춘 훌륭한 인재라고 입학사정관에게 소개를 하는데, 그 근거를 학생부에서 찾을 수 있어야 한다. 자신이 대학과 학과가 찾는 적성을 갖춘 인재라는 것을 보여주기 위해서는 관련 과목의 내신 성적이 우선적으로 중요하다. 역사학과를 지원하는 학생이 한국사 성적이 나쁘다면 좋은 평가를 해줄 입학사정관은 없을 것이다. 전공과 관련된 교내 수상 경력 등도 지원자의 적성을 보여주는 좋은 근거가 된다. 관련 동아리 활동, 독서 활동 등은 지원자의 열정과 관심을 보여준다.

예를 들어 기계과 지원 학생이라면 발명 동아리 등 전공과 관련 있는 교내 동아리 등에 적극 참여한 경험이나 관련 도서를 많이 읽은 학생부 비교과 내용이 도움될 것이다.

2015 개정 교육과정이 본격적으로 반영되는 2021년 기준 고3의 학생부와 이전의 학생부의 가장 큰 차이는 진로희망사항이 삭제되었다는 것이다. 진로희망사항은 전공 분야를 향한 일관된 관심도를 확인할 수 있는 가장 기초적인 참고사항이었으나 올해부터는 학생부에 진로희망사항이 기재되지 않는다. 학생부에 기재는 되지만 대학 진학시 제공되지 않아 입학사정관이 볼 수 없다.

입학사정관의 입장에서는 전공에 대한 관심도를 쉽게 확인할 수 있었던 항목이 사라진 것인데, 그 항목이 사라졌다고 해도 여전히 궁금할 것이다. 아마도 학생부의 다른 항목들을 통해 어떤 분야에 관심을 가져왔는지 찾아보려 할 것이다. 학생부 종합전형을 대비하는 수험생들은 학생부의 다른 항목들을 통해 입학사정관에게 자신의 일관성 있는 관심에 대한 흔적을 남겨두고, 자기소개서를 통해 그 관심들을 얘기하는 것이 입학사정관에게 좋은 평가를 받을 수 있는 방법이다.

자신이 인성을 갖춘 인재라는 것을 보여주기 위해서는 성실함, 사회성, 리더십 등을 보여야 한다. 미인정(무단) 결석이나 지각, 조퇴가 많으면 학교생활이 불성실했다는 근거가 된다. 그리고 내신 성적이 낮으면 학교생활의 기본인 공부에 불성실했다는 것으로 볼 수 있다. 따라서 여기서도 내신이 중요하다. 반장이나 학생회장, 봉사활동, 동아리 회장 등의 경력은 공동체 생활에서의 사회성과 리더십을 증명할 좋은 근거다. 지원 전공과 관련 있는 교내활동이라면 더욱 좋을 것이다. 단순히 어떤 역할을 맡았다고 나열하기보다는 인상에 남을 만한 경험과 그로 인해 배우고 느낀 점을 설득력 있게 자기소개서에 쓴다면 더 좋은 점수를 받을 수 있다.

공인어학 성적, 외부 수상실적 등은 자기소개서에 쓸 수 없다

학생부 종합전형이 처음 도입되었을 때는 TOEIC, TOEFL 등의 공인어학 성적이나 수학, 과학 올림피아드 등의 교외 수상 실적 등 외부의 공인된 평가를 자기소개서에 쓸 수 있었고 합격에 큰 영향을 주었다. 하지만 학교생활을 등한시한 채 외부 시험이나 대회에만 집중하는 학생들이 늘면서 금지되었다.

∨ 자기소개서 작성 유의사항 일부   (출처: 대학교육협의회)

학생부 위주 전형의 자기소개서는 공교육 내에서 이루어진 활동을 작성하는 취지이므로, 위에서 제시되지 않은 항목이라도 사교육 유발 요인이 큰 교외 활동(해외 어학연수 등)을 작성했을 경우, 해당 내용을 평가에 반영하지 않습니다.

대학교육협의회(대교협)에서 밝힌 자기소개서 작성 유의사항에 '자기소개서는 공교육 내에서 이루어진 활동을 작성하는 취지'를 가지고 있다고 명시돼 있다. 외부의 공인 평가를 자기소개서에 쓰면 불합격 처리가 된다. 자기소개서에서 보여주려는 '인성과 적성'의 근거가 필요한데 외부의 공인 평가는 쓸 수 없고, 학생부에 없는 내용은 입학사정관이 신뢰할 수 없다. 자기소개서의 주요 내용이 학생부에 기재되어 있어야 하는 것이다. 자기소개서가 학생부 종합전형의 핵심인 이유가 여기에 있다.

자기소개서

⇩

고교 3년 동안 **학생부의 종합** 요약본

학생부 종합전형은 입학사정관이 학생부를 종합적으로 평가하는 전형이다. 그리고 자기소개서는 고등학교 3년 동안(고3은 3학년 1학기까지) 학생부의 종합 요약본이다. 자기소개서는 학생부를 종합적으로 평가할 때 가장 기초가 되는 자료 중 하나이며 입학사정관이 평가할 때도 자기소개서와 학생부의 내용을 비교해본다. 그래서 학생부 종합전형에서 자기소개서와 학생부는 하나로 묶어서 생각해야 한다.

마지막으로 자기소개서는 보통 입시를 앞두고 작성한다. 하지만 학생부 기재는 고1 때부터 시작되고 해당 학기 또는 학년이 지나가면 내용을 바꿀 수 없다. 그러므로 일찍부터 내신 성적뿐 아니라 학생부 비교과 영역까지 관리가 필요하다.

학교 내에서 자신이 지망하는 진로, 진학을 원하는 학과와 관련된 활동을 꾸준히 해두면 자신의 내신 성적으로 학생부 교과전형을 통해 진학이 가능한 대학보다 더 선호하는 대학을 학생부 종합전형으로 진학하는 것이 가능하다. 특히 중하위권 학생의 경우 학생부 비교과 관리를 소홀히 하는 경우가 대부분이므로 조금만 노력해도 좋은 결과를 기대할 수 있다. 고등학교 1학년 때부터 학생부 비교과에서 가장 핵심적인 부분 관리는 필수다.

∨ 자기소개서 작성법

1. 학생부(근거)에 기재된 내용을 바탕으로 작성

2. 고교 3년 동안 꾸준한 활동을 통해(일관성)

3. 지망하는 전공에 대한 열정과 가능성이 있으며(적성)

4. 인간다움까지 갖춘 인재(인성)라는 것을 보여주어야 함.

학생부 종합전형의 최종 관문, 면접

학생부 종합전형은 기본인 내신 성적, 설득력 있는 자기소개서와 그에 걸맞은 학생부 관리로 입학사정관의 서류 평가에서 좋은 결과를 얻는 것으로 끝나지 않는다. 그것은 1차 관문일 뿐이다. 가톨릭대학교의 학생부 종합전형의 전형 방법을 보자.

∨ **가톨릭대학교 2022 학생부 종합전형 전형 방법** (출처: 가톨릭대학교 전형 계획)

학생부종합(잠재능력우수자전형)		
전형방법	1단계 (3배수)	서류종합평가 100% <학생부, 자기소개서>
	2단계	1단계 성적 70% + 면접평가 30%

학생부 종합전형은 대부분의 학교에서 2단계로 이루어진다. 1단계로 자기소개서와 학생부가 중심이 된 서류전형을 통해 선발 인원의 3~5배수를 선발한 뒤 2단계에서 면접을 통해 합격자를 최종 선발한다. 학생부를 잘 관리하고 인상적인 자기소개서를 써서 입학사정관에게 좋은 평가를 받았다고 해도 1단계 통과일 뿐이며 면접이라는 최종 관문이 남아 있는 것이다.

자기소개서의 내용 확인

강남대학교에서 발간한 학생부 종합전형 안내 자료의 일부를 보자. 학생부 종합전형의 면접 질문은 자기소개서와 학생부의 내용 중 입학사정관이 확인하고 싶은 것들이 주가 된다. 입학사정관은 자기소개서를 통해 학생부를 종합적으로 평가하면서 인상 깊었던 것들에 대해 더 자세히 알고자 한다.

∨ 심층면접 준비 방법 (출처: 강남대학교 '학생부 종합전형 가이드북')

1. 질문은 미리 정해져 있다?

면접관은 지원자가 제출한 학교생활기록부, 자기소개서의 내용을 토대로 질문합니다. 즉, 면접에서 나오는 문제는 이미 지원자가 다 알고 있는 내용이라는 것입니다. 본인의 학교생활기록부에 기록되어 있는 활동 내역과 자기소개서에 기술한 계획 등을 꼼꼼히 보고 예상문제를 만들어보시기 바랍니다.

자기소개서 관련 내용을 제외하면 나머지 질문들은 예상 가능한 범위를 크게 벗어나지 않는다. 대학교와 학과, 개인에 대한 간략한 답변을 원하는 질문이 추가될 수 있다. 상위권 대학 중 일부는 전공 관련 심화 질문을 하는 경우도 있지만 중하위권 입시에서는 드물다. 그러므로 충분히 준비만 한다면 학생부 종합전형의 면접에서 좋은 점수를 받을 수 있다.

입시가 자신의 인생에 중요한 영향을 미치는 것임에도 불구하고 면접 준비를 철저히 하는 학생은 의외로 적다. 자기소개서와 학생부를 다시 읽어보면서 고등학교 생활을 돌아보고 미래에 대한 고민을 충분히 한 다음 주요 예상 질문들에 대해 직접 답을 쓰면서 정리해본다면 내용적 측면에서 충분한 대비가 될 것이다. 하지만 내용적인 대비만으로는 모자라다.

입시에서의 면접은 대부분 수험생이 인생에서 처음 겪는 중요한 면접 자리일 것이다. 어려운 자리에서 당황하지 않고 준비한 내용을 얘기하려면 실전과 같은 경험이 필요하다. 주변 사람들의 도움을 얻어 실제 면접처럼 모의 면접 연습을 여러 번 하고 면접에 임한다면 분명히 좋은 점수를 받을 것이다.

∨ 면접 예상 질문

1. 자기소개서와 학생부에서 나온 내용의 확인 질문

   → 자기소개서의 중요한 내용 숙지 필요

2. 지원하는 학과와 진로 계획과 관련된 질문

   예) 전자학과를 지원한 이유는 무엇인가?

   　　앞으로의 진로 계획은?

3. 지원 대학교와 관련된 질문

   예) 왜 이 대학교에 지원했는가?

   　　다른 학교에도 같은 전공이 있는데 이 대학교에 지원한 이유는?

4. 개인과 관련된 질문

   예) 자신을 간단히 소개한다면?

   　　자신의 장점과 단점은?

5. 기타 일반적 가치관 또는 지원 전공과 관련된 기본 질문

   → 어려운 내용을 질문하지 않으며 예상 질문이 공개되는 경우 많음

학생부 종합전형은 역전을 위한 필수 전형

입시에서 수시의 문은 정시의 3배 정도 된다. 그 수시의 여러 전형 중에서 자신의 내신 성적을 감안했을 때 조금이라도 더 선호하는 대학으로 진학하려면 선택할 수밖에 없는 전형이 학생부 종합전형이다. 다음 장에서 살펴볼 논술전형은 경쟁률이 너무 높으며 준비를 위해서 포기해야 할 다른 것들이 너무 많다. 결국 대부분의 학생에게 수시에서 적합한 전형은 학생부 교과전형과 학생부 종합전형뿐이다. 그중에서 같은 내신 성적으로 더 좋은 대학에 입학 가능한 전형이 학생부 종합전형이다. 그래서 학생부 종합전형은 필수적

으로 대비해야 한다.

　수시에서 꼭 승부를 봐야 하는 학생은 지원 기회 6번 모두를 불확실성이 크고 주관적 전형인 학생부 종합전형에 쓰는 것은 좋지 않다. 합격을 장담할 수 없기 때문이다. 그래서 학생부 교과전형으로 안정적인 합격카드를 가져가야 한다. 하지만 그중 최소한 두 번의 기회 정도는 상향 지원을 노려봐야 한다. 그리고 상향 지원 시에는 학생부 종합전형으로 지원하는 것이 좋다. 자신의 내신 성적으로는 원하는 대학 진학이 힘들다고 여겨져 정시를 통한 진학을 생각하는 학생이라면 수시에서의 기회를 버리기보다 학생부 종합전형으로 지원하는 것이 좋다. 수능 이후로 면접 일정이 잡힌 학교에 지원한다면 수능에 투자할 시간의 손실을 최소화할 수 있다. 내신 성적이 수능 모의고사 성적보다 아주 좋지 않은 경우를 제외한다면 학생부 종합전형은 성적에 상관없이 수험생 모두가 준비해야 하는 전형이다.

[특징]

- 학생부 종합전형 = 입학사정관 전형

- 상위권 대학의 주요 전형

- 중하위권 입시에서는 역전을 위한 전형

- 가장 중요한 것은 내신 성적

- 학생부 비교과 준비를 통해 부족한 내신을 0.5~1.5등급 만회 가능

- 주관적 평가 기준으로 합격 가능성 예측 어려움

- 적성과 인성을 모두 갖춘 인재 선발

- 학생부 교과와 비교과에 근거한 자기소개서 필요

- 자기소개서의 설득력은 일관성에서

- 대부분의 대학에서 면접 실시

[대비]

- 내신 성적 관리는 기본 조건

- 진로 탐색과 결정이 빠를수록 유리

- 일관성 있는 학생부 비교과 영역 관리 필수

- 실전과 같은 모의 면접 대비

04
논술전형

논술전형은 〈논술 성적〉 위주로 학생을 선발하는 전형이다. 즉 논술 성적이 주요 평가요소다. 전형의 명칭은 논술전형이지만 논술 100%로 학생을 선발하는 대학교는 연세대(서울, 원주)와 건국대(서울), 한국항공대뿐이며 대부분 대학에서 내신 성적을 함께 반영한다. 하지만 내신의 실질 반영 비율은 높지 않은 편이라 논술이 합격 여부를 결정하는 가장 중요한 평가요소다. 또 많은 대학이 수능 최저학력기준을 적용하고 있어 제시된 기준 이상의 수능 성적을 받지 못한 지원자는 논술 성적과 상관없이 자동으로 불합격된다. 2022 입시에서는 논술전형으로 총 11,069명을 선발한다.

논술전형 선발 비율		
전체 입시	상위권 입시	중하위권 입시
4.0%	8.9%	0.8%

논술전형의 선발 비율부터 살펴보면 전체 입시에서는 4.0%로 주요 전형 중에서는 가장 낮은 비율이다. 특히 중하위권 입시에서는 선발 비율이 0.8%로 논술전형 선발이 없다고 봐도 무방하다. 논술전형은 상위권 입시의 고유 전형인 것이다. 그래서 상위권 학생과 중하위권 학생은 논술전형을 보는 시각이 달라야 한다. 자신의 성적에 따라 논술전형을 어떻게 봐야 할지를 얘기하기에 앞서 주목해야 할 내용을 먼저 살펴보자.

가장 높은 경쟁률의 전형

2021 입시 논술전형 경쟁률
36.68 : 1

논술전형에서 제일 먼저 주목해야 할 것은 경쟁률이다. 2021 입시에서 논술전형의 전체 경쟁률은 36.68:1이었다. 이전 3년간 평균 40:1정도의 경쟁률이었으나 2020 입시에서는 다소 낮아졌다. 경쟁률이 가장 높았던 서강대학교의 경우 무려 76.80:1이었다. (울산대학교는 의예과 12명만 논술로 선발해 예외.)

∨ 서강대학교 2021 수시전형별 경쟁률

(출처: 서강대학교 홈페이지)

전형명	모집인원	지원인원	경쟁률
학생부 종합(1차)	434	5,522	12.72
학생부 종합(2차)	323	4,296	13.30
학생부종합(SW우수자)	16	207	12.94
학생부종합(고른기회)	60	599	9.98
학생부종합(사회통합)	42	330	7.86

논술(일반)	235	18,047	76.80
학생부종합 (특성화고교졸업자)	9	184	20.44
전체 합계	1,119	29,185	26.08
논술 제외 모든 전형	884	11,138	12.60

　　서강대의 전형별 경쟁률을 보면, 논술전형의 모집인원과 지원 인원을 뺀 경쟁률은 12.60:1로 논술 경쟁률의 1/6 정도에 불과하다. 논술전형의 지원 인원 18,047명은 다른 전형의 전체 지원자 수 11,138명의 1.5배가 넘는다. 전체 경쟁률을 논술전형이 다 끌어올렸다고 해도 과언이 아니다. 수시에서 내신이나 학생부 비교과 준비 상태로는 상위권 대학 합격을 기대하기 어려운 학생들이 대거 논술전형으로 몰리기 때문이다. 수능전형을 노리는 학생 중 상당수도 논술전형에 지원한다.

　　경쟁률이 높다는 것은 합격자가 지원자 중 극소수라는 뜻이다. '붙거나 떨어지거나'라는 식으로 논술전형의 합격 가능성을 반반으로 생각하는 학생들이 있는데 이는 통계를 무시하거나 외면하는 것이다. 논술전형의 경쟁률 36.68을 합격 확률로 단순히 환산하면 2.7%이다. 지원자 100명 중 겨우 2.7 명만 합격한다는 것이다. 표면 경쟁률보다는 낮은 실질 경쟁률을 고려해도 경쟁률은 매우 높다. 다르게 표현하면 논술전형은 합격 가능성이 상당히 낮은 전형이다. 이 높은 경쟁률에 관해 언급하면 논술전형으로 입시를 준비하는 학생이나 수익을 내야 하는 논술학원에서 항상 하는 얘기가 있다. 논술전형은 실질 경쟁률이 낮다는 것이다.

논술 실질 경쟁률? 생각보다 낮지 않다

논술전형에 관해 흔히 듣는 얘기가 표면 경쟁률은 매우 높지만 실질 경쟁률은 10:1 정도밖에 되지 않는다는 것이다. 실질 경쟁률이 낮은 이유로는 수능 최저학력기준을 든다. 수능 최저학력기준을 적용한다는 것은 전국 단위 시험인 수능에서 일정 수준 이상의 학력을 가진 학생들에 한해 논술 성적을 평가하겠다는 것이다. 그래서 수능 이후에 논술고사가 있는 대학의 경우 논술에 응시하지 않는 학생이 많다. 수능 최저학력기준을 고려하면 논술전형의 드러난 경쟁률에 비해 실질 경쟁률이 낮다는 것은 맞는 이야기다. 하지만 실질 경쟁률이 10:1까지 내려간다는 것은 잘못된 얘기다. 2020 입시에서 논술전형의 경쟁률과 실질 경쟁률을 비교해보자. 실질 경쟁률을 공개한 대학들의 결과만 표로 만들어보았다.

∨ 2020년 논술전형 실질 경쟁률

대학교	선발인원	경쟁률	실질 경쟁률
서강대	235	95.33	29.18
성균관대	532	71.95	20.42
중앙대	827	50.30	13.70
경희대	714	54.73	23.76
건국대	451	64.60	42.96
동국대	470	43.33	11.75
성신여대	288	14.21	3.10
서울여대	150	31.90	12.80
경북대	793	27.39	8.70

실질 경쟁률이 10:1 내외거나 미만인 곳은 생각보다 많지 않다.(2020 논술 전형에서 수능 최저학력기준을 매우 높게 설정했던 성신여대는 실질 경쟁률이 3.1로 매우 낮게 나왔는데, 2021년과 2022년 논술전형에서는 수능최저를 다른 대학보다 오히려 낮게 설정해 실질 경쟁률은 다시 높아질 것으로 예상된다.) 논술전형의 실질 경쟁률을 모든 대학이 공개하지는 않기에 정확한 통계는 낼 수 없지만 대략적으로 15:1 정도로 보면 된다. 지원 당시의 경쟁률인 35~40:1보다 많이 낮아지긴 했다. 그런데 수능 최저학력기준이 적용되는 논술전형에 지원하는 학생 중 자신이 그 기준을 충족하지 못할 것으로 생각하고 지원하는 학생은 없다. 모두가 수능 최저학력기준을 충족시킬 것이라는 기대를 가지고 지원하지만 실제로는 그렇지 못한 지원자가 훨씬 많다. 논술전형에 지원하는 학생들은 자신들의 수능 최저학력기준 충족 여부에 대해 낙관하는 경향이 있는데 실질 경쟁률이 15:1이라면, 지원자 35~40명 중 15명만 그 기준을 충족한 것이니 수능 최저학력기준 충족 확률은 절반에도 미치지 못한다. 그렇게 수능 최저를 맞추지 못해 논술 성적과 상관없이 탈락하는 학생에 자신이 포함되지 않을 것이라는 근거는 어디에도 없다. 그리고 수능 최저학력기준을 맞춘다고 해도 경쟁률이 15:1이라면 합격 확률이 6.67%밖에 되지 않는다. 35~40:1을 보다가 15:1을 보면 낮아 보일 수 있지만 15:1이라는 경쟁률은 사실 어마어마한 수치다. 학생부 교과전형이나 학생부 종합전형으로 합격 가능성이 전혀 없어 보이는 경우 수시에서 목표 대학에 지원할 수 있는 전형이 논술전형밖에 없는 것이 사실이지만, 수능 최저를 충족시킨 15명의 경쟁자들 속에서 논술 점수 1등을 해야 한다는 것은 엄청난 부담이다.

수능 최저학력기준을 적용하지 않는 대학도 있다. 2022 논술전형에서 수능 최저학력기준을 적용하지 않는 대학교는 가톨릭대(의예, 간호 제외), 경기대,

광운대, 단국대(죽전), 서울과학기술대, 서울시립대, 아주대(의예 제외), 연세대(서울), 인하대(의예 제외), 한국기술교육대, 한국산업기술대, 한국외대(글로벌), 한양대(서울, 에리카)다. 하지만 수능 최저학력기준이 없는 대학에 지원한다면 2021 수시 기준으로 35.05:1의 높은 경쟁률을 그대로 적용받는다. 합격 확률 약 2.86%의 치열한 경쟁을 이겨내야 하는 것이다.

이런 높은 경쟁률을 뚫고 논술전형에서 합격하기 위해서는 고득점을 받아야 한다. 그런데 문제는 열심히 논술을 대비한다고 해도 높은 점수를 받는다는 보장이 없다는 것이다.

주관적인 평가 위주의 전형

아무리 열심히 노력한다고 해도 논술에서 고득점을 확신할 수 없는 이유는 논술전형의 평가가 주관적일 수밖에 없기 때문이다. 논술은 평가위원이 점수를 매긴다. 큰 틀에서의 평가 기준은 주어지지만 아무래도 평가하는 사람의 주관성이 개입될 수밖에 없다. 특히 수리 논술이 아닌 문과 논술의 경우는 그 여지가 더욱 크다. 똑같은 논술 답안지를 제출한다고 해도 평가위원에 따라 점수가 달라질 것이다. 그래서 합격 가능성을 예측하기가 어렵다. 아무리 열심히 노력한다고 해도 논술전형에서 꼭 합격할 수 있다는 보장이 없다.

이는 논술을 대비할 때도 어려움으로 다가온다. 논술을 대비할 때 가장 중요하게 여겨지는 것이 첨삭지도다. 그런데 첨삭을 해주는 지도교사마다 논술 답안지에 대한 문제 지적과 개선 포인트가 다를 것이다. 준비하는 학생 입장에서는 어떻게 준비해야 할지 감을 잡기 어려운 부분이 있다.

선지원 후시험, All or Nothing

논술전형의 또 다른 큰 특징으로 지원을 먼저 하고 나중에 논술고사를 치른다는 것을 들 수 있다. 이것이 논술전형을 적극적으로 추천하기 어려운 가장 큰 이유다. 논술전형은 논술 시험의 결과를 보고 지원할 수 없다. 성적을 미리 알 수 없다는 것은 목표로 하는 대학 합격의 가능성을 열어주는 이유이기도 하지만 동시에 커다란 문제점도 안겨준다. '성적에 맞춰서 대학에 지원하는 것'이 불가능하다는 것이다.

내신이나 수능 위주의 전형은 확정된 자신의 성적표를 받아 들고 대학에 지원한다. 원하는 성적이 나오지 않으면 지원하는 대학을 조정하면 된다. 하지만 논술은 지원 전에 자신의 성적을 알 수 없다. 그러므로 논술전형에 지원하는 것은 도박에 가깝다는 의견을 흔히 듣는다. 논술 로또라는 표현이 괜히 나온 것이 아니다.

입시에서 지원 기회는 한정되어 있다. 논술전형이 포함된 수시모집에서는 6번의 지원 기회를 부여받는다. 상향, 안정, 하향 지원을 적절히 분배해서 지원해야 하는데, 이에 6번이라는 횟수는 충분하다고 느껴지지 않는다. 기회가 제한되어 있기 때문에 합격 가능성을 잘 예측해서 효율적으로 사용해야한다. 한 번의 기회도 의미 없이 날려버려서는 안 된다. 하지만 논술전형은 합격 가능성 예측을 할 수 없어서 지원 전략을 구성하기가 어렵다. 따라서 소중한 지원 횟수를 논술전형에 사용할 때는 정말 신중해야 한다.

또 논술전형은 합격하지 못하면 노력의 보상이 전혀 없다. 내신이나 수능 위주의 전형은 준비를 열심히 하면 목표까지 도달하지 못한다 해도 노력에 대한 보상은 받을 수 있다. 수능 5등급인 학생이 3등급을 목표로 열심히 노력하면 3등급까지는 어렵더라도 4등급은 할 수 있을 것이다. 그러면 성적에 맞추어서 4등급이 진학할 수 있는 대학에 진학이 가능하다. 하지만 논술전형에 올인한 5등급 학생은 논술전형에서 불합격하면 그 노력에 대해 어떠한 보상도 받지 못한다.

정시 컨설팅을 진행하다 보면 논술전형을 중점적으로 준비했으나 실패한 케이스를 많이 만나게 된다. 그 학생들과 학부모들이 많이 하는 이야기는 논술전형을 준비했던 시간이 아깝다는 것이다. 열심히 노력할 준비가 되어 있고 그 노력에 대한 확실한 보상을 원한다면 논술전형 위주로 입시를 대비하는 것은 추천하기 어렵다.

논술전형은 모든 전형 중 가장 고비용 저효율 전형

지금까지 살펴본 논술전형의 특징을 다시 한 번 정리해보자. 논술전형은 경쟁률이 높아서 합격의 문이 좁다. 그리고 주관적인 평가 기준을 가진 전형이라 그 좁은 문을 공략할 수 있는 확실한 준비 방법이 없다. 합격이 보장되는 준비 방법이 없다고 해서 아무 준비 없이 지원할 수도 없으며 수능 최저학력기준도 충족시켜야 한다. 또 성적에 맞추어 지원할 수도 없으며 불합격 시 논술전형 준비를 위해 투자한 시간은 보상받지 못한다. 게다가 수시전형의 지원 횟수까지 소모해야 한다.

논술전형은 이렇게 투자하는 것이 많은 데 비해 합격 확률은 낮다. 모든 전형 중에서 가장 고비용, 저효율 전형이다. 입시전략의 측면에서 대부분의 학생에게 추천하고 싶지 않다. 논술전형을 준비할 시간에 학생부나 수능전형을 위한 전략을 짜서 잘 대비하는 것이 시간을 효율적으로 사용해 입시에서 더 좋은 결과를 기대할 수 있는 일반적인 전략이다.

그렇다고 논술전형 지원이 입시 실패를 예약한다는 것은 아니다. 부족한 내신 성적을 믿고 논술전형을 통해 상위권 대학에 입학한 사례는 분명 존재한다. 그리고 자신도 그런 성공 사례의 주인공이 될 수도 있다는 달콤한 상상은 해볼 수 있다. 하지만 확률적으로는 성공 사례보다는 실패 사례가 될 가능성이 훨씬 크다. 특히나 일반고 고3이라면 논술을 통한 역전으로 목표하는 대학 합격을 기대하기는 더 어렵다. 치열한 내신 경쟁에서 밀린 자사고나 특목고 학생들은 저학년부터 논술을 준비한다. 또 대부분의 재수생이 논술을 준비한다. 정확한 통계는 없지만 낮은 내신에도 불구하고 명문대에 논술전형으로 합격한 학생 중 다수가 그런 학생들이라고 추정해볼 수 있다.

입시라는 중요한 관문에서 확률이 낮은 달콤한 상상에 우리의 제한된 시간과 지원 기회를 소비하는 도박은 하지 않는 것이 좋다. 자신의 논술 성적이 잘 나올 것이라는 막연한 기대는 위험하다. 대부분의 경우 내신이나 수능에 집중하는 것이 더 좋은 입시 결과로 이어진다.

상위권 입시에서의 논술전형의 의미와 전략

상위권 입시의 중심 전형은 학생부 종합전형과 논술전형이다. 학생부 교과전형 중심으로 입시전략을 짜는 상위권 학생은 극히 드물 것이다. 문제는 학생부 종합전형과 논술전형은 동시에 준비하기 어렵다는 데 있다. 수능이 다가오는 시점에서 학생부 종합전형의 자기소개서 작성과 면접 준비, 논술전형의 논술고사 준비를 모두 하기는 촉박하다. 그래서 상위권 학생들은 학생부 종합전형 또는 논술전형 중 하나를 선택해서 수시 전략을 짜는 것이 바람직하다.

학생부 종합전형으로 상위권 대학에 진학이 가능한 학생이 논술전형에 지원하려는 이유는 현재 내신으로 진학이 가능한 대학보다 더 선호하는 대학을 목표로 하기 때문이다. 하지만 이 경우에 일단 수능 성적이 내신보다 월등히 높은 경우를 제외하고는 학생부 종합전형에 집중하는 것이 확률적으로 더 좋은 입시 결과를 기대할 수 있다. 학생부 교과와 비교과에 투자된 시간을 버리고 경쟁률과 불확실성이 높은 논술전형 준비에 남은 시간을 투자하는 것은 현명한 선택이라고 할 수 없다. 논술전형이라고 해서 목표 대학에 대한 합격 확률이 학생부 종합전형보다 더 높지는 않다. 이 경우는 목표 대학에 대한 눈높이 조정이 더 현실적인 대안일 수도 있다.

수능 모의고사 성적이 좋은 학생이라면 자신의 학생부 종합전형 준비 상황에 따라 중점 전형을 선택해야 한다. 이 경우에도 학생부 종합전형의 준비가 착실히 되어 있다면 학생부 종합전형이 우선이라고 할 수 있다. 상향 지원을 하더라도 학생부 종합전형이 더 합격 확률이 높다고 봐야 한다. 그러나 목표로 하는 대학에 진학하기에 내신 등급이나 학생부 준비가 많이 부족하다면 남은 선택은 논술전형밖에 없다. 하지만 수시 지원 전략을 논술전형 중심으로 짜더라도 입시 전체의 중심은 수능전형에 두는 것이 대부분의 경우 현명한 선택으로 이어진다. 그만큼 논술전형으로 입시에서 성공할 확률은 낮다. 특히 뒤늦게 준비한 학생이라면 논술 합격의 문은 바늘구멍 수준이다. 그냥 수능전형에 앞서 주어지는 보너스 지원 기회라고 생각하고 마음을 비운 뒤 지원하는 것이 좋다. 수능 준비에 집중력을 잃지 않기를 원한다면 각 대학의 입시 일정을 확인한 다음 수능 이후에 논술고사를 시행하는 대학 위주로 지원해야 한다.

중하위권 학생들에게 논술전형의 의미 그리고 전략

논술전형은 상위권 입시의 고유 전형이다. 중하위권 대학은 논술전형 선발 인원이 거의 없다. 하지만 중하위권 학생 중 많은 수가 논술전형을 준비하고 실제로 지원한다. 중하위권 학생이 논술전형에 지원하는 이유는 간단하다. 상위권 대학에 진학하고 싶지만 내신을 고려했을 때 수시에서 학생부 위주 전형으로는 합격이 어렵기 때문이다. 합격 가능성이 거의 없어 보이는 학생부 위주 전형 대신 합격 가능성이 미지수인 논술을 선택하는 것이다.

논술전형은 논술에 관심과 재능이 있으며 준비도 착실하게 한 학생들이 주로 합격하는 전형이다. 합격 가능성이 낮은 다른 전형을 피해 도피성으로 선택해도 되는 만만한 전형이 아니다. 하지만 꽤 많은 중하위권 학생들이 상위권 대학 합격을 위한 사다리로 여기는 것이 현실이고 결과는 대부분 실패로 이어진다. 게다가 논술 준비에 시간과 집중력을 투자한 만큼 내신과 수능 대비가 소홀해지기 때문에 입시에 투자한 노력과 실력보다 더 좋지 않은 입시 결과를 받아들게 될 확률이 높다.

특히 중하위권 학생의 경우는 수능 최저학력기준도 충족시키지 못하는 경우가 너무 많다. 수능 최저학력기준을 충족하는 지원자들은 대부분 상위권 학생이다. 그렇다면 중하위권 학생 중에서 수능 최저학력기준을 충족하는 비중은 전체 충족 비율보다 훨씬 낮다고 봐야 한다. 논술을 준비하는 학생들은 보통 수능최저학력 기준 충족 여부에 대해 낙관적인 생각을 하는데, 실제 통계를 살펴보면 오히려 비관적인 결과를 예측하는 것이 설득력 있다.

맵스터디는 인문계의 경우 수능전형에 올인해야 하는 학생, 자연계의 경우 수능전형에 올인해야 하는 학생과 수학, 과학 성적이 다른 과목에 비해 특출나게 뛰어난 학생 중에서 본인이 논술전형을 강력히 원하는 학생에게만 논술전형을 추천하고 있다. 이 경우도 수능에 대한 집중력을 높이기 위해 수능 후에 논술고사를 치르는 대학을 추천한다. 물론 최종적인 지원 대학과 전형은 학생과 학부모가 스스로 결정하며 그 선택은 존중받아야 한다. 그리고 논술전형이 무조건 불합격으로 이어지지는 않는다. 하지만 현명한 입시전략은 입시정보를 최대한 활용해 입시에서 좋은 결과를 얻을 확률을 높이는 것이다. 학생의 논술 준비 상황과 재능에 따라 다르겠지만 일반적인 확률을 고려하면 논술전형은 중하위권 학생에게 적극적으로 추천하기는 어려운 전형이다. 중하위권 학생이라면 내신 또는 수능에 집중하기를 추천한다.

핵심정리

[특징]

- 논술 성적 위주로 선발(내신의 영향력 적음)

- 상위권 대학의 주요 전형

- 중하위권 입시에서는 비중이 미미함

- 35~40 대 1의 높은 경쟁률

- 평가위원의 주관성이 개입될 수밖에 없음

- 대부분 수능 최저학력기준 적용

[대비]

- 단기간에 실력 향상 어려워 꾸준한 준비 필요

- 중하위권은 수능 최저학력기준 맞추기도 어려움

- 내신이 낮은 합격자는 자사고나 특목고 출신 또는 재수생일 확률이 높음

- 중하위권은 내신이나 수능 대비에 집중하는 것이 확률적으로 입시에서 좋은 결과를 기대할 수 있음

05

수능전형

수능전형은 '수능 성적' 위주로 학생을 선발하는 전형이다. 다음은 2022 입시에서 수학능력시험을 치른 학생들이 받게 되는 수능 성적표의 예시다.

∨ 2022 대학수학능력시험 성적통지표 예시

영역	한국사	국어	수학	영어	탐구	
선택과목		화법과 작문	확률과 통계		생활과 윤리	지구과학ㅣ
표준점수		98	108		63	45
백분위		42	59		90	33
등급	2	5	5	4	2	6

국어, 수학, 탐구 영역은 각 영역과 과목별 표준점수, 백분위, 등급이 표기되며, 절대평가가 시행되는 영어와 한국사는 등급만 표기된다. 모든 영역에서 원점수는 표기되지 않는다. 수능전형은 대학교의 수능 반영 방법에 따라 수능 성적을 산출해서 그 점수대로 학생들을 줄 세워서 선발한다. 수능 반영 방법은 대학마다 그리고 학과마다 다르다.

새롭게 개편된 수능

2015 개정 교육과정이 본격적으로 적용되는 2022 입시부터 수능이 개편되었다.

영역 구분	2021 수능			2022 수능	
국어	공통		⇨	선택 1	화법과 작문
					언어와 매체
수학	선택 1	(나) - 문과 수학	⇨	선택 1	확률과 통계
		(가) - 이과 수학			미적분
					기하
영어	공통				
한국사	공통				
탐구	선택 2과목	사탐 2과목	⇨	사탐, 과탐 17과목 중 구분없이 2과목	
		과탐 2과목			
		직탐 2과목		직탐 2과목 (전문 공통 1과목 + 선택 1과목)	

국어는 모든 수험생이 공통으로 동일한 시험을 보았던 작년 수능과 다르게 올해는 공통과목(독서, 문학)과 선택과목으로(화법과 작문/언어와 매체 중 택1) 나뉜다.

수학의 경우 작년까지는 이과 수학인 수학(가)형, 문과 수학인 수학(나)형으로 나뉘었으나 이번 수능부터는 공통과목(수학I, 수학II)과 선택과목(확률과 통계/미적분/기하 중 택1)로 나뉜다. 확률과 통계는 문과 수학, 미적분과 기하는 이과 수학이라고 보면 된다.

탐구의 경우 작년까지는 사회, 과학, 직업 탐구 중 하나의 영역을 선택해서 그 영역에서 두 개의 과목을 응시했다. 사회탐구 2과목, 과학탐구 2과목, 직업탐구 2과목 이런 식으로만 응시할 수 있었다. 하지만 올해부터는 사회탐구와 과학탐구의 경우 1과목씩 교차 응시할 수 있다.

수능전형은 정시전형의 전부다

정시전형은 수능전형과 실기전형으로 크게 나눌 수 있다. 나머지 전형의 비율은 아주 미미하다. 그런데 예체능 위주의 실기전형은 일반 학생들과는 관련이 없다. 그러므로 대부분의 학생에게 수능전형은 정시전형의 전부라고 할 수 있다. 2022 입시전형 계획에서 수능전형의 모집 비율은 상위권 입시에서는 37.8%, 중하위권 입시에서는 17.1%이며, 4년제 전체 입시에서는 25.2%이다.

수능전형 선발 비율		
전체 입시	상위권 입시	중하위권 입시
25.2%	37.8%	17.1%

수능 전형의 선발 비율은 전체 입시에서 1/4 정도로 수시에 비해 매우 낮다. 그래서 수능전형은 입시에서 패자부활전의 역할을 맡고 있다. 수시 중심인 입시제도에서는 학년이 낮을수록 수시 중심으로 입시전략을 세우는 것이 바람직하다. 고등학교 때 내신 관리를 결코 소홀히 할 수 없는 이유다. 하지만 수시에서 100% 합격한다는 보장도 없으며 25% 정도인 수능전형의 모집 비율은 결코 낮지 않다. 또 모두의 관심이 집중된 상위권 입시에서 수능전형의 비중은 작년 32.6%에서 37.8%로 크게 확대되었다. 따라서 수능전형에 대한 입시정보와 전략은 필수다. 그리고 또 주목해야 할 것은 수능전형을 끝으로 그해의 입시가 끝난다는 점이다.

입시는 수시와 정시로 나누어지며 시기적으로 수시가 먼저다. 수시 합격자의 최종 등록이 마감된 후 수시에서 모두 불합격한 수험생만 정시에 지원할 수 있다. 수시와 정시는 시기적으로 완전히 구분된다. 수시에서는 수험생들이 상향 지원을 하려는 경향이 있다. 수시에서 합격하면 정시의 지원 자격이 없어지고, 또 수시에서 탈락하더라도 정시라는 또 다른 기회가 남기 때문이다. 조금 더 좋은 대학으로 진학하고 싶은 데다 아직 기회도 남아 있는데 수시에서 안정적 지원을 한다면 자신의 성적이나 실력이 아깝다는 생각이 드는 것이다.

∨ 수시와 정시의 지원 성향

수시전형		정시(수능)전형
6번으로 지원 기회가 많음. 탈락 시에도 정시에서 다시 기회 부여. 상향 지원 성향 보임.	vs	모집 비율이 낮음. 지원 기회가 3번밖에 없음. 그해 입시의 마지막 전형. 탈락 시 재수. 안정지원 성향 보임.

↓

수능전형은 안정적이고 신중한 지원을 위해 입시정보 활용 극대화 필요하지만 정시, 수능전형은 그해 입시의 마지막이다. 정시전형에서 실패하면 재수를 해야 한다. 게다가 수시보다 모집 비율도 낮다. 합격의 문이 좁은데다가 6번의 지원 기회를 주는 수시와 달리 정시에서는 지원 기회가 3번밖에 없다. 신중하고 안정적인 지원이 필요하다. 지원 기회를 의미 없이 날리지 않으려면 유리한 학교를 찾고 합격 가능성을 정확히 예측해서 지원해야 한다.

특히 중하위권 학생들의 경우는 상위권보다 입시정보가 절실하다. 공부에 자신이 없는 편이기에 학생도 학부모도 재수를 원치 않는 경우가 대부분이다. 수능전형에서 꼭 합격해야만 하는 것이다. 그러기 위해서는 입시정보를 최대한 많이 가지고 수능전형에 임해야 한다.

수능전형의 핵심, 수능 성적 반영법

수능전형은 지원자들의 성적을 대학마다 그리고 학과마다 정해진 수능 반영법대로 산출한 뒤 그 점수대로 줄 세워 합격자를 선발한다. 내신 성적과 면접 점수를 함께 평가하는 경우도 있지만 가장 주된 반영 기준은 수능 성적이다. 그러므로 수능 성적 반영법에 대해 분석하고 자신에게 유리한 수능 성적 반영법을 가진 학교를 찾는 것이 수능전형의 핵심이다.

반영 비율이 미미한 한국사, 최상위권 일부 대학에서만 제한적으로 대체 활용이 가능한 제2외국어를 제외하면 일반적으로 학생들은 국어, 수학, 영어, 탐구(2과목)의 4영역(5과목) 성적을 가지고 수능전형에 임하게 된다. 어떤 영역을 얼마만큼의 비율로 반영하느냐가 중요한데 여기서 상위권 입시와 중하위권 입시가 큰 차이를 보인다. 일단 수능 반영 영역의 수부터 차이가 난다.

상위권 입시의 수능 성적 반영법

상위권 대학인 홍익대학교 서울캠퍼스의 수능 성적 반영법을 보면, 인문계열과 자연계열의 수능 반영 방법이 다르다. 하지만 두 계열 모두 수능의 국어, 수학, 영어, 탐구의 4영역 성적 모두를 반영하고 있다. 그리고 탐구영역은 2과목 모두를 반영한다. 이렇게 상위권 입시에서는 대부분의 대학과 학과에서 수능의 모든 영역을 반영한다. 영어를 비율로 반영하지 않고 등급에 따른 가산점만 부여하는 대학도 있는데, 이 역시 다른 형태로 영어를 반영하거나 수능 영어 1등급을 받을 수준의 학업 능력이 없으면 갈 수 없는 대학이다. 상위권 입시의 수능전형에서는 수능의 4영역(5과목)이 모두 반영된다고 볼 수 있다.

∨ 홍익대학교(서울) 2022 수능 성적 반영법   (출처: 홍익대학교 전형 계획)

모집계열/ 모집단위	모집군	수능영역별 반영비율							한국사 반영방법
		국어	수학			탐구		영어	
			미적분	기하	확률과 통계	사회	과학		
인문계열/ 캠퍼스자율전공 (인문·예능)	㉯군	30%	30%			25%		15%	1~3등급 10점 가산, 4등급부터 등급별로 0.1점씩 차감 후 가산
자연계열/ 캠퍼스자율전공 (자연·예능)		20%	35%	-	-		30%	15%	

이렇게 수능의 모든 영역을 반영하는 상위권 입시에서는 전략을 논하는 것이 무의미하다. 쉬운 수능 기조 때문에 1문제 차이로 백분위나 표준점수가 크게 달라지는 데다 과목의 전략적 선택도 불가능하다. 과목선택이 가능한 수학이나 탐구영역의 경우 선택과목의 난이도에 따라 표준점수에서 유불리가 크게 나뉘는데 과목별 난이도를 예측할 수 없으므로 운에 맡기는 수밖에 없다.

그래서 수능전형으로 상위권 대학에 진학하려는 학생이 취할 수 있는 전략은 단순하다. 그냥 전 영역의 수능대비를 철저히 하는 것뿐이다. 그 후 수능 성적이 발표되면 자신의 성적이 낮은 과목의 반영 비율이 낮은 학교로 지원하는 것이 수능전형 전략의 전부다. 입시정보의 영향력이 지극히 제한적이라고 볼 수 있다. 하지만 중하위권 입시의 경우는 상황이 다르다.

중하위권 입시의 수능 성적 반영법

상위권 입시에서는 대부분 대학이 수능의 전 영역을 반영하지만 중하위권 입시에서는 수능 영역 중 3개만 반영하는 대학이 많다. 그리고 탐구 영역의 경우도 상위권 대학은 응시한 2과목 모두를 반영하는 데 비해 중하위권 입시는 1과목만 반영하는 대학이 많다. 교차지원의 문도 훨씬 넓게 열려 있는 편이다.

∨ 상위권 vs 중하위권, 수능 성적 반영법 비교

	상위권 입시		중하위권 입시
반영 영역	국·영·수·탐 4개 영역 모두 반영		많은 대학에서 3개 영역만 반영
탐구 과목 수	대부분 2과목 반영		1과목 반영하는 대학도 많음
교차지원	〈인문 → 자연〉	대부분 제한	대부분 가능
	〈자연 → 인문〉	대부분 허용	
특징	전 영역 모두 잘해야 해서 입시정보의 영향력 적음		유리한 학교를 찾는 데 입시정보의 활용 가치가 큼

수능 성적표에서 3개의 영역만 반영한다는 것은 1개의 영역을 반영하지 않는다는 것이다. 자신의 성적이 가장 낮은 영역을 반영하지 않으면서, 높은 영역을 많이 반영해주는 대학을 찾을 수 있다면 입시에서 유리해진다. 중하위권 입시의 수능전형은 모든 영역을 잘해야 하는 상위권 입시보다 입시정보의 가치가 훨씬 크다.

중하위권 입시의 수능 성적 반영법

안양대학교는 수능을 반영할 때 3개 영역의 성적만 반영한다. 인문계열 지원자는 수학 성적을 반영하지 않고, 자연계열 지원자는 국어 성적을 반영하지 않는다. 반영하지 않는 영역의 성적이 9등급이라도 불리할 것이 하나도 없다.

∨ 안양대학교 2022 수능 성적 반영법

(출처: 안양대학교 전형 계획)

모집단위 (계열)	점수활용 지표	수능시험 영역별 반영비율(100%)					한국사	가산점
		국어	수학	영어	사회/과학/직업 탐구영역			
					사회/과학/직업	반영방법		
인문·사회·예능계열	백분위	●40	-	●30	●30	사회/과학/직업 최고점 1과목 반영	필수 응시	-
자연계열	백분위	-	●40	●30	●30			미적분, 기하 선택 시 10%

또 탐구영역도 성적이 좋은 1과목만 반영한다. 응시한 탐구 2과목의 성적 편차가 크다면 1과목만 반영하는 것이 유리하다. 그리고 교차지원도 자유롭게 가능하다. 안양대 수능전형에서 제한이 있는 것은 인문계열은 국·영·탐, 자연계열은 수·영·탐으로 지정된 반영 영역뿐이다. 문과 진학을 위해서는 국어를, 이과 진학을 위해서는 수학을 뺄 수 없다. 그리고 어떤 전공을 지원하든 영어는 필수다. 하지만 그런 반영 영역까지도 선택할 수 있는 학교도 있다. 성결대학교의 수능 성적 반영법을 보자.

∨ 성결대학교(천안) 2022 수능 성적 반영법

(출처: 성결대학교 전형 계획)

모집단위	반영영역 점수지표	국어	수학	영어	탐구 (사회/과학/직업)
전 모집단위	백분위 (영어 - 등급)	3개 영역 중 2개 영역 선택 반영			최고점 1과목 반영
반영비율		70%			30%

성결대학교는 국어, 영어, 수학 3개 영역 중 가장 성적이 좋지 않은 영역을 제외하고 나머지 2개 영역의 성적만 반영한다. 계열에 따른 주요과목의 구분이 아예 없다. 선택의 폭이 아주 넓은 것이다. 자연계열로 진학하고 싶지만 수학에 자신이 없는 학생이라면 이런 전형을 가진 대학을 전략적으로 노려볼 수 있다. 수학과 과학 없이도 자연계열 학과 진학이 가능하다. 절대평가가 도입되는 영어를 적극적으로 활용하는 것도 가능하다.

이처럼 중하위권 입시에서는 대학과 학과마다 각기 다른 다양한 수능 반영법으로 학생을 선발하고 있다. 가장 중요한 것은 반영 영역의 수가 적다는 것과 반영 영역을 선택할 수 있는 대학도 있다는 것이다. 상위권 입시에 지원이 가능한 점수까지 성적을 올리기 어렵다고 생각되는 고학년 중하위권 학생들은 수능의 4개 영역을 모두 준비하기보다는 과목을 정해서 선택과 집중을 해야 입시에서 좋은 결과를 얻을 수 있다.

수능전형의 중심은 수능! 내신의 실질 반영률은 적다

수능전형에서도 내신 성적을 반영하는 대학이 없지는 않지만 상위권 대학은 수능 100%인 대학이 대부분이다. 서울에 있는 4년제 종합 대학 중에서 수능전형에서 내신을 반영하는 곳은 아예 없다. 중하위권 입시에서는 학생부를 반영하는 대학이 꽤 있지만 그래도 학생부를 반영하지 않는 대학이 훨씬 많다. 그리고 반영을 한다고 해도 대부분 대학에서 내신 실질 반영 비율은 그렇게 크지 않다. 결국 수능전형에서 당락을 가르는 가장 주된 평가 기준은 수능 성적이다. 내신이 좋지 않은 고학년 학생이라면 수능의 실질 반영률이 낮은 대학과 수능 100%인 대학이 많이 있으니, 수능 성적을 올리는 데 집중하는 것이 좋은 전략이다.

합격 가능성 예측이 쉬운 객관적 전형

수능전형은 수능 성적을 중심으로 학생을 선발한다. 내신 성적이나 면접을 평가에 함께 반영하는 대학도 있지만 그래도 가장 주된 평가 기준은 수능 성적이다. 수능 성적은 숫자로 표기되는 객관적 반영 지표인 표준점수 또는 백분위로 표기된다(영어 절대평가 등급도 표준점수나 백분위로 변환되어 활용된다). 상위권 입시에서는 주로 표준점수를, 중하위권 입시에서는 주로 백분위를 활용하는 대학이 많은데, 자신의 수능 성적을 지난 입시 결과와 비교하면 합격 가능성을 예측해볼 수 있다.

하지만 대학마다 수능 성적을 반영하는 방법이 다르기 때문에 지난 입시 결과의 표면적인 수치만 보고 합격 가능성을 예측하기는 어렵다. 예를 들어 작년 커트라인이 백분위 70%라면, 그 70%가 의미하는 것이 대학마다 다르다. 그렇기 때문에 정확한 입시정보를 많이 확보하는 것이 중요하다.

그 학교의 입시요강 분석을 통해 정확한 입시정보를 얻어야만 지원 시 합격 가능성을 예측해볼 수 있으며, 분석한 대학이 많으면 많을수록 3번밖에 주어지지 않는 지원 기회를 최대한 효율적으로 쓸 수 있어 입시에서 유리해진다.

작년 입시 결과와 자신의 수능 성적 비교로 합격 가능성 예측

수능전형은 숫자로 표기되는 수능 성적 위주로 학생을 선발하는 객관적 전형이다. 내신을 반영하는 경우도 있지만 실질적인 반영 비율은 낮다. 그렇기에 작년의 수능 입시 결과와 자신의 수능 성적을 비교하면 합격 가능성을 예측해볼 수 있다.

상위권 입시에서는 지원자들의 성적이 너무 촘촘히 붙어 있어 입시 결과를 발표하지 않는 경우도 많지만 중하위권 대학은 대부분 입시 결과를 공개한다. 목표로 하고 있는 대학이 입시 결과를 발표하고 있다면 그 결과의 기준을 잘 파악하고 자신의 성적을 그 기준대로 산출해서 비교해보아야 한다. 안양대학교 2020 입시의 수능전형 입시 결과를 먼저 보자.

∨ 안양대학교 2020 수능전형 입시 결과　　(출처: 안양대학교 홈페이지)

학과	최종 등록자	
	평균	최저
국어국문학전공	80.95	78.20
영미언어문화전공	82.06	79.50
중국언어문화전공	78.36	75.10
글로벌경영학과	82.28	79.80
행정학과	84.13	82.00
식품영양학과	82.58	75.97
정보전기전자공학전공	83.74	81.85
컴퓨터공학전공	83.75	82.00
소프트웨어전공	84.51	82.40
도시공학전공	82.11	79.36

학교에서 발표한 입시 결과의 기준을 알아야 자신의 성적과 비교해볼 수 있다. 안양대는 2020 정시에서 최종등록자의 평균 성적을 공개하고 있다. 하지만 이 자료에 적힌 숫자만으로는 어느 정도의 성적으로 이 학교에 지원이

가능한지 가늠하기 어렵다. 반영 비율과 가산점, 그리고 영어 등급별 변환 점수를 따로 확인해 내 성적과 비교해보아야 한다.

∨ 수능 영역별 반영비율

계열, 대학, 모집 단위	점수 활용 지표	수능시험 영역별 반영비율(100%)										
		국어	수학 가/나	영어	한국사	사회/과학/직업 탐구영역						
						사회	과학	직업	사회/과학	사회/직업	과학/직업	사회/과학/직업
인문·사회·신학·사범	백분위	● 40%		● 30%	필수 응시							● 30%
자연	백분위		● 40%	● 30%	필수 응시							● 30%

∨ 유형별 가산점 및 탐구영역 반영 방법

계열, 대학	가산점 부여내용			사회탐구/과학탐구/직업탐구영역				탐구영역 과목점수 반영방법
	국어	수학 가/나	과학 탐구	반영 과목수	자유 선택	과목지정 일부	과목지정 전부	
인문·사회 신학·사범·예능				1	O			최고점 1과목
자연		가형 10%	10%	1	O			최고점 1과목

∨ 영어영역 등급별 반영 점수표

수능등급	1	2	3	4	5	6	7	8	9
점수	100	95	90	85	80	65	50	30	0

안양대학교 2020 정시에서의 수능 반영법과 영어 등급별 변환 점수다. 이 학교의 수능 반영 영역의 개수는 3개다.

국어국문학과의 경우 '국어 40% + 영어(등급별 변환 점수) 30% + 탐구(1과목) 30%'로 산출한 최종합격자의 평균 백분위가 80.95, 커트라인이 78.20이라는 뜻이다. 수학 성적은 전혀 반영되지 않았다. 만약 수학 1등급이라면 이 대학의 국어국문학과에 지원 시 손해를 보게 되었을 것이며, 수학 9등급이라면 유리했을 것이다. 마찬가지로 이과의 경우에도 국어를 평가에 반영하지 않는다. 반영 영역이 3개라는 것은 입시 결과에 큰 변수가 된다.

2020 정시에서 안양대 국어국문학과에 지원한 A학생과 B학생의 경우를 예로 보자.

∨ 수능 반영 영역의 영향력

수능 반영법: 국어 40% + 영어 30% + 탐구(1과목) 30%

	A학생(백분위)	B학생(백분위)
국어	75	80
수학	75	40
영어	4(등급) - 85(변환점수)	4(등급) - 85(변환점수)
사회문화	75	80
한국지리	75	40

평균 백분위 (국수탐 영어 제외 동일 비율)	75	60
안양대 반영 성적 〈국어 40% + 영어 30% + 탐구(1과목) 30%〉	78	81.5

수능 성적만 놓고 보면 A학생이 B학생보다 월등히 뛰어나다. 영어 성적은 같고 나머지 영역의 백분위 평균이 A학생은 75%이며 B학생은 60%이다 (탐구 2과목 평균 적용 시). 그런데 안양대 인문계열은 A학생에게는 강점이면서 B학생에게는 약점인 수학을 반영하지 않는다. 탐구영역도 1과목만 반영해 2과목 백분위가 동일한 A학생에 비해 편차가 큰 B학생에게 유리하다. 안양대학교 기준으로는 A학생의 백분위가 78점, B학생은 81.5로 커트라인인 78.20과 비교하면, A학생은 불합격이며 B학생은 합격이다. 학생의 수능 전 과목 평균 성적과 안양대 지원 시 입시결과는 반대로 나오는 것이다.

대학에 지원할 때는 이런 지난 입시 결과 분석에 더해 올해와 작년의 수능 반영 방식의 변화까지 체크해야 한다. 수능 반영 방식에 변화가 있는 대학도 많기 때문이다. 반영 영역이나 비율에 변화를 주는 대학도 있으며, 영어 절대 평가 등급별 변환점수에 변화를 주는 대학도 있다. 필히 작년 수능 반영법과 올해 수능 반영법을 확인해보고 자신의 영역별 성적에 따른 유불리를 감안해 지원해야 한다.

이런 수능 반영법의 특징과 변화를 제대로 이해하고 자신의 성적과 비교해야 합격 가능성 적중률을 높일 수 있고, 3번뿐인 정시지원 기회를 100% 활용할 수 있다.

중하위권 학생은 유리한 수능 반영법을 가진 학교를 찾아라

예로 든 것처럼 중하위권 학생은 대학별 수능 반영법에 따라 성적이 달라지고, 또 입시 결과까지 달라질 수 있다. 따라서 충분한 입시정보를 가지고 유리한 대학에만 지원해야 한다. A학생은 안양대학교 지원을 피해야 할 것이고, B학생은 그런 수능 반영법을 가진 대학을 찾아서 지원해야 한다. 자신의 성적이 유리하게 적용되는 대학에 지원해야 하는 것이다. 하지만 대학마다 수능 반영 영역이 다르고 가산점 적용도 다르므로 유리한 대학을 찾기는 쉽지 않다. 영어 절대평가 등급별 변환점수까지 대학마다 달라 더욱 복잡해진 입시다. 하지만 그럴수록 필요한 것이 입시정보다.

일단 목표로 삼은 대학교부터 요강과 입시 결과를 분석해 자신의 합격 가능성을 예측해보아야 한다. 염두에 둔 대학교의 입시 자료를 시간을 투자해 분석한다면 충분한 정보를 얻을 수 있다. 이 과정은 꼭 필요하다. 그러면 그 대학에 진학하기 위해서 자신에게 부족한 점을 파악해 남은 기간 동안 집중해야 할 것이 명확해진다. 경우에 따라서는 잘못 설정된 목표를 재설정할 수도 있다.

하지만 중하위권 학생들은 대부분 목표 대학 없이 성적에 맞추어 진학하겠다는 생각으로 입시를 준비한다. 이 경우는 전체 대학교가 대상이 되는데 대학마다 수능 반영법이 천차만별이라서 입시전략의 방향을 잡기가 어렵다. 수능전형을 전략적으로 준비하려면 한 곳이라도 더 많은 대학의 입시요강을 분석해 입시정보를 조금이라도 더 많이 확보해야 한다. 그래야 유리한 수능 반영법을 가진 대학을 찾아서 효율적인 입시 대비를 할 수 있다. 충분한 입시정보가 있어야 입시전략의 방향을 세울 수 있는 것이다. 입시정보 분석은 수능 성적을 올리는 것과 같은 효과가 있음을 명심하자.

내신이 5~6등급 이하인 고학년은 수능전형으로 역전을 노려라

한정된 시간 속에서 자신에게 유리한 입시전형을 집중적으로 준비해야 입시에서 좋은 결과를 얻을 수 있다. 우선 내신과 수능 중 어디에 집중하는 것이 유리한지 판단해야 한다. 이는 아주 중요하다. 저학년이라면 일반적으로 내신 관리에 집중해야 한다. 내신 위주의 수시모집 인원이 수능 위주의 정시보다 훨씬 많기 때문이다. 너무 일찍부터 수시전형을 포기하는 것은 입시의 문을 좁히는 선택이 될 수 있다. 2학년인 경우에는 상황에 따라 달라질 수 있기 때문에 일반적인 가이드라인을 제시하기는 어렵다.

하지만 고등학교 2학년을 마쳤는데 평균 내신등급이 5~6등급 이하이면서 현재 자신의 성적으로 갈 수 있는 대학보다 더 나은 대학으로 진학하고 싶다면 수능전형에 집중하는 것이 낫다. 이 학생들은 전국의 수험생들 중에서 현재까지 중간 이하의 학업성적을 기록한 학생들이다. 고등학교 2학년까지 내신과 수능 모의고사 성적이 모두 6등급인 A학생과 B학생의 예를 보자.

∨ 입시 시나리오 비교
(더 나은 입시 결과를 위한 6등급 예비 고3의 수시 집중 vs 정시 집중)

	A학생(수시 집중)	B학생(정시 집중)
고2까지 성적	성적 동일(내신 6등급, 수능 모의고사 6등급)	

⇩

공부 집중 대상	내신 성적	수능 성적

⇩

노력과 집중으로 놀라운 성적 향상

⇩

고 3-1학기 성적	내신 2등급	수능 2등급

⇩

입시에 반영되는 성적	수시 반영 성적	정시 반영 성적
	5등급(내신 평균)	2등급(수능 성적)

⇩

입시 결과	3~5등급 학교 진학	2등급 학교 진학

⇩

> 내신등급이 5등급 이하인 예비 고3이라면 수능전형에 집중하는 것이 현명한 입시전략!
> 중하위권이라면 반영 영역이 3개인 대학을 1차 목표로 설정하고,
> 반영되는 영역의 수능 대비에 집중해야 한다.

수시전형은 대부분 학생부 중심이고 2학년을 마쳤다면 수시의 학생부 반영 기간 5학기 중에서 4학기, 전체의 80%가 지나간 것이다. 2학년까지 내신이 6등급이라면 A학생처럼 3학년 1학기 때 성적이 대폭 올라 내신 2등급까지 성적을 올린다고 해도 고등학교 기간 전체 평균 등급은 5등급이 된다.

자신의 현재 실력은 2등급이지만 수시의 학생부 교과전형으로 지원하면 5등급 학생들이 진학하는 학교에 진학하게 된다. 학생부 종합전형으로도 2등급이 진학하는 대학의 합격은 장담하기 어렵다. 아무리 열심히 노력해도 지난 2년 동안의 부족한 성적을 만회하는 데 한계가 있다.

하지만 B학생의 경우처럼 똑같은 노력을 투자해서 수능 성적을 6등급에서 2등급으로 올렸다면 수능 성적 위주로 평가하는 정시에서 2등급 학생이 진학하는 대학에 진학할 수 있다. 역전의 기회가 남은 셈이다.

내신 성적이 중하위권인 학생이라도 목표 대학은 현재의 내신 성적으로 갈 수 있는 대학보다 조금 더 좋은 성적을 요구하는 대학일 것이다. 그렇다면

수능전형으로의 집중이 필요하다. 5~6등급 내신 성적의 학생이라면 수능 전략을 제대로 세우고 공부한다면 공부한 기간에 비해 최대효율의 입시 결과를 얻는 것이 가능하다.

고3이 되면 모든 학생이 열심히 하기 때문에 모의고사 6등급 학생이 2등급까지 성적을 올리기는 쉽지 않다. 또 수능 성적 2등급의 학생들이 진학하는 학교는 4영역(5과목)을 모두 반영하기 때문에 공부가 벅찬 것이 사실이다. 하지만 중하위권 입시는 3영역(3과목)을 반영하는 대학이 많기 때문에 수능 반영법을 분석하고 자신 있는 과목 위주로 집중해 공부한다면 큰 폭의 성적 향상을 기대해볼 수 있다.

영어 절대평가라는 변화를 적극적으로 활용하는 것도 좋은 전략이다. 실전 수능에서 기대만큼 성적이 오르지 않아도 수시에서 내신으로 갈 수 있는 대학보다 더 선호하는 대학으로 진학이 가능하다. 같은 학교의 수시 결과와 정시 결과를 비교해보면 쉽게 이해가 된다. 내신에 집중할 이유가 전혀 없는 것이다.

이런 입시에 대한 이해 없이 그냥 시험 기간에는 내신 공부를 하고 나머지 기간에도 수능의 전략 영역도 정하지 못한 채 우왕좌왕한다면 입시에서 좋은 결과를 얻기는 어렵다. 실제 그런 과정을 거친 수많은 학생들을 매년 정시 컨설팅에서 만난다. 확정된 수능 성적표라는 한계 안에서 최선의 입시전략을 제시해주고 있지만, 상담을 하면서 1년이라도 일찍 만나서 입시 준비의 방향을 잡고 효율적으로 시간을 보냈다면 실전 입시에서 더 유리한 성적표로 훨씬 좋은 결과를 충분히 얻을 수 있었던 학생들이라는 생각이 들어 아쉬움이 크다.

중하위권 입시에서 수능전형은 성적이 좋지 않은 학생에게 마지막 역전 기회를 제공하는 전형이다. 모집인원이 수시보다 적지만 현재 중하위권, 그

중에서도 내신 성적이 좋은 편이 아니라면 입시에서 조금이라도 더 좋은 결과를 얻기 원한다면 선택할 수밖에 없는 전형이다. 대신 중하위권 입시의 수능전형은 상위권 입시와 달리 반영 영역이 적으므로 충분한 입시정보를 가지고 목표 대학을 설정한다면 효율적인 준비가 가능하다. 효율적인 준비 기간이 길어지면 길어질수록 입시 결과는 좋아진다. 충분한 입시정보를 최대한 일찍 얻는 것이 입시 성공의 필수요소임을 명심해야 한다.

핵심정리

[특징]

- 수능 성적 위주로 선발

- 정시전형 = 수능전형

- 수능 성적 반영법 해석이 핵심

- 내신의 실질 반영 비율이 낮음

- 합격 가능성 예측이 쉬운 객관적 전형

[대비]

- 수능 올인? 또는 내신 관리?

  입시정보에 근거한 정확한 판단 필요

- 상위권 입시에서는 전략의 영향력 적음

- 중하위권 고학년은 전략에 따른 과목 선택과 집중 필요

06

전문대 입시

2022 입시전형 계획에 따르면 4년제 대학이 346,553명을 선발할 때 전문대는 198,458명을 선발한다. 대학에서 모집하는 총인원의 36.41%가 전문대모집 인원이다.

∨ 2022 입시

구분	대학 수	선발 인원	선발 비율
4년제 대학	198	346,553	63.59%
전문대	133	198,458	36.41%
합계	331	545,011	100%

중하위권 입시의 고유전형, 실제 선발 비율은?

상위권 학생이 전문대에 진학하는 경우는 극히 드물기 때문에 전문대 입시는 중하위권 입시에만 속한다고 볼 수 있다. 그러면 전체 입시에서가 아닌 중하위권 입시에서 전문대 입시의 선발 비율은 얼마나 될까? 상위권으로 분류한 4년제 64개 대학의 모집 인원은 135,747명이다. 4년제 전체 선발 인원에서 이 인원을 빼면 206,405명이다. 이 인원이 중하위권 입시에서 4년제 대학의 선발 인원이다. 그리고 전문대의 선발 인원은 198,458명이다. 중하위권 입시에서 4년제 대학과 전문대의 선발 인원은 거의 비슷하다. 이렇게 중하위권 학생 2명 중 1명은 전문대에 진학하고 있다. 4년제에 진학한 중하위권 학생들도 대부분 전문대에 지원은 했지만 불합격으로 또는 선택으로 4년제에 진학한 것이다. 실제로 대부분의 중하위권 학생이 전문대 입시에 지원하고 있다.

이렇게 전문대는 중하위권 입시에서 아주 중요한 비중을 차지하기 때문에 입시전략을 수립하는 데 있어서 전문대 입시를 이해하는 것은 필수다. 전문대 입시를 정확히 알면 입시전략을 훨씬 수월하게 수립할 수 있다. 또 대학과 학과를 선택할 때 취업이 우선시되는 사회 분위기 속에서 전문대는 4년제 대학보다 현명한 선택이 될 수도 있다.

전문대는 전공의 특성에 따라 2년제, 3년제, 4년제 학과로 나뉜다. 동일한 학과라도 대학에 따라 2년제일 수 있고 3년제일 수도 있으니 지원 시 학과의 수업연한을 잘 확인해야 한다.

전문대 입시는 4년제 대학 입시보다 입시정보의 영향력이 크다. 객관적 전형인 학생부 교과전형과 수능전형 위주로 대부분의 인원을 선발하기 때문이다. 하지만 대부분의 수험생은 전문대 입시에 대해 잘 모른다. 전문대의 학생부 교과전형과 수능전형은 4년제 대학과 큰 차이가 있다. 전문대 입시의 특성을 자세히 알아보자.

수시 중심 선발의 전문대 입시

전문대 입시는 4년제 입시보다 수시 선발의 비중이 훨씬 높다. 예체능을 포함한 2022 전체 입시에서 4년제 대학의 수시 선발 비중은 75.7%이고 전문대의 수시 선발 비중은 88.4%이다. 또 전문대 입시는 4년제와 달리 수시에서 1차와 2차로 두 번 나누어 모집한다. 수시 1차와 2차 모집은 모집 시기만 다를 뿐 모집 방법은 동일하며 수시 모집 인원의 대부분을 학생부 교과전형으로 선발한다. 논술전형과 적성고사 전형을 시행하는 학교는 없다. 학생부 종합전형을 실시하는 대학은 있지만 모집 인원이 극히 미미하다. 전문대의 수시모집은 학생부 교과전형이라고 봐도 무방하다.

∨ 2022 전문대 시기별 모집 인원

		모집 인원	모집 비중
수시	1차	137,707명	69.4%
	2차	37,691명	19.0%
	수시 전체	175,398명	88.4%
정시	정시	23,060명	11.6%

수시 1차 모집은 4년제 수시와 모집 시기가 비슷하며 가장 많은 69.4%의 인원을 모집한다. 수시 2차 모집은 지원 기간에 수능고사일이 포함되어 있다 (2022 입시의 경우 수시 2차 지원 기간이 2021년 11월 8일부터 22일까지인데 수능은 그 사

이인 11월 17일에 치러진다). 수시 2차 모집은 수능시험을 치른 후에도 원서 접수를 받기 때문에 수능에서 원하는 결과를 얻지 못한 학생도 지원이 가능하다. 그래서 수시 1차보다 커트라인이 대체적으로 높게 형성된다.

정시는 4년제 대학의 수능전형과 시기가 겹치지만 접수 마감일이 더 늦다. 보통 수능과 학생부를 같이 반영하며 4년제 대학보다는 학생부 반영 비율이 대체적으로 높다. 시기별 모집 인원을 보면 전문대 진학을 노리는 학생이라면 수시, 특히 수시 1차 모집을 통한 진학이 훨씬 유리하다는 것을 확인할 수 있다.

무제한 지원과 교차지원 가능

전문대는 지원 횟수에 제한이 없다. 4년제 대학은 수시 6번, 정시 3번으로 지원 기회가 제한되어 있다. 목표한 대학을 마음껏 지원하기에는 횟수가 모자란 감이 있다. 특히 정시의 경우는 지원카드가 3장밖에 주어지지 않아 지원 대학을 선정할 때 부담이 크다. 원하는 대학 진학을 위해 도전적인 지원을 하기보다는 안정적 지원을 할 수밖에 없다.

하지만 전문대 지원까지 눈을 넓힌다면 지원카드는 3장이 아니라 무제한이 된다. 상위권 대학에 진학 가능한 성적의 학생이라면 전문대가 눈에 차지 않을 수 있다. 하지만 중하위권 학생이라면 자신의 성적으로 진학 가능한 4년제 대학과 수준이 비슷한 전문대가 얼마든지 있다. 또 전문대는 교차지원이 가능하다. 중하위권 학생들이 진학 가능한 4년제 대학도 교차지원이 되는 학교가 많지만 전문대의 교차지원은 4년제의 교차지원과 다르다. 4년제의 교차지원은 수학 자연계열 선택과목에 해당되는 미적분 또는 기하 선택시 또는 과탐을 선택시 가산점 가산점을 부여해 문·이과 교차지원에 불리함을 안겨 주는 경우가 많다. 수능전형을 예를 들면 수학에서 미적분 또는 기하를 선택한 학생에게 자연계열 지원시 가산점을 주는 식이다. 하지만 전문대 입시는 극히 일부 학교를 제외하고는 문·이과에 차별을 두지 않는다. 그래서 과목선택에 따른 불리함 없이 교차지원이 가능하다.

전문대 수시모집의 학생부 반영법

전문대 수시모집은 4년제 대학 입시의 학생부 교과전형과 마찬가지로 학생부의 내신등급으로 학생을 선발한다. 하지만 그 핵심인 학생부 반영법이 4년제 입시와 큰 차이가 있다.

∨ 국민대학교 2022 학생부 반영법   (출처: 국민대학교 전형 계획)

1. 학교생활기록부 영역별 및 학년별 반영비율

모집 구분	영역별 반영비율 (%)		학년별 반영비율(%)				비고
	교과성적 영역	비교과 영역	1학년	2학년	3학년 1학기	3학년 2학기	
수시 모집	100	-	100 (학년별 차등 반영 안 함)			반영 안 함	2021년 2월 이전 졸업자 (재수생 등)도 3학년 1학기까지만 반영

2. 학교생활기록부 반영 교과영역

모집단위	반영 교과영역	반영 지표	반영 과목수
인문계	국어/영어/수학/사회	석차 등급	이수한 모든 교과목
자연계	국어/영어/수학/과학		

국민대학교는 4년제 대학에서 가장 흔히 볼 수 있는 학생부 반영법을 가지고 있다. 고등학교 1학년부터 3학년 1학기까지의 성적을 반영한다. 반영 과목은 인문계열은 국·수·영·사, 자연계열은 국·수·영·과이다. 다른 4년제 대학 중에서 문과는 국·영·사, 이과는 수·영·과를 반영하는 대학도 많다. 이외에도 다양한 경우가 있지만 4년제 대학은 수시에서 학생부를 반영할 때 대부분 고등학교 전체 기간 동안의 주요 과목 위주로 반영한다. 하지만 전문대는 이와 다르다.

Ⅴ 한양여대 2022 학생부 반영법　　　(출처: 한양여대 전형 계획)

가. 학년별 ·요소별 반영비율

학년별 반영 비율(100%)				
학년 공통	공통 비율	1학년	2학년 1, 2학기	3학년 1학기
학년별 비율 지정			66.7	33.3

나. 교과목 반영방법

국민공통교과 (고 1과정)		선택과정 (고 2, 3 과정)		점수산출
반영 교과수	반영 교과목	반영 교과수	반영 교과목	활용지표
		2학년, 3학년 1학기 전 과목	2학년, 3학년 1학기 전 교과	석차등급

　전문대는 많은 대학이 학생부의 전 과목을 반영한다. 주요 과목인 국·영·수·사/과 위주로 반영하는 4년제 입시와 다르다. 주요과목뿐 아니라 기술가정, 한문, 제2외국어 등 석차등급이 있는 모든 과목의 성적이 반영된다. 문과와 이과의 구별이 아예 없다고 볼 수 있다.

그리고 학생부의 반영 시기도 한정되어 있다. 이것이 전문대 수시모집의 가장 큰 특징이다. 5학기 전체 성적이 반영되는 4년제와는 다르다. 한양여대의 경우는 2학년에서 3학년 1학기 때의 성적만 반영하며 1학년 성적은 평가에 전혀 반영되지 않는다. 반영되는 학기는 대학마다 다르다. 1학기만 반영하는 대학도 있고 5학기 모두를 반영하는 대학도 있다. 수도권의 주요 전문대의 학생부 반영 시기를 정리하면 다음과 같다.

∨ 2022 수도권 주요 전문대 수시 학생부 반영 시기

대학	반영 시기와 비율	반영 학기 수
인하공전	1학년 30% + 2학년 40% + 3학년 30%	5
동양미래대	1~3학년 5개 학기 중 선택 2학기 100%	2
명지전문대	1학년 중 우수 1학기 30% + 2학년 중 우수 1학기 30% + 3-1학기 40%	3
한양여대	2~3-1학기 3개 학기 100%	3
동서울대	1~2학년 100%	4
수원과학대	1~2학년 4개 학기 중 선택 1학기 100%	1
안산대	1~3학년 5개 학기 중 선택 1학기 100%	1

대학마다 반영하는 학기의 수와 시기가 다양한 것을 확인할 수 있다. 수도권의 경우 대학의 선호도가 높을수록 반영 학기의 수가 많은 경향이 있다. 1학기 또는 2학기만 반영하는 대학도 꽤 있다. 하지만 지방의 전문대는 커트라인이 높지 않음에도 불구하고 5학기 또는 4학기를 반영하는 대학도 많다. 관심을 가진 전문대가 학생부를 어떻게 반영하는지 잘 확인하고 그중 유리하게 적용되는 곳에 지원해야 한다. 특히 학기별로 성적의 편차가 심한 학생이

라면 그중 성적이 좋은 학기를 많이 반영하는 전문대에 지원하는 것이 좋다.

또 전문대는 대부분 지난 입시 결과를 공개하고 있다. 전문대를 지원하면서 합격 가능성을 예측할 때는 꼭 지난해의 입시요강을 살펴보고 그 학생부 반영법대로 성적을 변환해서 비교해보아야 한다. 전문대의 수시전형은 수능 최저학력기준의 부담도 적다. 적용하는 대학도 많지 않으며 적용하더라도 그 기준이 4년제에 비해 매우 낮다. 대부분의 대학이 간호학과 등 일부 인기 학과에만 수능 최저학력기준을 적용한다.

전문대 정시모집의 수능 반영법

전문대 정시모집은 4년제 대학과 마찬가지로 수능전형이다. 하지만 4년제 대학과는 다른 수능 성적 반영법으로 학생을 평가한다. 가장 큰 차이는 수능 반영 영역(과목)의 수다. 4년제 상위권 대학은 국어, 수학, 영어, 탐구(2과목) 총 4개 영역, 5과목을 반영하고, 중하위권 대학도 최소 3과목 이상을 반영한다. 그리고 모집하는 계열이나 학과에 따라서 반영과목이 지정되어 있는 경우가 많다. 하지만 전문대는 수능의 2~3과목만 반영하는 학교가 대부분이며 반영과목 선택의 폭도 넓다.

∨ 부천대학교 2022 수능 반영법 (출처: 부천대학교 홈페이지)

반영 영역수	국어	영어	수학	사회/과학/직업	비고(세부 반영법)
2	50%	50%	50%	50%	- 탐구영역 중 최우수 1개 과목만 반영

부천대는 수능전형에서 국·수·영·탐 4개 영역 중 가장 성적이 좋은 2개 영

역의 성적만 반영한다. 전문대는 이과와 문과 구별 없이 수능에서 성적이 높은 영역만 반영하는 경우가 많아서 지원의 폭이 넓다. 이과수학인 미적분 또는 기하에 가산점을 주는 대학도 많지 않다. 탐구영역도 대부분의 대학이 부천대처럼 1과목만 반영한다. 수도권에는 이렇게 2과목만 반영하는 대학교가 꽤 많다.

입시까지 시간이 얼마 남지 않은 하위권 학생이라면 모든 과목의 성적을 끌어올리기는 어렵다. 전문대 입시를 염두에 두고 자신 있는 2과목의 성적 향상에 올인하는 전략을 세워볼 수도 있다. 절대평가가 도입된 영어의 경우 다른 과목보다 등급을 올리기 쉬우며 등급별 변환점수가 대체적으로 높다. 이 점을 활용한다면 더 효율적인 전문대 정시 전략을 세울 수 있다.

역전의 문이 넓은 전문대 입시를 적극적으로 활용하자

전문대 입시는 중하위권 학생에게 4년제 대학 입시보다 역전의 기회를 더 많이 제공한다. 자신의 내신 성적이 유리하게 반영되는 학생부 반영 시기를 가진 학교를 찾는다면 수시에서 좋은 결과를 얻을 수 있다. 성적이 낮은 고학년이라면 자신 있는 수능 과목만 압축해서 전문대 정시를 목표로 공부하면 수능까지 남은 시간을 효율적으로 사용할 수 있다. 또 전문대 지원은 4년제 대학에서 제한된 지원 기회를 보충해주는 역할도 한다.

전문대 입시는 중하위권 입시 모집 인원의 절반을 차지하며 대부분의 중하위권 학생이 지원하게 된다. 그리고 4년제 입시보다 역전의 문이 훨씬 넓게 열려 있다. 하지만 입시전략을 세울 때 전문대 입시까지 염두에 두는 중하위권 수험생은 많지 않다. 4년제 대학뿐 아니라 전문대의 입시정보에도 관심을 가지고 전략을 수립한다면 입시에서 더 좋은 결과를 얻을 수 있다. 전문대 입시는 객관적인 내신등급과 수능 성적 위주의 전형이기에 입시정보의 영향력이 4년제 대학보다 더 크다. 중하위권 학생이라면 정확한 입시정보를 통해 자신의 내신과 수능 성적을 100% 활용할 수 있는 전문대 입시를 적극적으로 활용하자.

핵심정리

[특징]

- 중하위권 입시의 고유 전형

- 중하위권 입시에서 절반 비율

- 수시모집은 1차와 2차로 나누어 모집

- 객관적 전형 위주(학생부 교과, 수능)

- 무제한 지원 가능

- 교차지원 가능

- 수시는 학생부 반영 학기의 수가 핵심

- 정시는 수능 반영 영역의 수가 핵심

[대비]

- 다른 전형에 비해 역전의 문이 넓음

- 성적 활용의 폭이 커 입시정보의 영향력이 큼

- 입시정보가 많을수록 유리

- 제한 없는 지원 횟수를 활용한 전략 필요

3부

2015 개정교육과정 도입, 입시는 어떻게 달라지나?

01

문·이과 통합시대,
수시는 어떻게 달라지나?

2022 입시는 문·이과 통합이 핵심이라는 2015 개정 교육과정이 본격적으로 반영되는 첫 번째 입시이다. 2015 개정 교육과정에서 얘기하는 문·이과 통합은 어떤 것인지, 그리고 그로 인해 수시는 어떻게 변할지 알아보자.

Q: 문·이과 통합이면 수학 구별이 없어지나요?

입시에 대한 기본 지식이 없는 분이라면 문·이과 구분의 가장 큰 기준은 수학일 것이다. 수학 선택에 따라 문과와 이과가 나뉜다고 생각하는 학생과 학부모가 상당히 많다. 하지만 2015 개정 교육과정에서도 문·이과 수학의 구별은 여전히 존재한다고 보인다. 수학을 공부해야 할 범위, 과목명 등에서 약간의 차이만 있을 뿐 입시를 대하는 수험생의 입장에서 문·이과 통합이라고 학생들이 느낄 만한 차이는 없다.

2015 개정 교육과정이 수시에 미치는 영향은?

다음은 교육부에서 배포한 2015 개정 교육과정 홍보자료에 실린 고등학교와 관련된 변화의 핵심 내용이다. 세 가지로 요약되는데 이 핵심 내용들이 각각 입시에 어떤 영향을 미치는지 알아보자.

∨ 2015 개정 교육과정으로 인한 일반고의 변화

(출처: 교육부 2015 개정 교육과정 홍보자료)

- 모든 학생들의 기초 소양 함양과 기초 학력 보장을 위해 국어, 수학, 영어, 한국사, 통합사회, 통합과학, 과학탐구실험의 7개 공통과목을 신설했습니다.
- 기초 교과 영역 * 이수 단위를 교과 총 이수 단위의 50%를 넘지 못하게 하고, 기초 교과 영역에 한국사(6단위)를 포함함으로써 국어, 수학, 영어 비중을 사실상 6단위 감축하였습니다.
  ※ 기초 교과 영역: (현행) 국어·수학·영어 → (개정) 국어·수학·영어·한국사
- 진로와 적성에 따라 맞춤형 교육을 받을 수 있도록 다양한 선택 과목(일반 선택, 진로 선택)을 개설하였습니다.

① 문·이과 공통과목 신설

2015 개정 교육과정에서는 모든 학생의 기초 소양 함양과 기초 학력 보장을 위해 국어, 수학, 영어, 한국사, 통합사회, 통합과학, 과학탐구실험의 7개 공통과목을 신설했다고 한다. 먼저 여기에서 명확히 할 것은 이것이 문·이과 통합이 아니라는 점이다. 교육부 자료에서 명확하게 확인할 수 있듯 이는 통합이 아니라 문·이과 공통과목 신설이다.

문·이과 공통과목 신설은 큰 변화처럼 느껴질 수 있지만 실제 입시에는 별다른 영향력이 없다. 이전 교육과정에서도 국어, 수학, 영어, 한국사, 사회, 과

학을 필수로 배우고 있기 때문이다. 이 변화는 단지 사회를 공통사회로 명칭을 바꾸고 과학은 공통과학과 과학탐구실습으로 바꾼 것에 지나지 않는다. 입시에서 주로 반영되는 것은 결국 이 모든 과목의 내신등급이다.

각 과목의 교육 내용이 약간씩 변경되었을 뿐 내신등급으로 선발한다는 본질에는 전혀 변화가 없다. 시험 범위가 바뀐 것이라고 볼 수 있다. 시험 범위가 어떻게 바뀌든지 내신등급을 잘 받아야 입시에서 유리하다는 본질은 변하지 않는다.

② 국어, 수학, 영어 과목 6단위 감소

이 변화 역시 입시에 아무런 의미가 없다. 입시에서는 국·영·수 내신등급이 몇 등급인지, 그리고 그 과목과 관련해 어떤 활동을 했는지가 중요하다. 국·영·수를 몇 단위 배웠는지에 대해서는 관심을 가지지 않는다. 수업을 받은 시간이 적든 많든 내신등급을 주는 시스템과 수능 성적을 매기는 시스템이 동일하다면 입시에는 어떠한 변화도 없다.

③ 다양한 선택 과목 개설

개정 교육과정에서 학생들은 공통교과 이수와 함께 진로희망에 따라 선택 과목을 이수해야 한다. 그리고 진로와 적성에 따라 다양한 맞춤형 교육을 받을 수 있도록 다양한 선택과목을 개설하겠다고 한다. 교육부가 제시한 예시를 보면 다양한 선택과목을 활용해 경제학과를 지원하고 싶은 학생이라면 수학에서 일반 선택으로 '확률과 통계', '미적분'을 고르고, 진로 선택으로 '경제수학' 등을 선택할 수 있으며 탐구 과목으로 '경제', '사회탐구 문제' 등을 이수할 수 있다고 한다.

교과영역	교과(군)	공통과목	선택과목(기본 단위 수: 5단위)	
			일반선택(3~7단위)	진로선택(2~8단위)
기초	국어	국어	화법과 작문, 독서, 언어와 매체, 문학	실용국어, 심화국어, 고전 읽기
	수학	수학	수학 I , 수학 II , 미적분, 확률과 통계	실용수학, 기하, 경제수학, 수학 과제 탐구
	영어	영어	영어회화, 영어 I , 영어독해와 작문, 영어 II	실용영어, 영어권문화, 진로영어, 영미문학 읽기
	한국사	한국사		
탐구	사회 (역사/도덕 포함)	통합사회	한국지리, 세계지리, 세계사, 동아시아사, 경제, 정치와 법, 사회·문화, 생활과 윤리, 윤리와 사상	여행지리, 사회문제 탐구, 고전과 윤리
	과학	통합과학 과학탐구 실험	물리학 I , 화학 I , 생명과학 I , 지구과학 I	물리학 II , 화학 II , 생명과학 II , 지구과학 II , 과학사, 생활과 과학, 융합과학
체육·예술	체육		체육 운동과 건강	스포츠 생활, 체육 탐구
	예술		음악, 미술, 연극	음악 연주, 음악 감상과 비평, 미술 창작, 미술 감상과 비평
생활·교양	기술·가정		기술·가정, 정보	농업 생명 과학, 공학 일반, 창의 경영, 해양 문화와 기술, 가정과학, 지식 재산 일반
	제2외국어		독일어 I , 일본어 I , 프랑스어 I , 러시아어 I , 스페인어 I , 아랍어 I , 중국어 I , 베트남어 I	독일어 II , 일본어 II , 프랑스어 II , 러시아어 II , 스페인어 II , 아랍어 II , 중국어 II , 베트남어 II
	한문		한문 I	한문 II
	교양		철학, 논리학, 심리학, 교육학, 종교학, 진로와 직업, 보건, 환경, 실용 경제, 논술	

일단 대부분 학교가 현실적으로 저 선택과목들을 모두 개설할 수 없을 것이다. 그래서 학생들의 선택에도 제약이 있을 수밖에 없다. 예를 들면 '경제수학'의 경우 수학을 전공한 교사가 가르쳐야 할지, 사회를 전공한 교사가 가르쳐야 할지부터 애매하다. 고등학교에서 어떻게든 수업 준비를 한다고 해도 사교육 시장에서 '경제수학'의 내신 대비를 해주는 학원은 찾아보기 어렵다. 결국 개설이 된다고 해도 그 과목을 선택하는 학생 수가 적을 수밖에 없다. 실제 많은 고등학교에서 꽤 많은 과목이 신청자 수가 적어 자동 폐강되고 있다.

이런 현실적인 어려움을 무시하고, 학생들이 듣고 싶어 하는 수업을 자유롭게 들을 수 있다고 가정해보자. 그렇다고 해도 입시의 관점에서는 이전 교육과정과 큰 차이가 없다. 대학이 입시에서 학생을 평가할 때는 이수한 과목의 내신등급이나 그 과목과 연관된 활동을 보는데 개정과정 이전의 학생부 내용과 크게 달라질 것이 없다. 결론적으로 입시를 위해서는 좋은 내신등급을 받아야 한다는 것은 변하지 않는다.

진로선택 과목에 한해 내신등급과 표준편차가 공개되지 않는 성취평가제가 도입되는 것은 그 과목 자체로만 보면 큰 변화다. 하지만 진로선택 과목은 3년 동안 3개 과목 이상만 이수하면 된다. 전체 입시에서 비중이 낮아 입시에 미치는 영향이 크지 않다. 큰 변화라고 보기는 어렵다. 입시에 있어서 비중이 크지는 않지만 그래도 진로선택 과목을 학생부 교과전형과 학생부 종합전형에서 어떤식으로 평가에 반영하는지는 다음 장에서 알아보자.

02

석차등급이 없는 진로선택 과목, 입시에 어떻게 반영되나?

2015 개정 교육과정에서 도입한 진로선택 과목은 1~9등급의 석차등급이 제공되지 않는다. 진로선택 과목에서는 A, B, C의 성취도 등급과 과목별 원점수와 평균, 그리고 성취도별 분포비율만 제공된다. 성취도 등급은 원점수에 따라 정해지는데 80점 이상이면 A, 60~79점이면 B, 59점 이하는 C등급을 부여받는다.

∨ 진로선택 과목 학생부 기재 예시

학기	교과	과목	단위수	원점수/ 과목평균	성취도 (수강자 수)	성취도별 분포비율
1	영어	실용 영어	3	83/77	A(341)	A(45.8%) B(37.5%) C(16.7%)
1	과학	생명과학II	3	62/72	B(255)	A(38.1%) B(39.2%) C(22.7%)

석차등급의 경우에는 9개의 등급이 있고 등급별 분포도가 다르기 때문에 학생들을 성적순으로 변별하기에 수월하다. 예를 들어 2등급을 받기 위해서는 100명 중 11등 안에 들어야 한다. 하지만 진로선택 과목의 성취도 등급은 80점만 넘으면 누구나 A를 받을 수 있기에 변별력이 부족하다. 고등학교 입장에서는 시험 출제를 어렵게 하기 어려울 것이다. 문제가 어렵다면 성취도 등급이 낮은 학생이 많을 것이고, 이는 학생들의 대입에서 불리함으로 작용할 것이기 때문이다. 그래서 A의 비율은 대부분 25~50% 사이가 될 것으로 보인다. A를 받았다고 해도 상위권 대학에 들어가기에 충분하지 않은 성적이다. A를 받은 학생의 분포가 서울대에 합격이 가능한 학생부터 인서울 대학이 어려운 학생까지 너무나 넓다.

학생들을 줄을 세워야하는 대학의 입장에서는 진로선택 과목에 있어서는 학생의 학업능력을 평가만한 충분한 근거가 부족한 것이다. 이런 상황 속에서 대학은 진로선택 과목의 성적을 어떤 식으로 입시에 반영하는지 알아보자. 학생부 교과전형과 학생부 종합전형으로 나누어서 자세히 살펴보자. (논술전형의 경우 대부분 학생부 교과전형과 동일하다고 보면 된다.)

학생부 교과전형에서 진로선택 과목을 반영하는 방법

학생부 교과전형은 내신등급대로 줄을 세우는 전형이다. 2021 입시까지는 1~9등급의 석차등급이라는 동일한 기준으로 산출된 등급이 있는 과목들만 산출하면 되었지만 이제는 등급산출 시스템이 다른 진로선택 과목이 신설되었다. 이 진로선택 과목을 학생부 교과전형에서 반영하는 방식은 대학마다 다르다. 주요한 방법들을 하나씩 자세히 살펴보자.

① 진로선택 과목 미반영

가장 많은 대학이 선택하고 있는 방법이다. 1~9등급의 석차등급과 A, B, C의 성취도 등급이라는 시스템이 다른 두 등급을 평가에 반영할 때 선택할 수 있는 가장 쉬운 방법은 비율이 낮은 등급을 반영하지 않는 것이다. 진로선택 과목은 고교 생활 전체에서 3과목 이상만 이수하면 되기 때문에 전체 이수 과목 중에서의 비중은 석차등급이 부여되는 과목의 수가 훨씬 많다. 그래서 이전 시스템처럼 석차등급이 제공되는 과목만 반영해서 평가해도 학생의 내신등급을 평가하기에는 무리가 없다. 서울에 소재하고 있는 31개의 종합 대학 중에서 학생부 교과 100%로 학생을 선발하는 전형이 있는 대학은 25개 대학이다. 이 중 학생부 교과전형에서 진로선택을 미반영하는 대학은 13개 대학으로 절반이 넘는다.

∨ 학생부 100% 선발이 있는 서울 소재 종합 대학 중 진로선택 과목 미반영 대학

가톨릭대	덕성여대	삼육대	서울여대	한국외대
광운대	동덕여대	서경대	성공회대	
국민대	명지대	서울시립대	성신여대	

내신 산출에 진로선택 과목이 반영된다고 해도 대부분 그 비중이 높지 않고 변별력이 떨어지는 것을 감안한다면 이는 가장 현명한 선택으로 보인다. 또 지난 입시결과를 참고로 합격 가능성을 예측해야 할 수험생들이 석차등급과 성취도 등급의 혼용으로 인해 겪을 혼란을 예방할 수 있는 방법이기도 하다. 진로선택 과목 도입의 취지 중 하나는 는 크게 두 가지다. 첫번째는 학생

들이 원하는 과목을 자유롭게 들을 수 있게 해주는 것이며 두 번째는 절대평가를 도입해 학생들을 줄세우지 않겠다는 것이다. 줄세우는 것은 입시의 본질이라 학생들이 줄세우기를 완전히 피할 수 없겠지만 그래도 학생들이 원해서 선택한 과목에서만이라도 등급에 대한 부담없이 공부를 할 수 있게 해주기 위해서라도 더 많은 대학이 진로선택 과목을 학생부 교과전형에서 반영하지 않는 것이 옳다고 생각한다.

② 성취도 또는 원점수별 단순 차등 점수 또는 변환 석차등급 부여

숙명여대의 경우 이수한 진로선택 과목 중 3개 과목을 반영하는데 성취도 등급별로 변환 석차등급을 부여한다. A를 받은 학생은 1등급, B는 2등급, C는 4등급으로 변환해 석차등급을 산출한다.

∨ 2022 숙명여대 학생부 교과전형(지역균형선발전형) 학생부 반영법

수시모집		

- 교과성적 활용 지표: 석차등급을 이수 단위로 가중 평균한 환산석차등급
  - 해당 반영교과에 석차등급이 있는 전 과목 반영
  - 단 진로선택으로 이수한 과목의 성적은 성취도를 등급으로 변환하여 상위 3개 과목 반영

성취도	A	B	C
등급	1	2	4

- 학년별 반영비율: 전학년 100%(학년별/학기별 가중치 없음)
- 학생부 반영교과

모집단위	학생부 반영교과
인문계, 자연계	국어, 수학, 외국어(영어), 사회(역사/도덕 포함), 한국사, 과학

석차등급에서 1등급을 받은 학생은 100명 중에서 4명밖에 되지 않고 A를 받은 학생은 그보다 훨씬 많지만, 이는 모두에게 동일한 조건이기에 여기에서 유불리는 발생하지 않는다. 많지는 않지만 연세대학교 서울캠퍼스처럼 성취도 등급별로 점수를 부여하는 대학도 있다.

세종대학교는 진로선택 과목의 원점수를 활용해 변환 석차등급을 부여한다. 원점수가 90점이 넘으면 1등급, 80~89점은 2등급과 같은 식이다.

V **2022 세종대학교 학생부 교과전형(지역균형전형) 진로선택 과목 점수표**

진로선택과목 원점수별 변환점수 표								
석차등급 변환접수 표								
원점수	90점 이상	80점 이상	70점 이상	60점 이상	50점 이상	40점 이상	30점 이상	20점 이상	20점 미만
석차등급	1	2	3	4	5	6	7	8	9
변환점수	1000	990	980	950	900	800	700	500	0

③ 성취도와 성취도별 분포비율 반영

서강대학교는 학생부 교과점수 900점 중에서 석차등급이 있는 과목은 800점, 없는 과목은 100점을 반영하는데 반영하는 방식은 다음과 같다.

✓ 2022 서강대학교 학생부 교과전형(고교장추천전형) 학생부 반영법

졸업구분	구분명	구분세부	배점	산출식
졸업예정	등급계산	성취등급 (9등급)	800	1) 등급평균 = Σ(반영 과목 등급 * 단위수)/Σ(반영 과목 단위수) 2) 최종점수 = (9 - 등급평균) * 100
	비율계산	성취도 및 성취비율 (석차등급 미부여)	100	1) 과목 성취비율 = 취등 성취비율/2 + 성취도 하단 성취비율 합계 2) 최종점수 = Σ(반영 과목 성취비율 * 단위수)/Σ(반영 과목 단위수)

성적 산출방식이 복잡한데 이 부분을 자세히 설명할 필요는 느끼지 못한다. 지원하는 거의 모든 학생이 성취도 등급을 A를 받을 것이며 고등학교의 문제 난이도에 따라 약간의 유불리가 발생할 것인데 이보다는 입시의 변동성이 더 큰 영향을 미치기 때문이다. 서강대학교에 학생부 교과전형으로 지원하려면 내신이 1등급 초반이어야 하는데 비슷한 선호도의 학과가 합격자 평균이 1.2가 나올수도 1.5가 나올수도 있는데 이는 어느정도는 입시의 변동성에 따른 운이 만들어내는 차이다. 서강대 학생부 교과전형에 지원하는 학생이라면 진로선택 과목 반영방식에 대해 고민하기보다는 수능 최저학력 기준 충족과 다른 전형 준비에 시간을 더 투자하는 것이 현명한 선택이다.

대학별 전형계획에서 진로선택 과목을 어떤 식으로 반영하겠다고 정확하게 밝히지 않은 대학이 많아 모든 대학의 성적 반영방식을 확인할 수는 없었지만 서강대학교처럼 성취도와 성취도별 분포비율을 활용하는 대학은 많지 않을 것으로 예상한다.

④ 가산점 부여

서울과학기술대학교는 진로선택 과목 중 상위 3과목의 성취도 등급에 점수를 부여하고 평균을 낸 후 석차등급 총점에 가산점을 부여한다. A를 받으면 가산점이 5점, B를 받으면 가산점이 3점이다.

∨ 2022 서울과학기술대학교 학생부 교과전형(고교추천전형) 진로선택 과목 점수표

$$가산점\ 산출 = \frac{\Sigma(상위\ 3개\ 과목의\ 성취도\ 등급점수)}{3}$$

- 성취도별 등급점수 A: 5점, B: 3점, C: 1점

서울과학기술대학교에 학생부 교과전형으로 지원하는 학생이라면 거의 모두 A등급을 받을 것이라고 예상한다. 하지만 그래도 성취도 등급별 가산점이 주는 영향력이 어느 정도인지 자세히 살펴보자. 이 대학의 석차등급 점수 만점, 1등급은 1000점이며 2등급은 990점으로 5등급까지 등급간 점수차는 10점이다. 만약 진로선택과목에서 평균 B를 받은 학생이라면 A를 받은 학생에 비해 2점을 손해보게 된다. 그 2점은 0.2등급으로 볼 수 있다. 지원자 중에서 진로선택 과목 3과목을 모두 B를 받을 학생은 사실상 없다고 볼 수 있으니 3과목 중 하나를 B라고 보면 모두 A를 받은 학생에 비해 0.67점 적은 점수를 받게 되는데 이를 등급으로 환산하면 0.067등급이다. 사실상 입시에 미치는 영향력이 굉장히 미미하다고 볼 수 있다.

대학마다 가산점을 부여하는 방식은 천차만별이기는 하지만 공통점은 그

가산점이 학생부 교과전형 평가에 실질적으로 미치는 영향력이 크지 않다는 것이다.

정리해보면 진로선택 과목이 학생부 교과전형에 미치는 영향력은 그렇게 크지 않다. 학생부 교과전형은 여전히 1~9등급의 석차등급 위주로 이루어진다고 볼 수 있다. 하지만 많은 대학에서 진로선택 과목을 평가에 반영하고 있고, 또 학생부 종합전형의 평가에도 반영되므로 석차등급이 제공되는 다른 과목들과 비슷한 비중으로 진로선택 과목을 준비하는 것이 좋다. 특히 경쟁자들의 내신등급이 밀집된 상위권 입시에서는 B를 받아 감수해야 할 작은 손해도 크게 작용할 수 있으니 진로선택 과목을 포기하는 선택을 해서는 안 된다.

학생부 종합전형에서 진로선택 과목을 반영하는 방법

학생부 종합전형은 입학사정관의 평가로 학생들을 줄을 세우는 전형이다. 진로선택 과목의 성취도 등급, 원점수, 전체 평균점수, 등급별 분포, 세부 능력 및 특기사항을 입학사정관이 어떻게 보는지에 따라서 평가점수가 달라진다. 진로선택 과목을 반영하는 방법은 상위권 입시와 중하위권 입시로 나누어서 살펴보자.

상위권 대학에서는 지원하는 학생이라면 대부분 성취도 등급은 A를 받을 것이다. 평범한 일반고 학생이 상위권 대학에 지원하는데 진로선택 과목에서 B가 하나라도 있다면 치명타가 될 수 있다. 또 원점수도 쉽게 확인이 가능한 항목이므로 90점 이상의 원점수는 받아두는 것이 좋다. 90점이 넘어도 3등급도 나올 수 있는 석차등급 과목들과 달리 진로선택 과목에서는 90점 이상의 원점수를 받는 것이 상위권 학생들에게는 그리 높은 목표는 아닐 것이다. 또 어떤 진로선택 과목을 이수하였는지도 중요하다. 심화된 내용의 수업이 많은 진로선택 과목에서 지망하는 학과와 연관이 있는 수업을 거의 듣지 않은 학생이라면 좋은 평가를 받기 어려울 것이다. 세부능력 및 특기사항은 평가자의 주관이 너무 크게 반영되는 항목이라 특별한 가이드라인을 제시하기는 어렵다.

중하위권 입시에서는 성취도 등급도 중요하다. 지원자 거의 대부분이 A인 상위권 입시와 달리 중하위권 입시에서는 A, B, C가 골고루 분포되어 있을 것이기 때문에 A를 받았다는 것은 변별력을 가질 수 있다. 하지만 원점수, 등급별 분포, 세부능력 및 특기사항 등 나머지 항목은 중하위권 입시의 입학사정관들은 자세히 보지 않을 것이다. 세부능력 및 특기사항의 경우 중하위권 입시에서는 그다지 중요하지 않다. 그 내용들이 성적에 상관없이 좋은 내용 일색인데 성적이 상위권이 아닌 학생들의 기재 내용을 그대로 믿어줄 입학사정관은 없다. 또 중하위권 학생들의 세부능력 및 특기사항을 제대로 기재해주지 않는 고등학교들이 상당수 있어 입학사정관이 관심을 가지고 보지 않는다. 물론 내용이 충실하고 양이 많다면 약간의 유리함은 있을 수 있으나 그보다는 전체적인 성적(석차등급 과목 포함)이 더 중요하다. 진로선택 과목은 지망하는 전공과 관련있는 과목을 수강하고 A를 받는 것만 목표로 삼아도 충분하다.

03

정시 확대,
입시에 어떤 변화를 가져올까?

최근 몇 년간 입시에서 대중들의 관심이 가장 큰 이슈는 정시의 확대이다. 교육 불공정 문제를 바로잡기 위해 정시를 확대하겠다는 대통령의 공언 이후 처음으로 발표된 2022 입시의 전형별 선발 비율을 보면 전체 입시에서 분명히 정시는 확대되었다. (대입 사전예고제로 인해 2021 입시는 이미 정해져 있었기 때문에 정시 확대 방침 결정 이후 첫 번째 입시가 2022 입니다.)

∨ 2020~2022 수시 & 정시 선발비율   (출처: 대교협 보도자료)

구분	수시모집	정시모집	합계
2022학년도	262,378(75.7%)	84,175(24.3%)	346,553(100.0%)
2021학년도	267,374(77.0%)	80,073(23.0%)	347,447(100.0%)
2020학년도	268,776(77.3%)	79,090(22.7%)	347,866(100.0%)

예체능, 농어촌, 특성화고 등의 특별한 준비나 지원자격이 필요한 전형이 아닌 평범한 고등학생이라면 누구나 지원 가능한 전형만 놓고 봐도 2022 입시에서 수능으로 선발하는 비중은 2021 입시보다 늘었다.

∨ 2022 vs 2021 전형별 선발비율 비교 - 일반학생이 실제로 지원 가능한 전형 기준

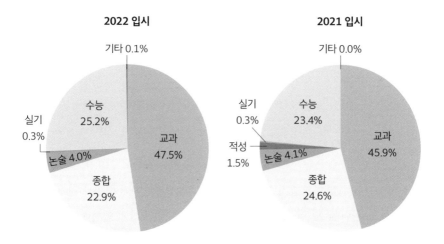

2022 입시

기타 0.1%
수능 25.2%
실기 0.3%
논술 4.0%
종합 22.9%
교과 47.5%

2021 입시

기타 0.0%
실기 0.3%
수능 23.4%
적성 1.5%
논술 4.1%
종합 24.6%
교과 45.9%

학생부 종합전형에 대한 불신이 깊은 대중은 정시 확대가 평범한 일반고 학생들에게 유리하다고 생각해 정시 확대에 대한 큰 기대감을 가졌다. 하지만 이번 정시 확대의 폭은 그 기대를 충족시키기에는 많이 부족해 보인다. 2022 입시에서의 정시 확대가 어떤 변화를 가져올지 상위권 입시와 중하위권 입시로 나누어서 알아보자.

정시 확대가 상위권 입시에 미치는 영향

먼저 맵스터디 분류 기준의 상위권 입시의 전형별 선발 비율을 확인해보자.

∨ **2022 vs 2021 상위권 대학 입시 전형별 선발 비율**

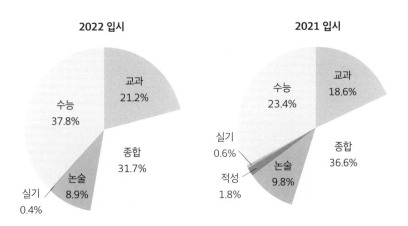

전체 입시의 전형별 선발 비율과는 확연히 다른 양상이다. 전체 입시에서 수능 전형 선발비율은 23.4%에서 25.2%로 겨우 1.8% 확대되었을 뿐이지만 상위권 입시에서는 32.6%에서 37.8%로 5.2%가 확대되었다. 전체 입시에서 차지하는 비율이 상당히 높아졌다. 상위권 대학을 목표로 삼고 있지만 내신 이 부족한 수험생들은 수능 전형에 집중하는 경우가 많아질 것이다.

단, 정시가 확대되었다고는 해도 전체 입시를 놓고 생각해보면 여전히 수 시의 선발 비율이 압도적이다. 지금보다 선발 비율이 조금 낮아졌을 뿐 대학 은 수시에서 62.7%의 학생을 선발한다. 목표 대학 지원을 노리기에 내신이 확실히 부족한 경우가 아니라면 입시전략의 중심은 여전히 수시 위주여야 한다.

상위권 입시의 수시에서 선발 비율이 가장 높은 전형은 학생부 종합전형이다. 입학사정관의 평가로 합격이 결정되는 전형이지만 그 평가에 가장 큰 영향을 미치는 것은 바로 내신이다. 비교과나 자기소개서는 객관성이 부족하기 때문이다. 학생부 종합전형으로 상위권 대학을 목표로 하는 학생이라면 가장 우선시해야 할 것은 내신이다.

2022 입시의 가장 큰 변화는 상위권 대학의 수시에서 학생부 교과전형 선발 비율이 대폭 확대되었다는 것이다. 특히 이전에는 학생부 교과전형 선발이 없었던 연세대, 서강대, 경희대 등의 대학에서도 선발을 실시한다. 학생부 종합전형과 학생부 교과전형 모두 내신이 가장 중요하기에 입시전략의 핵심은 내신이 될 수 밖에 없다.

평범한 일반고 최상위권, 입시전략의 중심은?

선발 비율이 달라졌을 뿐 학생부 위주 전형과 수능전형이 입시의 주요 전형이라는 점은 동일하다. 그리고 자신에게 유리한 전형 위주로 입시를 준비하는 것은 입시의 기본이다. 그렇다면 평범한 일반고 최상위권 학생의 강점은 무엇일까? 답은 내신이다. 수시 선발 비중이 줄었지만 그래도 여전히 절반 이상의 인원을 수시에서 선발한다. 내신 1등급인 학생이 수능 위주로 대학을 준비할 수는 없다. 자신의 강점인 내신등급을 살릴 수 있는 수시 위주로 준비를 해야 하는 상황이다. 또 이전의 입시에서는 학생부 종합전형에서 출신 고등학교의 수준까지 평가에 반영되었으나, 이제는 출신고등학교 블라인드 제도의 도입으로 인해 평범한 일반고 학생들에게 기회의 문이 더 넓어졌다. 내신등급 위주로 선발하는 학생부 교과전형의 확대도 평범한 일반고 최상위권 학생들에게는 좋은 소식이다.

반면 특목고, 자사고, 명문학군의 고등학교는 치열한 내신경쟁으로 인해 높은 내신등급을 받기가 쉽지 않다. 명문대를 목표로 하지만 내신경쟁에서 밀려 수시로는 합격이 어렵다고 생각되는 학생은 정시 위주로 입시를 준비한다. 정시의 확대는 그런 학생들이 더 마음 편하게 수능에 집중할 수 있는 환경을 만들어준다. 상위권 대학을 목표로 하는 평범한 일반고 학생이라면 수시에서 입시를 끝내는 방향으로 전략을 세우는 것이 현명한 선택이다.

정시 선발이 확대된다고 해도 그 비율이 정시에 완전히 집중할 만큼 되지 않는다면, 평범한 일반고 학생들은 수시 위주로 입시를 준비할 수밖에 없다. 정시 선발 비율을 80% 이상으로 정해 모두가 수능에 집중할 수 있도록 바뀌지 않는 이상 이런 상황은 변하지 않을 것으로 본다.

중하위권 입시에서도 정시가 확대될까?

정부, 언론, 교육계 모두가 상위권 입시가 마치 모두의 입시인 것처럼 얘기한다. 하지만 자세히 살펴보면 상위권 입시와 중하위권 입시의 상황이 다른 경우가 많다. 이번에도 마찬가지다.

맵스터디 분류 기준 중하위권 입시의 전형별 선발 비율을 확인해보자.

∨ 2022 vs 2021 중하위권 대학 입시 전형별 선발 비율

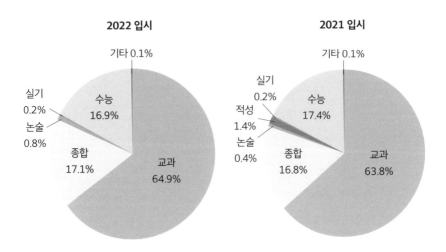

2022 입시에서 정시 선발비율은 확대되기는커녕 축소되었다. 정시 확대는 상위권 입시에만 해당되는 내용인 것이다. 교육부에서 발표한 2022학년도 대학입학제도 개편방안에서는 수능위주 전형 비율을 30%이상 확대하겠다고 했는데 왜 상위권 입시보다 선발인원이 훨씬 많은 중하위권 입시에서는 정시 선발비율이 축소되었을까? 교육부의 보도자료를 살펴보자.

∨ 〈2022학년도 대학입학제도 개편방안 보도자료〉 중 일부   (출처: 교육부)

대입전형 구조 개편

ㅇ 학생들의 재도전 기회를 확대하고 대입 준비에 대한 예측가능성을 확보하기 위해 수능 위주전형 비율이 30% 이상으로 확대될 수 있도록 각 대학에 권고한다.

　※ 다만, 국가교육회의 권고안의 부대의견에 따라 산업대·전문대·원격대 등은 제외

· 이를 위해 기존 '고교교육 기여대학 지원사업'(이하 재정지원사업)을 재설계한다.

　※ 수시 학생부 교과전형을 30% 이상 모집하고 있는 대학은 자율

이 보도자료를 자세히 살펴보면 학생부 교과전형을 30% 이상 모집하고 있는 대학은 자율적으로 수능 위주 전형 선발 비율을 정할 수 있다. 교육부와 언론에서는 모든 대학이 수능 위주 전형 선발 비율을 30% 이상으로 확대해야 하는 것처럼 말하지만, 학생부 교과전형으로 30% 이상 모집하는 대학은 예외다. 상위권 입시에서는 학생부 교과전형 선발 비율이 30%가 넘는 대학을 찾기 어렵지만 중하위권 입시에서는 대부분 30%를 넘는다. 즉 중하위권 대학은 정시 선발 인원을 확대하지 않아도 된다는 얘기다.

정시를 확대하고 싶지 않은 중하위권 대학

학령인구의 급감은 중하위권 대학의 생존을 위협하고 있다. 전희경 국회의원실에서 발표한 자료에 따르면 2019 입시에서 입학가능자원은 526,267명이었으나 불과 3년 후인 2022 입시에서는 412,034명으로 약 11만 명 이상 급격히 감소한다. 상위권 대학은 미달까지 걱정할 필요는 없겠지만 중하위권 대학은 신입생 충원 자체를 걱정해야 하는 상황이다. 학령인구 감소로 인해 미달이 발생한다면 그 수만큼 등록금 수입이 줄고 학교 운영이 어려워질 것이다. 중하위권 대학은 신입생을 한 명이라도 더 유치해야 하는 만큼 절박하다.

∨ **학령인구 추이**   (출처: 전희경 국회의원실)

학년도	현재(2020) 기준	학령인구(만 18세)	입학가능자원 추계
2019	대2	594,278	526,267
2020	대1	511,707	479,376
2021	고3	476,259	420,893

2022	고2	472,535	412,034
2023	고1	439,046	400,913
2024	중3	430,385	373,470
2025	중2	449,539	376,128
2026	중1	477,372	407,419

더 많은 신입생 확보를 원한다면 수시 인원을 최대한 늘려야 한다. 현재 입시는 수시 모집이 완전히 끝난 다음 정시 모집이 시작된다. 수시에서 하나의 대학교라도 합격하면 정시에는 지원할 수 없다. 이런 시스템에서는 정시에서 수험생을 선발하겠다고 모집 정원을 아껴두었다가는 그 대학에 지원할 만한 학생들이 수시에서 다른 대학으로 가게 된다. 수시 모집 인원을 줄인다는 것은 신입생 유치 경쟁을 하지 않겠다는 것과 같다. 그래서 중하위권 대학은 가능한 수시 선발 인원을 최대한 늘리고 싶어 하며 당연히 상위권 대학보다 수시 선발 비중이 높을 수밖에 없는 것이다.

정책 결정 과정에서 고려 대상도 되지 않는 중하위권

교육부와 언론은 정시 선발 비중이 확대되었다고 이야기한다. 하지만 전체 수험생의 3/4이 해당하는 중하위권 입시에서 정시 비중은 확대되기는커녕 줄어들었다. 교육부와 언론은 3/4의 수험생에게 잘못된 정보를 전달하고 있다. 입시 제도에 대한 논의를 할 때 중하위권 학생은 아예 고려조차 하지 않기 때문에 이런 일이 발생한다. 모두의 관심이 상위권 입시에 쏠려 있다지만 중하위권 학생들의 입시도 중요하다. 모든 학생이 명문대학에 갈 수 없으며 성적이 좋든 좋지 않든 모두 소중한 우리의 아이다.

전체 입시를 기준으로 두 해 연속으로 정시 비중이 확대되었으며 앞으로 도 정시 비중은 더 확대될 수도 있다. 하지만 그 정시 확대의 대상이 어떤 대학들인지 잘 확인할 필요가 있다. 수시와 정시로 구분된 입시제도에서 중하위권 대학은 교육부가 허용하는 한도 내에서 최대한 수시 모집을 늘리고 싶어 한다. 상위권과 중하위권 대학의 수능전형 선발 비율의 차이는 더 커질 것이다.

가장 큰 문제는 중하위권 학생도 자신의 입시에서 정시 선발 비중이 언론에서 말하는 만큼 늘었다고 생각한다는 것이다. 자신의 상황을 제대로 이해해야 적절한 대비를 할 수 있는데 자신과 상관없는 상위권 입시정보만 접하게 되는 환경이다. 이로 인해 잘못된 입시전략을 세우는 경우가 많을 것으로 예상한다. 자신이 진학을 염두에 두고 있는 대학, 자신의 성적이 해당되는 대학의 실제 선발 비율을 직접 확인해보는 노력을 반드시 해야 한다.

04

수능 선택과목,
어떻게 선택해야 하나?

　2015 개정 교육과정이 본격적으로 도입되는 2022 입시부터 수능도 개편되었다. 개편 이전의 수능과의 차이점을 표로 요약해보았다.

∨ 2022 수능 vs 2021 수능 비교

		2022 수능		2021 수능
국어	구분	공통과목과 선택과목으로 구분	구분	구분 없음
	범위	공통 : 독서, 문학	범위	화법과 작문, 문학, 독서, 언어
		선택 : 화법과 작문, 언어와 매체 중 택1		
수학	구분	공통과목과 선택과목으로 구분	구분	수학(가)와 수학(나)로 구분 응시
	범위	공통 : 수학I, 수학II	범위	수학(가) : 수학I, 확률과 통계, 미적분
		선택 : 확률과 통계, 미적분, 기하 중 택1		수학(나) : 수학I, 수학II, 확률과 통계

탐구	구분	사회/과학 구분 없이 2과목 응시 가능 직업의 경우 직업으로만 2과목 응시 필수	구분	사탐, 직탐, 과탐 중 택1해서 2과목 응시 가능
	범위	사회/과학 17과목 직업 6과목	범위	사회 9과목, 과학 8과목, 직업 10과목
영어	변화 없음			
한국사	변화 없음			
제2외국어 /한문	절대평가		상대평가	

국어의 경우 이전 수능은 모든 학생이 동일한 시험을 보았으나 2022 수능부터는 공통과목과 선택과목의 구분이 생겼다. 가장 관심을 모으는 수학의 경우도 공통과목인 수학I, 수학II는 모두가 공부해야 하지만 선택과목인 확률과 통계, 미적분, 기하 중에서는 1과목만 선택해서 응시할 수 있다. 탐구의 경우 이전에는 사회, 과학, 직업 탐구 중에서 하나의 영역을 선택해서 〈사탐 2과목, 과탐 2과목, 직탐 2과목〉과 같은 식으로만 응시가 가능했다. 하지만 2022 수능에서는 〈사탐 1과목 + 과탐 1과목〉도 선택이 가능하다. (직탐의 경우에는 2과목 모두 직탐을 선택해야 한다.) 영어와 한국사는 이전과 동일하지만 제2외국어/한문의 경우는 상대평가에서 절대평가로 바뀌게 된다.

수능 개편으로 인해 영어와 한국사 영역을 제외한 모든 영역에 대대적인 변화가 있다. 가장 큰 변화는 선택이 필요한 영역이 늘어났다는 것이다. 수험생은 각 영역마다 어떤 과목을 선택해야 유리할지 고민이 깊어질 수밖에 없다.

수능 선택과목, 어떻게 선택해야 하나?

국어의 경우 선택과목인 화법과 작문, 언어와 매체 중 어느 과목을 선택하더라도 문/이과에 모두 응시가 가능하다. 그렇다면 선택과목과 상관없이 동일하게 제공되는 수능 성적(표준점수, 백분위, 등급)을 활용해 각 대학별로 줄을 세울 것이다. 수험생의 입장에서는 높은 점수를 받을 수 있을 것 같은 과목을 선택하는 것이 유리하다. 시험의 난이도에 따라 점수가 달라질 수 있는 표준점수의 경우 어느 과목을 선택하느냐에 따라 유불리가 발생할 수 있지만 시험의 난이도를 예측할 수 없기 때문에 결국은 유불리가 없는 셈이다. 수험생들에게 과목 선택에 대한 고민이 늘어났고, 선택과목에 따라 시험범위만 달라진 것이지 입시에서는 달라진 것이 없다.

수학과 탐구의 경우 인문계열과 자연계열로 나누어서 살펴보아야 한다. 인문계열의 경우는 상위권과 중하위권 구분없이 거의 모든 대학이 수학이나 탐구에서 어느 과목을 선택하더라도 응시하는데 지장이 없다. 전국 모든 대학 중에서 문과 수학인 확률과 통계를 선택해야만 지원 가능한 대학과 학과는 대구한의대 한의예과(인문), 인제대 약학과(인문)밖에 없다. 사탐을 선택해야만 지원한 대학과 학과도 마찬가지로 위의 두 곳밖에 없다. 인문계열에서는 사실상 문이과 구별이 없어진 것이다. 하지만 인문계에 지원하려는 학생이 일부러 수학에서 미적분이나 기하를 선택하거나 사탐 대신 과탐을 선택하는 경우는 거의 없다. 미적분과 기하, 과탐이 경쟁이 더 치열하고 공부할 내용도 더 많기 때문에 같은 노력으로 좋은 성적을 어렵기 때문이다. 표면적으로는 문이과 통합이지만 사실상은 인문계열 학생은 인문계열로 준비할 수밖에 없는 상황이다. 단, 자연계열로 준비한 학생이 대학 지원시 인문계로 교차지원을 하겠다고 생각이 바뀌었을 때 교차지원에 제약은 없다.

∨ 2022 국민대학교 수능 반영방법

(출처: 국민대학교 2022 전형계획)

계열	모집 구분	모집단위	수능 반영영역(과목)별 반영비율(%)					비고
			국어	수학	영어	탐구(2과목)		
						사회	과학	
인문계	일반 학생	인문계 전체/ 건축학부(인문)	30	20	20	30		제2외국어 및 한문은 탐구영역 1과목으로 대체 반영하지 않음
자연계	일반 학생	자연계 전체/ 빅데이터경영통계전공(자연) 경영정보학부(자연)	20	30	20	-	30	

※ 모집 단위별로 지정한 수능 반영영역은 필히 응시하여야 함.
※ 계열별 수능 반영영역 선택과목 지정
  - 인문계: 반영영역 선택과목 지정 없음
  - 자연계: 국어(지정 없음), 수학(기하 또는 미적분 중 택1), 과학탐구(지정 없음)

자연계열의 경우는 상위권과 중하위권으로 구분해서 살펴보아야 한다. 상위권 대학 자연계열은 선택과목을 제한하는 경우가 많다. 국민대학교는 자연계열에 지원하기 위해서는 수학에서는 기하 또는 미적분, 탐구에서는 과탐을 선택해야만 한다. 상위권 대학을 목표로 하는 학생이라면 선택과목에 제약이 있는 것이다. 문이과 통합 시대라고 하지만 상위권 정시에서는 실제적으로는 이전과 다를 것이 없다. 인문계열과 자연계열의 구분은 그대로이며 시험범위만 약간 달라졌을 뿐이다. 미적분과 기하 중에서 어떤 과목을 선택해야하는지에 대한 답은 국어와 같다. 높은 성적이 나올 수 있는 과목을 선택하는 것이 좋다. 난이도에 따라 유불리가 달라질 수 있으나 난이도를 미리 예측할 수 없기에 자신이 자신 있는 과목을 선택하면 된다.

중하위권의 경우는 상황이 다르다. 안양대학교의 경우는 수학에서 확률과 통계를 선택한 학생도 제한없이 지원이 가능하다. 단, 미적분 또는 기하를 선택한 학생에게 10%의 가산점을 준다. 과탐 대신 사탐을 응시한 학생도 지원에는 제한이 없다. 이 경우는 과탐을 선택한 학생들에게 가산점도 부여되지 않는다.

∨ **안양대학교 2022 수능 성적 반영법**　　　　　(출처: 안양대학교 전형 계획)

모집단위 (계열)	점수활용 지표	수능시험 영역별 반영비율(100%)					한국사	가산점
		국어	수학	영어	사회/과학/직업 탐구영역			
					사회/과학/ 직업	반영방법		
인문·사회· 예능계열	백분위	● 40	–	● 30	● 30	사회/과학/ 직업 최고점 1과목 반영	필수 응시	–
자연계열	백분위	–	● 40	● 30	● 30			미적분, 기하 선택 시 10%

많은 대학이 이과 수학인 미적분 또는 기하를 선택한 학생에게 가산점을 주지만 모든 대학이 그런 것은 아니다. 아예 가산점조차 없는 대학도 있다. 과탐의 경우는 가산점이 부여되지 않는 대학이 더 많다.

중하위권 입시에서 자연계열 지원시 문과 수학, 이과 수학 중 어떤 과목 선택이 유리할까?

고3이 되면 자연계열 학생들 중 상당수가 수학 선택을 문과 수학으로 변경한다. 문과 수학이 이과 수학보다 경쟁이 덜하기 때문에 이과 수학에 주어지는 가산점을 손해보더라도 문과 수학으로 선택을 바꾸는 것이 유리할 것이라는 생각에서이다. 2022 입시에서는 그 선택에 더 가속도가 붙을 것으로 보인다. 이과 수학에 주어지던 가산점을 폐지하는 대학이 상당수 늘어났기 때문이다. 수도권의 주요 4년제 대학의 2022 정시에서 자연계열 지원시 미적분 또는 기하를 선택한 학생에게 부여되는 가산점 현황이다. 과탐 가산점도 같이 기재했다.

∨ 2022 수도권 주요 대학 수능 이과 수학, 과탐 선택시 가산점

	2022 정시		2021 정시	
	이과 수학(미적분/기하) 가산점	과탐 가산점	이과 수학(수학 가) 가산점	과탐 가산점
용인대	없음	없음	10%	없음
강남대	10%	없음	20%	없음
안양대	10%	없음	10%	10%
성결대	없음	없음	10%	없음
한신대	5%	없음	5%	없음
협성대	없음	없음	없음	없음
한세대	5%	없음	5%	없음
대진대	5%	3%	5%	3%
신한대	없음	없음	없음	없음

2021 입시에서 이과 수학에 가산점을 부여하는 대학은 9개 대학 중 7개 대학이었다. 하지만 2022 입시에서는 용인대와 성결대가 가산점을 폐지했다. 강남대는 가산점을 축소했다. 과탐의 경우도 안양대가 과탐 가산점을 폐지했다. 2015 개정교육 과정 도입과 함께 이과 수학과 과탐을 선택할 경우 주어지던 가산점이 폐지된 대학이 상당수 늘어났다. 상위권 대학을 노릴만한 성적이 아니라면 문과 수학을 선택해 성적을 최대한 높이는 것이 현명한 전략일 수 있다. 정시에서 어차피 3개 대학밖에 지원할 수 없기 때문이다.

그리고 가산점이 주어지는 대학의 경우도 그 가산점이 대부분 10% 내외인데 그 가산점을 감안한다고 하더라도 문과 수학을 선택하는 경우가 유리한 것이 대부분이다. 이는 수능 원점수별 등급컷을 살펴보면 이해하기 쉽다. 이과 수학은 문과 수학보다 어렵다. 그렇다면 이과 수학에서 원점수 50점을 받은 학생의 실력이 문과 수학에서 원점수 50점을 받은 학생보다 높다고 볼 수 있다. 그런데 실제 수능 백분위는 이와 전혀 다른 양상이다.

∨ 2020 수능 원점수 등급컷

수학(가) - 이과 수학				수학(나) - 문과 수학			
등급	원점수	표준점수	백분위	등급	원점수	표준점수	백분위
1등급	92	128	96	1등급	84	135	96
2등급	85	122	88	2등급	76	128	90
3등급	80	118	78	3등급	65	118	78
4등급	70	110	61	4등급	51	106	60
5등급	54	97	40	5등급	35	92	40
6등급	36	82	23	6등급	23	81	23
7등급	22	70	11	7등급	16	75	11
8등급	13	63	4	8등급	11	71	5

이과 수학 50점을 받으면 5등급 컷보다 4점이 모자란다. 백분위 36 정도의 성적이다. 그런데 문과 수학에서 50점을 받으면 백분위 58정도의 성적이다. 이과 수학에 가산점을 10%를 더해도 문과 수학이 압도적으로 유리하다. 상위권을 자연계열을 지망하는 학생이 아닌 중하위권 학생이라면 문과 수학을 선택하는 것이 백분위로 학생을 선발하는 대부분 대학에서 현명한 선택이다. 하지만 표준점수를 활용하는 대학에서는 표준점수의 성적산출 방식의 특성상 그 격차가 많이 좁혀지기 때문에 유불리가 생길 수 있다. 대학별로 자세히 알아보고 지원하는 것이 필요하다.

4부

입시전략
수립 방법 &
입시컨설팅

01

입시정보는 빅데이터,
아무도 모르는 입시정보는 없다

복잡한 입시제도 속에서 성공적인 입시 결과를 원한다면 좋은 입시전략은 필수다. 입시전략을 수립하기 위해서는 전형에 대한 입시정보가 필요하다. 각 전형의 주요 평가 기준, 반영 비율, 지난 입시 결과 등을 알아야 어떤 전형이 자신에게 적합한지 파악할 수 있고, 이를 바탕으로 효율적인 입시전략을 세울 수 있다. 어떤 입시정보를 얼마나 가지고 있느냐가 입시전략의 질을 결정한다.

입시정보라 하면, 대부분의 학생과 학부모는 쉽게 접할 수 없는 것으로 느끼기 쉽다. 하지만 실제로 입시정보는 대부분 오픈되어 있기 때문에 조금만 노력하면 쉽게 접할 수 있다. 극소수의 사람만 알 수 있는 놀랍고 비밀스러운 입시정보는 없다. 문제는 다른 데 있다. 바로 입시정보는 빅데이터라는 사실이다. 좋은 입시전략을 세우기 위해서 알아봐야 할 입시정보가 많아도 너무 많다. 방대한 정보의 양 때문에 좋은 입시전략을 수립하기가 어렵다.

입시전략의 필수요소, 전형 방법과 전년도 입시 결과

입시정보의 핵심은 전형 방법과 입시 결과다. 어떤 전형 방법이 자신에게 가장 유리한지 알아야 하고, 또 어느 정도 성적을 내야 합격이 가능한지 지난 입시 결과를 분석해야 한다. 입시전략의 필수요소인 이 두 가지 정보는 대부분 공개되어 있다.

먼저 전형 방법은 입시요강에 자세히 설명되어 있다. 각 대학교의 입학처 홈페이지에서 누구나 쉽게 접할 수 있다. 최종 입시요강은 수시나 정시 원서 접수 시기 직전에 발표되지만 전형의 주요 정보는 3년 사전예고제를 통해 충분히 얻을 수 있다. 매년 변하는 입시제도지만 수험생들이 대비하기에는 충분한 시간을 주고 있다.

∨ 대입 3년 사전예고제

구분	발표주체	발표 시기	
		대학입학 기준	수험생 기준
대입정책	정부	3년 3개월 전	중3 11월 말
대입전형 기본사항	대교협	2년 6개월 전	고1 8월 말
대학별 전형계획	대학	1년 10개월 전	고2 4월 말
대학별 모집요강	대학	10개월 전	고3 4월 말

각 대학교는 입학 해당연도의 학기 시작 1년 10개월 전, 수험생 기준으로 고2 4월 말까지 입학 전형계획을 공개하도록 되어 있다. 따라서 학생들은 고

등학교 2학년 1학기에 자신이 관심을 가진 대학의 전형 방법을 알 수 있다. 전형 계획에는 전형의 주요 평가요소와 핵심 내용이 모두 담겨 있으며 쉽게 변경할 수 없다. 그래서 대부분의 대학에서 전형 계획의 내용이 그대로 최종 요강으로 이어진다. 여기에 소수의 모집인원 변동만 있을 뿐이다. 또 입학 해 당연도의 2년 6개월 전까지 대교협은 전체 입학 전형 기본사항을 발표해야 한다. 고등학교 1학년 여름방학이 끝나면 자신이 치르게 될 입시의 기본 방 향을 알 수 있다. 이는 대교협 홈페이지에서 누구나 쉽게 확인할 수 있다.

입시 결과는 합격 가능성 예측에 도움을 주기 때문에 입시전략 수립에서 매우 중요한 역할을 한다. 그러나 상위권 입시, 그중에서도 학생들의 선호도 가 높은 최상위권 학교일수록 입시 결과를 공개하지 않는 경우가 많다. 서울 의 4년제 종합대학들이 입학처 홈페이지를 통해서 2019 입시 결과를 공개하 였는지 여부를 정리한 표이다.

∨ 2019 입시 결과 공개 여부 - 서울

대학	수시	정시	대학	수시	정시
서울대	X	X	국민대	O	O
연세대	X	X	숭실대	O	O
고려대	X	X	세종대	O	X
서강대	X	X	서울과기대	O	O
성균관대	X	X	광운대	O	O
한양대	O	O	명지대	O	O
중앙대	O	X	상명대	O	O
경희대	O	O	가톨릭대	O	O

한국외대	O	X	성신여대	O	O
서울시립대	O	O	한성대	O	O
이화여대	X	X	서경대	O	O
서울교대	O	O	삼육대	O	O
건국대	O	O	성공회대	O	O
동국대	O	O	덕성여대	O	O
홍익대	O	O	동덕여대	O	O
숙명여대	O	X	서울여대	O	O

　학생들의 선호도가 높은 명문대학일수록 입시 결과 공개를 꺼리는 경향이 있다. 수시 결과를 공개하지 않는 이유는 주요 전형인 학생부 종합전형의 평가 기준이 주관적이기 때문일 것으로 보인다. 정시 결과를 공개하지 않는 이유는 합격자들의 성적이 촘촘히 붙어 있으며 표준점수가 매년 과목의 난이도에 따라 달라지기 때문일 것이다. 그 이유가 나름대로 설득력은 있지만 수험생 입장에서는 입시 결과를 알 수 없다면 정보 부족으로 지원에 어려움을 겪게 된다.

　그러나 최상위권 일부 대학을 제외한 나머지 대부분의 대학은 다르다. 거의 모든 대학이 입시 결과를 공개하고 있다. 전문대의 경우에도 대부분의 대학이 입시 결과를 공개한다. 그 입시 결과와 자신의 성적을 비교해보면 그 대학의 합격 가능성을 예측할 수 있다. 정시의 경우 영어 절대평가로 인해 예측이 전보다 복잡해졌지만 그래도 입시 결과가 있는 것과 없는 것은 지원할 대학을 정하고 전략을 세울 때 큰 차이가 있다.

입시정보는 빅데이터, 많이 알수록 좋은 전략이 나온다

입시전략을 세울 때 필요한 모든 정보는 입시요강과 입시 결과에 다 담겨 있다. 그 입시정보들은 입시에 대한 전문성이나 특별한 인맥이 있어야만 구할 수 있는 것들이 아니다. 누구나 쉽게 구할 수 있다. 하지만 분량이 방대한 빅데이터이기 때문에 활용이 쉽지 않다. 대교협이 인정한 2015 입시의 전형 수는 892개였으며 실제로 그보다 훨씬 많은 전형이 존재한다. 2021 입시도 전형의 수가 비슷할 것이며 각 전형마다 평가요소와 요소별 반영 비율이 다르다. 그 많은 전형 중에서 자신에게 최적인 입시전형을 찾는 것이 입시전략의 핵심이다. 그래서 우리는 최대한 많은 입시전형에 대한 정보가 필요하다.

정보의 양이 너무 많아 감당이 어려운 것은 사실이지만, 그렇다고 포기하고 손을 놓으면 안 된다. 10개 전형의 정보를 가진 학생의 입시전략보다 100개 전형의 정보를 가진 학생의 입시전략이 훨씬 더 좋을 수밖에 없다. 10개 중 1등보다는 100개 중 1등이 더 좋을 수밖에 없다. 더 많은 전형을 조사해서 전형에서 1점이 유리하게 적용되는 대학을 찾는다면 동일한 성적으로 점수를 1점 더 얻는 것과 같다. 입시정보는 많으면 많을수록 좋다.

주요 입시정보가 모두에게 공개되어 있지만 대부분의 학생과 학부모는 그 정보를 제대로 활용해 전략을 세우지 못한다. 근본적인 문제는 입시정보의 양이 방대하다는 것이다. 어디서부터 어떻게 조사해야 할지 감을 잡기도 어렵다. 그리고 또 다른 문제는 입시요강이나 입시 결과 분석이 익숙하지 않다는 것이다. 이제 입시정보를 활용해서 입시전략을 세우는 법을 시기를 나눠서 자세히 알아보자. 입시준비의 방향을 세워야 하는 고1~고3 초반 시기와 실제로 지원해야 할 학교를 결정해야 하는 수시와 정시로 시기를 나눠서 입시전략을 세우는 법을 알아보자.

02

입시전략 세우는 법 1
– 고1~고3 초

입시에는 다양한 전형이 있고, 같은 전형 안에서도 학생을 평가하는 방법이 다양하다. 입시까지 남아 있는 한정된 시간 안에 입시의 모든 평가요소를 완벽히 준비하기는 불가능하다. 그래서 고1부터 고3 초반까지 입시전략의 핵심은 남은 기간 동안 어떤 것에 우선순위를 두고 집중할지 파악하는 것이다.

입시전략을 세우는 과정은 5단계로 정리할 수 있다. 가장 먼저 입시에 대한 이해가 필요하다. 그다음 입시의 각 전형별로 지금 성적이 그대로 유지될 때 진학할 수 있는 대학을 알아보고, 자신에게 유리한 입시전형은 무엇인지 파악한 후 목표 대학과 저지선 대학을 설정해야 한다. 그러면 남은 기간 동안 입시 준비를 할 때 어디에 집중해야 할지 우선순위가 명확해진다. 이 5단계 과정을 하나씩 살펴보자.

∨ 고1~고3 초 입시전략 세우기

Step 1. 입시에 대한 이해
▼
Step 2. 지금 성적으로 진학 가능한 대학은?
▼
Step 3. 나에게 유리한 입시전형은?
▼
Step 4. 목표 대학 + 저지선 대학 설정
▼
Step 5. 내가 집중해야 할 입시 준비는?

Step 1. 입시에 대한 이해

복잡한 입시제도에도 핵심은 있다. 피할 수 없다면 입시가 이루어지는 주요 내용을 알고 대처해야 한다. 하지만 입시에 대한 기본 개념조차 없는 학생과 학부모가 상당수다.

∨ 입시전형 유형

구분	전형 유형	주요 평가요소
수시1	학생부 교과	내신등급
	학생부 종합	입학사정관 평가
	논술	논술 점수
	실기	실기, 특기
정시	수능	수능 점수
	실기	실기, 특기

정부는 대입 간소화 방안을 통해 주요 평가요소를 기준으로 수많은 입시

전형을 5가지로 나누었다. 이것이 입시전형의 대분류 기준이다. 평가요소에 따른 입시전형별 특징은 수험생과 학부모가 필수적으로 이해하고 있어야 한다. 이해가 바탕이 되어야 입시전략의 큰 방향을 잡을 수 있다.

Step 2. 지금 성적으로 진학 가능한 대학은?

좋은 입시전략을 수립하려면 입시에서 현재 자신의 위치를 객관적으로 파악해야 한다. 현재 고1, 고2까지의 내신 등급과 모의고사 성적이 그대로 유지된다면 각 전형마다 어떤 대학으로 진학이 가능할지 파악을 해야 제대로 된 전략을 세울 수 있다. 입시전형마다 평가요소나 반영 비율이 다르기 때문에 전형마다 진학이 가능한 대학 역시 다르다. 따라서 입시전략을 세울 때는 5가지 주요 전형별로 학생의 현재 위치를 모두 점검해야 한다.

이 과정은 매우 중요하다. 맵스터디에서 컨설팅을 진행할 때는 "진학을 생각하고 있는 가장 낮은 대학교가 어디니?"라는 질문을 학생에게 자주 던진다. 그리고 학생이 대답한 대학의 입시 결과와 현재 성적을 비교해 보여준다. 그 결과를 확인해보면 학생의 성적은 그 대학에 진학하기에 부족한 경우가 많다. 입시를 향한 경쟁이 너무 치열하기 때문이다. 현재 성적이 목표 대학 진학에 부족하다는 것은 지금까지 해온 그대로 시간을 보내면 입시에서 기대한 만큼의 결과를 거두기 어렵다는 의미다. 입시 결과가 대부분 공개되어 있기 때문에 학생이 객관적으로 받아들여야 할 현실이다. 안타깝게도 현실을 제대로 인지하는 학생이 극소수이다. 현재 성적으로 합격이 어려운 대학들을 '아마도 충분히 갈 수 있는 대학'일 것이라고 막연히 생각하는 학생과 학부모가 대다수다.

입시까지 남은 기간은 그렇게 많지 않다. 자신의 현재 성적을 냉정히 받아들이고 제대로 된 목표를 세우고 달려야 한다. 자신의 현재 위치를 정확히 파악하는 것은 입시전략 수립의 출발점이다.

Step 3. 나에게 유리한 입시전형은?

각 전형별로 현재 위치가 파악되었다면 다음으로 자신에게 유리한 전형을 찾아야 한다. 유리한 전형을 찾는다는 것은 앞서 언급한 5개 전형 중에서 찾는 것이 아니다. 내신이 수능 모의고사보다 좋다면 수시, 반대라면 정시가 유리하다는 것도 아니다. 그것들은 좋은 입시전략을 세우기에는 턱없이 부족한 정보다.

예를 들어 수능전형이라는 대분류 속에는 엄청나게 다양한 평가 기준을 가진 전형들이 있다. 표준점수를 활용하는 전형도 있고 백분위를 활용하는 전형도 있다. 탐구영역을 반영할 때 2과목 평균을 반영하는 학교도 있고 상위 1과목만 반영하는 학교도 있다. 영어의 가산점이나 변환점수도 대학마다 다르다. 중하위권 입시로 내려가면 수능의 4개 영역을 모두 반영하는 전형도 있고 3개 영역만 반영하는 전형도 있다. 수학의 반영 비율이 높은 전형도 있고 낮은 전형도 있다. 또 아예 수학을 반영하지 않는 전형도 있다. 수학을 반영하지 않는 방법도 다양하다. 아예 수학 성적 자체를 반영하지 않는 전형도 있겠지만 수학 성적이 좋으면 반영할 수 있고 아니면 반영하지 않는 전형도 있다.

이렇게 다양한 전형을 모두 고려하여 자신에게 적합한 전형을 찾아야 한다. 전형의 수가 너무 많기 때문에 과정이 쉽지 않겠지만 전형에 대한 정보가 조금이라도 더 있어야 더 좋은 입시전략을 세울 수 있다.

Step 4. 목표 대학 + 저지선 대학 설정

입시에서 자신의 현재 위치와 자신에게 유리한 전형을 파악했다면 이제 목표 대학을 설정해야 한다. 이때 현실성을 고려하지 않고 가고 싶은 대학을 목표 대학으로 삼아서는 안 된다. "공부 열심히 해서 나중에 서울대 갈래요"라는 것은 초등학생이나 해볼 수 있는 이야기다. 입시가 가까운 학생에게 목표 대학이란 현재 자신의 위치에서 가장 적합한 전형을 찾아 열심히 노력했을 때 진학 가능한 현실성 있는 대학이다.

입시전략을 수립함에 있어서 목표 대학보다 더 중요한 것은 저지선 대학이다. 목표 대학의 경우 불합격해도 심리적으로 무너지지 않는다. 지원 가능한 범위에 있는 대학 중 비교적 합격 가능성이 낮은 대학이므로 합격이 확실하지 않다는 것을 수험생과 학부모도 다 알고 있었기 때문이다. 지원하면서부터 불합격 가능성을 염두에 두기 때문에 실제 불합격하더라도 충격을 감내할 수 있다.

하지만 최악의 경우에도 꼭 갈 수 있다고 생각했던 대학, 또는 그 대학보다 인지도가 낮아서 절대로 가고 싶지 않은 대학의 경우 불합격하면 엄청난 좌절을 겪게 된다. 자신이 선호하는 순으로 대학을 줄 세웠다고 가정할 때 꼭 갈 수 있도록 지켜야 할 대학, 즉 저지선 대학을 설정해야 한다. 그리고 지원하는 시점에 그 대학은 확실히 갈 수 있는 상황을 만들어야 한다(저지선 대학은 입시 업계에서 일반적으로 활용되는 표현은 아니다. 쉬운 설명을 위해 맵스터디에서 만든 표현이다).

Step 5. 내가 집중해야 할 입시 준비는?

목표 대학과 저지선 대학을 정했다면 이제부터 집중해야 할 것들이 명확해진다. 저지선 대학에 확실히 합격할 수 있는 성적을 갖춤과 동시에, 목표 대학의 합격 가능성을 조금이라도 높이는 방향으로 입시를 준비하면 된다. 예를 들어 국·영·수·사를 반영하는 학생부 교과전형으로 진학해야 하는 학생이라면 남은 학기 동안 그 과목의 내신 성적에 우선순위를 두어야 한다. 수능 최저학력기준이 있는 전형을 준비한다면 그 기준만큼은 확실히 충족시킬 수 있게 대비해야 한다. 학생부 비교과 활동과 수능 대비는 어떤 전형에 지원하느냐에 따라서 시간을 배분해야 한다. 내신이 좋지 않아 수능에 올인해야 할 고학년 하위권이라면 내신 시험 기간에 투자하는 시간을 최소화해야 한다. 학생부 비교과 관리에 시간을 낭비해서도 안 되며 수능에만 집중해야 한다. 또 중하위권 학생의 경우 수능을 3과목만 반영하는 전형에 집중하기로 선택했다면 나머지 과목보다는 선택한 과목에 모든 노력을 쏟아부어야 한다. 다양한 전형이 있는 만큼 어떤 전형을 선택하느냐에 따라 우선순위도 달라진다. 입시전략 수립의 마지막 단계는 남은 기간 동안 시간을 투자할 우선순위를 정리하는 것이다.

03

입시전략 세우는 법 2
- 수시

수시에서의 입시전략은 고1~고3 초까지의 입시전략과 그 목표가 다르다. 고1~고3 초까지 시기에서 입시전략을 세우는 목표는 유리한 전형을 정하고 그 전형의 주요 평가요소에서 좋은 평가를 받기 위한 준비를 하는 것이다. 그러나 수시에서 입시전략의 목표는 다르다. 입시전형의 주요 평가요소에 대한 준비는 거의 마무리되고 확정된 상황이다. 현재의 준비 상태, 즉 학생부와 수능, 논술 실력 등을 가지고 지원할 대학을 최종적으로 정하는 것이 목표다. 식당에서 음식을 판매하는 것에 비유하자면 고1~고3 초까지는 더 좋은 재료를 준비하는 데 집중하는 기간이며 수시는 이미 준비된 재료로 음식을 최종적으로 만들고 포장해서 내보내는 기간이다. 입시정보를 어떻게 활용해 수시 입시전략을 세우는지 알아보자.

∨ 고3 수시전략 세우기

Step 1. 수시·정시 전형별 지원 가능 대학 확인

　　　 - 특히 학생부 교과전형은 자세히 체크
▼
Step 2. 주요 지원 전형 확정
▼
Step 3. 수시에서 입시를 마무리할지, 정시도 염두에 둘지 결정
▼
Step 4. 지원대학과 학과 결정(합격 가능성, 지원 성향, 입시 일정을 모두 고려)
▼
Step 5. 남은 기간 우선순위 정리와 집중

Step 1. 수시·정시 전형별 지원 가능 대학 확인

수시전략을 세울 때 가장 먼저 해야 할 일은 현재의 성적과 실력으로 진학 가능한 대학을 객관적으로 파악하는 것이다. 자신의 객관적인 위치를 알아야 상향, 안정 등 지원 기준을 세울 수 있다. 객관적 위치 파악을 위해서는 객관적 전형인 학생부 교과전형과 수능전형의 입시정보, 특히 입시 결과를 제대로 분석해야 한다.

무엇보다 학생부 교과전형으로 지원 가능한 대학을 자세히 확인하는 것이 중요하다. 수능 성적은 아직 확정되지 않은 상황이고 대부분 학생의 모의고사 성적은 변동 폭이 커서 수능전형으로 진학 가능한 대학을 정확히 예측하기는 어렵다. 그래서 수능전형으로 지원 가능한 대학들은 대략적으로만 체크하면 된다. 하지만 수시에 반영되는 학생부 교과, 즉 내신 성적은 이미 확정되어 있다. 그래서 학생부 교과전형으로 지원 가능한 모든 대학을 완전 상향부터 완전 하향까지 모두 정확히 분석해야 한다. 학교별 수시 요강을 분석

해 학생부 적용법을 확인해 유리한 내학을 찾아야 한다. 또 지난 입시 결과와 자신의 성적을 비교해서 합격 가능성을 예측해보아야 한다. 이때 작년 입시에 비해 달라진 점이 있는지 필수적으로 체크해야 한다. 학생부 반영법, 수능 최저학력기준, 인원 등이 얼마나 변경되었는지 꼭 확인해야 한다.

학생부 종합전형 지원 가능 대학의 범위도 학생부 교과전형 지원 가능 대학 분석을 통해 알 수 있다. 학생부 교과전형으로 지원하기에는 내신이 0.5~1.5 정도 모자란 대학들이 학생부 종합전형 지원을 고려할 대학들이다.

Step 2. 주요 지원 전형 확정

객관적 전형으로 지원 가능한 대학이 파악되었다면 그다음으로 주요 지원 전형을 확정해야 한다. 최종 입시까지 주어진 시간이 부족하기 때문에 어떤 전형 위주로 입시를 준비할 것인지 결정하는 것은 중요하다. 상황에 따라서 3가지로 나누어볼 수 있다.

① 논술전형을 주요 전형으로 선택하는 경우

논술전형을 주요 지원 전형으로 선택하는 이유는 학생부 위주 전형으로 목표 대학에 진학하기에는 내신 성적이 부족하기 때문이다. 이미 확정된 학생부로는 학생부 위주 전형으로 목표 대학 지원 시 합격 가능성이 거의 없기 때문에 수시에서 가능성이 남은 논술전형을 주요 전형으로 선택하는 것이다.

다만 이 경우에 합격 가능성이 남아 있다고는 해도 그 가능성이 적다는 것이 문제이다. 논술전형의 경쟁률은 35~40:1 정도다. 수능 최저학력기준이 적용되지 않는 대학이라면 합격 가능성을 5% 미만이라고 봐야 한다. 수능 최저학력기준이 적용되는 대학이라고 해도 실질 경쟁률이 15:1 정도 될 것이다. 이렇게 낮은 합격 가능성이지만 논술 전형에 지원자가 몰리는 이유는 학생부 위주 전형에서는 합격 가능성이 거의 0%이기 때문이다.

그래서 논술 전형을 수시의 주요 공략 전형으로 선택하는 학생은 수시의 불합격 가능성을 항상 염두에 두고 입시 준비를 해야 한다. 논술 준비 기간이 아무리 오래되었다고 해도 합격 가능성을 장담할 수 없기 때문이다. 수능 모의고사 성적이 낮은 학생이라면 논술 전형으로 지원해도, 수시 6장의 지원카드 중 1~2장, 또는 전문대에서 학생부 교과전형으로 안정적인 지원을 확보하는 것이 필요할 수 있다.

② 수시에 응시하지 않고 수능전형 올인을 선택해야 하는 경우

수시 지원이 수험생에게 강제된 의무는 아니다. 지원하지 않는 것이 입시에 더 도움이 될 상황이라면 수능전형에 올인하는 편이 현명하다. 수능 모의고사 성적이 내신보다 훨씬 높게 나오면서 논술 전형 준비가 부족하거나 자신이 없는 경우가 이에 해당한다. 이런 학생들은 수능에 집중하는 것이 자소서나 논술 준비에 시간을 소모하는 것보다 더 좋은 결과로 이어질 수도 있다.

다만 이 경우라도 수시에서 수능 이후에 논술고사를 치르는 대학으로 지원해두는 것을 추천한다. 수능 고사일까지는 수능에 집중하더라도 수능 후의 시간을 잘 활용한다면 수시에서 새로운 가능성을 만들 수 있다. 새로운 가능성을 만들고 싶은 학생이라면 수능 후에 논술고사를 치르는 대학에 지원하면 된다. 수능에 자신이 있다면 수능 최저학력기준이 높은 대학 위주로 지원하는 것이 좋다. 실질 경쟁률이 낮기 때문이다.

③ 학생부 위주 전형을 선택해야 하는 경우

학생부 교과전형의 선발비율은 47.5%, 학생부 종합전형의 선발비율은 22.9%로 정시까지 포함해 모든 대학 모집정원의 70.4%가 학생부 위주 전형이다. 대학별 고사 지원 또는 수능에 올인하는 경우가 아니라면 남은 선택은 학생부 위주 전형뿐이다.

학생부 위주 전형은 학생부 교과전형과 학생부 종합전형으로 나뉘는데 학생부 교과전형에서는 출신 학교의 학업 수준과 상관없이 내신등급을 숫자 그대로 반영한다. 다니는 고등학교의 학업 수준이 낮은 편이라면 높은 내신을 얻기 쉬우므로 학생부 교과전형이 유리하다. 비교과가 부족하다고 생각되는 학생, 면접에 자신 없는 학생, 자소서 쓰기에 시간을 투자하고 싶지 않은 학생은 학생부 교과전형 위주로 지원하면 된다.

학생부 종합전형은 (최상위권 일부 대학을 제외하면) 내신등급의 부족함을 비교과, 자기소개서, 면접 등으로 만회해서 대학에 진학하는 전형이다. 그러나 부족한 내신을 만회할 수 있는 범위는 대략 0.5~1.5등급 내외다. 학생부 종합전형에서도 가장 중요한 것은 학업 능력이다. 합격자 내신 평균 등급과 자신의 내신이 너무 큰 차이가 난다면 합격에 큰 기대는 갖지 말아야 한다.

Step 3. 수시에서 입시를 마무리할지, 정시도 염두에 둘지 결정

주요 공략 전형을 선택했다면 이제 지원 가능한 대학을 좁혀야 한다. 이때 가장 중요한 것은 수시에서 입시를 끝낼 것인지 아니면 정시도 염두에 둘 것인지 확실히 결정해야 한다는 것이다. 논술전형은 수시에서 꼭 합격한다는 보장이 없는 전형이기 때문에 논술 전형 위주로 수시를 준비하는 학생은 정시를 염두에 두지 않을 수 없다. 하지만 학생부 위주 전형으로 수시 전략을 세운다면 이 결정은 아주 중요하다.

수능에 자신이 없는데 학생부 위주 전형으로 수시전략을 세우는 학생이라면 수시에서 어떻게든 입시를 마무리해야 한다. 그래서 수시 지원 시 합격이 확실하다고 생각되는 대학을 2곳 이상은 꼭 찾아야 한다. 학생부 종합전형은 전형의 특성상 합격 가능성 예측이 어렵기 때문에 확실한 합격 카드는 학생부 교과전형으로 선택하는 것이 좋다. 그 대학이 분명 목표 대학과는 거리가 멀 것이다. 그러나 정시까지 입시를 끌고가지 않기 위해서 보험으로 지원하는 대학이라면 눈높이를 낮춰 선택할 수밖에 없다. 중하위권 학생의 경우, 수시 지원기회 6번이 부족하다고 생각한다면 전문대 지원까지도 생각할 수 있다.

수시로 진학하는 것이 나을지 정시로 진학하는 것이 나을지 애매한 학생도 많을 것이다. 내신등급에 맞춰서 안정적으로 지원하자니 수능이 잘 나올 것 같고, 수능을 기대하며 상향 지원을 하려니 수시에서 다 불합격하고 수능 성적까지 잘 안 나올까 봐 걱정인 학생이 많다. 이런 학생들은 학생부 종합전형의 수능 일정을 활용해 지원해야 한다. 수능 후에 면접을 보는 학생부 종합전형에 눈을 낮춰 지원해두면, 수능 성적에 따라서 수시와 정시를 선택할 수 있다. 만약 수능 성적이 잘 나온다면 면접에 가지 않고 정시로 지원하면 되고, 수능 성적이 잘 나오지 않으면 학생부 종합전형 면접에 최선을 다해보는 것이다. 단 학생부 종합전형의 특성상 합격을 장담할 수 없다. 수시에서 확실히 합격할 수 있다는 안정감이 학생부 교과전형 지원에 비해 많이 떨어지는 것은 감안하고 수능 준비에 대한 긴장감을 유지해야 한다.

Step 4. 지원대학과 학과 결정

수시에서 지원할 대학을 결정하기 위해 필요한 입시정보 분석이 끝났으면 이제는 최종적으로 지원할 대학과 학과를 결정해야 한다. 조사한 대학의 전형별 합격 가능성, 개인별 지원 성향, 입시 일정 등을 고려해서 결정하면 된다. 매년 컨설팅을 통해 많은 학생의 수시 전략을 세워주면서 느끼는 점이지만 충분한 자료 조사가 되었고, 학생의 지원 성향이 정해져 있다면 선택의 폭은 그렇게 넓지 않다.

단 최종 지원대학과 학과를 결정했더라도 실제 지원 시 경쟁률을 보고, 그 경쟁률이 너무 높다면 지원대학 또는 학과를 바꿀 준비는 되어 있어야 한다. 특히 학생부 교과전형, 논술전형은 필히 경쟁률을 확인하고 지원해야 한다. 예를 들어 학생부 교과전형으로 A학과를 지원하기로 결정했는데 경쟁률이 너무 높아진다면 지원 학과나 대학을 바꾸어야 한다. 지원의 목표는 합격이다. 경쟁률이 너무 높아진다면 작년보다 입시 결과는 올라갈 확률이 높다. 리스크가 뻔히 보이는 경쟁에 뛰어들 필요는 없다. 단 그 대학이나 학과의 특성에 따라 미리 자기소개서를 준비해야 하는 학생부 종합전형의 경우에는 마지막 순간에 지원 학과를 바꾸는 데 부담이 있다는 점도 고려해야 한다.

Step 5. 남은 기간 동안 투자할 우선순위 정리와 집중

지원해야 할 대학과 학과, 전형이 정해졌다면 이제 남은 기간 동안 해야 할 것은 입시 준비의 우선순위를 정하고 거기에 집중하는 것이다. 학생부 종합전형에 지원하는 학생이라면 비교과를 점검하고 자기소개서 작성에 정성을 기울여야 한다. 수능 최저학력기준이 있는 경우에는 수능 준비도 철저히 해야 한다. 수능에 집중하기로 결정한 학생이라면 주변의 분위기에 휩쓸리지 말고 수능 준비에 모든 시간을 투자해야 한다.

하지만 실제로 수시 기간 동안 학생들의 모습을 보면 방향을 정하고 집중하기보다는 우왕좌왕하는 경우가 대부분이다. 수시의 주요 공략 전형을 결정하지 못해서 또는 결정은 했지만 다른 전형을 준비하는 친구들을 보면서 불안해하고 흔들리는 학생들이 많다. '지원 대학을 제대로 정한 것일까?' '친구가 지원한다는 저 전형이 더 낫지 않을까?' 등의 불안감은 제대로 된 입시 정보가 부족하기 때문에 온다. 입시에 대해 정확히 알고 제대로 수시 전략을 세웠다면 그런 불안감 없이 입시까지 남은 시간을 효과적으로 사용할 수 있다.

04
입시전략 세우는 법 3
- 정시

정시 입시전략을 세울 때 주목해야 하는 점은 두 가지다. 첫 번째는 주요 평가요소인 수능 성적은 이미 확정되어 있다는 것이며, 두 번째는 정시는 그해 입시의 마지막 전형이라는 것이다. 정시 지원 시점에서 수능 성적은 어떠한 노력을 해도 변하지 않으며 또 정시 후에는 다음을 기약할 수 없다는 점을 고려하고 전략을 세워야 한다.

∨ 고3 정시 전략 세우기

Step 1. 입시요강과 입시 결과 분석
▼
Step 2. 불리한 수능 반영법을 가진 대학 소거
▼
Step 3. 지원 가능한 대학과 학과를 완전 상향부터 완전 하향까지 줄 세우기
▼
Step 4. 지원 대학과 학과 결정
▼
Step 5. 지원할 전문대 결정

Step 1. 입시요강과 입시 결과 분석

현명한 정시 전략을 세우기 위해서는 수능전형에 대한 이해와 충분한 입시정보가 필수다. 수능전형에 대한 정확한 이해를 바탕으로 대학별 정시 요강과 입시 결과를 상세히 분석해야 한다. 모든 대학을 분석할 수는 없다 해도 최대한 많은 대학의 입시를 분석해야 한다. 수능 후 정시 지원까지는 40일이 넘는 시간이다. 수능이 끝났다고 입시가 끝난 것이 아니다. 확정된 수능 성적은 변하지 않지만 입시정보를 어떻게 활용하느냐에 따라서 입시 결과는 달라질 수 있다. 입시정보의 적절한 활용은 수능 성적을 올리는 것과 같은 효과가 있으므로 입시정보 분석에 시간을 아끼지 말아야 한다.

Step 2. 불리한 수능 반영법을 가진 학교 소거

수능전형에서는 같은 수능 성적이라도 대학별 수능 반영 방식에 따라서 점수가 달라진다. 먼저 국·수·영·탐의 영역별 반영 비율에 따라 유불리가 나뉜다. 성적이 좋은 영역의 반영 비율이 높고 성적이 낮은 영역의 반영 비율이 낮을수록 유리하다. 중하위권 학생이고 국·수·영·탐 중 한 영역의 성적이 다른 영역에 비해 많이 낮다면 그 영역을 아예 반영하지 않고 나머지 세 영역만 반영하는 대학으로 지원을 고려해야 한다.

또 영어 절대평가 등급별 변환점수에 따라서도 유불리는 달라질 수 있다. 전체 성적에 비해 영어 등급이 높다면 영어 등급 간 변환점수 차이가 큰 대학에, 영어 등급이 낮다면 차이가 적은 대학에 지원하면 유리하다. 중하위권 학생의 경우 교차지원을 하는 경우가 많은데 수학 미적분 또는 기하에 주어지는 가산점도 정확히 체크해야 한다. 인문계열인데도 미적분 또는 기하에 가산점을 부여하는 대학도 있으며 자연계열인데도 가산점이 없는 경우도 있다. 가산점의 크기도 대학마다 다르기에 자신의 수능 영역별 성적에 따라 유불리를 제대로 따져봐야 한다. 과탐에 가산점을 주는 대학도 있으니 이 부분역시 꼼꼼히 확인해야 한다.

수능전형에서 4년제 대학에 지원할 수 있는 기회는 3번이다. 한정된 3번의 기회 속에서 자신의 수능 성적이 불리하게 적용되는 대학에 지원해서는안 된다. 정시 전략을 세울 때는 불리한 수능 반영법을 가진 대학들은 지원리스트에서 소거시켜야 한다.

Step 3. 지원 가능한 대학과 학과를 완전 상향부터 완전 하향까지 줄 세우기

다음 단계는 수능 반영법이 불리하지 않은 대학교와 학과 중에서 지원이가능할 것으로 예측되는 곳들을 줄 세워보는 것이다. 맵스터디의 기준으로지원 가능한 완전 상향이라는 의미는 지난 입시 결과와 자신의 성적을 비교해보았을 때 운이 아주 좋으면 합격이 가능해 보이는 것을 뜻한다. 이 기준이 모호한데 컨설팅 시 그 기준을 물어보는 학부모에게 '굳이 합격 확률을 숫자로 표현하자면 10% 정도인 대학'이라고 대답하고 있다. 아예 합격 확률이0%로 생각되는 대학이라면 정시 전략에서 소거하는 것이 좋다. 경쟁률이 접수 마감 몇 시간 전까지 공개되는 환경이며 한 대학에만 지원할 수 있는 것이아니라 3번의 지원 기회가 주어지기 때문에 이전 시대처럼 미달을 기대하고지원한다면 어리석은 선택이다.

운이 아주 좋아야 합격이 가능한 완전 상향인 대학부터 합격 확률이 반반으로 생각되는 대학을 지나 불합격하기 어려울 정도로 보이는 완전 하향인대학까지 리스트를 만들어보자. 완전 하향인 대학은 2~3곳까지만 정리하면된다. 완전 하향인 대학을 확인할 때 특정 한 과의 지난 입시 결과를 참고해서, 또는 합격예측 프로그램을 돌렸을 때 하향으로 나오는 대학을 선택하는 경우가 많다. 그런 식으로 하향인 대학과 학과를 선정하면 하향이라고 생각한 곳에서 탈락할 확률이 꽤 있다. 정시 전략을 세울 때는 꼭 입시 요강과 입시 결과를 분석해야 한다. 순천향대학교 2020 정시 입시 결과를 살펴보자.

∨ 순천향대학교 인문대학 2020 정시 입시 결과 (출처: 순천향대학교 홈페이지)

모집단위	평균	최저
한국문화콘텐츠학과	81.38	79.60
영미학과	81.61	79.20
중국학과	76.53	70.40
행정학과	83.24	81.80
국제통상학과	79.47	75.00
관광경영학과	80.34	78.00
IT금융경영학과	80.00	77.00
경영학과	81.18	77.00
경제금융학과	80.44	77.80
글로벌문화산업학과	81.15	79.20
회계학과	80.07	77.40

2020 정시에서 순천향대학교 중국학과 합격자의 수능 백분위 성적은 순천향대 기준으로 평균이 76.53, 커트라인이 70.40이었다. (수능 반영법이 동일한 2021 정시에서) 순천향대 기준으로 백분위 75인 학생은 이 학과에 지원하면서 자신의 합격 가능성을 어떻게 예측할까? 자신의 성적이 작년 커트라인보다 훨씬 높고 평균과 큰 차이가 없으니 합격을 100% 확신하면서 지원하는

학생이 많을 것이다. 작년 입시 결과를 기준으로 학과별 기준 점수를 설정한 합격예측 프로그램도 아마 안정적이라는 예측 결과를 주었을 것이다. 그렇다면 과연 백분위 76인 학생은 순천향대 중국학과 지원 시 안정적으로 합격할 수 있을까?

순천향대의 2021 정시 입시 결과는 책을 집필하는 시점까지 공개되지 않아 실제 결과는 확인을 하지 못했다. 하지만 (수능 반영법이 동일했던) 2019 정시 입시 결과를 보면 합격을 장담할 수 있는지 여부는 충분히 알 수 있다. 중국학과의 2019 정시 커트라인은 76.10이었다. 2020 정시의 입시 결과가 이래적으로 낮았던 것이다. 백분위 점수 75는 2020 정시에서 다른 학과에 지원했을 경우 대부분 학과에서 불합격인 점수이다. 상식적으로 생각해봐도 영미학과와 중국학과의 커트라인 차이가 백분위 8.8이나 난다는 것은 납득하기 어렵다.

이런 입시 결과가 나오는 가장 주된 이유는 입시의 변동성에 따른 운이다. 2020 정시에서 중국학과에 지원한 학생은 운이 좋았던 것이다. 경쟁률이 다른 학과보다 조금 낮기는 했으나 이 정도의 입시 결과 차이를 설명하기는 어렵고, 2019년 커트라인도 다른 학과들과 큰 차이가 없었기에 커트라인이 낮아진 논리적인 이유를 찾아볼 수 없다. 그냥 그해의 지원자들이 다른 대학으로 많이 빠져나가서 성적이 낮은 지원자들이 운 좋게 합격한 것이다. 각 대학의 입시 결과를 매년 체크하다 보면 이런 식으로 논리적 설명이 어려운 입시 결과의 변화를 흔히 볼 수 있다. 경쟁률이나 지난 입시 결과의 특이성이 영향을 주는 경우도 있지만 그보다는 입시의 변동성이 만들어내는 운이 가장 큰 이유라고 볼 수 있다.

입시 결과를 운에 맡겨야 한다면 전략이 무의미하지 않느냐는 질문이 나올 수 있다. 하지만 운에도 범위가 있다. 그래서 입시정보를 통해 운의 범위를 예측해볼 수 있다. 운이 따라준다면 합격이 가능할 수 있는 대학과 운이 좋지 않아도 합격이 가능한 대학을 찾는 것이 입시정보의 역할이다. 백분위가 75인 학생이라면 완전 하향인 대학을 순천향대보다 선호도가 더 떨어지는 학교에서 찾아야 한다. 그리고 백분위가 70대 초반인 학생이 완전 상향 지원하기에 순천향대는 적절한 대학이다. (단 전년도 성적이 많이 낮았던 학과는 그다음 해에 지원이 몰릴 수 있으므로 피하는 것이 좋다.) 이런 식으로 자신이 지원 가능한 상향 지원과 하향 지원의 기준을 잘 세우는 것이 정시 전략의 핵심이다.

실제로 전략을 세우는 팁을 제시하자면 가나다 군별로 지원 가능한 대학들을 정리한 후 그 옆에 예상 합격 확률을 적어서 표를 만들어보는 것이다. 물론 합격 확률을 숫자로 정확히 예측하기는 불가능하다. 하지만 최종 선택을 해야 하는 입장에 놓인 수험생으로서는 이런 방법이 큰 도움이 된다. 그래서 앞에서 사용한 표현대로 굳이 숫자로 표현해보는 것이고 또 그 숫자의 정확도를 높이기 위해 입시정보를 최대한 활용해야 한다.

∨ 정시 지원전략 수립 시 후보학교 정리 예시

가군		나군		다군	
대학 - 학과	합격확률	대학 - 학과	합격확률	대학 - 학과	합격확률
A-O대학 O학과	90%	E-O대학 O학과	70%	H-O대학 O학과	90%
B-O대학 O학과	70%	F-O대학 O학과	30%	I-O대학 O학과	50%
C-O대학 O학과	40%	G-O대학 O학과	30%	J-O대학 O학과	50%
D-O대학 O학과	10%			K-O대학 O학과	10%

Step 4. 지원 대학과 학과 결정

지원 가능한 범위의 대학이 파악되었다면 남은 것은 최종 선택이다. 입시 정보를 바탕으로 지원 대학과 학과를 결정해야 한다. 자신의 지원 성향에 따라 도전적인 선택, 안정적인 선택 모두 가능하다. 하지만 정시라는 또 다른 기회가 남아 있는 수시와 달리 정시는 그해 입시의 마지막이라는 것, 수시의 6번보다 적은 3번의 지원 기회밖에 없다는 것, 그리고 입시의 변동성까지 고려한다면 지원카드 2장 정도는 안정적으로 쓰는 것이 좋다. 그리고 꼭 정시에서 합격하고 싶다면 지원카드 1장은 합격 확률이 아주 높은, 위의 표에서 합격 확률이 90% 정도 되는 학교와 학과에 지원해야 한다.

합격 확률 70%인 학교 두 군데 지원 시 불합격 확률

불합격 확률 30% × 불합격 확률 30% = 9%

실제 정시에서 학생들을 만나 보면 70% 확률의 지원카드를 2장 쓰면 당연히 어딘가는 합격한다고 생각하는 학생과 학부모가 많다. 이는 아주 위험한 생각이다. 70% 확률은 불합격 확률이 30%라는 의미이다. 그럼 2장의 지원카드 모두 불합격할 확률은 30% × 30%, 9%가 된다. 70% 확률의 안정된 카드 2장을 쓴 학생 10명 중 약 1명 정도가 그 2장의 카드 모두 불합격하는 것이다. 입시정보를 활용해 합격 가능성을 제대로 예측해도 이 정도인데 대부분의 학생은 합격예측 프로그램이나 지원하는 학과의 지난 입시 결과 정도만 보고 지원 대학과 학과를 결정한다.

이렇게 제대로 된 입시정보와 입시전략 없이 낙관적으로 지원하는 학생이 많아서 정시에서 지원카드 1장도 합격하지 못하는 경우가 많다. 특히 재수를 원하지 않는 중하위권 수험생이라면 정시에서 안정적인 지원을 할 대학과 학과를 선택할 때 보수적인 선택을 해야 한다.

Step 5. 지원할 전문대 결정

수시에서는 전문대 지원을 고려하지 않는 경우도 많다. 수시에서 전문대에 지원했다가 합격한다면 정시에서 지원 자격을 부여받지 못하기 때문이다. 그러나 정시는 상황이 다르다. 상위권 학생들을 제외하고는 전문대 지원은 필수이다. 그 이유는 크게 두 가지를 들 수 있다.

첫 번째는 정시의 4년제 대학 지원 횟수가 3번밖에 되지 않는다는 것이다. 목표로 삼은 대학을 도전적으로 지원해보기에는 횟수가 부족하다. 그런데 전문대는 지원 횟수에 제한이 없다. 부족한 횟수를 전문대 지원으로 채운다면 지원카드가 3장이 아니라 무한대가 된다. 정시지원에서 꼭 필요한 90% 확률의 카드를 전문대로 채우고 4년제에서 소신지원을 해볼 수도 있다. 상위권 학생이 아니라면 전문대 중 가장 선호도가 높은 대학부터 고려하면 정시 전략을 세우기가 훨씬 수월하다.

두 번째는 정시전형이 그해 입시의 마지막이라는 것이다. 수시에서 낮은 대학을 지원하는 것이 망설여지는 가장 큰 이유가 수능에서 좋은 결과가 나올 수도 있다는 기대감이다. 불안한 마음에 낮게 쓴 대학에 합격했는데 수능 점수가 잘 나온다면 너무 안타까울 것 같아서 수시에서는 상향지원을 하는 경향이 있다. 그러나 정시는 다르다. 정시는 그해 입시의 마지막이며 평가에 반영되는 요소(수능 성적)는 이미 확정되어 있다. 확정된 성적을 최대한 활용해서 현명한 지원을 해야 한다. 그리고 전문대의 지원 횟수는 무제한이다. 그렇다면 그 기회를 최대한 활용해 4년제 대학과 원하는 전문대뿐 아니라 그보다 안정적으로 합격할 수 있는 대학까지 더 지원해야 한다.

앞에서 설명한 순천향대학교의 경우처럼 중하위권은 입시 결과의 변동성이 크다. 정시요강과 입시 결과를 충분히 분석하고 합격 가능성을 예측한다 해도 변동성이 커지면 그 적중확률은 떨어질 수 있다. 확률이 떨어지는 것에 대한 대책은 간단하다. 확률이 떨어지면 그 확률에 도전할 수 있는 지원 기회를 사버리면 된다. 당첨확률 30%의 복권을 3장만 살 수 있다면 당첨을 확신할 수 없어 불안할 수 있다. 하지만 그 복권을 10장을 살 수 있다면? 당첨에 대한 불안에서 해방될 수 있다. 원서 접수 비용만 내면 전문대는 무제한으로 지원이 가능하다. 중하위권 학생이라면 성적으로 진학이 가능한 4년제 대학보다 입시 결과가 더 높은 전문대부터 꽤 많이 하향이라고 생각되는 전문대까지 충분히 지원하면 된다. 그렇게 지원한 후, 충분한 합격카드를 가지고 4년제와 전문대를 모두 포함한 합격 대학 중에서 최종적으로 진학할 대학교를 선택해야 한다. 목표대학 합격이 아니라면 재수를 염두에 두는 학생이라도 정시에서는 전문대에 지원해두는 것이 좋다. 최종적으로 목표 대학에 불합격한 후에 재수에 대한 결심이 흔들릴 수도 있으며, 또 재수 결심이 변하지 않는다면 합격한 전문대에 등록하지 않으면 된다. 따라서 전문대 지원은 일단 해두는 것이 현명한 정시 전략이다.

05
입시컨설팅의 역할과 효용

　입시는 초등학교부터 고등학교까지 이어지는 장거리 레이스다. 목표는 동일하지만 그 목표로 향해 가는 복잡하고 다양한 길이 있다. 12년 동안 이어지는 레이스에서 좋은 결과를 얻기 위해 모두 열심히 달린다. 그리고 열심히 달린 결과는 입시에서 판가름 난다. 그런데 과연 '열심히'하는 것만으로 충분할까? 우리나라 입시제도는 복잡하기 때문에 순수한 노력만으로는 부족하다. 성공적인 입시 결과를 얻기 원한다면 노력 외에도 다른 것이 필요하다.

　복잡한 길을 가진 장거리 레이스에서는 어떤 길을 선택하느냐가 결과에 큰 영향을 미친다. 아무리 열심히 달려도 먼 길을 돌아간다면 그 레이스는 실패하게 된다. 빠른 길, 좋은 길로 달려야 좋은 결과를 얻을 수 있다. 이처럼 입시에서도 어떤 길로 어떻게 달려야 할지 입시전략을 세우는 것이 필요하다. 전략 없이 노력만으로 또는 노력 없이 전략만으로 입시에서 좋은 결과를 얻을 수 없다. 전략과 노력이 동시에 필요하다.

최적의 입시전략을 위한 내비게이션, 입시컨설팅

다양하고도 복잡한 입시전형 중에서 자신에게 가장 유리한 전형을 찾고 그에 맞춰 대비하는 것이 입시전략의 핵심이며, 성공적인 입시 결과를 위한 빠른 길이다. 그리고 그 빠른 길을 찾는 법, 입시전략을 세우는 방법은 앞서 자세히 살펴보았다. 하지만 방법을 안다고 해도 학생과 학부모가 스스로 좋은 입시전략을 세우는 데는 현실적인 어려움이 많다. 대학과 전형의 수가 너무 많으며 입시정보에 익숙하지도 않고 경험도 부족하다. 너무나 복잡하고 많은 길이 있는데 익숙하지 않은 지도를 들고 뛰어본 적 없는 길을 달려야 한다. 스스로 해결하기 어렵다. 그 어려움을 도와주는 것이 입시컨설팅이다. 길에 대해 잘 아는 누가 도와준다면 레이스는 한층 수월해진다. 입시컨설팅은 복잡한 입시 레이스에서 어떤 길이 가장 빠르고 좋은 길인지 알려주는 내비게이션 역할을 한다.

내비게이션은 빠른 길, 좋은 길을 안내한다. 내비게이션을 가진 운전자는 목적지를 향해 열심히 달려가기만 하면 된다. 마찬가지로 입시컨설팅은 입시전략 수립을 통해 학생에게 유리한 전형과 입시를 위해 준비해야 할 것들을 명확히 정리해준다. 노력과 전략이 모두 필요한 입시에서 전략에 대한 부담을 덜어준다. 학생은 공부에만 집중할 수 있다. 입시를 위해서 무엇을 해야 할지, 그리고 지금 제대로 입시를 대비하고 있는 것인지에 대한 불안감에서도 해방될 수 있다.

입시컨설팅에 대한 오해 그리고 역할

입시컨설팅이라는 단어를 들으면 보통 사람들이 모르는 비밀스럽고 놀라운 입시정보와 전략을 마련해주어서 원하는 대학에 합격시켜줄 것 같은 이미지를 떠올리는 사람들이 많다. 레이스의 목표 지점까지 한 번에 보내준다는 생각을 하는 것이다. 입시컨설팅에 대한 가장 큰 오해다. 레이스는 선수가 직접 달려야 한다. 입시컨설팅은 수험생의 입시를 100% 책임져줄 수 있는 마법의 열쇠가 아니다. 그렇게 오해하는 사람들이 많기에 입시컨설팅 업계가 과도한 기대를 품은 학부모들, 그들을 이용하려는 말만 번지르르한 장사꾼들, 이로 인해 생기는 불신으로 인식이 좋지 않은 것이다. 실력과 노력이 부족한 학생을 좋은 대학으로 보내는 방법은 없다.

입시에서 마법 같은 방법이 없다면 정석적인 방법을 사용할 수밖에 없다. 정석적으로 노력하고 정석적으로 입시정보를 분석하고 입시전략을 세워야 한다. 공개된 입시정보를 활용해 분석하고 전략을 세우면 된다. 그러나 학생과 학부모가 스스로 정석적인 좋은 전략을 세우는 데는 현실적인 어려움이 많다. 스스로 해결하기 어려운 입시의 전략 부분을 도와주는 것이 바로 입시컨설팅의 역할이다. 입시컨설팅의 역할에 대해서 자세히 살펴보자.

∨ 입시컨설팅의 역할

1. 빅데이터인 입시정보 조사에 대한 부담감 해소
2. 전문성 있는 입시정보 조사
3. 입시에 대한 불안감 해소
4. 시간 낭비 방지

① 빅데이터인 입시정보 조사에 대한 부담감 해소

입시정보가 공개되어 있는데도 불구하고 수험생과 학부모가 스스로 제대로 된 입시전략을 수립하기 어려운 가장 큰 이유는 입시정보가 빅데이터라는 것이다. 조사해야 할 입시정보의 양이 많아도 너무 많다. 4년제와 전문대 331개 대학이 가진 수천 개의 전형 중에서 자신에게 유리한 전형을 찾으라고 하는 것은 학생과 학부모들에게는 가혹한 미션이다. 어느 대학부터 어떻게 조사해야 할지 감을 잡는 것조차 어려워 입시정보 조사의 시작조차 쉽지 않은 경우가 대부분이다. 컨설팅 때 만나는 학부모 중 상당수가 오랜 기간 밤을 새워가며 입시정보를 분석해보다가 감당이 어렵다고 생각돼서 컨설팅을 의뢰했다는 이야기를 한다. 입시컨설팅을 활용하면 그 부담감을 해소할 수 있다.

② 전문성 있는 입시정보 조사

스스로 입시정보를 조사할 때 직면하는 또 다른 문제는 가장 중요한 입시정보인 입시요강과 입시 결과에 익숙하지 않다는 것이다. 두꺼운 입시요강에서 자신에게 해당되는 부분을 찾는 것과 입시 결과에 적혀 있는 숫자를 해석하는 것은 수험생이나 학부모에게 쉬운 일이 아니다. 또 처음 겪는 입시에서 자신이 조사한 내용이 정확한지 확신할 수도 없다. 나름대로 열심히 알아보고 오신 것이 분명해 보이지만, 중요한 내용을 잘못 이해하고 있는 학부모나 수험생도 흔히 볼 수 있다. 똑같은 입시정보를 접하더라도 초보자가 분석하는 것과 입시 전문가가 분석하는 것은 분명 차이가 있다.

③ 입시에 대한 불안감 해소

입시컨설팅을 활용한다면 입시에 대한 불안감을 상당 부분 해소할 수 있다. 입시에 대한 불안감은 크게 두 가지로 나누어볼 수 있다. '입시 준비를 어떻게 해야 하지?'라는 불안감과 '목표 대학에 갈 수 있을까?'라는 불안감이다. 목표 대학 진학 여부에 대한 불안감은 입시가 끝나기 전에는 완전히 해소할 수 없다. 그러나 입시 준비 방법에 대한 불안감의 경우는 다르다. 제대로 된 입시전략만 있다면 그 불안감에서 해방될 수 있다. 현재 입시전략에 대한 확신이 없거나 아예 입시전략이 없는 상황이기에 불안한 것이다.

④ 시간 낭비 방지

입시컨설팅은 방대한 입시정보를 대신 조사하고 분석해줌으로써 의뢰한 수험생이나 학부모의 시간을 아껴준다. 그러나 입시컨설팅을 통한 시간의 절약은 또 다른 면에서도 살펴볼 필요가 있다.

입시에서 좋은 결과를 얻기 위해 입시정보는 꼭 필요하지만, 입시정보 조사와 분석에 사용하는 시간은 아까운 시간이다. 입시정보는 입시가 끝나고 나면 삶에 전혀 도움이 되지 않기 때문이다. 입시를 제외하면 전혀 쓸 데가 없는 입시정보를 위해 전국의 모든 수험생과 학부모가 시간을 낭비하는 것이다. 입시정책이 잘못되어서 벌어지는 일이지만 이미 정해진 정책을 바꿀 수는 없으므로 수험생의 입장에서는 눈앞에 있는 입시 환경 속에서 좋은 결과를 얻기 위해 최선을 다해야 한다. 입시를 피할 수 없다면 입시정보는 꼭 필요하다. 입시컨설팅을 활용한다면 입시 때만 필요한 입시정보를 위해 시간을 투자하는 것을 최소화할 수 있다.

입시컨설팅 - 상위권 vs 중하위권

입시컨설팅에는 일부 부잣집 자녀들을 위한 교육 사치품이라는 이미지가 있는 것이 사실이다. 그리고 중하위권 학생일수록 입시컨설팅을 이용하는 경우가 드물다. 하지만 입시컨설팅은 상위권과 중하위권 모두에게 필요하며, 중하위권일수록 그 역할은 더 커진다.

상위권 학생의 입시컨설팅은 효과가 제한적이다. 상위권 입시의 주요 전형인 학생부 종합전형과 논술전형은 주관적 평가 위주의 전형이라 전략을 세우고 노력한다고 해도 그 결과를 누구도 장담할 수 없다. 주관적인 평가 결과는 예측할 수 없기 때문이다. 그리고 수능전형을 준비하는 데 있어서 상위권은 전략이 무의미하다. 모든 과목을 열심히 준비해야 하기 때문이다. 이런 상위권 입시의 특징 때문에 상위권 입시에서는 입시컨설팅의 영향력이 크지 않다. 그래서 상위권 학생에게 입시컨설팅은 입시 전문가와 함께 학생의 입시에 대한 이해를 확인, 점검하는 정도로 생각해야 한다.

하지만 중하위권 학생에게 입시컨설팅은 큰 도움이 될 수 있다. 중하위권은 현시점의 입시 레이스에서 뒤처져 있다. 목적지까지 거리가 많이 남아 있을수록 어떤 길을 선택하느냐의 영향력은 더 커진다. 뒤처진 상태에서 시작할수록 입시까지 남아 있는 한정된 시간을 최대한 효율적으로 사용할 수 있는 전략이 필요하다. 최고의 길로만 달려야 한다. 고속도로가 아니라 비포장도로나 꽉 막힌 길을 선택하는 실수를 해서는 안 된다.

중하위권 입시의 주요 전형은 내신등급, 수능이라는 객관적인 평가요소 위주로 이루어진다. 충분한 입시정보를 바탕으로 전략을 수립한다면 확실히 효과를 볼 수 있다. 그래서 입시컨설팅은 중하위권 학생에게 더 필요한 것이다.

06

입시컨설팅 시기와 주기?
빠를수록 좋지만 1년에 한 번이면 충분

입시컨설팅은 고3 수험생의 원서 접수 시기에만 필요한 것이라고 오해하는 사람들이 많다. 그래서 입시컨설팅 업체가 1년 중 가장 바쁜 시기는 수시와 정시의 원서 접수 기간이다. 전체 컨설팅 의뢰 건의 절반 정도가 그 짧은 기간에 집중된다. 그 시기 동안만 입시컨설팅을 겸하는 학원도 흔히 볼 수 있다. 하지만 이때는 입시컨설팅의 효과를 최대한으로 볼 수 있는 시기가 아니다.

대학 입시를 음식 만드는 것에 비유해보자. 좋은 음식을 만들려면 좋은 재료와 조리법이 모두 필요하다. 수시와 정시컨설팅 시기에는 주요 평가 요소인 학생부와 수능 성적이 이미 확정되어 있다. 재료가 정해져 있는 상태인 것이다. 그 정해진 재료에 가장 적합한 조리법을 찾아내는 것이 수시·정시 컨설팅의 목표다. 그런데 재료가 이미 상해 있거나 상태가 좋지 않다면 아무리 좋은 조리법이 있어도 맛있는 음식을 만들 수 없다. 좋은 음식을 만들기 위해서는 자신에게 맞는 메뉴와 조리법을 확정하고 그에 맞는 재료를 정성껏 미리 준비해야 한다. 그래서 입시컨설팅을 받는 시기는 빠르면 빠를수록 좋다. 이미 정해진 재료로 음식을 만들어야 하는 수시·정시컨설팅의 한계를 알아보자.

수시 컨설팅의 한계

수시 컨설팅은 대학교의 수시모집 원서 접수 기간 직전에 이루어지는 컨설팅이다. 학생의 내신 성적과 학생부 비교과 준비 상황, 대학별 고사 준비 상태 그리고 수능전형으로 진학 가능한 대학 분석을 통해 유리한 전형을 찾고 합격 가능성을 함께 예측해본다. 수시모집은 크게 4가지 전형으로 나누어진다. 각 전형별로 수시 컨설팅의 역할을 알아보자.

먼저 논술전형에 대해서는 수시 컨설팅의 역할이 크지 않다. 논술전형은 경쟁률로 인해 합격확률이 높지 않으며 당일 컨디션과 운이 입시 결과에 크게 영향을 미치기 때문이다. 이를 수험생도 알기 때문에 논술 전형으로만 수시에 지원하겠다고 결정한 학생은 수시 컨설팅을 의뢰하는 경우가 많지 않다.

입시에서 가장 높은 비중을 차지하고 있는 학생부 위주 전형(학생부 교과전형과 학생부 종합전형)의 경우, 가장 중요한 요소는 내신 성적과 학생부 비교과다. 그런데 수시 컨설팅 시기에는 그 내신 성적과 학생부 비교과가 이미 확정된 상태다. (졸업 예정자의 경우) 대학은 고등학교 3학년 1학기까지의 학생부로 지원자를 평가하기 때문이다. 이미 확정이 된 학생부 내용을 바꿀 수는 없다. 확정된 학생부를 가지고 수능 최저학력기준 적용 여부와 면접, 전형별 반영 비율, 선발 인원, 대학별 지난 입시 결과 등의 복잡한 입시정보를 활용해 최선의 지원 전략을 구상할 수는 있다.

똑같은 학생부를 가진 학생이라도 지원 전략을 어떻게 세우느냐에 따라 입시 결과는 크게 달라진다. 학생부 위주 전형에서 수시 컨설팅은 분명 입시 결과를 바꿀 수 있다. 그러나 더 좋은 학생부를 가지고 전략을 세우는 것보다 더 좋은 입시 결과를 만들 방법은 없다. 학생부를 더 이상 개선할 수 없다는 한계 때문에 아쉬움이 남는다.

정시 컨설팅의 한계

정시 컨설팅의 경우 수시 컨설팅보다 더 큰 한계가 있다. 주요 평가요소인 수능 성적이 확정되었을 뿐 아니라 지원할 수 있는 전형마저도 수능전형 하나로 제한되어 있다. 또 그해의 마지막 전형이기 때문에 과감한 지원을 하기에도 부담스럽다. 4년제 지원 횟수마저도 3회로, 6회인 수시전형보다 적다. 입시전략을 통해서 수능 점수가 최대한 유리하게 적용되는 전형을 꼭 찾아야 한다. 하지만 그 한계가 주는 아쉬움은 수시 때보다 크다.

정시 컨설팅은 주요 평가요소인 수능 성적이 확정된 뒤에 지원 전략을 수립하는 것이다. 컨설팅을 진행하는 입장에서도 성적을 바꿀 수 없다는 한계가 주는 아쉬움이 크다. 같은 실력이라도 미리 컨설팅을 받고 공략 과목을 정해서 공부했다면 주요 반영 영역의 성적을 더 올릴 수 있었기 때문이다. 특히 수능의 모든 영역을 반영하지 않는 대학이 많은 중하위권 학생의 경우는 정시 컨설팅 때 안타까운 경우를 많이 보게 된다. 정시 컨설팅을 할 때 가장 난감한 수능 성적표의 예다.

∨ 수능 성적표 예(정시)

영역	국어	수학	영어	탐구	
선택과목	화법과 작문	확률과 통계		사회문화	한국지리
표준점수	110	110		55	55
백분위	60	60		60	60
등급	4	4	4	4	4

예시처럼 전 영역의 성적이 같거나 비슷하게 나온다면 컨설팅을 통해 유리한 과목을 살리고 불리한 과목의 영향을 줄이는 지원 전략을 세울 수가 없다. 이 경우 가장 좋은 전략은 전 과목을 동일한 비율로 반영하는 대학을 찾는 것인데, 그런 학교는 많지 않다. 중하위권 입시의 수능전형에서 수능의 4영역(5과목)을 모두 반영하는 대학은 많지 않다. 만약 각 영역을 동일한 시간을 투자해 공부해왔다면 시간을 효율적으로 사용하지 못한 것이다. 예시와 같은 성적표를 볼 때면 한 과목의 성적을 일부 떼어내서 다른 과목에 붙이고 싶다는 생각마저 든다. 확정된 성적표를 최대한 활용하는 것은 꼭 필요하다. 하지만 그 한계는 존재하기 마련이다. 더 좋은 입시 결과를 얻고 싶다면 더 좋은 수능 성적표가 필요하다. 더 좋은 수능 성적표를 만들기 위해서 일찍 전략을 세우고 공부해야 더 좋은 입시 결과를 얻을 수 있다.

∨ 수시, 정시 컨설팅의 한계

컨설팅 시기는 빠르면 빠를수록 좋다

장거리 레이스에서 내비게이션은 빨리 켜는 것이 좋다. 자신에게 유리한 전형을 찾아서 그에 맞추어 대비해야 좋은 결과를 얻을 수 있다. 그래서 고등학생에게 입시컨설팅 시기는 빠르면 빠를수록 좋다. 모든 학생이 목표 대학에 가기에는 부족한 성적을 가지고 있을 것이다. 다들 자신의 레이스에서 뒤처져 있는 상태다. 남은 시간 동안 열심히 하는 것만으로는 앞선 경쟁자들을 쉽게 따라잡을 수 없다. 효율적인 입시전략까지 더해져야 한다. 목적지까지 가는 가장 빠른 길을 찾기 위해 입시컨설팅은 최대한 빨리 받는 것이 좋다.

그리고 입시는 고등학교 입학과 동시에 시작된다. 고3 원서 접수 시즌에 시작되는 것이 아니다. 요즘 입시는 학생부 위주 전형의 선발 비율이 절대적이다. 전체 모집인원의 2/3 이상을 수시모집의 학생부 위주 전형을 통해 선발한다. 학생부 위주로 학생을 선발한다는 것은 고등학교 1학년 1학기 중간고사 성적부터 입시에 반영된다는 것이다. 고등학교 1학년 내신 성적이 좋지 않은 학생에게는 입시로 가는 문의 2/3가 좁아진 것이라고도 볼 수 있다. 입시컨설팅을 생각하고 있는 고등학생이라면 조금이라도 빨리 받아볼 것을 권한다.

고등학교 1학년 1학기를 마치면 모든 학생이 자신의 내신 등급을 확인할 수 있다. 그리고 수능 모의고사 성적도 있을 것이다. 자신의 성적이 그대로 유지된다면 진학할 수 있는 대학을 전형별로 객관적으로 확인할 수 있으며, 목표 대학에 진학이 필요한 성적도 확인할 수 있다. 입시 전략을 세우는 것은 현재 성적으로 진학 가능한 대학을 확인하는 것에서 출발하는데 이를 확인해보는 경우가 많지 않다. 그리고 확인해보려고 마음을 먹었다고 해도 알아봐야 할 대학이 많고 입시가 처음이라 쉽지 않다. 입시컨설팅을 통해 이를 빨리 확인해보아야 자신의 현재 상황을 객관적으로 알 수 있고, 이 과정은 자연스럽게 동기를 부여하는 계기가 된다.

중학생도 입시컨설팅을 받아야 하나?

입시가 초등학교부터 고등학교까지 이어지는 장기 레이스지만 너무 일찍 입시컨설팅을 받을 필요는 없다. 하지만 중학교 3학년 여름방학이 지났다면 입시컨설팅을 받아보는 것도 고려해볼 만하다(특목고나 전국 자사고 진학을 목표로 한다면 중학교 1학년 때부터 필요하다). 입시컨설팅을 통해 입시에 큰 영향을 주는 고등학교 선택을 현명하게 할 수 있다. 입시에서 수시의 학생부 위주 전형은 가장 높은 비중을 차지하기에 내신 성적은 입시에서 가장 중요한 평가요소다. 그런데 똑같은 실력의 학생이라도 어떤 고등학교로 진학하는지에 따라 내신 성적은 달라질 수 있다. 그래서 고등학교 선택은 입시에 큰 영향을 미친다. 자신이 사는 지역과 자신의 실력에 따라 어떤 고등학교로 진학해야 입시에 유리할지 잘 따져봐야 한다.

그리고 입시는 전국 단위로 경쟁하는 상대평가다. 전국의 학생들을 줄 세워 선발한다. 전국의 경쟁자 중에서 자신의 위치가 중요하다. 고등학교에 들어가면 수능 모의고사를 통해 전국에서 자신의 위치를 추산할 수 있다. 하지만 중학교 때까지는 그런 시험이 없다. 학교 내의 경쟁 속에 머물러 있기 때문에 자신이 어느 정도 실력인지 알 수 없다. 중학교에서의 시험 점수를 자신의 실력으로 믿어서는 안 된다. 지역과 학교에 따라 중학교의 시험 난이도는 천차만별이다.

그렇게 별다른 준비와 긴장감 없이 고등학교로 입학하자마자 갑작스럽게 입시가 시작된다. 입학 후 약 2달 후에 치러지는 중간고사 성적부터 바로 입시에 반영되기 때문이다. 고등학교에 올라간 뒤 열심히 해서 성적을 끌어올려 좋은 대학을 가겠다는 것은 요즘 입시에서는 통하지 않는다. 따라서 중학교 3학년이라면 입시제도에 대한 이해와 함께 자신의 객관적 실력에 대한 자각이 필요하다. 안일하게 중학교에서의 마지막 시간을 보낸다면, 고등학교에 들어가면서 시작되는 본격적인 입시 레이스에서 아주 불리한 위치에서 출발하게 된다.

효과적인 입시컨설팅 주기

입시컨설팅은 얼마마다 한 번씩 받아야 할까? 입시컨설팅의 목표와 역할에 대해 다시 되짚어보면 알 수 있다. 입시컨설팅은 입시전략을 세우기 위해 받는 것이다. 입시전략을 세우기 위해서는 입시에 대한 이해가 필요하다. 그리고 입시정보를 활용해 각 전형별로 자신의 입시준비 상태만 정확히 점검한다면 자연적으로 전략이 완성된다. 그래서 입시컨설팅을 받는 효과적인 주기를 알아보기 위해서는 전형별 평가요소를 얼마마다 체크해야 할지 확인해보면 된다.

입시컨설팅 주기 = 전형별 평가요소 체크 주기

논술전형과 적성고사 전형은 현재 준비 상태와 실력에 대한 체크를 입시컨설팅으로 할 수 없다. 수능은 모의고사 성적을 통해 대략적인 실력 파악이 가능하지만 모의고사 성적은 실전 수능 성적이 아니다. 실제로 많은 학생이 모의고사를 볼 때마다 성적의 편차가 너무 크다. 논술, 적성고사, 수능은 현재까지 결정되지 않은 요소들이기 때문에 컨설팅을 통한 실력 체크가 어렵거나 변수가 너무 많다. 입시컨설팅을 받는 주기는 입시에서 가장 큰 비중을 차지하는 학생부 위주 전형의 주요 평가요소인 학생부를 체크해야 하는 주기에 맞추면 된다.

학생부는 1학기에 한 번씩 완성되며 그 시기가 지나면 수정 불가능하다. 그러니 컨설팅을 아무리 자주 받더라도 1학기에 한 번이면 충분하다. 그러나 그것도 많다. 그 주기는 1년에 한 번 정도면 충분하다고 본다. 일단 한 번의 입시컨설팅을 통해 입시에 대한 이해가 생기면 자주 컨설팅을 받아도 더 얻을 수 있는 정보가 많지 않다.

매달 학생부를 점검해준다는 입시컨설팅 업체의 광고를 자주 접한다. 그곳의 입시 컨설턴트는 매달 학생을 만나서 무슨 말을 하는지, 아니 무슨 할 말이 그렇게 많이 있는지 궁금하다. 대학교가 평가하는 요소가 한 학기마다 완성되는데 컨설팅이 그 주기보다 잦을 필요가 없다. 만나서 할 수 있는 얘기는 '공부 열심히 해라' 또는 '이번에 수학 2등급을 꼭 받아야 한다' 등의 뻔한 잔소리일 것이다. 수학이나 영어 공부에 도움이 필요하다면 컨설팅이 아니라 그 과목의 사교육을 활용하는 것이 낫다. 그게 아니면 스스로 노력해야 한다. 너무 잦은 입시컨설팅은 과도한 사교육이며 비용의 낭비일 뿐 아니라 시간의 낭비이기도 하다. 입시컨설팅을 처음 받는 시기는 빠를수록 좋지만, 주기는 1년에 한 번이면 충분하다.

07

고액 컨설팅, 자기소개서 대필과 첨삭, 과연 필요할까?

입시컨설팅은 정확한 입시정보를 바탕으로 최적의 입시전략 수립에 도움을 주는 것이다. 입시에서 좋은 결과를 얻기 위해서 입시전략은 반드시 필요하다. 그러나 학생과 학부모가 스스로 최적의 입시전략을 수립하기는 어렵다. 이때 도움을 얻기 위해 찾는 것이 바로 입시컨설팅이다. 입시컨설팅을 적절히 활용한다면 입시전략 수립의 부담에서 벗어나 공부에만 열중할 수 있으며 확실히 입시에 도움이 된다. 하지만 입시컨설팅을 하는 업체가 난립해 있으며 그 비용도 천차만별이다.

입시컨설팅의 도움을 받고자 하는 학부모의 입장에서는 어떤 입시컨설팅 업체를 선택해야 할지 고민이 될 수밖에 없다. 이때 고액 컨설팅의 유혹에 빠질 수 있다. 입시 공화국 대한민국에서는 자녀의 입시에 도움이 된다면 비용은 얼마가 들어도 감당하겠다는 학부모를 흔히 볼 수 있다. 그런 부모가 많은 지역을 기반으로 고액 컨설팅 시장은 꽤 큰 규모로 형성되어 있다. 비싼 만큼 효과가 있을 것이라고 생각하는 학부모가 많기 때문이다. 하지만 그런 고액 컨설팅이 과연 그 비용만큼의 가치를 할 수 있을까?

비용만큼의 가치를 못하는 고액 컨설팅

고액 컨설팅에는 다른 사람들이 알지 못하는 비밀스러운 입시정보가 있을 것으로 기대하는 사람들이 많다. 많은 비용을 지불하는 만큼 가치 있는 정보를 제공받을 것이라고 생각한다. 하지만 고액 컨설팅을 통해서만 알 수 있는 그런 고급 입시정보는 존재하지 않는다. 입시정보는 그 양이 방대해서 활용하기 어려울 뿐 대부분 정보가 공개되어 있다. 입시컨설팅은 그 정보를 최대한으로 활용할 수 있게 도와주는 것이다.

고액 컨설팅은 자녀를 실력보다 더 좋은 대학에 합격시키려고 하는 사람들이 찾는다. 그리고 업체 또한 자신들을 믿고 따라오면 목표하는 대학에 합격이 가능한 것처럼 이야기한다. 하지만 입시는 상대 평가인 줄 세우기이다. 전형의 평가 기준에 따른 점수가 자신보다 높은 사람이 몇 명이냐에 따라서 당락이 결정된다. 그러므로 입시 결과를 정확히 맞출 수 있는 입시 전문가는 없다.

입시컨설팅의 역할은 입시라는 확률 게임에서 방대한 입시정보를 최대한 활용해 합격 확률을 최대한 높이는 길을 안내하는 것이다. 아마도 현재 실력으로 갈 수 있는 대학보다 나은 대학에 100% 합격시켜 줄 것으로 기대하고 고액 컨설팅을 찾겠지만, 그것이 가능한 입시컨설팅 업체는 없다.

뻔하디뻔한 뻔뻔한 고액 컨설팅

고액 컨설팅을 통해 수립할 수 있는 입시전략은 너무나 뻔하다. 일단 그 입시전략의 핵심은 학생부 비교과 관리와 논술 대비다.

∨ 고액 컨설팅의 핵심

고액 컨설팅 입시전략의 핵심 = 학생부 비교과 관리 + 논술 대비

고액 컨설팅은 학생부 비교과 관리를 통해 학생부 종합전형에서 좋은 결과를 얻는 것을 최우선 전략으로 세워준다. 논술전형과 수능에 대한 대비는 그다음 순위이며, 학생부 교과전형을 추천하는 곳은 없을 것이다. 학생부 종합전형이 주요 공략 전형인 이유를 살펴보자.

학생부 종합전형은 상위권 명문대학교의 수시에서 가장 선발비율이 높은 전형이다. 학생부 교과전형의 경우는 모집인원이 미미하며 논술 전형은 경쟁률이 너무 높다. 정시의 수능전형은 선발비중은 높지만 수시에서 탈락한 경우에만 지원하게 되며 수능성적은 당일 컨디션에 따른 변수가 너무 크다. 그리고 결정적으로 학생부 교과전형과 수능전형의 경우는 수시와 정시지원시기를 제외하면 컨설팅의 도움을 받을 필요도 없다. 서류를 쓸 때까지 내신의 반영과목과 수능의 전 영역 성적을 올리면 된다. 높은 비용만큼의 차별성을 내세우기 위해서는 학생부 종합전형 위주의 전략은 피할 수 없는 선택이다.

그리고 학생부 종합전형은 주관적인 평가 위주의 전형이다. 평가하는 사람에 따라 합격 여부가 달라질 수 있기 때문에 불확실성이 높다. 그런데 그런 불확실성은 실력이 좋지 않더라도 입시에서 성공한 사례를 만들어내기도 한다. 훨씬 많은 실패 사례가 있지만 학부모의 입시 성공을 향한 열망은 극소수

의 성공 사례만 보며 자신도 그런 사례의 주인공이 되길 원한다. 고액 컨설팅은 그 성공 사례에는 비결이 있다며 자신들만 그 비결을 아는 것처럼 이야기한다. 자신들이 안내하는 방법으로 학생부를 관리하고, 자기소개서를 쓰고, 면접을 대비하면 실력을 뛰어넘어 원하는 대학에 합격할 수 있는 것처럼 말한다. 상위권 입시의 불확실성과 학부모들의 열망을 돈벌이 수단으로 이용하는 것이다.

시기별 고액 컨설팅 내용

고액 컨설팅의 핵심은 하나지만 학생의 성적과 시기별로 내용이 조금씩 달라진다.

∨ 고액 컨설팅의 상담 시기별 전략

시기	세부 전략
중학생 ~ 고1	1순위는 학생부 종합전형 대비 주요 전략은 학생부 비교과 관리 논술 준비는 가끔 맥만 이어가는 전략 하지만 수능의 중요성은 강조
고2 상위권	기본 전략 그대로 이어가기
고2 중하위권	논술과 수능전형 준비 비중 높이기
고3 중하위권	고3 중하위권은 명문대 진학 가능성 거의 없음 대부분의 고액 컨설팅은 고3 중하위권의 접수는 받지 않음

중학생부터 고등학교 1학년까지 기본 전략의 핵심은 학생부 종합전형을 최우선으로 대비하는 것이다. 내신 성적을 최대한 높게 유지하며 학생부 비

교과의 중요 포인트를 잘 관리해야 한다고 이야기한다. 경우에 따라 논술전형을 같이 준비하는 경우도 있는데 이 경우도 비중은 높지 않으며 감을 유지하는 정도로만 준비하라는 전략을 제시한다. 그러면서 수능이 중요하다는 얘기는 빠뜨리지 않는다. 입시까지 시간적 여유가 있고 내신 성적의 윤곽이 많이 드러나지 않았기 때문에 대부분 학생에게 같은 전략을 제시할 수밖에 없다.

고등학교 2학년으로 올라가면 성적에 따라 전략이 달라진다. 학생부 종합전형에 반영되는 내신 성적이 1학년이 끝나면 40%, 2학년 1학기가 끝나면 60%가 확정되기 때문이다. 상위권 학생에게는 기존 전략이 그대로 유효하다. 하지만 명문대 진학을 원하는 중하위권 학생들은 입시 준비의 중심이 학생부 종합전형에서 논술전형과 수능전형으로 옮겨간다. 이미 지나간 학생부에서 발생한 불리함을 남은 시간 동안 따라잡기 어렵기 때문이다.

불확실성이 높은 전형에 숨어 있는 비밀을 알려주는 것처럼 이야기하는 고액 컨설팅에서 제시하는 수시준비전략에는 전제가 있다. 학생부 종합전형에서는 내신등급을 일정 이상 맞추는 것과 논술의 수능 최저를 맞추는 것이다. 그 성적을 맞추지 못한다면 역전의 가능성은 사라진다. 그리고 대다수의 학생이 그 성적을 맞추지 못한다. 하지만 고액 컨설팅은 그런 성적 부진에 대한 직접적인 책임이 없다. 수능 성적에 대한 책임도 마찬가지다. 그래서 고액 컨설팅의 대부분은 고2까지 이루어진다. 입시까지 시간이 남아 있으며, 학생의 성적 부진을 이유로 책임 회피가 가능하기 때문이다.

고액 컨설팅은 고등학교 3학년 중하위권 학생의 의뢰는 받지 않는다. 그 학생들은 명문대 진학 가능성이 거의 없기 때문이다. 고2가 끝났다면 학생부 종합전형에 반영될 학생부가 80%가 완성된 상태다. 이들은 논술에 대한 재능과 준비가 없는 학생일 확률이 높으므로 논술전형으로의 역전도 어렵다.

수능으로 명문대 합격에 도전하기에는 남은 수능까지 남은 시간이 너무 촉박하다. 일찍부터 대비했다면 희미한 가능성이라도 있겠지만 고3이고 중하위권이라면 명문대학으로의 문은 이미 닫혀 있는 것과 같다. 고액 컨설팅 업체들이 받는 높은 비용만큼 그 업체들이 학부모를 만족시킬 가능성은 없다.

입시컨설팅은 필요하지만 고액 컨설팅은 필요 없다

고액 컨설팅에서 세워주는 입시전략이 완전히 잘못된 것이라고는 볼 수 없다. 명문대로 진학을 원하는 학생이라면 충분히 고려해볼 수 있는 무난한 전략이다. 하지만 높은 비용만큼의 가치가 있는 것은 아니다. 고액 컨설팅은 불확실한 학생부 비교과 관리에서 자신들만의 엄청난 비결이 있는 것처럼 이야기한다. 하지만 입시에는 알려지지 않은 비밀이 없다. 입학사정관이 평가하는 기준은 많은 대학에서 공개되어 있다. 단 그 기준을 적용할 때 개인적 편차가 있을 뿐이다. 그 개인적 편차에서 불확실성이 발생하는데, 그것은 누구도 예상할 수 없다. 입시컨설팅은 입시에서 성공하기 위한 좋은 조력자가 될 수 있다. 하지만 고액 컨설팅은 필요 없다. 성적이 좋지 않은 학생이 입시에서 역전할 수 있게 해주는 마법 열쇠는 존재하지 않기 때문이다.

입시컨설팅은 입시에서 내비게이션의 역할을 한다. 내비게이션은 최적의 길을 찾아줄 수 있지만 운전자가 길을 직접 달려야 한다. 아무리 훌륭한 입시 전문가라고 해도 학생 대신 공부까지 해줄 수는 없다. 학생 본인이 입시전략을 수행해야 한다. 이것이 입시컨설팅의 한계다. 입시컨설팅의 역할과 그 한계에 대해 잘 이해한다면 고액 컨설팅은 무의미하다는 것을 쉽게 알 수 있다.

자기소개서의 대필과 첨삭

고액 컨설팅과 함께 문제가 되는 것이 자기소개서 대필이다. 2024 입시부터는 자기소개서 폐지가 예정되어 있고, 이에 따라 자기소개서가 폐지되는 대학이 늘어나고 있지만 아직도 여전히 많은 대학에서 자기소개서는 학생부 종합전형의 핵심 평가 자료다. 입학사정관이 학생부를 종합적으로 평가하는 학생부 종합전형에서 자기소개서는 학생부의 핵심 요약본이라고 볼 수 있다. 그만큼 중요하기 때문에 다른 사람의 도움을 받아서라도 좋은 자기소개서를 쓰려는 사람이 많다. 그 수요가 많아 다수의 업체가 자기소개서를 대필하거나 첨삭해주는 서비스를 한다.

자기소개서 대필은 명백한 반칙이자 불법이다. 자신이 직접 쓰지 않고 대필한 자기소개서는 '자기'소개서가 아니다. 자기소개서는 지원자가 어떤 학생인지 알아보기 위한 것이다. 지원자의 글 솜씨를 평가하기 위한 것이 아니다. 그러므로 대필로 화려해 보이는 자기소개서를 작성한다고 해도 서류전형을 통과한다는 보장이 없다. 학생부 종합전형에서 자기소개서보다 중요한 것이 내신 성적이기 때문이다. 그리고 그런 거짓된 자기소개서를 통해 서류전형을 통과하더라도 면접에서 문제가 생긴다. 학생부 종합전형에서 면접은 자기소개서와 관련된 내용을 확인하는 역할이 크다.

자기소개서를 대필로 제출한 경우, 그 내용을 학생 본인이 잘 숙지하지 못하는 경우가 많다. 입학사정관은 자기소개서에 언급된 내용을 심도 있게 파고든다. 그때 자신의 부끄러운 모습이 적나라하게 까발려지기도 한다. 그런 과정까지 넘어서서 대필한 자기소개서를 통해 입시에서 좋은 결과를 얻을 수도 있다. 하지만 그런 자세로는 앞으로 살아갈 인생에서 분명 또 다른 어려움을 겪을 것이다. 자신을 위해서도 다른 사람을 위해서도 반칙인 자기소개서 대필은 하지 않아야 한다.

반면 자기소개서 첨삭은 여건이 허락한다면 활용하는 것도 나쁘지 않다고 생각한다. 자신만의 스토리는 학생이 직접 작성해야 하겠지만 전문가의 조언이 더해진다면 그 구성이 더 좋아질 수 있다. 또 자기소개서에는 분량이라든지 글의 맵시라든지 하는 기술적인 부분도 필요하다. 첨삭은 그런 부분에서 큰 도움을 줄 수 있다. (맵스터디컨설팅은 자기소개서 첨삭 서비스는 제공하지 않는다.)

첨삭도 대필과 마찬가지로 반칙이 아니냐고 얘기하는 사람이 있을 수 있다. 하지만 자기소개서를 작성하면서 학교의 담임 선생님의 조언을 받는 것이 반칙이라고 생각할 사람은 없을 것이다. 그러나 담임 선생님은 모두의 자기소개서에 조언을 해줄 여유가 없다. 그런 상황에서 외부의 조언을 얻는 것까지 반칙이라고 보기는 어렵다.

08

합격예측 프로그램을
믿을 수 있을까?

입시전략의 마지막은 지원할 대학을 결정하는 수시, 정시 지원 전략이다. 최종 입시 결과는 지원한 대학 중에서 결정된다. 그런데 입시에서 지원 기회는 수시에서 6번, 정시에서 3번으로 제한되어 있다. 결과에 상관없이 원하는 대학에 마음껏 지원해볼 수는 없다. 입시 결과는 인생에 큰 영향을 미칠 수 있으므로 모든 지원 기회를 소중히 사용해야 한다. 합격 가능성을 염두에 두고 지원을 해야 그 기회를 100% 활용하는 효율적인 지원이 가능하다. 그래서 지원 전략을 짤 때 합격 가능성 예측이 중요하다.

하지만 입시에서 합격 가능성을 정확히 예측할 수 있는 방법은 없다. 상대평가인 입시에서 100% 확실한 합격 가능성 예측은 불가능하다. 하지만 100% 정확한 예측이 어렵다고 해서 합격 가능성 예측이 전혀 불가능한 것은 아니다. 100% 적중할 수는 없겠지만 그 적중률을 높이는 노력이 필요하다. 이때 합격 가능성 예측을 위한 도구로 가장 먼저 떠올리는 것이 합격예측 프로그램이다(공인된 명칭이 없어 합격진단 또는 입시진단 프로그램이라는 표현을 쓰는 곳도 많다. 여기에서는 합격예측 프로그램이라는 표현을 사용한다).

객관적 평가 기준을 가진 전형만 대상으로 하는 합격예측 프로그램

합격예측 프로그램은 입시 관련 대형 업체들이 합격 가능성 예측에 도움을 주기 위해 만든 온라인 프로그램이다. 지난 입시 결과, 입시요강, 모의 지원 결과 등의 입시정보를 기반으로 합격 가능성을 예측해준다. 수험생은 결제 후 성적을 입력하고 지원 학교와 학과를 설정하면 합격 가능성 예측 결과를 확인할 수 있다.

합격예측을 할 때 입시요강과 지난 입시 결과를 활용한다는 것은 모든 업체의 프로그램이 동일하다. 거기에 업체의 노하우라고 표현되는 고유의 예측 성향과 업체마다 다를 수밖에 없는 모의 지원 현황까지 반영해 프로그램의 결과가 산출된다.

프로그램의 결과를 보여주는 방식도 업체마다 다르다. '상향 → 도전 → 소신 → 적정 → 안정 → 하향'이라는 6단계로 합격 가능성을 예측하는 것이 가장 대표적이며, 0~100%까지의 백분율로 표시하는 업체도 있다. 예측의 기준도 한 가지로 통일된 것이 아니다. 최초 합격자 기준 결과와 최종 합격자 기준 결과 모두를 공개하는 곳부터 최초 합격자 기준 결과만 공개하는 곳까지 다양하다.

합격예측 프로그램은 입시의 모든 전형을 대상으로 한 프로그램이 아니다. 평가 기준이 주관적인 전형은 예측할 만한 근거가 없어 프로그램을 만드는 것이 불가능하다. 그래서 학생부 종합전형과 논술전형, 실기전형의 경우 합격예측 프로그램이 없다.

반면 학생부 교과전형과 수능전형은 객관적인 평가 기준을 가지고 있다. 학생부 교과전형과 수능전형의 평가 기준인 내신 등급과 수능 성적은 숫자로 표시된다. 지난 입시 결과와 비교를 통한 합격예측이 가능하다. 그래서 합격예측 프로그램의 대상 전형은 학생부 교과전형과 수능전형이다.

입시의 특성상 상위권 학생은 주로 정시에서, 중하위권 학생은 수시와 정시 모두에서 합격예측 프로그램을 사용하게 된다. 상위권 입시의 수시에서 활용도가 낮은 이유는 상위권 수시의 주요 전형인 학생부 종합전형과 논술전형은 합격예측 프로그램을 만들 수 없기 때문이다.

합격예측은 어떻게 이루어지는가?

합격예측 프로그램이 합격을 예측하는 과정은 대략 이렇다. 우선 합격을 예측하는 기본적인 근거는 지난 입시 결과다. 지난 입시 결과라는 것이 직전 해의 성적만 의미하는 것은 아니다. 가장 큰 영향을 주는 것은 직전 해의 결과지만 그전의 성적도 일정 부분 반영할 수 있다. 성적이 공개되지 않은 대학들은 그 업체에서 파악한 실제 지원자의 합격/불합격 결과를 참고한다.

예를 들어 작년의 수능전형에서 대학의 반영법에 따른 커트라인이 백분위 70%였다고 하자. 그런데 이 70%라는 성적이 그 이전의 입시 결과나 다른 학과의 입시 결과보다 높게 나온 감이 있다면 프로그램이 예측에 활용하는 지난 입시 결과를 보정하여 68%로 하는 식이다. 68%라는 것이 1차 추정치다.

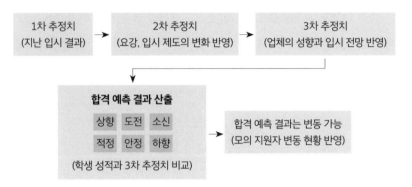

∨ **합격예측 프로그램 프로세스**

1차 추정치 (지난 입시 결과) → 2차 추정치 (요강, 입시 제도의 변화 반영) → 3차 추정치 (업체의 성향과 입시 전망 반영)

합격 예측 결과 산출

상향 도전 소신

적정 안정 하향

(학생 성적과 3차 추정치 비교)

→ 합격 예측 결과는 변동 가능 (모의 지원자 변동 현황 반영)

이 1차 추정치에 올해 요강과 작년 요강의 변경된 부분을 반영한다. 반영 과목의 반영 비율이 달라지는 학교가 꽤 많다. 입시제도 자체가 바뀌기도 한다. 수시에서 수능 최저학력기준이 달라지거나 폐지되기도 하며 모집인원이 변경되기도 한다. 수능 반영 영역이나 비율, 가산점 등이 변경되는 경우도 많다. 지난 입시 결과의 그런 변화까지 고려해 2차 추정치를 산출한다. 앞의 예에서 입시의 변화가 커트라인을 낮출 것으로 예측한다면 66%라는 2차 추정치를 산출하는 식이다.

2차 추정치에 각 업체마다 가진 고유의 성향(노하우)과 입시 전망을 담아서 배치점수(3차 추정치)와 합격예측 결과를 낸다. 수능전형의 경우를 예로 들어보자. 눈치 경쟁이 심해져서 커트라인이 올라갈 것이라고 생각한다면 69%로 배치점수를 낸다. 이 배치점수와 학생의 성적을 비교해 합격예측 결과를 낸다. 학생의 성적이 65% 이하라면 상향, 65~68%라면 도전, 68~70%라면 소신, 70~72%라면 적정, 72~74%라면 안정, 74% 이상이라면 하향. 이런 식으로 합격 결과를 예측해준다.

이 합격예측 결과는 항상 고정되어 있는 것이 아니다. 프로그램에 성적을 입력한 학생들이 얼마나 그 과에 모의 지원을 하느냐에 따라서 수시로 변한다. 예를 들어 10명을 모집하는 과의 모의 지원자가 갑자기 100명으로 늘어난다면 합격예측 결과는 더 나빠지는 식이다. 합격예측 프로그램의 프로세스는 업체마다 다르지만 대략 이와 비슷한 과정을 통해 예측 결과를 제공한다. 그렇다면 그 결과는 얼마나 믿을 수 있을까?

합격예측 결과는 얼마나 정확한가?

합격예측 결과는 명칭에서부터 그 결과를 100% 신뢰하면 안 된다고 말하고 있다. 합격을 예측한다는 것이지 합격 여부를 알려준다는 것이 아니다. 입시는 상대평가인 줄 세우기다. 합격 여부는 어떤 지원자가 얼마나 많이 모이느냐에 따라 결정된다. 마지막 합격자의 성적인 커트라인은 그 결과의 부산물일 뿐이다. 자신보다 성적이 높은 학생이 몇 명만 더 지원해도 입시 결과는 크게 변한다.

또 모의 지원 현황이 합격예측 결과에 큰 영향을 주는 것도 문제다. 모든 학생이 동일한 합격예측 프로그램을 사용한다면 신뢰도가 높을 수 있지만 합격예측 프로그램을 운영하는 회사는 많다. 그렇기 때문에 이용하는 학생들이 분산되어 있다. 결과에 영향을 주는 중요한 지표인 모의 지원 현황이 프로그램마다 다른 것이다. 당연히 결과도 다를 수밖에 없다.

'상향 → 도전 → 소신 → 적정 → 안정 → 하향'이라는 합격예측 결과를 받으면 그대로 입시 결과가 나올 것 같은 느낌을 받을 수 있다. 하지만 그 예측 결과와 실제 결과는 항상 같지 않다. 프로그램을 만드는 업체도 그 사실을 잘 안다. 그래서 프로그램 결과를 보여주면서 "모집 요강을 반영한 참고용 자료입니다." "얼마나 많이 지원하느냐에 따라 합격 확률이 달라질 수 있습니다." "산출 결과에 오차가 발생할 가능성이 있습니다" 등의 공지를 덧붙인다. 결과를 100% 신뢰하지 말고 참고만 하라는 것이다.

또 한 가지, 합격예측 프로그램을 제공하는 입시 전문 업체들에서도 수시 컨설팅과 정시 컨설팅을 진행하고 있다. 합격예측 프로그램의 예측 결과를 100% 신뢰할 수 있다면 그런 컨설팅은 아예 필요 없을 것이다. 이처럼 프로그램의 합격예측 결과는 정확하지 않으니 과신하지 말고 참고만 해야 한다.

그러면 어느 업체가 더 정확히 합격을 예측하는지 비교해보고 싶을 것이다. 100% 정확하지는 않더라도 조금이라도 예측 확률이 높은 프로그램을 사용하고 싶은 것은 당연하다. 인터넷에서도 여러 업체의 합격예측 프로그램을 비교하는 글을 흔히 볼 수 있다. 하지만 이것은 모두 개인적인 경험에서 나온 것이기 때문에 큰 의미가 없다. 어떤 학생에게는 A사 프로그램의 적중률이 B사보다 높을 수 있지만 다른 학생에게는 반대일 수 있다. 자신에게만 해당되었던 결과론적인 비교는 신뢰하기 어렵다. 사용하는 학생이 가장 많은 업체의 합격예측 프로그램이 그나마 정확도가 높을 것이라는 추정은 해볼 수 있다. 그러나 그 차이가 얼마나 될지는 미지수다.

합격예측 프로그램의 올바른 활용법

입시는 확률 게임이다. 대학에 지원하면서 합격 여부를 100% 적중시킬 수는 없다. 하지만 가능한 입시정보를 모두 동원하면 그 적중률을 올릴 수는 있다. 합격 가능성을 예측할 때 그 판단 근거는 많으면 많을수록 좋다.

필수적으로 참고해야 할 가장 중요한 판단 근거는 지난 입시 결과, 지난 합격자의 커트라인과 평균이다. 커트라인과 평균이 모두 공개되어 있다면 합격 가능성 예측의 적중률은 더욱 올라간다. 그와 함께 합격예측 프로그램의 결과도 활용한다면 좋은 결과를 얻는 데 도움이 될 수 있다. 합격예측 프로그램의 결과는 판단 근거 중 하나로 활용해야지 결코 맹신해서는 안 된다. 지난 합격자의 평균, 커트라인, 입시의 변화, 합격예측 프로그램의 결과를 모두 고려해 합격 가능성을 예측한다면, 합격예측 결과 하나만 믿는 것보다 훨씬 적중률을 올릴 수 있다.

상위권 대학은 평균과 커트라인을 공개하는 학교가 많지 않아서 지원 전략을 짜기가 쉽지 않다. 판단 근거가 부족하기 때문이다. 그러나 중하위권 입시에서는 많은 대학의 입시 결과가 공개되어 있다. 단, 그 입시 결과를 공개하는 기준이 대학마다 달라서 자신의 성적을 그 기준에 맞춰서 산출해 비교해보는 과정이 복잡하다. 그렇더라도 꼭 그런 과정을 거칠 필요가 있다.

지난 입시 결과를 제공하는 합격예측 프로그램도 있다. 그리고 대교협에서도 '대학 어디가'라는 사이트를 오픈하여 많은 대학의 입시 결과를 공개하고 있다. 하지만 그 제공하는 방식이 대학교의 점수 산출식을 그대로 활용하고 있어 직관적이지 못하다. 800점 만점에 576점과 같은 식으로 제공하는 곳이 많다. 그 기준을 알아볼 수 없기 때문에 학생이나 학부모가 이해하기 어렵다. 대학에서 입시 결과를 공개한다면 그 공개 기준에 맞추어서 성적을 비교해야 제대로 된 예측이 가능하다. 대부분의 대학이 수능 가중평균 백분율이나 내신등급으로 결과를 공개하고 있다. 이에 맞춰서 비교해야 합격 가능성 예측이 가능하다. 내신등급 커트라인이 4.2이고 평균이 3.6인 학과에 지원하는 학생이 있고, 학교의 기준에 따른 그 학생의 성적이 3.8이라면 합격 가능성 예측이 쉬울 것이다. 번거롭지만 입시에서 좋은 결과를 얻기 위해 이 작업은 꼭 필요하다.

합격예측 프로그램에 기대고 있는 입시컨설팅은 피하는 것이 좋다

다수의 입시컨설팅 업체들이 합격예측 프로그램을 활용하고 있다. 그런데 합격예측 프로그램만 활용해서 컨설팅을 해주는 업체가 다수다. 일단 대학마다 다른 성적 반영법을 컨설턴트들도 잘 모르는 경우가 많다. 어느 정도 이해하고 있다고 해도 그 정보는 상위권에 국한되어 있으며 중하위권 입시에 대한 이해가 있는 입시 전문가는 찾아보기 어렵다. 공개된 입시요강과 입시 결과를 분석해 셈산하는 것이 가능이야 하겠지만 과정이 복잡하고 시간이 많이 소요된다. 그래서 대부분 컨설턴트들은 중하위권 대학에 대해서는 "입시 결과가 공개되어 있으니 직접 해보시면 돼요"라며 학생과 학부모에게 미룬다.

가장 중요한 입시정보인 입시 결과를 활용하지 않는 것이다. 입시 컨설턴트는 입시의 신이 아니다. 입시와 관련된 모든 정보의 활용을 극대화해 학생과 학부모가 현명한 전략을 짜도록 돕는 역할을 한다. 그런데 판단 근거가 합격예측 프로그램 하나뿐이라면 제대로 된 지원 전략을 수립할 수 없다. 반드시 지난 입시 결과를 분석해주고 설명해주는 입시컨설팅 업체를 찾아야한다.

5부

상황별, 성적별
입시컨설팅
사례

01

내신 2.89등급, 인서울권 대학은
가고 싶은데 수능은 불안해요

학생 : 내신 성적은 전 과목 2.89, 국·영·수·과로는 2.95이며 전자전기쪽 전공을 선호하기는 하지만 학과보다는 대학의 인지도를 더 중요하게 생각합니다. 공대쪽이라면 아무 전공이라도 상관없습니다. 인서울 대학 또는 경기도에 있으면서 인서울급 대학들 이하로는 가고 싶지 않습니다. 수학에 자신 있는 편이 아니라 논술 전형은 생각하고 있지 않고, 학생부 종합전형 위주로 지원하려고 합니다. 수능 성적은 내신보다 더 낮다고 생각해서 수시에서 입시를 끝내고 싶습니다. 그래서 수시에서 1장은 학생부 교과전형으로 안전하게 지원하려고 생각 중입니다.

∨ 학생 정보 요약

학년 & 컨설팅 시기 : 고3 수시 컨설팅 시즌		
내신 성적	전 과목	2.89등급

내신 성적	주요 과목	국·영·수·과 2.95등급
	학기별 성적추이(전 과목)	2.94 → 2.64 → 2.89 → 2.85 → 3.10
	전 학년 성적이 비슷한 편, 과목별로는 이과 학생이지만 수학과 과학 성적이 다른 교과보다 낮음.	
모의고사 성적(6월)	국어 3등급 - 85% / 수학(가)형 4등급 - 62% 영어 2등급(원점수 88점) / 한국사 3등급 탐구1 지구과학I 4등급 - 71% / 탐구2 생명과학I 4등급 - 66%	
학생부 비교과 활동	내신등급 대비 무난한 수준.	
희망 대학	인서울 대학에 진학하고 싶음.	
희망 전공	전자공학 관련 전공	
특징 요약	· 내신 2.89등급 · 서울 강동구 거주 · 비교과 활동은 무난한 수준 · 인서울 대학 또는 비슷한 인지도의 수도권 대학 진학 희망 · 수능 모의고사 성적은 내신보다 낮은 편 · 수시에서 확실히 입시를 끝내길 원함(수능 최저만 맞출 계획) · 수시에서 안정으로 학생부 교과전형 1장 지원할 계획	

맵 : 담임선생님과의 상담에서는 어떤 얘기를 나누었나요?

학생 : 지원하고 싶은 대학을 제가 직접 조사해서 선생님께 말씀드렸습니다. 수능 성적에 자신이 없으니 수시 6장 중에서 1장은 학생부 교과전형으로 확실히 합격 가능하다고 생각되는 A대학교에 지원할 생각입니다. 원하는 학과는 아니지만 합격이 확실할 것 같은 학과에 지원을 하려고 합니다. 그리고 나머지 5장은 모두 학생부 종합전형을 고려 중입니다. 제 성적에 비해 좀 높다고는 생각하지만 그래도 제가 원하는 2개의 대학(B, C) 그리고 합격 가능성이 절반 정도는 되지 않을까 싶은 대학 3곳(D, E, F)을 생각하고 있습니다. 담임선생님께서도 A대학은 합격이 확실할 것 같다 하셨고 나머지 대학도 그렇

게 지원하면 좋을 것 같다고 말씀하셨습니다.

∨ 학생이 직접 조사해서 결정한 지원 희망 대학

대학	전형 종류	전공
A대학교	교과	청정융합에너지공학과
B대학교	종합	전자정보통신공학과
C대학교	종합	전자전기공학부
D대학교	종합	전자통신공학과
E대학교	종합	융합전자공학전공
F대학교	종합	전자공학부

안정 지원? 정말 안정 지원이 맞나?

맵 : 먼저 학생의 계획에서 가장 중요한 대학은 서울에 있는 여대인 A대학입니다. 모의고사 성적을 고려하면 수능으로 선발하는 정시로 진학한다면 A대학 지원은 아예 불가능한 성적입니다. 사실 A대학보다 선호도가 낮은 대학에도 모의고사 성적이 많이 모자랍니다. 반드시 수시에서 입시를 끝내야 하는 상황입니다. 그렇다면 안정으로 잡은 A대학이 정말 확실하게 합격이 가능한지 분석해볼 필요가 있습니다. 그런데 A대학 청정융합에너지공학과 지원은 확실한 합격카드가 아닙니다.

학생 : A대학교 입시요강에 설명된 대로 A대학교 기준 제 성적을 정확하게 산출했고, 그 결과와 작년 입시결과를 비교해보았습니다. 제 성적이 작년 합격자 평균인 3.52보다 훨씬 높습니다. 제대로 된 분석을 했다고 생각하고 합

격에 여유가 있을 거라고 생각합니다. 담임선생님께서도 프로그램을 돌려보시고는 합격이 충분할 거라고 말씀하셨습니다.

맵 : 단순히 내신 등급만 산출해보면 그렇게 생각할 수도 있습니다. 하지만 A대학은 학생부 교과전형에서 수능 최저학력기준을 적용하고 있습니다.

학생 : 네, 저도 그것을 알고 있습니다. 국어, 수학, 영어, 탐구(1과목) 중 2개 합 7인 수능 최저학력기준은 제가 충분히 충족시킬 수 있어서 더 안정이라고 생각하고 있습니다.

맵 : 모의고사 성적을 보면 저도 학생이 수능 최저학력기준을 충분히 충족시킬 수 있다고 생각합니다. 작년 입시 결과와 수능 최저학력기준 충족 여부만 생각하면 학생이 올해 A대학에 안정으로 지원할 수 있다고 생각할 수도 있지만 문제는 이 대학의 수능 최저학력기준에 올해 큰 변화가 있었다는 것입니다.

∨ A대학교 자연계열 수능 최저학력기준 비교

2020 입시		2021 입시
국어,수학,영어,사과탐(상위 1과목) 중 3개 합 8	⇨	국어,수학,영어,사과탐(상위 1과목) 중 2개 합 7, 영어 포함시 2개 합 5

맵 : 올해 수능 최저학력기준은 2개 합 7(영어 포함시 5)로 그리 어려운 수준이 아닙니다. 하지만 작년의 경우는 수능 최저학력기준이 3개 합 8로 상당히 높았습니다.

작년 입시 결과는 높은 수능 최저학력기준이라는 허들을 뛰어넘은 학생들의 내신입니다. 수능 최저학력기준이 이렇게 크게 변경된 경우에는 자신의 내신 성적을 작년 입시 결과와 단순히 비교해서는 안 됩니다. A대학교 입시 결과에 기재되어 있는 다른 항목들을 살펴보겠습니다.

∨ A대학교 지식서비스공과대학 2020 학생부 교과전형 입시 결과

모집단위	모집인원	지원자수	경쟁률	추가합격번호	학생부평균등급	수능최저학력기준		
						충족인원	충족률	실질경쟁률
서비스·디자인공학과	10	82	8.20	4	2.91	17.00	20.73%	1.70
융합보안공학과	11	97	8.82	11	3.05	28.00	28.87%	2.55
컴퓨터공학과	5	37	7.40	7	3.31	13.00	35.14%	2.60
정보시스템공학과	8	72	9.00	9	3.07	27.00	37.5%	3.38
청정융합에너지공학과	5	48	9.60	3	3.52	8.00	16.67%	1.60
바이오식품공학과	5	47	9.40	7	2.96	17.00	36.17%	3.40
바이오생명공학과	5	47	9.40	1	2.61	13.00	27.66%	2.60

맵 : 수능 최저학력기준 충족률을 보시면 40%가 넘는 과가 없습니다. 청정융합에너지공학과의 경우는 수능 최저학력기준을 충족시킨 지원자가 전체 지원자의 16.67%밖에 되지 않습니다. 5명을 모집하는데 48명이 지원해 경쟁률은 9.6으로 학생부 교과전형치고는 경쟁률이 높게 나온 것처럼 보이지만 그 48명의 지원자 중에서 수능 최저를 충족시킨 지원자는 단 8명에 불과합니다. 40명이 수능 최저학력기준을 충족시키지 못해서 자동으로 탈락한 것입니다. 그리고 최초로 합격한 5명 중에서 일부 학생은 다른 대학으로 진

학을 해 추가 합격자가 3명입니다.

학생 : 8명 중에서 최초 합격자 5명에 추가 합격자가 3명이라면, 수능 최저학력기준을 충족시킨 지원자는 모두 합격했다는 건가요?

맵 : 그렇습니다. 수능 최저가 높게 적용되는 대학에서는 간혹 이런 경우가 나오기도 하는데 작년 청정융합에너지학과가 그에 해당합니다. 이런 과정을 통해서 산출된 작년 합격자 평균 내신등급을 수능 최저학력기준이 대폭 낮아진 올해 지원자의 내신등급과 단순히 비교해서는 안 된다는 것입니다. 모의고사 성적을 보면 2021 입시의 수능 최저는 넉넉히 충족 가능하지만 2020 입시에 지원했다면 수능 최저에서 미달되어 자동으로 불합격되었을 것입니다.

학생 : 작년과 올해 입시에 이렇게 큰 차이가 있을 거라고는 생각하지 못했네요. 그럼 올해 학생부 교과전형에 지원하면 불합격인 건가요?

맵 : 그 부분은 누구도 정확히 예측할 수 없습니다. 하지만 A대학의 인지도와 낮아진 수능최저를 감안하면 A대학 청정융합에너지학과 지원 시 합격이 확실하지 않다는 것은 확실하게 얘기드릴 수 있습니다. 게다가 A대학의 학생부 교과전형 선발인원도 작년 274명에서 올해 212명으로 대폭 줄었습니다. 2021 수시에서 A대학 학생부 교과전형은 피해가야 할 모든 요소를 다 갖추고 있습니다.

학생 : A대학 지원 시 합격이 확실하지 않다는 것은 이해가 되었습니다. 그럼 어떻게 해야 할까요?

맵 : 현재 학생이 생각하는 지원전략은 A대학을 제외하면 모두 학생부 종합전형으로 지원하는 것입니다. (나중에 자세히 설명드리겠지만) 학생부 종합전형은 선발 방식의 특성상 합격을 100% 장담할 수 없습니다. 그래서 정시로 넘어가지 않기를 원한다면 학생부 교과전형에서 안정적인 지원카드는 반드시 확보해야만 합니다. 학생부 교과전형에서 A대학을 대신할 확실한 지원카드를 확보해야만 하는 상황입니다.

학생 : A대학보다 더 선호도가 떨어지는 대학은 지원하고 싶지 않은데…….

맵 : 저도 학생이 원하는 대학에 합격하기를 원하는 입장입니다. 하지만 합격이 확실히 보장되지 않는 대학에 지원했다가 불합격하고 나머지 학생부 종합전형 지원도 모두 불합격한다면 정시에서 최악의 상황을 맞이하게 됩니다. 그런 가능성을 확실히 제거해야만 합니다. 그게 아니면 정시까지 염두에 두어야 합니다.

학생 : 정시로 넘어가면 절대 안 된다는 것은 저도 동의합니다. A대학보다 더 낮은 대학 지원을 원하지는 않지만 어쩔 수 없네요. 그럼 추가로 학생부 교과전형으로 어느 대학에 지원해야 할까요?

맵 : 메인 캠퍼스는 경기에 있고 인문계열 일부 학과만 서울에 있는 G대학에서 안정적인 지원카드를 확보하는 것이 좋다고 생각합니다. G대학교 기준으로 학생의 내신등급은 2.89입니다. 이 대학에서 비인기학과 위주로 경쟁률을 보면서 지원하신다면 충분히 합격이 가능하다고 예상됩니다. 수능 최저학력기준이 있지만 〈국어, 수학(가), 영어, 사과탐(상위 1과목) 중 2개 합 7〉

로 충분히 충족 가능한 수준입니다.

∨ G대학교 2020 학생부 교과전형 입시 결과

모집단위	내신등급		
	최종		
	최고	평균	최저
수학과	2.338	2.724	2.984
전자물리학과	2.901	3.156	3.365
화학과	2.571	2.856	3.248
바이오융합학부	2.214	3.047	3.697
컴퓨터공학부	2.441	2.989	3.265
토목공학과	3	3.367	3.671
건축학과(5년제)	2.86	3.103	3.285
건축공학과	2.992	3.373	3.931
산업경영공학과	2.869	3.18	3.371
신소재공학과	2.958	2.847	3.015
환경에너지공학과	2.703	3.066	3.294
전자공학과	2.496	2.87	3.045
도시·교통공학과	3.054	3.381	3.625
기계시스템공학과	2.764	2.997	3.219
화학공학과	1.992	2.389	2.775

학생 : G대학교에서 안정을 잡는다는 것까진 괜찮은데 꼭 비인기학과로 지원을 해야 하나요? 제가 관심 있는 학과들 위주로 지원하면 안 될까요? 제 관

심학과인 전자공학과도 작년 커트라인보다 제 성적이 높은 것 같은데요.

맵 : 저도 전자공학과 지원 시 합격할 확률이 불합격할 확률보다는 높다고 생각합니다. 하지만 확실히 합격이 가능한가에 대해서는 의문이 남습니다. 작년 기준으로는 합격이었지만 합격자 평균 내신보다 우리 성적이 낮은 편입니다. 우리가 G대학교 학생부 교과전형에 지원하는 이유는 확실한 합격카드를 확보하기 위해서입니다.

입시 결과는 지원자들의 성적이 만나서 결정되는 것으로 매년 변동성이 있습니다. 조금만 변동성이 높아져도 불합격할 수 있는 성적대라면 확실한 안정이라고 할 수 없습니다. G대학에서 비인기학과 위주로 지원을 해야만 확실히 안정이라고 볼 수 있습니다.

수험생이나 학부모님은 대학을 낮추면 학과를 높이고 싶어하는데 그러면 안정성은 떨어질 수밖에 없습니다. 원하는 학과에서 안정적인 합격을 보장받고 싶다면 대학을 또 낮춰야 합니다.

학생 : 수시에서 더 낮아 보이는 대학들에 지원하고 싶지는 않은데…….

맵 : 저도 학생의 상황에서 더 선호도가 낮은 지원하는 것은 현명하지 않다고 생각합니다. 대학을 더 낮추기보다는 학과를 좀 양보하고 G대학에서 확실한 합격카드를 확보하는 것이 더 합리적인 선택이라고 보입니다.

학생 : 어쩔 수 없네요. 정시로 넘어갈 수 있는 가능성을 남겨두면 안 되는 상황이고, 안정적으로 잡을 수 있는 대학보다는 G대학이 더 나은 것 같습니다. 그러면 G대학의 비인기학과 위주로 지원하면 확실히 안정적인 지원카드

는 확보되는 건가요?

맵 : 입시에 100%는 없습니다. 수능 성적이 불안한 학생들은 확실히 안정적인 카드를 2개를 확보하고 가는 것을 추천합니다. 의대가 있는 경기 남부의 H대학도 추가로 지원하는 것을 추천드리고 싶습니다. H대학 학생부 교과전형의 작년 입시 결과입니다.

∨ H대학교 2020 학생부 교과전형 입시 결과

모집단위	모집인원	지원인원	경쟁률	학생부등급 70%	학생부등급 90%
전기공학과	10	118	11.8	2.4	2.6
소프트웨어전공	10	103	10.3	2.3	2.4
컴퓨터공학과(자연)	12	130	10.8	2.3	2.4
전자공학과	15	107	7.1	2.4	2.6
인공지능전공	5	36	7.2	3.1	3.8
도시계획·조경학부	10	69	6.9	2.9	3.2
건축학부	13	125	9.6	2.7	2.8
설비·소방공학과	11	92	8.4	2.9	3.0
화공생명공학과	10	70	7.0	2.3	2.4
기계공학과	12	91	7.6	2.6	3.1
토목환경공학과	7	52	7.4	3.3	3.8
산업경영공학과	7	64	9.1	2.7	2.8
신소재공학과	7	140	20.0	2.3	2.4
식품생물공학과	6	147	24.5	2.4	2.6

바이오나노학과	7	39	5.6	2.8	2.9
생명과학과	7	39	5.6	2.2	2.3
물리학과	7	40	5.7	2.9	3.3
화학과	7	47	6.7	2.3	2.3
식품영양학과	7	53	7.6	3.3	3.9
의용생체공학과	7	34	4.9	3.5	4.3

맵 : H대학 기준 학생의 성적은 2.65등급입니다. 요즘은 H대학이 G대학보다 학생들의 선호도가 높습니다. 그만큼 G대학보타 합격확률은 떨어집니다. 화학공학생명, 컴퓨터, 신소재 등의 인기학과뿐 아니라 작년 G대학 입시 결과 기준으로 합격이었던 전기공학과도 불합격이었다고 생각됩니다. 하지만 비인기과의 경우에는 합격이었던 학과가 훨씬 많습니다. G대학과 H대학을 모두 비인기학과 위주로 지원해서 정시로 넘어갈 수 있는 가능성을 완전히 제거하는 것이 현명하다고 생각합니다.

학생 : 둘 중에 하나만 지원하면 안될까요? 설명해주신 부분이 이해는 가지만 그래도 하나만 지원해도 합격이 될 가능성이 높아보입니다.

맵 : 생각하시는대로 둘 중 하나만 지원해도 불합격할 확률보다는 합격할 확률이 월등히 높습니다. 하지만 '100% 확실하냐?'라는 질문에는 그렇게 답을 드릴 수 있는 성적은 아닙니다. 둘 중 하나만 지원하는 수험생 중 10명 중 1명은 불합격이 나올 수 있는 상황이라고 얘기드려야 할 것 같습니다. 입시에는 어느 정도 운도 따라야 하는데 운이 따르지 않는 10%에 만약 학생이 포함된다면 최악의 경우에는 재수로 직행해야 할 수도 있습니다. 그래서 수능

에 자신이 없는 학생이라면 안정적인 지원카드를 확실하게 확보하는 것이 좋습니다.

학생 : 설명해주신 부분은 충분히 이해가 되었습니다. 지원까지 시간이 남아 있으니 고민해보겠습니다. 그렇다면 다른 지원 카드는 어떤가요? 저도 상향이라고 생각하는 B, C대학은 그렇다 치고 D, E, F대학은 합격이 가능할까요?

학생부 종합전형 합격 전망에는 안정이 없다

맵 : 나머지 지원카드는 G, H대학보다 선호도가 더 높은 대학으로 채워야 합니다. 그 대학들에 학생부 교과전형으로 지원하기에는 내신등급이 모자라니 학생부 종합전형으로 지원해야 합니다. 일단 학생부 종합전형에 대한 정의부터 다시 확인할 필요가 있습니다. 학생부 종합전형은 입학사정관이 학생부의 교과와 비교과를 종합적으로 평가한 점수로 학생을 줄 세우는 전형입니다. 학생부 교과전형처럼 내신등급으로 줄 세우는 정량적 평가가 아니라 입학사정관의 주관이 들어가는 정성적 평가입니다. 그래서 어떤 경우에도 학생부 종합전형에서 합격을 장담할 수는 없습니다.

학생부 종합전형 평가에서 가장 중요한 기준이 학생부 교과, 즉 내신 성적이며 지원에 참고할 수 있는 가장 객관적인 자료도 내신 성적이기는 하지만 작년 합격자 평균 내신등급보다 자신의 내신이 좋다고 해도 합격을 장담할 수 없으며, 내신이 나쁘다고 해도 무조건 불합격이라고 볼 수는 없습니다.

경희대학교 학생부 종합전형 지원자 중 내신등급별 합격자와 불합격자의 분포입니다. 일부 학과의 결과만 가져왔습니다.

∨ 경희대학교 2020 학생부 종합전형 입시 결과 (출처 : 경희대학교 홈페이지)

모집 단위	합격자 평균 등급	지원자 학생부 교과 등급 분포						
		1등급	2등급	3등급	4등급	5등급	6등급	7등급
응용수학과	2.0							
응용물리학과	2.8							
응용화학과	2.1							

맵 : 보시면 내신등급이 좋다고 무조건 합격하는 것도 아니며, 내신등급이 낮다고 무조건 불합격하는 것도 아닙니다. 하지만 내신등급이 일정 이하인 경우 합격확률은 크게 떨어집니다. 내신이 가장 중요한 평가기준이라는 것은 명확합니다. 그래서 우선은 내신등급과 대학별 선호도를 1차 기준으로 삼고 지원할 대학의 범위를 정한 후, 각 대학별 선발 인원과 전형 방법의 차이를 고려해 합격 확률을 최대한 높이는 방향으로 지원해야 합니다.

학생의 내신등급은 소위 얘기하는 인서울급 대학 중에서 가장 낮은 편인 대학들에 지원하는 학생들 중 보통 정도에 해당합니다. 학생부 비교과도 무난한 편입니다. 종합적으로 고려해볼 때 인서울급 대학 중 낮은 대학에 확실한 합격을 기대할 수 없지만 그래도 꽤 해볼 만한 정도로 생각됩니다. 물론 그중 선호도가 더 높은 대학에 지원 시 합격 확률은 더 떨어질 것입니다.

학생부 종합전형 선발 방식의 학교별 특징을 파악하라

학생 : 그럼 제가 D, E, F대학에 지원하면 어떻게 될까요?

맵 : 앞서 말씀드렸듯이 합격/불합격을 정확히 예측할 수는 없습니다. 하지만 지난 입시 결과와 전형법 등을 제대로 분석하면 각 대학별 지원이 현명한 선택일지 아닐지 구분은 가능합니다. 일단 D, E, F대학은 인서울급 대학 중에서는 선호도가 높은 편이 아닙니다. 하지만 우리의 교과와 비교과가 이 대학들 지원에 확실한 정도는 아니며 학생부 종합전형의 선발 방식도 학교마다 조금씩 다르기 때문에 각 학교별 특성을 더 자세히 분석해보아야 합니다. 저는 D, E대학은 학생이 충분히 고려해볼만한 대학이라고 생각하는데 F대학은 추천드리고 싶지 않은 대학입니다. 우선 F대학의 입시 결과부터 보겠습니다.

∨ F대학교 2020 학생부 종합전형 입시 결과

학과/부	경쟁률			최종등록자 내신등급 평균		
	2018	2019	2020	2018	2019	2020
건축학부	63.2	56.3	51.7	4.66	4.36	4.24
건설환경공학과	26.3	33.0	25.7	4.52	3.81	4.40
교통·물류공학과	13.0	16.0	15.0	3.92	4.14	4.09
전자공학부	14.2	18.6	20.5	3.88	3.64	4.05
재료화학공학과	18.8	29.1	33.9	3.71	3.59	3.46
기계공학과	25.8	28.4	30.6	3.76	4.06	3.74
산업경영공학과	25.2	15.0	20.4	3.34	4.08	3.62
생명나노공학과	36.6	59.3	48.0	4.40	4.77	3.51
로봇공학과	60.3	34.1	39.5	3.96	3.97	3.53
소프트웨어학부	32.4	45.5	33.4	4.25	4.24	4.45
ICT융합학부	44.7	27.0	21.9	3.21	3.99	4.51

맵 : 작년 F대학 학생부 종합전형 전자공학부 합격자 평균은 4.05입니다. 학생의 내신등급보다 1등급 이상 낮은 성적입니다. 이렇게 작년 합격자의 내신등급만 보면 무난히 합격할 것이라는 생각이 들 수 있지만 자세히 분석해보면 전혀 그렇지 않습니다. 학생이 생각하기에도 대학의 인지도에 비해 내신이 낮은 합격자가 너무 많다고 생각하지 않나요? 학생들의 선호도가 부족해 보이지 않는 ICT융합학부의 경우 합격자 평균이 4.51등급밖에 되지 않습니다.

학생 : 예상 외로 합격자 평균 성적이 낮다는 생각은 저도 했습니다.

맵 : F대학의 학생부 종합전형은 자기소개서 제출도 면접도 없습니다(소프트웨어융합대학 제외). 작년은 학생부 종합 평가만으로 합격자를 선발했고 올해는 내신등급을 30% 정량적으로 반영하는 교과복합형과 작년처럼 서류 100%로 선발하는 활동중심형으로 나누어서 선발합니다. 자기소개서와 면접이 없다는 것은 F대학이 학생부 비교과를 중시하는 대학이라는 의미입니다. 이걸 지원자의 의미에서 해석해보면 비교과에 대한 평가를 입학사정관에게 맡기고 그 결과대로 선발하기 때문에 합격 가능성 예측이 너무나 불투명한 대학입니다. 솔직히 깜깜이 전형에 가깝다는 생각도 듭니다. 아무튼 학생부 내용이 좋은 학생들로 선발이 되는 것 같은데, 학생은 학생부 내용이 좋은 편이라고 생각하나요?

학생 : 아니요, 학생부 비교과가 그렇게 뛰어난 편은 아닌 것 같습니다.

맵 : 네, 저도 학생의 비교과는 무난한 정도라고 생각합니다. 그렇다면 이

대학에 지원하는 것은 현명하지 않다고 생각합니다. 학생부 내신등급 위주로 선발하지도 않으면서 입시 결과는 학생부 내신등급 위주로 공개해 학생들을 혼란스럽게 만드는 대학입니다.

학생 : F대학은 절대 지원하면 안 되겠네요. 입시 결과 공개를 통해 더 많은 수험생의 지원을 유도하는 낚시를 하는 것 같기도 하네요.

맵 : 실제로 다른 대학에 비해 압도적으로 높은 경쟁률을 매년 기록하고 있습니다. 그만큼 합격 확률은 떨어지겠죠. 학생이 고려한 다른 대학인 B, C, D, E대학과 추가로 살펴봐야 할 다른 대학들에 대한 제 의견을 말씀드리겠습니다.

학생 : 대학별로 설명을 듣고나니 지원 대학에서 제외해야 할 대학은 확실해진 것 같습니다. 조금 고민되는 부분은 있지만 제안해주신 대로 지원하는 것이 현명한 선택이라고 생각합니다. 그런데 혹시 대학마다 선호하는 학생이 있지 않나요? 그 부분에 대한 고려는 하지 않은 것 같습니다. 학교별 인재상 같은 것을 고려해야 하지 않을까요?

맵 : 학생부 종합전형의 인재상과 평가 방법 예시입니다.

∨ 학생부 종합전형 인재상과 평가 방법 예시

2) 평가방법
　가) 선발인재상
　　(1) 올바른 품성과 성실함을 바탕으로 배우고 실천하는 사람

(2) 전문지식과 글로벌 역량을 계발하여 창의적으로 문제를 해결하는 사람

(3) 열린 마음으로 솔선수범하여 자신의 미래와 사회 발전을 위해 노력하는 사람

나) 서류평가

(1) 평가자료: 학교생활기록부(교과 및 비교과), 자기소개서

(2) 평가방법: 학교생활기록부와 자기소개서를 바탕으로 '(4) 평가항목 및 평가
내용'에 따라 종합적으로 정성평가함.

※ 학교생활기록부 교과 성적에 대한 정량평가는 하지 않음.

(3) 반영점수: 최고점 100점, 최저점 40점

(4) 평가항목 및 평가내용

평가항목		평가요소	평가내용	평가자료(예시)	
				학교생활기록부	자기소개서
인성	학교 교육을 통해 성장, 발현되는 개인적 품성 및 사회성	성실성	· 학교의 규칙과 원칙을 지키려는 태도 · 자신의 역할에 책임감을 갖고 끈기있게 임하는 자세	· 출결상황, 창의적 체험활동상황, 행동특성 및 종합의견 등 · 학교폭력 관련 사항 반영	· 3번 문항 · 유사도 검증 심의 결과 반영
		공동체의식	· 공동의 목표를 위해 협동하여 자신의 역할을 다하는 자세 · 타인을 이해하고 배려하는 태도		
전공 적합성	대학에서 학업을 수행할 수 있는 기초 학업능력과 전공에 대한 관심 및 노력	학업역량	· 학업적 노력정도 및 성취 수준	· 수상경력, 진로 희망사항, 창의적체험활동상황, 교과학습발달상황(교과 세부능력 및 특기사항), 독서활동상황, 행동특성 및 종합의견 등	· 1번, 2번 문항
		전공적성	· 고교교육과정 내에서 이루어지는 지원분야 관련 학업 및 학업 외적인 활동의 내용과 성취수준		

발전 가능성	목표를 이루어가는 과정에서 드러나는 성장 가능성 및 잠재력	자기 주도성	·자신의 꿈을 위해 스스로 계획하여 추진해 나가는 태도	·수상경력, 창의적체험활동상황, 교과세부능력 및 특기사항, 행동특성 및 종합의견 등	·1번, 2번, 3번 문항
		도전 정신	·관심 분야에 대한 도전 과정 및 성취수준 · 문제 상황에 직면했을 때 해결책을 가지고 극복하고자 노력한 경험		

맵 : 선발인재상의 첫 번째 항목이 올바른 품성과 성실함을 바탕으로 배우고 실천하는 사람입니다. 학생은 여기에 해당된다고 생각하나요?

학생 : …….

맵 : 도덕책에서나 볼 수 있을 것 같은 질문이라서 대답하기 어려울 것입니다. 그럼 다른 질문을 해보겠습니다. 주변 학생 중에서 그런 학생이 있나요?

학생 : 딱히 생각나지 않네요. 고등학생에게 너무 거창하고 추상적인 내용이라고 생각합니다.

맵 : 제 생각도 그렇습니다. 저 인재상에 부합하는 고등학생이 얼마나 있을까요? 대학교의 입장은 저 인재상이 제시하는 완벽한 학생이 아니라 부족하더라도 노력하는 모습을 찾을 수 있는 학생을 선발하겠다는 것입니다. 그런데 어떤 기준으로 그런 학생을 찾을 수 있을까요? 결국 1차 기준은 내신 성적입니다. 1번 항목의 성실함, 2번 항목의 전문지식 계발과 문제 해결, 3번 항

목의 자신의 미래를 위한 노력에서 가장 중요한 것은 내신 성적입니다. 내신 성적이 부족한 학생은 성실하지 않고, 전문지식이 부족하며, 자신의 미래를 위한 노력이 부족한 학생으로 1차 평가받을 수밖에 없는 전형이 학생부 종합전형입니다. 그래서 학생부 종합전형에서도 내신이 가장 중요하다고 하는 것입니다.

대학교에서는 서류 평가에 대해서 원론적으로 저런 부분들을 반영해서 평가한다고 합니다. 그러나 실제로 저런 항목들을 하나하나 고려해서 학교의 인재상에 맞는 학생을 선발하기는 어렵습니다. 제대로 된 평가를 위한 충분한 시간조차 주어지지 않는 것이 현실입니다. 또 교수님들로 이루어진 위촉 입학사정관들은 그만한 전문성을 갖추지 못한 분들이 많습니다.

학생부 종합전형에 지원할 대학을 정하기 위해서 우리가 할 수 있는 최선은, 학교별 선호도와 선발 인원, 그리고 마지막 경쟁률까지 고려해서 지원하는 것입니다.

02

[수시 컨설팅]
내신 4.45등급, 논술전형으로 인서울 가능할까요?

학생 : 내신은 4.45등급, 모의고사 성적은 4~5등급 정도이며 경영학과를 지망하고 있습니다. 내신으로는 제가 원하는 대학 진학이 어려울 것 같아 수시에서는 논술전형으로, 그게 안 되면 수능으로 인서울 대학에 진학하고 싶습니다.

학년 & 컨설팅 시기 : 고3 수시 컨설팅 시즌		
내신 성적	전 과목	4.45등급
	주요 과목	국·영·수·과 4.46등급
	대부분 과목 성적이 4~5등급에 골고루 분포	
모의고사 성적(6월)	국어 4등급 - 66% / 수학(나)형 5등급 - 52% / 영어 4등급 / 한국사 5등급	
	탐구1 생활과 윤리 5등급 - 55% / 탐구2 사회문화 5등급 - 46%	

학생부 비교과 활동	비교과 특이사항 없음
희망 대학	인서울 대학에 진학하고 싶음.
희망 전공	경영학과
특징 요약	· 강남 거주 · 비교과 활동은 특이할 만한 내용 없음(평범함) · 수시에서는 논술전형을 생각 중이며 논술에서 불합격하면 수능으로 대학을 가려고 생각 중 · 모의고사 성적은 과목별로 변동폭 큼

맵 : 담임선생님과의 상담에서는 어떤 얘기를 나누었나요?

학생 : 담임선생님과의 상담은 아직 하지 않았습니다. 원하는 대학에 학생부 중심 전형으로 가기에는 내신이 부족해서 논술전형으로 대학을 가려고 생각 중입니다.

모 : 담임선생님께서 수시에서 지원할 희망 대학 리스트를 제출하라고 하셨습니다. 학생은 논술전형으로 대학에 갈 수 있다고 생각하는데, 저는 논술은 위험하다는 얘기를 많이 들어서 불안합니다. 논술로 지원할 경우와 다른 전형으로 지원할 경우에 대해 자세히 알아보고 선택을 해야 할 것 같고 담임선생님께 희망 대학 리스트도 제출해야 하는데 학생은 입시정보를 직접 찾아볼 시간이 없고, 제가 알아보려니 너무 복잡해서 도움을 받으려고 왔습니다.

맵 : 학교의 선생님들은 전국 (전문대 포함) 331개 대학의 입시를 자세히 분석할 만한 여유가 없습니다. 교사들을 대상으로 한 입시 세미나에서도 상위권 입시에 대해서만 소개합니다. 담임선생님께서 내신이 4.5등급 내외인 중

하위권 학생들의 진학에 제대로 된 도움을 주기 어려운 것이 현실입니다. 직접 도움을 주기 어려운 상황에서 학생과 부모님이라도 스스로 알아보아야 입시대비가 되기 때문에 숙제를 내주신 것 같습니다.

오늘 상담에서는 수시에서 학생의 성적으로 지원 가능한 대학(4년제+전문대)과 수능 모의고사 성적으로 정시에서 지원 가능한 대학(4년제+전문대)을 전형별로 자세히 살펴보겠습니다. 학교별 설명에 앞서 입시제도의 핵심을 먼저 간략히 설명하겠습니다. 입시제도의 핵심을 모르면 수시 전략을 세울 수 없습니다.

(입시의 각 전형별로 핵심 내용을 설명한 후) 수시에서 학생이 고려하고 있다는 논술전형부터 자세히 알아보겠습니다. 논술전형은 수능 최저학력기준 유무로 나뉘는데 학생은 수능 최저가 있는 대학과 없는 대학 중 어떤 대학을 생각하고 있나요?

학생 : 제 모의고사 성적이 수능 최저를 확실히 충족시킬 만큼은 아니라 수능 최저가 없는 대학을 우선적으로 생각 중입니다.

맵 : 수능 최저가 없는 논술전형은 논술 성적만으로 합격자를 결정한다고 볼 수 있습니다. 2020 입시에서 수능 최저가 없었던 논술전형은 40.35:1의 경쟁률을 기록했습니다. 40명 중에서 1명만 합격이 가능합니다. 합격 확률 2.5%라고 볼 수 있습니다. 혹시 논술학원은 지금 다니고 있나요?

학생 : 아니요, 지금부터 학원을 알아볼 생각입니다.

∨ 2020 수능 최저 없는 논술전형 경쟁률

대학	지역	선발인원	지원인원	경쟁률
가톨릭대	서울	132	4,178	31.65
경기대	경기	172	3,482	20.24
광운대	서울	206	9,329	45.29
단국대(죽전)	경기	350	10,217	29.19
서울과기대	서울	270	12,077	44.73
서울시립대	서울	142	6,933	48.82
아주대	경기	202	10,682	52.88
연세대(서울)	서울	607	26,941	44.38
인하대	인천	552	20,543	37.22
한국기술교육대	충남	230	1,944	8.45
한국산업기술대	경기	150	2,066	13.77
한국외대(글로벌)	경기	115	2,762	24.02
한국항공대	경기	166	4,372	26.34
한양대(서울)	서울	376	32,542	86.55
총합	-	3,670	148,068	40.35

경쟁률이 너무 높은 논술전형

맵 : 논술전형은 사교육의 도움이 없으면 합격이 쉽지 않습니다. 논술고사의 학교별 출제경향이 제각각인데 혼자서 준비하기는 어렵기 때문에 논술전형에서 합격하고 싶다면 논술학원의 도움이 필요합니다. 그런데 문제가 있

습니다. 논술을 준비한다면 수능 모의고사 성적도 좋지 않은 상황에서 수능에 투자할 시간을 나누어 써야 합니다. 그렇게 해서 논술에서 합격을 한다면 좋겠지만 약 40이라는 경쟁률을 감안하면 합격을 크게 기대하기는 어렵습니다. 40명 중에서 1명, 누군가는 논술을 통해 합격을 하지만 그 1명이 학생이 될 확률은 높지 않습니다. 아직 논술 준비도 전혀 안 된 상황이기 때문입니다. 논술전형에서 떨어진다면 논술 준비에 사용했던 시간까지 그대로 날리게 됩니다. 이렇게 합격 확률은 낮으면서 불합격 시 리스크가 큰 전형에 수시 지원 기회를 사용하는 것은 좋지 않다고 봅니다.

부모 : 그러면 수능 최저가 있는 대학교로 지원해보는 것은 어떨까요?

맵 : 수능 최저가 있는 논술전형에서는 수능 최저학력기준을 만족시킨 학생들끼리 논술 성적으로 경쟁하게 됩니다. 수능 최저를 충족하지 못하는 지원자들이 많기 때문에 작년 수능최저 학력기준이 있는 논술전형의 전체 경쟁률 41.25:1에서 수능 최저를 감안한 보통 15:1 정도, 실제 경쟁률은 많이 낮아지는 대학은 약 10:1까지 낮아집니다. 수능 최저만 맞춘다면 10:1이니 한 번 경쟁해볼 만하다고 느낄 수도 있지만 일단 10:1만 해도 낮은 경쟁률이 아닙니다. 그보다 더 큰 문제가 있습니다. 학생의 모의고사 성적을 봤을 때 수능 최저를 충족하지 못할 확률이 더 커 보입니다.

한양대 에리카 캠퍼스의 논술 수능최저입니다. 다른 대학에 비해 수능 최저가 낮은 편입니다. 2개 영역 합이 6이니, 3등급을 2개 받거나 2등급 하나와 4등급을 하나 받아야 하는데 보내주신 모의고사 성적들을 보면 지금까지 2개 합 6을 맞춘 적이 한 번도 없습니다.

Ⅴ 2021 한양대 에리카 캠퍼스 논술 수능 최저학력 기준

수능 필수 응시영역 및 최저기준

필수 응시영역	수능 최저기준
· 인문·상경: 국어, 수학(가/나), 영어, 사/과탐, 한국사 · 자연: 국어, 수학(가), 영어, 사/과탐, 한국사	2개 등급 합 6 이내

※ 한국사 영역은 응시여부만 반영하며, 수능최저기준 과목으로 인정하지 않음
※ 사탐, 과탐 영역의 최저기준 적용 시 1개 과목의 등급만 적용함
※ 제2외국어/한문 및 직업탐구는 수능최저기준 과목으로 인정하지 않음

부모 : 수능 전까지 열심히 하면 수능 최저를 맞출 수도 있지 않을까요?

맵 : 수능 최저를 맞추려면 수능까지 남은 시간 동안 수능에 올인해도 부족합니다. 그리고 수능 최저가 있는 논술전형에 지원한다면 논술도 준비해야 합니다. 논술과 수능을 모두 잡아보려다 둘 다 나쁜 결과를 얻게 될 확률이 높습니다. 학생이 수능 최저가 없는 논술을 지원하겠다고 한 것도 본인이 생각하기에 수능 최저를 충족하기가 만만치 않을 것 같다고 생각해서입니다.

학생 생각은 어떤가요? 수능 최저학력기준을 확실히 맞출 수 있을 것 같나요?

학생 : …….

맵 : 이 정도면 논술전형 지원에 대한 상황은 이해하셨을 거라 믿습니다. 현명한 지원 전략을 세우기 위해서는 모든 전형에 대해서 알아보아야 합니다. 이제 다른 전형으로 넘어가 보겠습니다. 수능으로 갈 수 있는 대학에 대

해서 알아보겠습니다.

우선 정시로 지원 가능한 학교부터 파악하라

부모 : 수시의 다른 전형을 먼저 설명해주시면 안 되나요? 수시에서 어떤 대학을 지원해야 할지 알아보러 온 건데…….

맵 : 정시에서 어느 정도 대학에 진학이 가능한지 정확히 알아야 수시에서 지원할 학교를 확정할 수 있습니다. 수시를 너무 높게 써도, 너무 낮게 써도 안 되기 때문입니다. 그래서 먼저 수능에 대해 설명해드린 후에 다시 수시의 다른 전형들을 설명해드리겠습니다. 실제 수능에서 모의고사 성적대로 성적이 나온다고 가정하고 몇몇 대학교 지원 시 예상 결과를 알아보겠습니다. 보내주신 최근 모의고사 성적입니다. 이해하시기 쉽게 백분위만 정리했습니다.

∨ 학생의 최근 모의고사 성적

구분	한국사	국어	수학 (나)형	영어	사회	
					생활과 윤리	사회문화
백분위		66	52	-	55	46
등급	5	4	5	4	5	5

학생 : 제가 지금까지는 수능 공부를 제대로 안 했습니다. 수능에서는 이것보다 훨씬 좋은 성적이 나올 거라고 생각합니다.

맵 : 수능에 기대를 걸고 열심히 하는 건 좋지만 가장 최근 모의고사 성적 뿐 아니라 그전 성적도 보내주셨는데 영역별로 성적의 등락이 조금 있긴 해 도 최근 성적과 크게 다르지는 않습니다.

학생 : 진짜 저 성적보다는 잘 나올 수 있습니다.

맵 : 네, 그럼 학생의 의견을 받아들여서 실전 수능에서 모의고사보다 더 좋은 성적이 나온다고 가정해보겠습니다. 모든 영역에서 백분위 15를 더하 겠습니다. 100명 중 15명을 더 따라잡는다고 가정하는 것입니다. 영어의 경 우 1등급을 높여보겠습니다. 수능까지 남은 기간이 얼마 안 되기에 다른 학 생들도 열심히 할 시기입니다. 실제 수능에서 지금보다 백분위 15를 더 받는 다면 정말 공부를 열심히 한 것입니다. 백분위 15 정도 더하고 알아보는 것 괜찮나요?

학생 : 네.

∨ 학생의 최근 모의고사 성적 + 백분위 15

구분	한국사	국어	수학 (나)형	영어	사회	
					생활과 윤리	사회문화
백분위		81	67	-	70	61
등급	5	4	3	3	4	4

맵 : 먼저 대학교 두 곳을 살펴보겠습니다. 수원에 있는 A대학교는 경기도 에 있지만 학생들이 가고 싶어 하는 인서울급 대학의 마지막 경계쯤에 있는

곳이라고 보시면 됩니다. A대학교의 입시 결과를 함께 보겠습니다.

∨ A 대학교 2019 정시 입시 결과

모집단위	모집 인원	예비 순위	수능 등급				수능 백분위			수능 점수 (100%)
			국어	수학	영어	탐구	국어	수학	탐구	
경영학과	67	83	2.78	2.53	2.95	3.04	84.29	86.3	77.72	86.51
무역학과	35	36	2.62	2.91	2.85	2.91	86.94	81.57	79.11	86.34
지식재산학과	6	4	2.6	3.4	3.2	2.4	88.6	79.4	83.8	86.56
휴먼서비스학부	19	10	3	2.68	2.84	2.57	83.63	83.05	81.84	85.62
경제학부	34	38	2.87	2.43	3	3.06	83.12	87.4	78.46	86.35
회계세무· 경영정보학부	22	27	3	2.66	3.09	2.47	83.85	84.61	82.85	86.16

전보다 더 높아진 인서울급 대학의 문턱

맵 : 경영학과의 경우 합격자 평균 백분위(영어는 등급)는 학생의 성적에서 백분위 15를 더한 성적보다도 많이 높습니다. 모든 영역의 성적이 합격자 평균 백분위에 뒤집니다. 수능까지 시간이 3개월 정도밖에 남지 않은 상황에서 예상 수능 성적을 현재 성적보다 많이 높여서 비교를 하는데도 합격권과 거리가 멉니다. 수능으로 인서울급 대학 합격은 현실적으로 어렵습니다.

부모 : 우리가 대학에 갈 때는 A대학이 그렇게 높지 않았는데…….

맵 : 입시를 둘러싼 상황이 많이 바뀌었습니다. 대학 진학률이 그때보다 많이 높아졌기 때문입니다. 그래서 인서울급 대학에 진학하려면 입시 전체로 볼 때 수험생 100명 중 20~25등 정도, 문이 좁은 수능에서는 수능 백분위로 영어를 제외하고 80 정도는 되어야 간신히 지원 가능합니다. 그런데 우리 학생의 내신은 4.45등급으로 100명 중 약 40등이며, 수능 모의고사는 그보다 조금 더 낮습니다. 남은 시간을 고려하면 희망 수능 성적으로도 20~25등은 어렵습니다. 현실적으로 A대학에 합격하기는 어려운 상황입니다. 학생도 수능 백분위 80을 받는 건 어렵다고 생각하죠?

학생 : 네……. 지금보다 오를 자신은 있지만 그래도 80은 어려울 것 같습니다.

맵 : 이제 그보다 선호도가 조금 낮은 대학 중 비교적 통학 거리가 가까운 B대학을 살펴보겠습니다.

부모 : 우리 때 B대학은 줄만 서면 가던 대학인데…….

맵 : 말씀드렸던 것처럼 입시를 둘러싼 상황이 많이 바뀌었습니다. 일단 B 대학 입시 결과부터 보겠습니다.

글로벌경영학과 주간의 경우 커트라인이 79.80입니다. 학생의 모의고사 성적보다 백분위를 15 높인 성적을 B대학의 수능 반영방식 〈국어 40%(백분위 80) + 영어 30%(변환백분위 85) + 탐구 30%(상위 1과목 백분위 70)〉대로 계산을 해보면 학생의 성적은 78.50이 됩니다. 작년 커트라인 79.80보다 낮은 성적입니다. 작년 기준으로는 불합격했을 것으로 예상해볼 수 있습니다.

∨ B대학교 2020 정시 입시 결과

학과(전공)	최종 등록자	
	평균	최저
국어국문학전공	80.95	78.20
영미언어문화전공	82.06	79.50
러시아언어문화전공	79.80	78.70
중국언어문화전공	78.36	75.10
유아교육과	80.89	78.90
글로벌경영학과	82.28	79.80
글로벌경영학과(야간)	75.38	71.50
관광경영학과	83.09	80.70
행정학과	84.13	82.00
행정학과(야간)	73.35	71.50

부모 : 성적이 올랐다고 가정해도 B대학도 불합격인가요?

맵 : 커트라인과 거의 비슷하기는 합니다. 하지만 성적이 많이 향상된다는 가정을 하고 비교한 성적이기에 실전에서 희망 성적만큼 받는다는 보장도 없고, 수능에서 모의고사 때만큼의 성적을 받는다면 야간 합격도 장담할 수 없습니다.

부모 : 성적이 좋은 편이 아니라고는 생각하지만 B대학 진학도 어렵다는 건 충격이네요.

학생 : …….

맵 : 모두가 상위권 대학만 얘기하기 때문에 실제 입시 현실에 대해서는 다들 잘 모르고 계십니다. 각 대학이 입시 결과를 투명하게 공개하고 있지만 대부분의 학부모와 학생은 수시 원서를 쓸 때나 되어서야 주변 몇몇 대학만 확인하는 정도입니다.

객관적 자료를 바탕으로 눈높이를 현실적으로 조절하라

부모 : 그럼 저희는 어떡하죠? 명문대가 아니어도 좋으니 인서울 대학에 갈 수 있는 방법이 없을까요?

맵 : 내신이 4.45등급이니 학생부 교과로 인서울은 불가능합니다. 그리고 수능이나 논술도 쉽지 않다는 것을 확인하셨습니다. 학생부 종합전형 역시 불가능하다고는 얘기드릴 수 없지만 많이 어렵습니다. 학생의 현재 성적이 100명 중 40~50등 내외인데 인서울 대학의 선발인원은 25명 정도밖에 되지 않습니다. 대학 진학의 눈높이를 현실적으로 조절하셔야 할 것 같습니다.

부모 : 인서울 대학보다 낮은 대학이라면 취업에서 어렵지 않나요?

맵 : 요즘 취업은 다 어렵습니다. A대학보다 더 선호도 높은 대학을 나와도 마찬가지입니다. 또 취업의 눈높이는 자신에게 주어진 상황에 따라 달라지기 때문에 취업은 모두에게 어렵습니다. 그렇다고 대학 진학 대신 바로 사회 진출을 선택할 만한 환경도 아니고요.

부모 : 그건 그렇죠. 바로 사회로 나갈 수는 없죠. 일단 대학을 어디든 보내기는 해야겠죠.

맵 : 네, 그렇기 때문에 대학 진학에 대한 눈높이 조절이 필요합니다. 일단 아직 살펴보지 않은 전형을 마저 설명드리겠습니다. 학생부 교과전형에서 내신 4.54등급으로 진학 가능한 대학을 살펴보겠습니다.

부모 : B대학에 학생부 교과전형으로는 합격할 수 있나요?

맵 : B대학 입시 결과를 먼저 보시겠습니다. B대학의 학생부 교과전형과 학생부 교과면접 전형의 입시 결과입니다.

∨ **B 대학교 2020 학생부 교과전형, 교과면접전형 입시 결과**

학과(전공)	학생부 교과		학생부 교과면접	
	평균	최저	평균	최저
국어국문학전공	3.28	3.76	3.90	4.10
영미언어문화전공	3.16	3.35	3.80	3.97
러시아언어문화전공	3.5	3.83	4.36	4.48
중국언어문화전공	3.34	3.51	3.86	4.03
유아교육과	2.60	2.97	2.91	3.10
글로벌경영학과	3.11	3.37	3.12	3.48
글로벌경영학과(야간)	4.74	5.08	5.13	5.65
관광경영학과	3.41	4.54	2.94	3.84
행정학과	3.10	3.39	3.38	3.53
행정학과(야간)	4.70	5.99	5.19	5.67

맵 : 글로벌경영학과 커트라인은 학생부 교과전형은 3.37, 교과면접전형 3.48입니다. 다른 학과의 커트라인보다 높은 감은 있지만, 다른 학과 컷도 야간을 제외하면 학생의 B대학교 지원시 내신등급인 4.63보다는 높았습니다. 면접을 잘 보았다고 하더라도 탈락이었던 것입니다.

부모 : 평균이 3등급 초반인 학과가 많은데 그런 학생들도 B대학을 가나요?

맵 : 3등급 초반의 내신이라면 인서울 대학 학생부 종합에도 충분히 합격 가능하다고 생각합니다. 하지만 학생부 종합은 그 전형의 평가 방법 특성상 합격을 정확히 예측할 수 없습니다. 비교과나 자기소개서, 면접 내용에 따라서 지원한 모든 학교에서 불합격하는 경우도 흔합니다. 그래서 수능에 자신이 없는 학생들은 B대학처럼 수능 최저가 없는 학생부 교과전형에 안정으로 많이 지원하고 그런 학생들 중 학생부 종합을 모두 불합격한 학생들의 수가 많습니다. 그래서 B대학의 합격자 평균은 항상 높게 나옵니다.

학생의 경우 학생부 교과전형으로는 수도권에서 선호도가 제일 낮은 일부 대학교, 그게 아니라면 지방에서 선호도가 높지 않은 대학으로만 지원할 수 있습니다. (학생부 교과전형으로 지원 가능한 대학을 수도권 대학과 지방대학 모두 상향부터 하향까지 하나씩 설명.)

부모 : 솔직히 난감하네요. 아무리 눈높이 조절을 한다고 해도 이건 답이 나오지 않는 상황이네요.

맵 : 적성고사 전형은 지원할 생각이 있나요?

학생 : 적성고사는 제 스타일과 맞지 않는 것 같습니다.

(※ 적성고사 전형은 2022 입시부터 폐지)

맵 : 저도 경쟁률 때문에 추천해드리고 싶지 않았는데 다행이네요. 그 전형은 패스하고 이제 마지막 남은 전형인 학생부 종합전형에 대해 알아보겠습니다. 다시 B대학으로 돌아가겠습니다. B대학 학생부 종합전형 입시 결과입니다.

∨ B대학교 2020 학생부 종합전형 입시 결과

대학	학과(전공)	최종등록자	
		평균	최저
인문	국어국문학전공	4.05	4.43
	영미언어문화전공	4.19	4.46
	러시아언어문화전공	4.66	4.93
	중국언어문화전공	4.24	4.50
사회과학	유아교육과	3.24	3.54
	글로벌경영학과	3.80	4.42
	관광경영학과	3.56	4.91
	행정학과	4.08	4.91
	식품영양학과	4.46	5.28

맵 : 최종등록자의 내신 평균등급은 여전히 학생보다 높습니다. 하지만 학생부 종합전형에서는 학생부 교과전형과 달리 학생보다 내신등급이 낮은 합격자가 상당수 있습니다. 학생부 종합 전형은 정량적이 아니라 정성적으로

평가하기 때문에 내신이 낮은 학생이라고 해도 합격이 가능하기 때문입니다. 그래서 합격자들의 내신 분포가 등급만으로 줄 세우는 학생부 교과보다 넓습니다. 학생의 내신등급이 B대학 학생부 종합 전형 지원이 가능한 범위 내에 있다고 볼 수 있습니다.

부모 : 학생부 종합전형으로는 B대학에 합격 가능한 건가요?

맵 : 말씀드렸듯이 정성적 평가에서는 입학사정관의 주관적인 평가가 반영되기 때문에 합격을 누구도 장담할 수 없습니다. 학생의 내신 등급이 합격자들보다 조금 부족한 감은 있지만 그래도 합격을 목표로 지원을 해볼 수 있는 범위 이내에 있다는 것입니다.

비교과에 자신 없는 것은 다른 중하위권 학생도 마찬가지다

학생 : 저는 학생부 종합을 준비하지 않아서 수상 실적도 없고 비교과도 내세울 게 없습니다.

맵 : 저는 내신등급을 감안하면 학생의 비교과 상황이 보통 정도는 된다고 생각합니다. 언론 등에서 최상위권 학생들의 비교과만 보아왔기 때문에 자신의 비교과가 형편없다고 생각할 수 있겠지만 비교과가 잘 준비된 내신 4.45등급의 학생은 흔치 않습니다. 학생 주변에 내신이 비슷한 친구들이 많을 것입니다. 내신이 비슷한 친구들 중 비교과가 좋은 친구들이 많나요?

학생 : 음…… 거의 없는 것 같습니다.

맵 : B대학의 학생부 종합전형 지원자들의 내신은 대부분 4~6등급입니다. 3등급대 학생은 다른 전형 또는 다른 학교에 지원할 확률이 높습니다. B대학 지원 시 경쟁하게 될 내신 4~6등급 학생들 중 비교과가 좋은 학생은 많지 않습니다. 학생의 비교과가 부족한 것은 맞지만 다른 경쟁자들 역시 상황은 비슷합니다. 학생은 내신등급도 합격자 평균보다 뒤지기 때문에 그렇게 상황이 좋지는 않습니다. 하지만 정시로 넘어간다고 해도 이 대학에 합격을 장담할 수 있는 상황은 아니기에 수시에서 B대학을 지원하는 것이 좋다고 생각합니다. 학생부 비교과에서 아직 손볼 수 있는 부분은 손보고 자기소개서(이하 자소서)를 정성들여 쓴다면 학생부 종합전형으로 B대학에 도전해볼 수는 있는 상황이라고 보입니다.

부모 : 학생부 수정이 가능한가요?

맵 : 다행히 아직 8월 초라 수정이 가능한 기간입니다. 1~2학년 내용은 수정이 불가능하지만 3학년 내용 중에서 일부 수정이 가능한 항목은 선생님께 잘 말씀드리면 수정이 가능합니다. (학생부 수정이 가능한 항목과 내용을 설명.) 이렇게 학생부에서 수정할 부분은 하고 자소서를 열심히 써야 합니다.

부모 : 자소서 첨삭이나 대필도 해주시나요?

맵 : 저희는 자소서를 써드리거나 첨삭해드리거나 하지 않습니다. 맵스터디의 컨설팅은 객관적 자료를 바탕으로 진행되는데 자소서는 정답이 없는 영역이기 때문입니다. 저희 상담에서는 자소서 작성 시 주의사항을 설명드리고 학생부 내용을 보면서 어떤 주제로 자소서를 작성하면 좋을지 기초 제안

은 해드리고 있습니다. (학생부를 함께 보며 자소서 주제에 대한 이야기를 나눔.)

부모 : 설명을 들으니 자소서가 정말 중요한 것 같네요. 혹시 자소서를 잘 쓰면 학생부 종합으로 인서울 대학에 합격할 가능성은 없을까요?

∨ **A대학교 2020 학생부 종합 전형 합격자 내신 분포도**

모집단위명	1단계 합격자 내신 평균 (3.38)	학생부 성적 분포							
		1등급	2등급	3등급	4등급	5등급	6등급	7등급	8등급
경영학과	3.13								
무역학과	3.36								
지식재산학과	3.85								
휴먼서비스학부	3.43								
경제학부	3.53								
회계세무· 경영정보학부	3.61								

맵 : 앞서 언급했던 A대학의 2020 학생부 종합전형의 1차 합격자 내신 분포입니다. 학생의 내신 등급보다 낮은 합격자가 없지는 않지만 정말 극소수이며 그 학생은 비교과가 정말 특출나거나 출신 고등학교가 특목고 등 일반고보다 학업 수준이 높은 학교 출신이었을 것으로 추정됩니다. 또 1단계 합격을 했다 해도 면접에서 떨어질 수 있습니다. 우리의 상황으로는 자소서를 잘 써도 인서울은 어렵다고 생각합니다. 자소서는 중요하지만 학생부 비교과를 포장하는 용도이기 때문에 한계가 있습니다. 지금 학생의 내신등급은

자소서에서 어느 정도 좋은 인상을 주고 면접까지 잘 봐야만 B대학에 합격이 가능한 성적입니다.

B대학보다 수험생의 선호도가 더 낮은 대학이라면 학생부 종합전형 지원 시 합격 가능성은 더 높아질 것입니다. (학생부 종합전형 지원 시 지원 가능한 대학을 완전 상향부터 완전 하향까지, 선발 방식의 변화, 인원 변화 등 주요 사항까지 고려해 대학마다 하나하나 설명. 지방대학교는 궁금해하는 지역만 설명.)

입시의 모든 전형마다 지원 가능한 대학을 완전 상향부터 완전 하향까지 모두 살펴본 것 같습니다. 이제 지원 전형과 대학을 좁혀보겠습니다.

논술전형과 적성고사 전형은 포기하는 것이 좋다고 생각합니다. 어떠신가요?

부모 : 그게 맞는 것 같습니다.

맵 : 그럼 남는 것은 학생부 교과, 학생부 종합, 수능입니다. 학생부 교과로 합격 확률 50% 내외라고 생각하는 학교는 수능에서 백분위 평균 60% 정도, 안정적으로 써볼 수 있을 것 같은 학교는 수능 백분위 평균 50% 정도 받으면 정시로도 갈 수 있다고 봅니다. 제가 학생이라면 학생부 교과전형은 지원하지 않을 것 같은데 어떻게 생각하세요?

학생 : 학생부 교과전형 지원은 정말 아닌 것 같습니다. 지원하고 싶지 않습니다.

맵 : 네, 그럼 수시에서 남는 것은 학생부 종합전형밖에 없습니다. 경영학과는 어느 대학교나 있으니 학생부 종합전형으로 경영학과에 6장 모두 지원

해야 합니다. 합격 확률을 정확히 예측할 수 없는 학생부 종합이지만 그래도 이해하시기 쉽게 합격 확률을 굳이 숫자로 얘기해보자면 B대학의 합격 확률은 30% 정도로 보입니다. 수능으로 B대학에 합격할 확률이 이보다 낮기 때문에 B대학 정도라면 지원하는 것이 현명한 선택입니다.

B대학을 기준으로 삼고 그보다 선호도가 높은 대학이라면 합격 확률은 떨어집니다. 반대로 선호도가 낮아진다면 합격 확률은 높아질 것입니다. 완전 상향-합격 확률이 조금이라도 있어 보이는 합격률 10% 내외 학교부터 합격자 평균 내신등급이 우리 내신등급보다 낮은 완전 하향인 학교까지 하나씩 설명해드리겠습니다. (학생부 종합전형 지원 가능 대학을 다시 살펴봄.)

수시에서 우리에게 주어지는 지원카드는 모두 6장입니다. 그중 1장은 학생이 원하는 곳으로 써도 됩니다. 그리고 B대학과 비슷한 선호도 또는 그보다 살짝 선호도가 낮은 대학 중에서 3장, 학생부 종합에 완전 안정은 없지만 그래도 그나마 합격 확률이 높아 보이는 학교에서 2장을 지원하는 것이 합리적이라고 생각합니다. (그 그룹에 속하는 대학들을 하나하나 설명.)

부모 : 마지막 그룹, 제일 낮은 대학들은 수능으로도 갈 수 있지 않나요?

맵 : 학생이 기대한 대로 수능이 잘 나올 수도 있지만 반대로 평소보다 낮게 나올 수도 있습니다. 긍정적인 상황과 부정적인 상황을 모두 감안해서 6장의 지원카드 조합을 만들어야 합니다. 수능에 대한 기대가 남아 있으니 마지막 그룹의 대학들 중 면접 일정이 수능 후인 학교로만 지원하는 방법이 있습니다. 수능이 잘 나온다면 면접을 가지 않으면 자동 탈락되어 정시지원이 가능하며, 수능이 기대만큼 나오지 않는다면 면접 준비를 열심히 하면 됩니

다. 입시일정을 활용해 보험을 들어놓는 것입니다. 문제는 안정적으로 보이면서 면접이 수능 후인 대학은 수도권에 없다는 점입니다. 지방대학도 괜찮나요?

부모 : 일정을 이용할 수가 있겠네요. 지방도 괜찮습니다. 마침 안정적으로 전망해주신 학교 중 D대학 근처에 부모님이 살고 계십니다.

맵 : 다행입니다. 그럼 B대학과 D대학은 꼭 지원하시고 나머지 4개 대학을 지금 이 자리에서 지정해드리지는 않겠습니다. 대학마다 합격 가능성에 대한 이해는 제대로 하신 것 같으니 집에 가서서 가족들끼리 의논해보고 최종 결정하시는 편이 나을 것 같습니다. 입시컨설팅을 지원할 대학 6곳을 찍어주는 것으로 아시는 분들이 많지만 제대로 된 컨설팅은 학생의 상황에 맞는 충분한 입시정보를 제공하는 것인데 충분히 의견을 나눈 것 같습니다.

부모 : 네, 이제 상황이 이해가 됩니다. 말씀해주신 두 대학은 지원하기는 해야겠네요. 나머지 대학은 저희끼리 더 의논해보고 결정하는 것이 좋겠습니다.

맵 : 최종적으로 6장의 지원카드를 결정하신 뒤에도 마지막 경쟁률까지 꼭 확인하고 지원하셔야 합니다. 가끔 경쟁률이 비정상적으로 높게 나오는 학과가 있는데 그런 경우라면 다른 대학으로 지원카드를 변경해야 합니다. 경영학과는 어느 대학에나 있으니 카드 변경은 다행히 쉬울 것 같습니다. 입시 결과를 만들어내는 것은 성적이 60%, 정보와 전략이 30%, 경쟁률이 10%라고 보시면 됩니다. 경쟁률을 꼭 보면서 지원하세요.

부모 : 이렇게 하면 수시에서 확실히 합격할 수 있을까요?

맵 : 학생부 종합은 정성적 평가라는 평가방식의 특성상 누구도 합격을 장담할 수 없는 전형입니다. 하지만 D대학처럼 합격확률이 높다고 생각되는 대학들로 지원카드를 2개 이상 채운다면 그 중 적어도 하나는 합격이 가능하지 않을까 예상합니다. 나머지 지원카드의 합격 가능성은 전형의 특성상 딱 찍어 말씀드리기 어렵네요. 비교과 수정, 자기소개서, 면접에 합격/불합격 여부가 달려 있기 때문입니다. 지원할 대학의 범위는 입시정보를 활용해 최대한 좁혀둔 상황이니 나머지 준비에 최선을 다하고 결과를 기다려보셔야 합니다.

특히 자소서를 신경 써서 준비해야 합니다. 비교과가 고정된 상황에서 자소서가 제대로 준비되지 않으면 4장 모두 면접까지도 못 가는 경우가 생깁니다. 각 학교별로 제출되는 자소서 내용이 대부분 같기 때문입니다. 그래서 학생부 종합전형은 합격이 100% 가능하다고 생각하면 안 되는 전형입니다. 당연히 수능 준비도 열심히 해야 합니다.

그렇다고 자소서에 시간을 무한정 쓸 수는 없습니다. 자소서는 정답이 없고 우리는 수능 준비도 해야 하기 때문에 자소서는 시간을 정해서 준비하라고 당부드리고 싶습니다. 자소서를 쓰겠다고 컴퓨터 앞에 앉아서 하염없이 시간을 보내는 경우도 많습니다. 수능 준비도 잊으면 안 되는 상황입니다.

학생 : 음……. 진짜 논술전형은 지원하면 안 되나요? 저는 그래도 논술전형에 지원하고 싶어요.

부모 : 설명 들었잖아. 아무리 봐도 논술은 아닌 것 같아.

맵 : 내신이나 수능으로 원하는 대학 진학이 어려울 것 같아 보이니 확률이 희박한 전형에도 희망을 걸어보고 싶은 학생의 마음을 저도 이해합니다. 컨설팅의 역할은 상황에 맞는 객관적 입시정보 제공과 전략의 제안이니 제가 학생에게 전형을 포기하라고 강제할 수는 없습니다. 학생이 실제로 지원하는 대학을 제가 확인할 수 있는 것도 아닙니다. 하지만 저라면 논술전형은 지원하지 않을 것이라고 다시 한 번 말씀드리겠습니다. 그래도 논술에 지원하고, 수능까지 성적이 아주 낮게 나온다면 수능 후에 지원할 수 있는 전문대 수시 2차에 지원해야 할지도 모릅니다. 전문대 입시에 대해서는 앞서 설명해드렸습니다. 수능이 혹시 아주 좋지 않게 나온다면 전문대 수시 2차에서 확실히 합격 가능한 대학까지 지원해야 합니다.

학생의 상황에 맞는 수시 지원에 필요한 정보는 충분히 설명해드린 것 같습니다. 이제 돌아가서서 가족끼리 의논 후 최종 선택을 현명하게 하시기 바랍니다.

03

내신 7.62등급,
최하위권 학생의 지원전략은?

모 : 아이의 성적이 좋지 않습니다. 공부는 아예 손을 놓은 상황이라 내신 등급이 7.62 나왔습니다. 수능 모의고사도 마찬가지입니다. 처음에는 공부를 해야 한다고 닦달도 해보았지만 전혀 소용이 없어서 어느 때부터 저도 포기하게 되었습니다. 그래도 학교라도 빠지지 않고 나가주어서 다행이라고 생각합니다. 그렇게 시간을 보내다 어느새 고3이 되었고, 일단 대학 진학은 어떻게든 해야 할 것 같아서 혼자 열심히 인터넷을 검색해보고 대학 홈페이지도 가보고 했습니다. 그런데 대학이 너무 많고 어디서부터 어떻게 조사해야 할지 막막해서 찾아오게 되었습니다.

학년 & 컨설팅 시기 : 고3 수시 컨설팅 시즌		
내신 성적	전 과목	7.62등급
	학기별 성적추이	7.77 → 6.63 → 7.89 → 7.62 → 8.12

모의고사 성적	최하위권이라 성적이 의미가 없어 제출하지 않음
학생부 비교과 활동	비교과 활동 전무
희망 대학	성적으로 갈 수 있는 대학(4년제 선호)
희망 전공	없음
특징 요약	· 안양 거주 · 성적이 최하위권인 일반고 여학생 · 부모님만 상담 참석

맵 : 학생이 같이 오지 않았는데 학생은 대학 진학 의사가 있나요?

모 : 대학 진학 대신 하고 싶은 게 있냐고 물어보면 모르겠다고 합니다. 이 대로 진학하지 않으면 집에서 놀기만 할 것 같아서 대학은 일단 무조건 보내 려고 합니다. 대학은 갈 거냐고 물어보면 보내주면 가겠다고 대답합니다. 사 실 진학에는 전혀 관심이 없지만 대학을 안 가고 뭘 해야 할지에 대한 대안이 없으니 가겠다는 것 같습니다. 오늘 같이 상담을 받으러 가자고 했지만 끝까 지 안 가겠다고 하네요.

맵 : 아무리 자신이 공부를 하지 않았다 해도 좋지 않은 등급으로 진학 관 련 상담을 받으러 오는 것이 편하지 않았을 것입니다. 학교 선생님의 상담은 받아보셨나요?

모 : 안 그래도 담임선생님께서 부르셔서 학교에서 상담했는데 선생님이 대학을 보내실 거라면 중하위권을 전문으로 컨설팅하는 곳을 검색해 가보는 것이 좋을 것 같다 하셔서 찾아왔습니다.

부 : 어차피 이름도 못 들어본 대학을 갈 거라면 상담이 필요 없을 것 같은데 집사람이 상담을 받고 싶다고 강하게 얘기해서 같이 왔습니다. 뉴스를 보면 인구가 줄고 있어서 대학마다 학생이 모자라 난리라는데 낮은 대학은 줄만 서면 갈 수 있지 않나요?

모 : 내가 집 근처 전문대 몇 개 알아봤는데 우리 애 성적으로는 확실히 갈 수 있는 대학이 없다니까 그러네.

맵 : 전국에 대학이 4년제와 전문대 모두 합해 300개가 넘고, 수도권에만 120개가 넘습니다. 여기 수도권에 있는 전문대 리스트가 있는데 아버님, 여기 중 따님 성적으로 충분히 갈 수 있다고 생각되시는 곳이 있다면 한 곳 얘기해주시겠습니까?

∨ 수도권 전문대 리스트

서울	인천	경기	
국제예술대	경인여대	경기과학기술대	수원과학대
동양미래대	인천재능대	경민대	수원여대
명지전문대	인하공전	경복대	신구대
배화여대		계원예술대	신안산대
백석예술대		국제대	안산대
삼육보건대		김포대	여주대
서울여자간호대		대림대	연성대
서일대		동남보건대	오산대
숭의여대		동서울대	용인송담대
인덕대		동아방송예술대	웅지세무대
정화예술대		동원대	유한대
한양여대		두원공과대	장안대

		부천대 서영대(파주) 서울예술대 서정대	청강문화산업대 한국관광대 한국복지대

줄만 서면 갈 수 있는 대학?

부 : 솔직히 들어보지도 못한 대학이 절반을 훨씬 넘습니다. 이 중 어느 학교가 전문대 중에서 그나마 합격 성적이 높고 낮은지 구별을 못하겠네요. 그런데 제 출퇴근길에 있는 A전문대는 주변에 공부 못하는 애들도 다 가던데요. 이 대학은 그냥 갈 수 있지 않나요?

맵 : 일단 A전문대의 작년 입시 결과와 학생의 성적을 비교해보겠습니다. A전문대의 작년 학생부 반영법으로 산출한 학생의 내신 성적은 7.75등급입니다. 작년 입시 결과는 작년 학생부 반영법 기준으로 작성되었으니 동일한 기준으로 비교하기 위해 우리 성적도 작년 방식대로 산출했습니다. 이 성적과 작년 수시 1차 입시 결과와 비교해보겠습니다.

∨ A전문대 일반고 전형 2020 수시 1차 입시 결과

모집단위	내신등급		모집단위	내신등급	
	최저	평균		최저	평균
디지털전자과	6.86	5.96	경영학과	6.54	5.76
정보통신과	6.85	5.96	세무회계과	5.82	4.80
전기과	6.80	5.73	유아교육과	5.04	4.45
컴퓨터소프트웨어과	6.00	5.49	유아특수재활과	8.23	5.93

토목환경과	7.86	6.63	사회복지과	7.14	6.05
건축과	7.04	6.13	아동보육과	5.75	5.34
실내건축과	6.48	5.86	군사학과(남)	8.65	6.35
식품영양과	7.04	5.53	군사학과(여)	5.67	4.66
호텔조리전공	7.48	5.82	관광영어전공	6.89	5.61
호텔외식경영전공	6.15	5.54	관광중국어전공	7.81	6.27
보건의료행정과	5.88	4.98	호텔관광전공	7.47	5.45
패션디자인비즈니스과	5.76	5.25	항공서비스과	8.36	5.15
헤어디자인전공	7.31	5.55	경찰경호보안과	5.46	4.90
메이크업전공	7.38	5.51	시각디자인과	5.48	5.01
스킨케어전공	7.26	5.58	영상콘텐츠과	4.85	4.36
반려동물과	4.65	4.05	스포츠케어과	6.48	5.51
유통물류과	6.80	5.59			

맵 : 학생의 내신등급은 A전문대 합격자 커트라인보다 대체적으로 낮습니다. 합격자 평균과 비교하면 많이 부족하다고 보입니다. 커트라인이 학생 성적인 7.5보다 낮았던 학과는 토목환경과, 유아특수재활과, 군사학과(남), 관광중국어전공, 항공서비스과 이렇게 5개 모집단위밖에 없는데 이 중에서 3개 학과는 면접이 있습니다. 그 학과의 합격자 중 내신등급이 제일 낮았던 학생은 면접 점수가 좋은 편이었을 겁니다. 그렇다면 학생의 경우 작년 기준으로 A대학교 지원 시 합격이었던 과는 토목환경과와 유아특수재활과밖에 없습니다.

모 : 내가 집 근처 대학은 다 알아봤다니까…….

부 : 지원만 하면 간다더니 그게 아니네. 아는 집의 공부 못하는 애도 갔다는데 우리 애는 거기에도 모자란 거네…….

맵 : 요즘 학생부에는 전 과목 석차가 나오지 않기 때문에 등급에 익숙하지 않은 부모님들은 자녀의 내신이 전교에서 어느 정도인지 정확히 모르시는 경우가 많습니다. 학생의 성적이 어느 정도인지 정확히 설명하고 넘어가겠습니다. 마침 학생 본인도 없고 하니 객관적이고 냉정하게 숫자로 설명해드리겠습니다. 학생의 전 학년 평균 등급이 7.62입니다. 대부분 과목이 7~8등급을 받았다는 것입니다. 7등급이면 100명의 학생 중 78~89등, 8등급이면 90~96등을 했다는 뜻입니다. 요즘 고등학교는 한 반에 대략 25명입니다. 7~8등급의 중간값을 평균으로 잡아보면 7.62등급은 반에서 대략 23~24등이 됩니다. 반등수로는 뒤에서 2~3등입니다.

부 : 그 정도인가요? 제가 일하느라 바빠서 아이한테 신경을 못 썼는데, 성적이 나쁜 걸 알고는 있었지만 생각보다 훨씬 심각하네요.

최하위권은 추가 합격 미달이 나는 학교를 찾아야 한다

맵 : 네, 사실 성적만으로는 다른 학생들과 경쟁하기가 어려운 상황입니다. 4년제는 서류를 6장까지 쓸 수 있으며 전문대는 대학마다 모두 접수가 가능하기 때문에 전국 모든 대학을 살펴보아도 경쟁률이 미달인 대학이나 학과는 쉽게 찾아보기 어렵습니다. 우리가 노려야 할 대학은 중복해서 합격한 학생들이 다 빠져나간 후 추가합격 미달이 생기는 대학과 학과입니다.

먼저 서울에서 1시간 30분 정도 거리에 위치한 지방에 있는 4년제 대학교

B대학의 2015년 입시 결과를 보겠습니다. 작년 입시 결과가 아닌 2015년 입시 결과를 보여드리는 이유는 설명해드리고 싶은 항목이 그해에만 공개되었기 때문입니다.

∨ B대학 2015 수시 입시 결과

학과명	일반전형				
	등록평균	모집인원	지원인원	지원률	추가합격
국어국문학과	3.82	17	42	2.5	25
영미어문학부	4.86	19	51	2.7	31
법학전공	5.72	15	34	2.3	18
부동산학전공	5.49	11	26	2.4	8
행정학부	5.16	24	87	3.6	63
사회복지학과(주)	3.49	20	153	7.7	46
사회복지학과(야)	5.75	12	31	2.6	19
중국학과	5.11	17	49	2.9	30
언론광고학부	4.29	30	106	3.5	56
문화콘텐츠학과	3.51	11	66	6.0	10
경영학과	4.46	37	129	3.5	69

※ 상위 80% 등록 평균

맵 : B대학 문과의 경우 경쟁률이 대부분 2점대 중후반에서 3점대이며 합격자의 평균 내신등급을 보면 4~5점대로 우리 학생의 내신 성적과는 거리가 있습니다. 만약 표의 가장 위에 있는 국어국문학과에 우리 학생이 지원했다

면 합격했을까요? 아니면 불합격일까요?

모 : 합격자 평균 성적을 보면 불합격이지 않을까요? 차이가 많이 나 보이는데.

맵 : 먼저 말씀드릴 것은 저 성적은 최종등록자 전체의 성적이 아니라 상위 80%의 성적입니다. 합격생 10명 중 최하위 2명의 성적을 뺀 것입니다. 공개된 성적과 커트라인에 차이가 있을 수 있다는 점을 감안해야 합니다. 그리고 2015년 입시에서 인문계열은 국·영·사 각 교과별로 학기별 1과목씩만 반영해 선발했기에 실제 등급과는 차이가 있습니다.

더 주목해야 할 것은 경쟁률과 추가합격자 수입니다. 만약 이때 지원했다면 국어국문학과에 합격했을 확률이 높습니다. 17명을 선발하는데 42명이 지원했고 추가합격자 수가 25명이었습니다. 1차 합격자 17명과 추가합격자 25명을 더하면 42명입니다. 모든 지원자가 합격했다는 뜻입니다. 영미어문학부의 경우도 마찬가지며 법학 전공은 불합격자가 1명입니다. 학생이 내신 등급만으로는 누구에게도 확실히 이긴다고 자신할 수 없지만 그래도 합격 확률이 있습니다.

모 : 그럼 B대학교는 아무 과나 지원해도 다 합격인가요?

맵 : 그렇지는 않습니다. 부동산학 전공의 경우는 국문이나 영문보다 평균 등급이나 경쟁률이 모두 낮은데도 불합격자가 7명이나 됩니다. 부동산학이 국문, 영문보다 인기과라고도 할 수 없는데 이런 결과가 나왔습니다. 앞서 합격한 다른 학생들이 얼마나 다른 대학으로 빠져나가느냐에 따라서 최하위권

의 합격이 결정됩니다. 그래서 어떤 과에 지원해도 합격을 장담할 수는 없으며 최대한 확률을 높이기 위해 끝까지 경쟁률도 확인하고, 과의 인기도도 확인하면서 지원해야 합니다. 확률을 높이기 위한 노력을 해야 합니다.

부 : 낮은 대학 몇 곳에 대충 서류만 내면 그중에 몇 개 붙는 줄 알았더니 이게 간단하지가 않네요.

맵 : 네, 최하위권의 입시라고 쉬운 것은 아닙니다. 오히려 최상위권보다 더 많은 정보가 필요합니다. 상황에 맞는 입시정보를 제대로 파악하고 이를 바탕으로 기본 전략을 세운 뒤 마지막으로 경쟁률까지 보고 지원해야 합니다. 성적이 좋지 않은 경우 선호도가 가장 낮은 대학부터 차근차근 한 칸씩 올려가면서 합격 희망이 조금이라도 있는 대학을 모두 살핀 후 지원해야 합니다.

4년제의 경우 수도권에서는 가장 낮은 대학도 합격이 어렵습니다. 4년제 진학을 원하신다면 지방을 생각하셔야 할 것 같습니다. 전문대의 경우는 경기권 안에서 진학이 가능하다고 생각되지만, 학교나 학과 선택의 폭에 제약이 있습니다. 지방 4년제 대학에 보내실 생각은 있으신가요?

모 : 네, 가능하다면 전문대보다는 지방이라도 4년제 대학을 보내고 싶습니다.

맵 : 그럼 4년제에 대해 먼저 설명을 드리고 전문대로 넘어가겠습니다. 수도권 4년제 대학 중에서도 추가합격 미달이 발생하기도 하는 대학과 학과가 일부 있습니다. (몇 개 되지 않지만 지원 가능 대학 소개.) 지리적으로 좋지 않은

위치고 학과 선택의 폭이 좁거나 학교의 재정과 운영 상황이 좋지 않은 상황이지만 우리 성적도 좋지 않기 때문에 수도권에서 다른 선택지는 없다고 봅니다.

이제 지방을 알아보겠습니다. 각 지역별로 추가합격 미달이 자주 나오는 대학부터 그보다 조금 더 선호도가 높은 대학까지 설명해드리겠습니다. (전국 각 지역별로 학생이 지원 가능한 4년제 대학을 전형별로 합격 가능성까지 소개.)

모 : 사실 저도 인터넷으로 며칠 동안 나름 열심히 검색을 해봤습니다. 그런데 이름을 들어본 대학은 아무리 봐도 지원 자체가 불가능해 보이고 나머지 대학은 너무 많아서 어디서부터 어떻게 알아봐야 할지, 제대로 조사할 방법이 없어서 힘들었습니다. 그런데 여기 와서 이렇게 지역별로 설명을 들으니 답이 나오네요.

맵 : 전국에 4년제 대학이 198개입니다. 캠퍼스를 고려하면 200개가 훨씬 넘는데 이 중 이름을 들어보신 대학은 50개 내외일 것입니다. 나머지 대학들은 모두 생소하니 조사를 시작하기도 어려운 것이 현실입니다. 학교 선생님도 기본 업무가 있으시기 때문에 이런 부분까지 도와주기 어려워서 컨설팅을 받아보라고 하신 것입니다.

말씀드린 대학 중에서 합격이 확실한 대학은 하나도 없습니다. 처음에 설명해드린 것처럼 추가합격 미달은 발생할 수도, 그렇지 않을 수도 있기 때문입니다. 하지만 6장의 지원카드를 경쟁률을 참고해가면서 쓴다면 그중 일부는 확실히 합격할 수 있습니다. 수도권에서 설명해드린 대학은 관심이 없어 보이시니 꽤 확률이 높아 보인다고 설명한 지방에 위치한 대학 중 대도시는 아니지만 지리적으로 가까운 3~4개 대학에 지원하고 나머지 2~3장은 앞서

3~4장보다는 합격 확률이 떨어지지만 그래도 비교적 큰 도시에 있는 대학으로 지원하면 어떨까 싶네요. (지원카드 대학과 전형을 좁혀 드림.)

모 : 확실히 4년제 대학에 갈 수 있다니 다행이네요. 제안해주신 대학들로 지원하는 게 좋을 것 같습니다.

맵 : 그럼 대학과 전형은 이렇게 확정하고, 개별 카드마다 경쟁률을 끝까지 보시고, 만약 생각했던 학과의 경쟁률이 예상보다 많이 높다면 다른 학과로 지원하시기 바랍니다.

모 : 네 알겠습니다. 그런데 제가 많이 불안해서요. 갈 수 있는 전문대도 알려주시는 거죠?

최하위권의 전문대 지원 전략 1 - 면접

맵 : 네, 이제 전문대에 대해서 살펴보겠습니다. 전문대는 지방까지는 보내실 필요가 없습니다. 수도권 지역에서 합격은 가능한데 얼마나 가까운 곳으로 합격을 시키느냐가 관건입니다. 단 전반적으로 살펴보았을 때 집에서 가까운 거리인 전문대 합격은 가능성은 있지만 확실히 장담하기는 어려운 성적입니다. 사실 작년까지만 해도 통학거리가 가까운 대학은 노려보기 어려운 상황이었지만 학령인구의 감소로 전문대 입시 결과가 많이 낮아져서 가까운 대학에도 도전이 가능한 상황이 되었습니다. 입시정보를 최대한 활용해 어떻게든 가까운 대학에 갈 수 있도록 현 상황에서 할 수 있는 최선의 전략에 대해 알아보겠습니다.

전문대 합격을 위해서 주목해야 할 포인트는 4가지입니다. 면접, 야간, 유리한 학생부 반영법 활용, 지원 기회의 활용입니다. 먼저 면접에 대해서 말씀드리겠습니다. 아까 확인했던 A전문대의 입시 결과를 다시 보겠습니다.

∨ A전문대 2020 수시 1차 입시 결과와 면접 여부

모집단위	내신등급		면접 여부	모집단위	내신등급		면접 여부
	최저	평균			최저	평균	
디지털전자과	6.86	5.96	X	경영학과	6.54	5.76	X
정보통신과	6.85	5.96	X	세무회계과	5.82	4.80	X
전기과	6.80	5.73	X	유아교육과	5.04	4.45	X
컴퓨터소프트웨어과	6.00	5.49	X	유아특수재활과	8.23	5.93	X
토목환경과	7.86	6.63	X	사회복지과	7.14	6.05	O
건축과	7.04	6.13	X	아동보육과	5.75	5.34	X
실내건축과	6.48	5.86	X	군사학과(남)	8.65	6.35	O
식품영양과	7.04	5.53	X	군사학과(여)	5.67	4.66	O
호텔조리전공	7.48	5.82	O	관광영어전공	6.89	5.61	X
호텔외식경영전공	6.15	5.54	X	관광중국어전공	7.81	6.27	O
보건의료행정과	5.88	4.98	O	호텔관광전공	7.47	5.45	O
패션디자인비즈니스과	5.76	5.25	X	항공서비스과	8.36	5.15	O
헤어디자인전공	7.31	5.55	O	경찰경호보안과	5.46	4.90	O
메이크업전공	7.38	5.51	O	시각디자인과	5.48	5.01	X
스킨케어전공	7.26	5.58	O	영상콘텐츠과	4.85	4.36	X
반려동물과	4.65	4.05	X	스포츠케어과	6.48	5.51	X
유통물류과	6.80	5.59	X				

맵 : 경찰경호보안이나 보건의료행정같은 인기학과를 제외하면 대부분 학과가 면접이 있는 학과보다 커트라인이 낮습니다. 면접을 통해 합격의 가능성을 더 높여볼 수 있습니다.

부 : 우리 아이는 면접 보는 거 싫어 할 텐데…….

맵 : 면접을 본다는 것은 누구에게나 부담스러운 일입니다. 면접 여부와 상관없이 합격이라면 아무도 면접을 보지 않으려 할 것입니다. 하지만 우리는 면접 없이 A전문대에 진학하기에는 성적이 부족합니다. 부족한 내신등급을 만회하기 위해서 어쩔 수 없이 부담스러운 면접을 준비해서 보는 것입니다. A전문대의 경우는 그래도 합격이 장담되지 않습니다. 꼭 A전문대로 진학해야 한다는 것이 아니라, 어느 대학이나 면접이 있는 경우는 면접이 없는 경우보다 합격자 성적이 낮기 때문에 성적이 부족한 학생은 면접을 봐야 선택의 폭이 넓어집니다. 면접 없는 대학으로 진학하면 통학 왕복 3~4시간이 걸리고, 면접이 있는 대학에서 면접을 잘 본다면 왕복 1시간 30분의 대학에서 학업을 마칠 수 있다는 점을 잊지 말아야 합니다. (내신등급으로만 지원하면 불합격 확률이 높지만 면접이 있으면 합격 확률이 조금이라도 생기는 전문대들에 대해 하나하나 설명. 면접 준비법도 설명.)

최하위권 전문대 지원 전략 2 - 야간

맵 : 두 번째로 설명드릴 것은 야간입니다. 먼저 올해 서울, 경기, 인천의 전문대 중에서 야간 선발 인원이 있는 전문대 리스트입니다. 야간 대학 진학은 어떻게 생각하시나요?

V 수도권 전문대 중 야간 선발 인원이 있는 대학(2021 입시 기준)

서울	경기, 인천
명지전문대 백석예술대 서일대 숭의여대	경인여대 수원여대

부 : 전문대를 가는데 야간까지 가야 되나요?

맵 : 선택은 학생과 부모님이 하시지만 야간까지 생각한다면 대학 진학의 폭이 더 넓어집니다.

모 : 야간이랑 주간이랑 차이가 어떻게 되나요? 졸업장에 표시가 되나요?

맵 : 아니요, 야간과 주간의 차이는 수업을 받는 시간대만 다를 뿐 모든 것이 동일합니다. 수업이 4~5시 내외에 시작해 10시 정도에 끝난다는 것만 제외하면 주간과 전혀 차이가 없습니다. 야간 모집이 줄어드는 추세지만 저는 관심 있는 분이라면 장려하는 편입니다.

모 : 야간까지 보내야 할지 솔직히 잘 모르겠습니다. 하지만 일단 여기까지 왔으니 정보라도 얻어서 다시 생각해보고 싶습니다.

맵 : 야간으로 진학한다면 내신등급을 보통 2등급 정도는 만회할 수 있습니다. C전문대의 수시 입시 결과를 보겠습니다.

∨ C전문대 2020 수시 1차 입시 결과

학과명	특별전형(일반고)		
	경쟁률	합격자 최저점	합격자 평균
컴퓨터전자공학과(주)	11.93	5.28	4.70
컴퓨터전자공학과(야)	5.69	7.64	5.94
소프트웨어공학과(주)	12.27	4.83	4.22
소프트웨어공학과(야)	6.20	6.27	5.62
건축공학과(주)	9.43	5.44	4.75
건축공학과(야)	4.24	7.19	5.83
스마트자동차공학과(주)	14.07	5.40	4.74
스마트자동차공학과(야)	4.50	8.85	6.22
유아교육학과(주)	37.00	3.78	3.37
유아교육학과(야)	14.50	5.77	5.07
비즈니스영어과(주)*	23.23	4.79	4.07
비즈니스영어과(야)*	6.14	8.70	6.03
커뮤니케이션디자인학과(주)	19.58	4.58	4.00
커뮤니케이션디자인학과(야)	5.91	6.18	5.38
실내디자인학과(주)	24.00	4.24	3.65
실내디자인학과(야)	5.50	7.23	5.75

맵 : 동일한 과라고 해도 야간의 커트라인이 주간보다 대략 1등급, 많으면 2등급 이상 낮습니다. C전문대 기준으로 학생의 내신등급은 7.12입니다. 작년 커트라인이 학생 내신보다 낮은 학과가 여럿 있었습니다. 주간으로 지원할 경우 합격 가능성이 아예 없지만 야간 지원으로 작은 가능성이라도 생긴

것입니다. 전문대는 지원 횟수의 제한이 없으니 야간도 괜찮다고 생각하신다면 최대한 지원 기회를 살려보시는 것도 나쁘지 않다고 생각합니다.

최하위권 전문대 지원 전략 3 - 유리한 학생부 반영법 활용

맵 : 다음으로 설명드릴 것은 유리한 학생부 반영법의 활용입니다. 전문대는 학교마다 학생부를 반영하는 방법이 다른데 학생의 경우는 1학년 2학기 성적이 6.63등급으로 그나마 다른 학기보다는 낫습니다. 제일 성적이 좋았던 1학기의 등급으로 평가를 하는 대학이 학생에게는 가장 유리합니다. 학생의 경우는 면접이나 야간을 활용해 최대한 가까운 대학에 진학하는 것이 낫다고 생각하는데 해당 대학 중에는 이 학생부 반영법을 적용하는 학교가 없습니다. 그래서 이 부분은 이제야 설명해드립니다. 이제부터 설명할 대학들은 통학거리가 조금 먼 학교들입니다. 경기 남부와 경기 북부에 캠퍼스가 나누어져 있는 D전문대의 경기 북부쪽 캠퍼스의 작년 수시 1차 입시 결과를 보겠습니다.

∨ D전문대 2020 수시 1차 입시 결과

모집단위	일반전형	
	최저등급	평균등급
디스플레이전자공학과	7.37	6.01
디스플레이시스템공학과	7.92	6.51
메카트로닉스공학과	7.42	6.15
스마트자동차과	8.12	6.33
방송영상제작전공	5.67	5.00

방송작가전공	6.72	5.65
방송연예전공	6.42	5.56
실용음악과(가창)	6.84	5.38
실용음악과(기악 및 작곡)	7.85	6.70
스마트IT학과	7.80	6.38
컴퓨터공학과	7.58	5.76
건축인테리어학과	7.18	5.49
브랜드디자인과	7.23	5.95
보육복지과	7.39	6.43
뷰티아트과	7.36	6.23
호텔건강과	8.11	6.42
호텔조리과	8.24	6.55
의료복지행정과	7.32	6.12

맵 : 학생의 전체 내신 평균인 7.62등급을 적용하면 작년 수시 1차에서 합격이 가능했던 학과는 절반에 못 미칩니다. 합격여부가 결정되기까지 불안한 마음으로 기다려야 합니다. 하지만 D전문대는 1~2학년 총 4학기 중에서 가장 성적이 좋았던 1개 학기의 성적만 반영합니다. 학생의 성적을 전체 내신 평균 등급이 아니라 D전문대 기준으로 산출한 내신등급인 6.63으로 비교해 보면 대부분 학과에 합격이었음을 알 수 있습니다. 이렇게 자신의 성적을 각 대학 학생부 반영법대로 산출한 후 비교해서 지원을 해야 합니다.

최하위권 전문대 지원 전략 4 - 지원기회의 활용

맵 : 커트라인은 추가합격자가 얼마나 발생하느냐에 따라 결정되는데, 앞서 합격한 합격자들의 상황에 따라 달라지므로 예측이 불가능합니다. 합격자 성적이 낮은 학교일수록 커트라인 변동폭은 심해집니다. 그래서 작년의 커트라인이 우리 성적보다 아래라고 해서 합격이 장담되지는 않습니다. 우리보다 먼저 합격한 학생들이 다른 학교로 많이 빠져나가면 합격이고 덜 빠져나가면 불합격입니다. 이 예측이 불가능한 상황에서 합격 확률을 높이기 위해서 우리는 지원기회를 최대한 활용해야 합니다.

지원기회의 활용은 2가지로 나뉘는데 첫 번째는 잘 아시는 대로 4년제 6번의 지원기회와 상관없이 전문대는 모든 곳에 지원이 가능하다는 점입니다. 또한 수시 1차와 2차에 모두 지원 가능합니다. 예를 들어 어떤 대학의 낮은 과에 지원했을 때 합격 확률이 딱 절반, 50%라고 가정해봅시다. 1번 지원할 수 있다면 합격 확률이 50%이겠지만 전문대는 수시 1차와 2차 모두 지원할 수 있습니다. 그 두 번의 기회를 모두 활용한다면 합격 확률은 75%로 올라갑니다. 50% 확률의 복권을 두 번 긁을 수 있다고 이해하시면 됩니다.

지원 기회를 활용하는 두 번째 방법은, 지원 기회를 여러 번 주는 전문대를 찾는 것입니다. 선호도가 높은 전문대일수록 지원 기회를 1번만 주는 경우가 많지만 일부 학교는 여러 학과에 지원할 수 있습니다. 이를 활용하여 정말 확실한 합격카드를 가져야 불안하지 않습니다. E전문대 수시 입시 결과 중 일부를 보겠습니다.

∨ E전문대 2020 수시 1차 입시 결과

모집학과	일반전형			모집학과	일반전형		
	경쟁률	학생부			경쟁률	학생부	
		평균	최저			평균	최저
법무경찰과	7.9	5.02	6.54	정보통신드론과	5.3	5.77	7.67
비서경영과	9.8	5.66	7.14	컴퓨터게임과	13.1	4.36	5.85
빅데이터경영과	6	6.1	8.11	컴퓨터융합소프트웨어	9.5	5.65	6.73
사회복지과	11.9	5.16	7.54	항공기계과	5.9	6	7.96
세무회계과	6	5.49	7.54	뷰티케어과	16.8	4.51	5.36
유아교육과	14.4	4.83	5.59	의료정보과	11.3	4.88	6.08
항공서비스과	22.3	5.23	6.96	리빙디자인과	6.8	6.53	8.08
호텔관광과	16.9	5.58	7.39	방송영화제작과	13.8	4.26	5.18
건축과	3.4	6.65	7.85	스타일리스트과	9.7	4.05	5.57
건축소방설비과	6.3	5.5	7.36	시각디자인	9.3	4.96	6.5
스마트전자과	4.9	6.93	8.04	연기예술과	6.3	5.88	7.23
실내디자인과	9.8	5.47	6.67	컬리리스트과	7.5	5.13	6.55
자동차기계과	7.9	6.48	7.93	토이캐릭터디자인과	5.8	4.69	5.31
전기과	9.4	6.16	8.23				

맵 : E전문대 기준으로 산출한 학생의 내신등급 6.63은 거의 대부분 학과의 합격자 평균 성적보다 아래이지만 커트라인만 비교해보면 합격이 가능했던 과가 많습니다. 그러나 아까 D전문대와 마찬가지로 어떤 학과도 자신 있게 100% 합격을 장담할 수 없습니다. 입시 결과의 변동성이 심하기 때문입니다.

그런데 E전문대는 수시 1차에 2번, 수시 2차에 2번의 총 4번 지원기회를 줍니다. 높지 않은 과 위주로 4장을 쓴다면 아무리 운이 따르지 않아도 최소 1장의 지원카드는 합격할 수 있습니다. 모든 대학 불합격이라는 불안감에서 해방될 수 있습니다.

모 : 이건 정말 확실히 합격할 수 있겠네요.

부 : 아…… 그래도 E전문대는 집에서 1시간 반은 걸릴 텐데.

맵 : 이 학교는 완전히 안전으로 소개해드리는 대학입니다. 앞서 설명해드린 4년제 대학들과 다른 전문대에서도 면접과 야간 등을 활용한다면 지원한 학교 중 일부는 충분히 합격할 수 있습니다. 하지만 100% 장담할 수는 없기 때문에, 모든 대학에 불합격할 가능성을 원천봉쇄하기 위해서라도 확실하게 합격 가능한 카드를 소개해드리는 것입니다. (마찬가지로 지원기회를 활용해 완전히 안전하게 지원 가능한 대학들을 하나하나 설명.)

이제 설명할 대학에 대해서는 다 얘기해드린 것 같습니다. 저는 개인적으로 지방 4년제 대학에 보내는 것보다는 통학 시간이 적게 걸리는 전문대에 보내기를 추천합니다. 고등학교 기간을 성실히 보내지 않았다면 지방에서 혼자 지낼 때 학생이 자기관리를 잘 해낼 수 있을지 불안하실 것입니다. 지방에서 명문 4년제 대학을 다니는 것도 아니기 때문에 굳이 4년제 대학을 고집할 필요는 없다고 생각합니다.

모 : 그래도 4년제 대학 졸업이 전문대보다 낫지 않나요?

맵 : 야간으로 지원하는 것을 고려해보시라고 소개한 전문대의 주간 합격자 내신등급이 지원하기로 했던 지방 4년제 대학 합격자 내신등급보다 높습니다. 상위권 학생이라면 당연히 전문대보다 4년제겠지만, 중하위권에서는 상황이 다릅니다. 하지만 이건 저의 의견일 뿐이고 선택은 학생과 부모님이 하시는 것이니 잘 의논해보시고 선택하시면 됩니다.

지원을 한다고 해서 그 대학에 가야 하는 것은 아닙니다. 지방 4년제, 전문대 야간, 전문대 주간까지 모두 지원한 뒤에 그중 최종적으로 하나를 선택해서 대학 진학을 하면 됩니다. 4년제 대학은 꼭 지원하시고, 전문대도 확실히 합격 가능한 대학 중 두 대학 정도는 지원기회를 살려서 꼭 합격카드를 확보해두시는 것이 좋습니다, 야간의 경우는 의논해보신 후 지원하기를 추천해드립니다. 그리고 어느 방향으로 진학할 것인지는 추가합격자 발표가 있는 12월 중후반까지 고민해보면 됩니다. 시간이 충분하니 천천히 고민해보시기 바랍니다.

04

[정시 컨설팅]
이과인데 수능에서
수학 성적이 가장 낮다면?

학생 : 컴퓨터학과 또는 정보통신 전공을 지망하고 있습니다. 내신보다는 수능에 집중해서 입시를 준비하느라 내신은 바닥권입니다. 수시는 논술로 모두 지원했는데 모두 예비번호도 못받아서 불합격했고 정시까지 넘어오게 되었습니다. 그렇다고 수능 성적도 좋은 것은 아닙니다. 재수는 원하지 않기 때문에 이번 정시에서 꼭 합격해야만 합니다. 인서울 대학은 어렵겠지만 그래도 통학 가능한 수도권 대학으로 진학을 생각하고 있습니다. 문제는 제가 이과인데 수학 성적이 백분위 45로 다른 영역보다 낮습니다. 대신 국어는 백분위 85로 전체 영역 중 제일 높게 나왔습니다. 어떻게 해야 할까요?

∨ 학생의 수능 성적표

구분	한국사	국어	수학영역		영어영역	과학탐구영역	
			(가)형			생명과학I	지구과학I
표준점수	-	116	89		-	50	58
백분위	-	75	31		-	50	75
등급	2	4	6		3	4	4

∨ 학생의 정보 요약

학년 & 컨설팅 시기 : 수능 성적 발표 이후 정시 컨설팅	
내신 성적	전 과목 6.29
희망 대학	수도권 대학 진학 원함
희망 전공	컴퓨터학이나 정보통신 관련 전공 진학 원함
특징 요약	· 용인 거주 · 수능에 집중해서 내신이 좋지 않음 · 자연계열 학생인데 수학 성적이 가장 낮음 · 불리한 내신과 수학 성적의 영향을 최소화한 지원 필요

맵 : 정시지원이 임박한 시기에 상담을 오셨습니다. 지원할 대학에 대해 많이 알아보고 오셨을 것 같은데 염두에 둔 학교가 있나요?

학생 : 네, 재수학원 선생님과 진학 상담을 했는데 제가 상위권이 아니라고 너무 신경을 안 써주는 것 같아서, 제안해주신 대학이 신뢰가 가지 않습니다. 그래서 합격예측 프로그램을 구매해서 많이 돌려보았는데 제가 볼 때 비슷해 보이는 대학들도 예측 결과가 너무 다르게 나오고, 지방은 대학은 많은데 기본 정보조차 부족해서 늦게나마 상담을 받으러 왔습니다.

맵 : 먼저 이과로 진학하고 싶은데 수학 성적이 좋지 않은 학생의 상황은 잘 알겠습니다. 먼저 얘기드려야 할 것은 학생이 진학을 염두에 두어야 할 대학들은 수능의 국수영탐 4개 영역 중 3개 영역만 반영하는 대학 위주가 될 것이라는 점입니다. 수도권의 학생이 보통 진학을 염두에 두는 범위인 수도권과 충정, 강원 지역에서 인서울 대학 등의 주로 수험생들의 선호도가 높은 대학일수록 국수영탐 4영역을 모두 반영하는 경향이 있습니다. 맵스터디 기준으로 분류한 상위권 대학을 제외한 대학 중에서 2020 정시에서 수능 4영역을 모두 반영하는 대학들의 리스트입니다. 종교와 예체능 학과 위주의 대학은 제외했으며 의예과, 간호과 등 일부 학과에서만 4영역을 반영하는 경우는 3영역을 반영하는 것으로 보고 작성했습니다.

∨ 2020 정시 수도권, 충청권, 강원권 대학 중 수능 4영역을 반영하는 중하위권 대학(맵스터디 분류 중하위권 대학 중에서 분류. 종교와 예체능 위주 대학 제외)

수도권	충청권	강원권
경동대(양주)	고려대(세종)	강릉원주대
수원대	공주대	강원대(삼척, 도계)
한경대	단국대(천안)	경동대(설악, 문막)
한국산업기술대	세한대(당진)	연세대(원주)
	한국교통대	
	한남대	
	한밭대	
	홍익대(세종) - 자연	
	- 인문은 3영역	

맵 : 학생의 성적은 4영역을 다 반영하는 상위권 대학 진학에는 많이 부족합니다. 그래서 수도권, 충청권, 강원권에서 4영역을 모두 반영하는 대학 중

살펴볼 곳은 이 리스트에 남아 있는 대학밖에 없습니다. 하지만 이 중에서도 선호도가 높은 대학들은 학생의 성적이 많이 부족하다고 생각됩니다. 4영역을 다 반영하는 대학의 자연계열에 지원하면 수학의 반영비율이 높을 것입니다. 그런데 학생은 전체 영역 중에서 수학 성적이 제일 낮습니다. 지원에 관심을 가질 만한 대학 중 합격 가능성을 고려했을 때 지원 가능 범위에 있는 대학은 없다고 생각됩니다. (4영역 반영 대학 중 학생이 관심을 가진 대학 중 가장 선호도가 낮아보이는 대학의 입시 결과와 학생의 성적을 비교해줌.)

학생 : 정시에서 지원 기회가 3번밖에 없는데 4영역 모두 반영하는 대학에 지원할 수 없는 상황이네요. 탐구도 2과목 중 1과목만 반영하는 대학이 대부분인 것도 당황스럽습니다. 이런 상황인 줄 알았다면 4영역, 5과목 모두 공부할 필요가 없었는데, 시간이 아깝다는 생각이 듭니다.

부모 : 높은 대학이든 낮은 대학이든 당연히 수능 4영역을 반영할 거라고 생각했는데, 입시정보가 이렇게 중요한지 몰랐네요.

맵 : 수능 위주로 대학을 진학할 계획인 수험생의 절반 정도는 3영역만 반영하는 대학에 가게 되는데 거의 대부분 수험생들이 이런 상황을 잘 모르는 것이 현실입니다. 수능 성적은 이미 확정된 상황이니 지나간 일에 대한 후회보다는 현재의 상황에 맞는 지원 전략을 세우는 것이 더 중요합니다.

학생 : 제가 진학을 원하는 학과는 자연계열인데 저는 자연계열에서 가장 중요하다고 생각되는 수학 성적이 다른 영역에 비해 낮습니다. 3영역만 반영하는 대학에서는 이게 더 문제가 되지 않나요? 3영역만 보게 되면 수학 비중

이 더 높지 않을까요?

맵 : 먼저 교차 지원에 대한 생각은 전혀 없는지 다시 한 번 확인하고 싶습니다.

학생 : 저는 문과 쪽 전공에 관심이 전혀 없습니다. 교차 지원을 통해 인서울 대학에 지원이 가능하다면 모를까, 그렇지 않다면 제가 관심을 가진 분야인 컴퓨터나 정보통신 관련 전공으로 지원하고 싶습니다.

모든 대학의 자연계열에서 수학이 필수인 것은 아니다!

맵 : 알겠습니다. 그럼 3영역만 반영하는 대학의 자연계열 지원에 대해서만 고려하면 될 것 같습니다. 3영역만 반영하는 대학의 이과에서는 반영과목에 수학이 반드시 포함되지 않을까 하고 생각하는 분들이 많은데 꼭 그렇지는 않습니다. 수학을 제외한 국영탐으로 이과에 지원할 수 있는 대학도 있습니다.

예시를 들어보겠습니다. 학생이 거주하는 지역에서 가까운 A대학과 더 남쪽편에 있는 대학인 B대학의 수능 반영 방식을 비교해보겠습니다. 두 대학은 모두 수능에서 3영역만 반영하며 지원 가능 성적이 비슷합니다. 하지만 수능 반영 방식이 다릅니다. 체대가 유명한 A대학의 경우 이과에 지원할 때 수학이 필수 반영이지만, 신도시 부근에 있는 B대학의 경우 수학을 제외한 국어, 영어, 탐구만으로도 지원이 가능합니다.

∨ A대학 vs B대학 수능 반영 방법 비교 - 2019 정시 기준

A대학교	인문	국어 40% + 영어 30% + 탐구(사회,과학,직업 중 선택 1과목) 30%
	자연	수학 40% + 영어 30% + 탐구(사회,과학,직업 중 선택 1과목) 30% 수학(가) 응시자 10% 가산점
B대학교	인문	(국어 또는 수학 중 선택 1과목) 40% + 영어 30% + 탐구(사회,과학,직업 중 선택 1과목) 30%
	자연	(국어 또는 수학 중 선택 1과목) 40% + 영어 30% + 탐구(사회,과학,직업 중 선택 1과목) 30% 수학(가) 반영시 5% 가산점

맵 : A대학은 인문계열에 지원할 때 수학이 필수 반영됩니다. 성적이 좋지 않은 수학은 필수로 반영되며 성적이 가장 좋은 국어는 반영되지 않기 때문에 A대학은 지원이 불가능합니다. B대학의 경우는 자연계열에 지원할 때 국어와 수학 중 성적이 높은 한 영역을 선택할 수 있습니다. 학생의 경우 수학 가산점을 감안해도 국어 성적이 훨씬 높기 때문에 국어가 자동으로 반영됩니다. 학생의 입장에서 A대학은 수능 반영방식이 불리하고, B대학은 유리한 것입니다. 원래 입학 가능 성적이 비슷한 두 대학이지만 A대학은 지원조차 불가능한 상황이며 B대학은 자세히 살펴봐야 하지만 지원을 고려해볼 수는 있는 상황입니다. 합격예측 프로그램을 돌려보니 어떻던가요?

학생 : 맞습니다. 두 대학이 크게 차이가 난다고 생각하지 않았는데 예측 결과의 차이가 너무 커서 당황스러웠습니다. A대학과 B대학은 집에서 가까운 대학이라 제가 요강을 찾아서 확인해보고 이유를 알게 되었습니다. B대학처럼 수학을 반영하지 않고 이과에 지원할 수 있는 대학이면 좋겠는데 그런 대학이 얼마나 있는지도 모르겠고, 직접 조사해보러니 너무 많아서 도움을

얻기 위해 상담을 받으러 왔습니다.

맵 : 큰 지원 전략의 방향은 정리된 것 같습니다. 학교들에 대해 살펴보기 전에 전공에 대한 얘기도 잠깐 하고 싶은데, 컴퓨터학과나 정보통신 관련 전공을 지망한다고 하셨죠?

학생 : 네, 맞습니다. 제가 관심 있는 분야가 아니면 대학에 가서도 공부를 제대로 하지 않을 것 같습니다.

부모 : 저희도 학과 선택에 있어서는 학생의 의견을 따르고 싶습니다.

맵 : 알겠습니다. 그럼 수능 수학 반영 없이 3영역으로 자연 계열로 지원 가능한 대학들을 살펴보고 그 안에서 지원할 대학을 좁혀봅시다. 우선 수능 반영 방식이 위 조건에 해당하는 대학들을 먼저 찾고, 선호도가 높은 대학부터 완전 안정으로 보이는 대학까지 하나하나 살펴본 후 결정하면 됩니다. 거의 모든 대학교의 지난 입시 결과가 공개되어 있으니 우리 수능 성적을 그 대학의 작년 수능 반영 방식대로 계산해보면 대학별 합격 가능성을 예측할 수 있습니다. 합격 가능성 예측을 할 때는 작년과 올해의 수능 반영 방식이 동일한지 변화가 있는지도 꼭 확인해야 합니다. 정시 선발 인원이 작년보다 전반적으로 줄었고 재수를 원하지 않으니 보수적으로 지원하는 것이 좋을 듯합니다. 먼저 아까 언급했던 B대학부터 알아보겠습니다. 작년 B대학 입시 결과입니다.

∨ B대학교 IT대학 2019 정시 입시 결과

단과대학	모집단위	모집인원	지원인원	경쟁률	최종예비순위	최고	평균	최저
IT대학	수리금융학과	10	70	7.00	22	86.70	82.31	80.00
	응용통계학과	11	58	5.27	4	9.030	85.47	81.40
	컴퓨터공학부	27	185	6.85	40	87.20	83.00	80.90
	정보통신학부	18	112	6.22	23	87.00	82.25	80.10

입시 결과와 자신의 성적을 정확히 비교해 합격 가능성을 예측하라!

맵 : 이제 학생의 성적을 B대학의 입시 결과와 비교해보아야 합니다. 문제는 B대학이 올해 수능을 반영하는 방식을 바꾸었다는 것입니다. 올해 수능 성적 산출 방식은 〈(국어 또는 수학) 40% + 영어 30% + 탐구(1과목) 30%〉인데 작년의 경우는 〈(국어 또는 수학 또는 영어 중 택2) 35%씩 + 탐구(1과목) 30%〉였습니다. 영어의 경우 등급별 변환 백분위를 활용하는데 3등급의 변환 백분위가 올해는 90이고 작년은 89였습니다. 큰 차이는 아니지만 그래도 변화가 있었습니다. 조심해야 할 것은 학생의 성적을 산출할 때 작년 방식대로 산출해서 비교해야 한다는 것입니다.

학생 : 저희는 올해 지원을 하는건데 왜 작년 방식으로 산출해야 하나요?

맵 : 비교해보아야 할 입시 결과가 작년 방식대로 산출된 결과이기 때문입니다. 올해 방식은 작년보다 영어 반영비율이 5% 줄어든 셈인데 영어 변환백

분위가 상대평가인 다른 백분위보다 더 점수가 높은 편이기 때문에 올해 식으로 산출해서 작년 입시 결과와 비교해서 성적이 높은 영어를 5% 더 적게 반영하게 됩니다. 동일한 성적이라면 성적이 안좋게 나오므로 합리적인 비교를 할 수가 없습니다. 입시 결과와 자신의 성적을 비교할 때는 동일한 조건에서 점수를 산출해 비교해보아야 합니다.

국어, 수학, 탐구의 경우는 백분위를 그대로 활용하면 되고, 영어의 경우 등급별 변환 백분위를 활용하는데 B대학의 경우 작년 기준 학생의 성적인 영어 3등급의 변환 백분위는 89입니다. 이를 활용해 B대학 기준의 학생의 성적을 산출하면 백분위 84 = 840점입니다.

∨ B대학교 지원 시 학생의 성적 산출 과정 - 작년 기준

	국영수 중 상위 과목1 - 영어	국영수 중 상위 과목2 - 국어	탐구
백분위	3등급 = 변환백분위 89	75	75 (상위 1과목)
반영비율	35%	35%	30%
영역별 반영점수	(89 x 0.35) = 31.15	(75 x 0.35) = 26.25	(75 x 0.3) = 22.5
평균 백분위 점수	영역별 반영 백분위 점수의 합 = 31.15+26.25+22.5 = 79.9		

학생 : 재수학원 선생님이 출력해주신 자료나 합격예측 프로그램에서 나오는 숫자들의 의미를 몰랐는데 이렇게 설명해주시니 이해가 가네요. 그럼 이 성적과 작년 입시 결과를 비교해보면 되나요?

맵 : 성적을 산출하는 방식은 동일할 것입니다. 하지만 합격예측 프로그램

에서 우리 성적과 비교하는 배치 점수는 업체마다 다를 것입니다. 배치 점수는 업체에서 자체적으로 설정하는 것이라 큰 흐름은 잡을 수 있겠지만 그 예측 결과를 그대로 믿어서는 안 됩니다. 우리는 우리 성적과 작년 입시 결과를 동일 조건에 놓고 비교해보아야 합니다. 그리고 다른 과들의 성적을 보고 우리가 지망하는 학과의 성적이 예외적인 상황인지까지 파악해 최종 합격 가능성 예측을 하면 됩니다. 지금 산출한 백분위 79.9는 작년과 동일한 방식으로 산출한 점수지만 이 점수와 작년 결과를 그대로 비교하면 안 됩니다. 추가로 영어 절대평가의 난이도까지 고려해서 비교를 해야 합니다.

학생 : 동일한 방식으로 산출했는데 왜 그대로 비교하면 안 된다는 거죠? B대학의 작년과 올해의 수능 반영 방식에 변화가 있나요?

맵 : 수능 반영 방식의 변화는 꼭 체크해야 할 부분이 맞습니다. 하지만 B대학은 작년과 올해의 수능 반영 방식이 동일합니다. 점수 산출 방식이 동일한데도 점수를 그대로 비교할 수 없는 이유는 영어 절대평가의 난이도 때문입니다.

수능 영어 절대평가의 난이도 변화를 꼭 고려하라!

맵 : B대학은 수능을 반영할 때 국어, 수학, 탐구 영역은 백분위를 반영합니다. 백분위의 경우 수능의 난이도가 영향을 미치지 않습니다. 같은 영역 수능을 치른 학생 100명 중에서 몇 등을 했느냐에 따라서 백분위가 주어지기 때문입니다. 수능이 어렵든 쉽든 1등부터 100등은 항상 존재합니다. 하지만 영어의 경우 백분위가 부여되지 않고 절대평가에 따른 등급만 부여됩니

다. B대학의 경우 영어 2등급은 환산 백분위 96, 3등급은 89, 4등급은 77을 적용해 수능 성적을 산출합니다. 문제는 수능 영어의 난이도가 매년 다르다는 것입니다. 백분위의 경우는 난이도가 달라져도 1~100으로 동일하게 주어지는데, 절대평가 등급은 난이도에 따라서 등급별 인원이 크게 달라집니다. 2018~2020 수능에서 영어 절대평가 등급별 수험생 분포입니다. 비교를 위해 상대평가일 때의 분포도 함께 넣었습니다.

∨ 수능 영어 절대평가 등급별 분포도

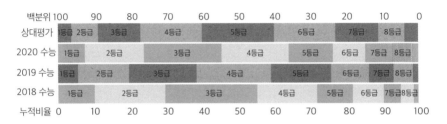

맵 : 2020 수능은 2019 수능보다 난이도가 낮았습니다. 2019 수능에서는 상위 약 38%의 학생까지 3등급을 받았으나 2020 수능에서는 45%의 학생까지 3등급을 받았습니다. 수능 난이도가 낮아져 2019 수능에서 3등급을 받은 학생들 중 일부는 2020 수능에서는 2등급을 받았습니다. 다른 등급에서도 마찬가지입니다. 2019 수능에서 4등급을 받은 학생들 중 일부는 2020 수능에서는 3등급을 받았습니다. 학생이 지원을 고려할만한 범위의 대학에 진학 가능한 성적에서는 영어가 작년보다 0.25등급 정도 쉬워졌다고 볼 수 있습니다. 작년 지원한 학생들은 올해보다 쉬운 수능에서 올해보다 영어 0.25등급을 감점받았다고 보면 됩니다. 그래서 2020 수능을 치른 학생의 성적을 2019 입시 결과와 비교할 때는 영어 성적을 0.2등급 하향해서 계산을 해야

합리적인 비교가 됩니다.

∨ B대학교 지원 시 학생 성적 산출 과정 - 작년 기준 - 영어 난이도 보정

	국영수 중 상위 과목1 - 영어	국영수 중 상위 과목2 - 국어	탐구
백분위	3등급 + 0.25등급 = 변환백분위 86	75	75 (상위 1과목)
반영비율	35%	35%	30%
영역별 반영점수	(86 x 0.35) = 30.1	(75 x 0.35) = 26.25	(75 x 0.3) = 22.5
평균 백분위 점수	영역별 반영 백분위 점수의 합 = 30.1+26.25+22.5 = 78.85		

맵 : 2020 수능에서 학생의 영어 등급은 3등급입니다. 2019 수능을 치렀다고 가정을 하면 영어 난이도가 더 어려웠으니 영어에서 0.25등급이 더 낮게 나왔을 것이라고 봐야 합니다. 영어 3등급의 변환 백분위가 89, 4등급의 변환 백분위가 77이니 3.25등급의 변환 백분위는 대략 86정도로 볼 수 있습니다. 영어 난이도의 변화를 고려해 성적을 산출할 때 영어 백분위 점수에 86을 적용해 수능 성적을 산출하면 학생의 백분위는 78.85가 됩니다. B대학의 컴퓨터 공학부 커트라인인 80.9보다는 백분위 2.05, 정보통신학부의 커트라인인 80.1보다는 백분위 1.25 낮은 성적입니다.

부모 : 그럼 B대학도 불합격이었네요.

맵 : 네, 작년 기준으로는 그렇지만 그 차이가 큰 편이 아닙니다. 그리고 학령인구 감소의 영향으로 올해 입시는 전반적으로 입시 결과가 조금씩 낮아질 것으로 예상하고 있습니다. 작년 기준으로는 IT대학의 4개 학과 모두 불합격

이었지만 그 차이가 백분위 1~2정도이기 때문에 올해는 합격확률 50%정도로 예상합니다.

그리고 합격 확률을 위해서라면 컴퓨터공학부보다는 정보통신학부에 지원하시는 것이 확률을 더 올리는 방법입니다. 많은 학생들이 정보통신학부보다는 컴퓨터공학부를 선호하기 때문에 정보통신학부의 커트라인이 더 낮을 확률이 높습니다. 그리고 유사학과도 상관없다면 IT대학에서는 응용통계학과에 지원하시는 것이 가장 합격확률을 높이는 방법입니다. 응용통계학과는 컴퓨터공학부와 정보통신학부보다 비인기학과라고 볼 수 있는데, 작년 입시 결과는 그 두 모집단위보다 평균과 커트라인이 모두 높게 나왔습니다. 대부분 수험생이 작년 입시 결과를 보고 지원하기 때문에 올해는 성적이 높은 학생들의 지원이 몰리지 않을 것으로 예상합니다. 합격확률을 가장 높이려면 응용통계학과에 지원하시는 것을 추천드립니다.

학생 : 설명해주신 부분이 정확히 이해가 되었습니다. 컴퓨터공학과보다는 정보통신학부나 응용통계학과 중에서 지원하면 합격확률 반반 정도는 보고 지원을 해볼 수 있다는 생각이 드네요. 그럼 이 대학보다 조금 상향해서 쓸 수 있는 대학는 어떤 곳이 있을까요?

객관적 데이터를 바탕으로 최대 상향 대학을 결정하라!

맵 : 안타깝게도 B대학보다 선호도가 높은 대학 중에서 학생에게 추천드릴 만한 대학은 없습니다. 국어를 반영하지 않고 3개 영역으로 지원 가능한 대학 중 B대학보다 선호도가 높은 곳은 B대학과 성적 차이가 너무 크게 납니다. 동일 조건에 해당되는 대학 중에서 가장 낮은 선호도를 보이는 서울의 종

합대학 중 입시 결과가 가장 낮은 C대학교의 입시 결과입니다.

∨ C대학교 2019 정시 입시 결과 - 2019년 정시 최종 합격자 평균점

모집구분	전형구분	학과	국어 (백분위)	수학 (백분위)	영어 (백분위)	영어 (등급)	탐구 (백분위)
나군	일반학생 (수능)	인문융합자율학부	86.263	85.400	92.714	2.837	87.949
나군	일반학생 (수능)	미디어컨텐츠 융합자율학부	84.714	86.444	90.739	3.217	88.739
다군	일반학생 (수능)	사회융합자율학부	83.273	84.714	94.158	2.614	89.912
다군	일반학생 (수능)	IT융합자율학부	84.958	79.409	92.022	2.957	87.848

맵 : C대학교의 IT융합자율학부는 〈(국어 또는 수학) 33.3% + 영어 33.3% + 탐구(1과목) 33.3%〉로 수능 반영 방식은 학생에게 유리합니다. 하지만 지난 입시 결과와 학생의 성적을 비교해보면 차이가 큰 편이라 합격을 기대하기는 어렵습니다. 입시전문가 입장에서 추천해드릴 수 없는 대학입니다.

사실 처음 B대학을 설명한 이유가 학생의 성적으로 지원을 고려해볼, 수도권에 있는 학교 중 수험생들의 선호도가 가장 높은 대학이라고 판단했기 때문입니다. 그보다 선호도를 하나만 위로 올려도 지원이 어려워지는 애매한 상황에 있습니다. 그리고 B대학과 입시 결과가 항상 비슷하게 나오는 수도권 소재의 6개 대학이 있습니다.

∨ 수도권 3과목 반영 6개 주요 대학 인문계열 수능 반영 방식

대학	수능 반영 방법
A대학	국어 40% + 영어 30% + 사과직탐 30%
B대학	(국어와 수학 중 택1) 40% + 영어 30% + 사과직탐 30%
D대학	국어 50% + 영어 30% + 사과직탐 20%
E대학	수학 40% + 영어 30% + 사과직탐 20%
F대학	(국어, 수학, 영어 중 택2) 70% + 사과직탐 30%
G대학	(국어, 수학 중 택1) 40% + 영어 30% + 사과직탐 30%

맵 : 수능 전 영역의 성적이 동일하다면 표의 6개 대학 합격 가능성은 매년 비슷하게 나옵니다. 하지만 수능 영역별 성적 편차에 따라서 개인별 유불리가 달라지기 때문에 대학별 합격 가능성은 크게 달라집니다.

학생이 거주하는 지역에서 가까운 대학은 A대학과 D대학인데 자연계열로 지원할 때 수학 반영이 필수입니다. 그래서 학생은 지원이 불가능합니다. 수능 반영방식을 고려하면 지원을 해볼 수 있는 대학은 B대학, F대학, G대학이고 세 대학 모두 합격 가능성은 비슷한데 그 중 학생의 거주지역에서 가장 가까운 대학이 B대학입니다.

부모 : 어떻게든 B대학은 안정은 아니지만 지원해야하는 상황이네요. 하지만 B대학이 합격이 확실한 상황은 아니고, 지금까지 살펴본 대학 중에서 확실히 합격이 가능한 안정인 대학은 없는 것 같습니다. 안정인 대학도 있어야 하지 않을까요?

맵 : 네, 선호도가 높은 대학부터 낮은 대학 순으로 설명을 드리다 보니 지

금까지는 합격이 확실하지 않은 대학만 설명해드렸습니다. 이제 여기서 대학의 선호도를 한 칸만 낮추면 학생의 성적으로 안정적인 지원이 가능합니다. (앞서 설명해드린 6개 대학보다 선호도가 낮은 수도권을 하나하나 설명, 학생의 성적으로 지원 가능한 전문대도 모두 설명).

부모 : 이렇게 대학들을 줄 세워놓고, 수능 반영 방식대로 점수를 비교해보니 상향 지원이 가능한 대학부터 안정 지원이 가능한 대학까지 정리가 명확하게 되네요. 사실 맘에 드는 대학 진학이 어렵다는 것을 염두에 두고는 있었지만 그걸 객관적 데이터를 통해 확인하게 되어 마음이 불편하긴 합니다. 하지만 그래도 진학에 대한 모든 것이 확실해지니 속이 후련하네요.

맵 : 아까 안정으로 지원하기로 결정된 대학은 꼭 지원하시기 바랍니다. 대학별 합격 가능성에 대해서는 세세히 제가 설명을 드렸으니 돌아가신 후에 합격 가능성을 염두에 두고 지원하시면 됩니다. 그리고 입시에 100%는 없기 때문에 아무리 안정 지원을 한 대학이 있다고 해도 불안할 수 있습니다. 정시는 그해 입시의 마지막이니 최대한 많은 합격카드를 들고 그중에서 진학 대학을 결정하는 것이 현명하다고 생각합니다. 전문대 지원도 충분히 하실 것을 권유해드립니다.

05

[정시 컨설팅]
수능 4등급, 미달되는 인서울 대학 없나요? 재수하면 가능할까요?

학생 : 수능 성적이 4등급인데 인서울급 대학으로 진학하고 싶습니다. 제 수능 성적이 원하는 대학에 진학하기에 부족하다는 것을 알고 있습니다. 하지만 혹시 미달인 곳이 있지 않을까요? 인서울급 대학에 진학만 가능하다면 학과는 어디든 상관없습니다. 인지도가 어느 정도 있는 대학이 아니라면 진학할 의미가 없다고 생각합니다. 만약 이번 정시에서 불합격한다면 재수할 생각입니다. 재수를 하면 명문대학 진학으로 목표를 조금 더 올려볼 생각입니다. 지금부터 열심히 준비하면 명문대 진학이 가능할까요?

∨ 학생의 수능 성적표

구분	한국사영역	국어영역	수학영역 (나)형	영어영역	사회탐구영역	
					생활과 윤리	사회문화
표준점수	-	113	107	-	56	56

백분위	-	72	62	-	66	64
등급	4	4	2	4	4	4

∨ 학생의 정보 요약

학년 & 컨설팅 시기 : 수능 성적 발표 후 정시 컨설팅	
내신 성적	전 과목 5.31, 국·영·수·사 5.11
희망 대학	서울에 위치한 종합대학
희망 전공	대학 인지도만 좋다면 학과는 상관없음
특징 요약	· 서울에 위치한 대학이 아니면 재수 고려 중 · 성적이 부족한 것 알지만 미달될 가능성 있는 곳 찾고 싶음 · 재수 시 명문대 합격 가능성 알고 싶음

원서 접수 시스템의 발달, 상위권 대학의 미달을 기대하지 말자

맵 : 아주 오래전에는 명문대학에도 지원자 미달이 나는 경우가 종종 있었습니다. 그 시절에 미달이 났던 이유는 크게 두 가지가 있습니다. 첫 번째로 대학 진학률이 지금보다 낮아서 전반적 경쟁률이 낮았고, 두 번째 이유는 원서 접수 시스템이 바뀐 것입니다. 예전의 시스템에서는 수험생이 대학에 지원하려면 그 대학에 찾아가서 지원하거나 지역별로 설치된 공동 접수창구에서 직접 접수를 해야만 했습니다. 그래서 매년 원서 접수 시즌에 수험생과 학부모들이 접수를 위해 줄을 길게 선 모습을 뉴스를 통해 볼 수 있었습니다. 여러 학교의 경쟁률을 직접 확인할 수 없는 물리적 한계로 인해 경쟁률이 아주 높게 나오거나 반대로 아주 낮게 나오는 경우가 종종 있었습니다. 명문대학도 예외는 아니어서 미달에 가까운 경쟁률이 나오는 경우가 발생하기도 했

습니다. 경쟁률 낮은 곳에 지원하기 위해 아버지는 A대학, 어머니는 B대학, 자녀는 C대학 접수창구에 줄을 서 있다가 마지막에 줄이 짧은 곳으로 지원하는 눈치작전을 하는 경우까지 있었습니다.

하지만 지금은 상황이 다릅니다. 대학 진학률이 높아져 명문대를 향한 경쟁은 더 치열해졌습니다. 그리고 원서 접수 시스템의 발달로 명문대학 미달은 기대조차 어려운 상황이 되었습니다. 지금은 인터넷으로 원서를 접수합니다. 원서를 접수하는 사이트에서 접수 마감 몇 시간 전까지는 모든 대학과 학과의 경쟁률을 누구나 쉽게 확인할 수 있습니다. 이런 상황의 변화로 이제 명문대 경쟁률 미달은 기대할 수 없습니다.

미달이 나더라도 대학은 성적 낮은 학생을 선발하지 않을 권리가 있다

맵 : 매년 전국의 수천 개 학과에서 수만 개 전형이 이루어지며 다양한 경우가 많이 발생합니다. 그래서 추가 합격자가 모두 합격하는 상황, 즉 미달이 나는 대학과 학과가 있을 것입니다. 그런데 그런 상황이 발생했을 때 명문대학에서 과연 합격자 평균보다 성적이 훨씬 낮은 학생을 선발할까요? 수시의 경우 합격자의 성적이 너무 낮다고 대학이 판단한다면 선발하지 않습니다. 선발하지 못한 인원을 정시로 이월시켜 더 우수한 학생을 선발할 기회가 남아 있기 때문입니다.

학부모 : 그럼 정시의 경우는 어떤가요? 정시는 그해 입시의 마지막이니 혹시 추가합격 순위까지 온다면 선발해주는 것 아닌가요?

∨ 상명대학교(서울) 지원자 유의사항 중 일부 (출처: 상명대학교(서울) 정시 요강)

입학전형 성적이 모집인원 내에 들더라도 본교에서 정한 입학성적 사정기준에 미달하거나 수학에 지장이 있다고 판단되는 자는 입학을 허가하지 않을 수 있습니다.

맵 : 정시에서도 대학은 자체적 판단 기준에 따라 성적이 낮은 학생은 선발하지 않을 권리가 있습니다. 상명대학교(서울) 정시 요강에 기재된 지원자 유의사항에서 확인할 수 있습니다. 모든 대학이 비슷한 원칙을 적용합니다. 학업 능력이 현저히 부족한 학생은 대학에 입학해서도 학업을 수행하기 어려울 수 있고, 또한 추가모집을 통해 성적이 우수한 학생을 선발할 수 있기 때문입니다.

동덕여대의 2020 추가모집 경쟁률은 무려 52.69 대 1입니다. 2020 정시에서 일반전형 경쟁률인 5.71 대 1보다 10배가 훌쩍 넘는 경쟁률입니다. 추가모집에서는 정시 3장의 모든 지원카드에서 불합격한 우수 학생들이 대거 몰려들기 때문에 정시로 합격한 학생보다 훨씬 수능 성적이 뛰어난 학생을 선발할 수 있습니다.

∨ 2020 동덕여학교 추가모집 경쟁률

모집단위	모집인원	지원인원	경쟁률
문예창작과	1	60	60.00 : 1
영어과	1	72	72.00 : 1
프랑스어과	1	60	60.00 : 1
사회복지학과	2	117	58.50 : 1
경제학과	1	70	70.00 : 1
식품영양학과	1	44	44.00 : 1

보건관리학과	1	40	40.00 : 1
응용화학전공	2	84	42.00 : 1
화장품학전공	1	49	49.00 : 1
정보통계학과	2	89	44.50 : 1
총계	13	685	52.69 : 1

맵 : 동덕여대 추가모집 경쟁률에서 또 하나 알 수 있는 것은 추가모집을 통해 선발하는 학과의 수가 적지 않다는 것입니다. 동덕여대는 추가모집을 통해 10개 모집단위에서 13명을 선발하고 있습니다. 예체능을 제외하면 동덕여대의 모집단위는 22개인데, 그중 12개 모집단위에서 추가모집을 하고 있으니 절반 정도의 학과에서 추가모집을 실시했습니다. 전체 모집단위 중 1~2개 모집단위만 추가모집을 한다면 그 모집단위가 미달이 났다고 생각할 수 있겠지만 이렇게 절반에 가까운 모집단위가 추가모집을 한다는 것은 일정한 성적 기준을 가지고 그 이하의 학생은 선발하지 않았다는 것을 뜻합니다. 대학의 입시 정책이나 담당자의 성향에 따라 성적이 부족해도 선발해주는 경우가 없다고 단언은 할 수 없습니다. 하지만 입시전략을 세울 때 미달을 통한 합격은 기대하지 않는 것이 좋습니다.

학생 : 예상했지만, 상황이 쉽지는 않네요. 만약 재수를 하게 된다면 어느 정도 공부를 해야 하나요? 1년이라는 시간을 더 투자해야 하기에 명문대를 목표로 하고 싶습니다.

재수를 선택하기 전 알아야 할 것들

맵 : 교육 통계를 보면 생각보다 많은 학생이 재수를 선택하고 있습니다. 서울의 경우 졸업생의 진로 현황에서 진학 또는 취업이 아닌 기타로 표기된 부분은 재수생이라고 볼 수 있습니다. 서울의 2019년 졸업생의 경우 그 비율이 38.8%이며, 교육열이 높은 강남구의 경우 53.1%로 절반 이상의 학생이 재수하고 있습니다. 더 나은 대학을 가기 위해 재수를 선택할 수는 있지만, 재수를 둘러싼 주변 상황이 그리 만만하지는 않습니다. 그래서 재수 여부를 결정하기 전에 관련된 입시정보를 제대로 파악해야 합니다.

∨ 2019 졸업생 진로 현황 (출처: 학교 알리미)

구분	진학률 (%)	전문대학 진학률(%)	대학교 진학률(%)	국외 진학률(%)	취업률 (%)	기타 (%)
강남구	46.8	6.5	39.9	0.4	0.1	53.1
서울특별시	59.6	17.8	41.4	0.5	1.6	38.8
전국	76.5	21.2	55.0	0.3	1.9	21.6

부모 : 강남구처럼 학군 좋은 지역의 고등학생들이 저렇게나 많이 재수를 하니까 수능 경쟁이 더 힘든 거였군요.

맵 : 맞습니다. 재수를 하는 학생들은 수시보다는 정시 중심으로 입시를 준비할 수밖에 없습니다. 수시의 중심 전형은 학생부 위주 전형입니다. 그런데 그 전형의 주요 평가요소인 학생부가 재수 기간에 어떠한 노력을 해도 변하지 않습니다. 결국 수시에서 지원할 수 있는 전형은 논술전형밖에 남지 않습

니다. 그런데 논술전형은 선발 인원이 적어 경쟁률이 너무 높습니다. 합격을 장담할 수 없는 전형입니다. 게다가 영어 절대평가의 도입, 정부 정책 등으로 수능 최저학력기준이 낮아졌기에 실질 경쟁률이 전보다 높아졌습니다. 합격에 대한 기대감을 더 낮춰야 하는 상황입니다. 낮은 확률과 불확실성에 1년이라는 시간을 덜컥 내줘서는 안 됩니다. 결국 재수를 한다면 정시, 수능전형을 중점적으로 준비해야 합니다. 그런데 수능전형의 모집비율이 낮다는 것이 문제입니다.

∨ 2020~2022 수시와 정시 선발 비율

(단위: 명)

구분	수시모집	정시모집	합계
2022학년도	262,378(75.7%)	84,175(24.3%)	346,553(100.0%)
2021학년도	267,374(77.0%)	80,073(23.0%)	347,447(100.0%)
2020학년도	268,776(77.3%)	79,090(22.7%)	347,866(100.0%)

　맵 : 수능전형으로 선발하는 정시의 선발 비율은 전체 선발 인원의 1/4도 되지 않습니다. 상위권 입시를 중심으로 수능전형의 비중이 높아지고 있으나 그래도 여전히 입시의 중심은 수시입니다. 재수를 한다면 수능전형으로 진학한다고 생각해야 하는데, 그 수능전형의 문은 매우 좁습니다. 입시 결과 분석을 통해 어느 정도의 수능 성적을 받아야 원하는 대학에 진학이 가능한지 정확한 확인이 필요합니다. 광운대학교 입시 결과를 보겠습니다. 광운대학교 2020 정시에서 다군의 입시 결과입니다.

∨ 광운대학교 2020 정시 입시 결과 (출처: 광운대학교 홈페이지)

계열	모집단위	모집인원	지원인원	경쟁률(N : 1)	수능			
					환산점	등급(국, 수, 영, 탐)	백분위(국, 수, 탐)	표준점수(국, 수, 탐)
자연	전자통신공학과	30	218	7.3	690.05	2.64	83.02	121.65
	전자융합공학과	26	145	5.6	686.08	2.76	82.28	121.41
	전자재료공학과	31	228	7.4	688.95	2.65	82.65	121.32
	정보융합학부	38	253	6.7	726.34	2.69	82.44	121.35
	건축공학과	13	81	6.2	683.51	2.89	81.14	120.26
	환경공학과	11	75	6.8	686.13	2.73	81.29	120.97
	전자바이오물리학과	19	142	7.5	687.70	2.70	82.25	121.30
	화학과	22	193	8.8	686.08	2.79	81.69	120.49
	자연계열 전체	190	1335	7.0	695.09	2.72	82.27	121.19
인문	국어국문학과	11	83	7.5	699.73	2.51	85.30	124.45
	영어산업학과	14	86	6.1	700.85	2.49	85.30	123.57
	동북아문화산업학부	22	137	6.2	698.17	2.55	84.23	123.50
	행정학과	17	83	4.9	702.06	2.48	86.11	124.77
	법학부	49	235	4.8	700.45	2.47	85.68	123.98
	국제학부	11	139	12.6	702.27	2.49	85.94	124.42
	국제통상학부	26	165	6.3	711.50	2.42	85.89	125.00
	인문계열 전체	150	928	6.2	702.27	2.48	85.50	124.20

맵 : 광운대의 정시 입시 결과 중에서 최종등록자들의 (절대평가인 영어를 제외한 나머지 과목) 국수탐 백분위가 82~85 내외입니다. 100명 중 15~18등 정도

해야 광운대학교에 진학할 수 있습니다. 안정적인 합격을 원하거나 목표 대학이 더 높다면 성적도 그만큼 더 높이 나와야 합니다.

부모 : 100명 중 15등 정도는 확실히 해야 한다는 얘기네요. 얘, 재수하면 이 정도 성적 가능하겠니?

학생 : 성적이 오를 자신은 있고, 가능할 거라고 생각은 들지만 100% 자신하기는 어렵네요.

맵 : 재수 성공 여부는 실제 수능 결과에 따라 결정됩니다. 목표 수능 점수가 나오면 성공 아니면 실패입니다. 결과론적인 얘기입니다. 그런데 실제 수능 점수는 수능 당일 컨디션 등에 따라 크게 달라집니다. 평소에 모의고사 점수가 잘 나오다가 실제 수능에서 기대보다 못한 성적이 나올 수도 있고 반대인 경우도 있습니다. 그런 리스크까지 이해하고 재수를 선택해야 합니다.

대한민국에서 입시가 가지는 의미는 상당합니다. 더 나은 대학 진학을 위해 재수를 염두에 두는 것은 나쁘지 않다고 생각합니다. 하지만 재수를 둘러싼 주변 상황이 만만하지 않습니다. 지금 성적으로 갈 수 있는 대학이 맘에 들지 않는다고 도피성으로 재수를 선택하는 것은 금물입니다. 이런 입시정보를 제대로 파악하고 그래도 재수를 해야겠다는 결심이 든다면 그때 선택할 수 있는 것이 재수입니다. 그래야 재수 기간에 더 노력을 쏟을 수 있고, 좋은 결과로 이어질 확률이 높아집니다. (성적에 맞춰서 유리한 대학을 완전 상향부터 완전 하향까지 제안해주었으나, 사례에서는 생략하였다.)

06

실무에 자신 있는 내신 9등급, 전문학교 진학 후 편입할래요

학생 : 일반고 이과 고3입니다. 영어, 수학에 관심이 없고 자신도 없습니다. 사실 영어, 수학이 살아가는 데 꼭 필요하다고도 생각하지 않습니다. 왜 모두가 영어, 수학을 공부해야 하는지 이해가 가지 않습니다. 공부보다는 실력이 사회에서 더 중요하다고 생각합니다. 그래서 공부를 열심히 하지 않았고 내신등급이 8.25등급으로 최하위권입니다.

하지만 괜찮습니다. 고등학교까지는 성적으로 평가받지만 사회에선 결국 실력으로 평가받기 때문입니다. 저는 컴퓨터나 스마트폰 프로그래밍에 관심이 많은데 공부를 하지 않는 대신 이 분야 활동에 시간을 많이 투자했습니다. 관련 모임에도 나가고 동호회 활동도 꾸준히 해왔습니다. 나중에 사회에 진출해서는 공부만 했던 다른 사람들보다 일을 더 잘해낼 수 있을 것 같습니다.

부모님은 대학 졸업장이 필요하니 공부를 하라고 말씀하십니다. 성적이 좋지 않아 좋은 대학은 어렵겠지만 수도권의 전문대라도 입학이 가능한 곳이 있으면 가기를 원하십니다. 그게 어려우면 지방에 있는 4년제 대학이나 전문대라도 가야 한다고 생각하십니다. 하지만 전 저 나름의 계획이 있습니다. 서울에 있는 전문학교에 진학한 뒤 서울에 있는 대학교로 편입할 예정입니다. 전문학교에 가서 열심히 한다면 실력을 인정받을 수 있다고 생각합니다. 전문학교에 전화 문의도 직접 했는데 그쪽에서도 졸업 후 편입이 가능하다고 말했습니다.

사실 저는 입시컨설팅을 받고 싶은 생각도 없습니다. 저 나름대로 인생 계획을 가지고 열심히 하고 있고 자신도 있습니다. 수시 원서 접수 기간이고 부모님께서 너무 원하시니까 여기까지 오게 되었습니다.

∨ 학생의 정보 요약

학년 & 컨설팅 시기 : 고3-수시 컨설팅 시즌		
내신 성적	전 과목	8.25등급
	주요 과목	국·영·수·과-8.46등급
	대부분 과목 8~9등급으로 최하위권	
모의고사 성적	최하위권이라 성적이 의미가 없어 제출하지 않음.	
학생부 비교과 활동	· 특이할 만한 비교과 활동 없음.	
희망 대학	· 서울의 전문학교 입학 후 편입 계획(학생의 계획) · 부모님은 대학 진학 원해서 컨설팅 의뢰	
희망 전공	컴퓨터학과	
특징 요약	· 성적이 최하위권인 일반고 학생 · 공부에 관심과 의지 없음. · 컴퓨터, 스마트폰에 관심 많음.	

학생의 잘못된 계획! 정확한 정보가 필요하다!

맵 : 일단 학생이 가진 생각은 잘 알겠습니다. 저 역시 학벌이나 영어, 수학이 인생의 전부는 아니라고 생각합니다. 하지만 학생이 얘기한 계획 중 잘못된 정보를 바탕으로 세운 부분이 있는 것 같으니 그 이야기를 먼저 해보겠습니다. 학생의 계획 중에 서울에 있는 대학으로의 편입이 있습니다. 영어나 수학에 자신 없으니 일단 전문학교에 들어간 후 편입을 선택하겠다는 거죠? 영어, 수학은 전혀 공부할 생각은 없고, 실력만 인정받으면 편입이 가능하다는 잘못된 정보를 가지고 있는 것 같습니다. 서울에 있는 대학교로 편입하고 싶다고 얘기했죠? 그 대학교들이 실제로 어떤 식으로 편입생을 선발하는지 숭실대학교의 편입요강을 한번 봅시다.

∨ 2020 숭실대학교 편입 전형 방법   (출처: 숭실대학교 편입 요강)

계열구분	전형형태	필답고사		총점	서류평가
		영어	수학		
인문계열 경상계열 건축학부 (실내건축전공)	1단계 (11배수)	100% (100점)	-	100% (100점)	-
	최종	-	-	-	Pass/Fail
자연계열 (건축학부 실내건축전공 제외)	1단계 (11배수)	50% (50점)	50% (50점)	100% (100점)	-
	최종	-	-	-	Pass/Fail

맵 : 학생이 편입을 원하는 자연계열은 영어와 수학 시험을 통해 편입생을 선발하고 있습니다. 실무 실력으로 뽑는 것이 아니라 영어, 수학 실력으로 학생을 선발하는 것입니다. 다른 학교도 한번 볼까요?

∨ 2020 국민대학교 편입 전형 방법

(출처: 국민대학교 편입 요강)

모집단위	전형 형태	1단계					2단계		
		선발인원	영어 고사	수학 고사	전적 대학 성적	합계	전적 대학 성적	1단계 성적	합계
· 인문계 전체 · 산림환경시스템학과 · 임산생명공학과 · 식품영양학과 · 바이오발효융합학과	단계별 전형	일반 1,000% (10배수) / 학사 1,500% (15배수)	100% (1,000 점)	-	-	100% (1,000 점)	30% (300 점)	70% (700 점)	100% (1,000 점)
· 창의공과대학 · 소프트웨어융합대학 · 자동차융합대학 · 응용화학과 · 건축학부 건축시스템전공			50% (500 점)	50% (500 점)					
· 나노전자물리학과 · 정보보안암호수학과			-	100% (1,000 점)					

맵 : 마찬가지 상항입니다. 국민대학교 자연계열은 영어 35%, 수학 35%, 전적대학 성적 30%로 학생을 선발합니다. 여기서도 영어와 수학 실력이 제일 중요합니다. 다른 대학도 대부분 선발 방식이 비슷합니다. 서울에 있는 대학교 편입의 평가 요소는 영어와 수학 시험 성적 위주이며, 상위권 대학 공대일수록 전적 대학 성적 또는 면접 등을 추가 반영하는 경향이 있습니다. (자연계열은 대부분 영어와 수학 시험을 치르지만 인문계열은 영어 시험만 치름.) 학생은 잘못

된 정보를 바탕으로 계획을 세운 것입니다. 편입에서 제일 중요한 것은 실무 실력이 아니라 영어와 수학 성적입니다.

학생: 전문학교 광고에서 명문대로 편입이 가능하다는 것을 보고 직접 전화 문의까지 했습니다. 전문학교에서 편입이 가능하다고 한 대답은 어떤 의미인가요?

맵: 전문학교에서 말하는 "편입이 가능하다"는 것은 합격 여부와 관계없이 지원이 가능하다는 뜻입니다. 지원 자격이 주어진다는 의미입니다. 고등학교를 졸업하면 서울대를 포함한 모든 대학에 지원이 가능한 것과 비슷합니다. 지원이 가능하다는 것과 합격 여부는 전혀 다른 문제입니다. 전문학교는 전문대 졸업장을 주는 검정고시 학원과 비슷하다고 생각하시면 됩니다. 전문학교는 학생을 많이 등록시켜 등록금을 많이 받는 것이 목표인 수익사업을 하는 곳입니다.

숭실대, 국민대의 편입요강에서 확인한 것처럼 서울에 있는 대학교의 자연계열로 편입을 원한다면 영어와 수학 공부는 필수입니다. 학생은 영어, 수학을 지금까지 피해왔습니다. 하지만 편입을 원한다면 지금까지 피해온 시간만큼 앞으로 더 열심히 해야 합니다. 학생의 생각처럼 영어, 수학을 공부하지 않으면 편입은 불가능합니다. 원하는 분야에서 실력을 키워 인정받으면 사회에서 일자리를 잡을 수 있다고 생각하겠지만, 아무리 실력이 있다고 해도 사회에서 그 실력을 제대로 평가받을 마땅한 방법을 찾기 힘듭니다. 예컨대 업계에서 큰 파급력을 가진 소프트웨어를 만들 정도의 실적은 있어야 실력을 인정받을 겁니다. 그러나 그런 실적을 쌓기란 쉽지 않습니다.

사회에 나가서 다른 사람보다 더 잘할 수 있다는 자신감은 학생이 가진 장

점입니다. 실제로 사회에서 실무를 할 때 실력은 중요합니다. 하지만 많은 경우 실력을 인정받을 기회조차 부여받지 못하는 것이 현실입니다. 채용하는 입장에서는 모든 지원자에게 실력을 보여줄 충분한 기회를 주지 못합니다. 학생이 채용 담당자라고 생각해보세요. 학생과 같은 조건을 가진 지원자가 있을 때 그 사람의 실력을 어떻게 평가할 건가요? 학벌과 스펙이 인생의 전부는 아닙니다. 하지만 실력이 있다고 해도 관련 분야 일자리를 잡기 위해서는 사회가 요구하는 최소한의 기본 자격은 준비해두어야 하는 것이 현실입니다. 그래야만 실력을 인정받을 기회를 얻을 수 있습니다. 지금 이대로 간다면 학생은 실력을 증명할 기회조차 얻을 수 없습니다. 인생 계획의 전면적인 수정이 필요합니다. 학생의 계획으로는 편입이 어렵다는 것이 확인되었죠?

학생 : …….

부 : 제가 아무리 얘기를 해도 듣지 않아서 전문가의 얘기라면 들을까 싶어 지푸라기라도 잡는 심정으로 여기까지 왔습니다. 그럼 어떻게 해야 할까요? 일단 어디 전문대라도 붙여놓아야 할 것 같습니다.

맵 : 일단 학생이 지금 선택할 수 있는 옵션은 크게 두 가지가 있습니다. 하나는 4년제 또는 전문대 진학이고 다른 하나는 재수입니다.

9등급의 수시 지원 전략

맵 : 학생의 내신 성적은 전 과목 평균 8.25등급입니다. 백분율로 대략 하위 5% 정도 되는 성적입니다. 사실 어떤 학생과 경쟁해도 성적으로는 이기

기 어려운 상황입니다. 어떤 대학에 지원하더라도 경쟁률이 높을 경우 합격은 쉽지 않습니다. 접근성이 좋지 않은 지역에 있는 4년제나 전문대 중에서 추가합격자 발표에서 미달이 날 가능성이 높은 과를 찾아서 지원하는 방향을 가장 먼저 생각해볼 수 있습니다. 하지만 부모님께서 수도권이 아니면 대도시에 기숙사도 있는 대학을 원하시고, 지망 전공도 확실하기 때문에 지원 전략의 방향을 잘 잡아야 합니다.

면접 = 부족한 내신 만회할 유일한 방법
→ 하위권 4년제 대학, 전문대의 면접을 충실히 준비하는 학생은 적다.

우리가 전략적으로 노려야 할 대학은 면접 반영 비율이 높은 학교입니다. 불리한 내신 성적을 면접에서 만회해야 합니다. 학생이 지원하는 학교들의 학업 수준은 낮은 편입니다. 이 경우 지원하는 학생들이 면접 준비를 제대로 하지 않는 경향이 있습니다. 어려운 면접 자리에 나가기 싫어서 서류 접수만 하고 면접을 보러 가지 않는 학생도 많습니다. 그러나 면접은 착실하게 준비하면 충분히 좋은 점수를 얻을 수 있습니다. 공부에 시간을 투자하지 않았기에 면접에서 최선을 다해야 합니다.

아무리 면접에서 좋은 평가를 받아도 내신이 좋지 않기 때문에 합격을 장담할 수는 없습니다. 그래서 최대한 많은 대학에 지원해야 합니다. 그렇다고 합격선과 성적이 너무 거리가 먼 대학에 지원할 수는 없습니다. 작년 입시 결과를 보고 커트라인이 낮으면서 면접이 없는 내신 100% 학교도 선별해서 지원해야 합니다. 합격 확률은 낮지만 그래도 가능성 있는 대학이라면 최대한 많이 지원해야 합니다.

수도권에서 접근성이 떨어지는 전문대 중에서는 추가합격 미달이 나는 경우가 꽤 있습니다. 그러나 추가합격 미달이 확실히 난다고 장담할 수 있는 학과는 없고 경쟁이 있다면 학생의 성적으로 다른 지원자를 이기기는 어렵습니다. 합격 가능성은 있지만 합격이 확실한 곳이 없다면 해결책은 간단합니다. 전문대는 지원 횟수에 제한이 없으니 지원 기회를 최대한 확보하면 됩니다. 부모님이 원하시는 조건을 가진 대학에 합격은 확실히 가능합니다. 다만 그중 조금이라도 더 좋은 조건의 대학에 합격하기 위해 가능성이 약간이라도 있는 대학들에 최대한 많이 지원하고 면접 준비에 시간을 투자해야 합니다. (지원을 고려해야 할 대학들에 대해서 자세히 설명.)

부모 : 이렇게 대학들에 대해 하나하나 설명을 들으니 어떻게든 보낼 수 있겠다는 안도감이 드네요.

최하위권의 재수 전략

맵 : 저는 일반적인 경우 중하위권 학생에게는 재수를 권유하지 않습니다. 특히 수능전형을 목표로 재수를 해야 하는 경우에는 더욱 그렇습니다. 수능전형은 모집인원이 전체의 1/4도 되지 않고, 열심히 한다고 해도 당일 컨디션에 따라 좋은 수능 성적을 받지 못할 수도 있습니다. 하지만 이번 경우는 재수에 대해 조심스럽게 이야기해보고 싶습니다. 재수를 권유하는 것이 아니라, 여러 가지 선택 옵션 중 하나로 재수에 관련된 입시정보를 설명해준다는 표현이 더 정확할 것 같습니다. 지금 이 자리에서 최종 결정을 내려야 할 문제가 아니니 충분히 고민하고 가족과 의논을 거쳐 어떤 방향이든 선택하면 됩니다.

잘못된 정보를 기초로 인생 계획을 세우고 지금까지는 공부를 하지 않았습니다. 그런데 공부는 재능이 꽤 큰 영향을 미칩니다. 공부를 열심히 했는데도 성적이 좋지 않다면 공부에 재능 자체가 없는 학생이라서 재수를 하면 안 됩니다. 하지만 학생처럼 공부를 아예 해보지 않았던 학생이 공부를 해보면 의외로 성적이 잘 오르는 경우가 있습니다. 공부를 하지 않았을 뿐 재능은 있을지 모른다는 것입니다.

하지만 재능은 확인이 되지 않았으므로 덜컥 재수를 결정하는 것은 현명한 선택이 아닙니다. 일단 앞에서 짜드린 지원 전략대로 대학에 지원해야 합니다. 대학 진학이라는 보험을 들어놓고 재수 공부를 해보는 것을 추천합니다. 면접 후 입학까지 남은 시간이 꽤 깁니다. 반 년 정도 되는 시간 동안 열심히 공부해본다면, 재수를 해야 할지 말아야 할지에 대한 답을 스스로 얻을 것입니다. 공부가 전혀 자신의 길이 아닌 것 같다면 그때 포기해도 손해 보지 않습니다.

아무리 재능이 있다고 해도 현 상황에서 1년 만에 상위권까지 전 과목 성적을 올리는 것은 무리입니다. 하지만 전문대 중에는 2과목의 수능 점수만 요구하는 대학이 꽤 있습니다. 그중 서울권이나 수도권의 괜찮은 전문대를 목표로 공부한다면 가능성이 있습니다. 절대평가가 도입되어서 상대적으로 성적을 올리기 쉽고 나중에 편입시험에도 활용할 수 있는 영어를 집중적으로 공부해보는 것이 좋을 것 같습니다.

마지막으로 재수를 선택하든 안 하든 재수 공부는 해봐야 한다고 강력히 권유하고 싶습니다. 지금 학생은 잘못된 정보 때문에 다른 친구들보다 약간 늦게 출발하는 상황입니다. 실수를 바로잡기 위한 노력을 해보는 경험이 필요합니다. 늦긴 했지만 어리기 때문에 아직 괜찮습니다. 지금부터 정확한 정보를 바탕으로 제대로 된 계획을 세우고 열심히 노력하면 충분히 좋은 미래를 그려볼 수 있습니다. 이야기한 것처럼 인생 계획 자체를 수정해야 하는 상황으로, 이 자리에서 모든 결정을 할 수 없으니 원서 접수 마감까지 남은 시간 동안 고민해보기 바랍니다.

07

[정시 컨설팅(전문대)]
아주 낮은 성적, 전문대라도
취직 잘되는 학과로 가고 싶어요

학생 : 수능 성적이 아주 낮습니다. 제가 열심히 하지 않은 것도 인정하지만 수능 성적이 너무 낮게 나와 걱정입니다. 재수까지 했는데 공부에는 재능이 없나 봅니다. 대학은 가야 할 것 같은데 도대체 어떻게 해야 할지 모르겠습니다. 제 성적으로 4년제 대학은 기대하지 않습니다. 전문대 진학도 괜찮다고 생각합니다. 그런데 취직이 잘되는 곳으로 진학하고 싶습니다. 좋은 대학으로 진학이 어렵다면 취직이라도 잘돼야 한다고 생각합니다. 그래서 일단은 공대 중에서도 취직이 잘되는 과나 보건 계열로 생각은 하고 있는데 저보다 더 잘 아실 것 같아서 찾아왔습니다. 취직이 잘되는 학과라면 꼭 공대가 아니더라도 괜찮습니다. 되도록 서울에서 통학이 가능하면 좋겠습니다. 어떤 학과로 진학해야 할까요?

∨ 학생의 수능 성적표

| 구분 | 한국사 영역 | 국어 영역 | 수학 영역 | 영어 영역 | 과학탐구 영역 | |
			(가)형		물리I	화학I
표준점수	-	100	101	-	49	50
백분위	-	45	39	-	44	47
등급	5	5	6	4	5	5

∨ 학생의 정보 요약

학년 & 컨설팅 시기 : 수능 성적 발표 이후 정시 컨설팅	
내신 성적	전 과목 5.58
희망 대학	서울에서 가까운 전문대
희망 전공	졸업 후 취직이 잘되는 학과 중심으로 진학 원함
특징 요약	· 서울 거주 학생으로 최대한 가까운 학교 선호 · 대학 인지도보다는 취직을 염두에 둔 진학 원함

취직이 잘되는 인기학과?

맵 : 심각한 취업난으로 인해 취업을 염두에 두고 대학의 학과를 선택하는 경우가 많아졌습니다. 대학의 인문계열 출신은 취업에 불리하다는 인식이 확산됨에 따라 이과 진학을 원하는 학생의 비율이 높아지고 있습니다. 이과 내에서도 공대, 그중에서도 특히 취업의 문이 넓은 편이라고 알려진 일부 인기 학과의 합격선은 지속적으로 상승하고 있습니다. 요즘 공대에서 가장 인기가 높은 학과는 화학공학과와 컴퓨터공학과입니다. 다양한 분야에서 이 전공 출신의 인재를 찾고 있습니다.

모 : 그럼 이쪽 전공으로 진학하면 좋은 직장으로 취업이 가능한가요?

맵 : 화학공학과나 컴퓨터공학과 취업의 문이 다른 학과보다 넓다고 해서 그 학과 진학이 좋은 직장으로의 취업으로 바로 연결되는 것은 아닙니다. 예를 들어 같은 기계과라고 해도 명문대를 졸업했느냐 전문대를 졸업했느냐에 따라, 또 같은 전문대라도 인지도가 높은 전문대와 낮은 전문대의 취업 범위는 달라질 수밖에 없습니다. 채용하는 입장에서는 아무래도 입시 결과가 높은 대학 졸업생을 선호합니다. 지원자의 모든 것을 상세히 파악하기는 어렵기 때문입니다. 다른 조건이 동일하다면 고등학교 내신 6등급이 주로 가는 대학의 기계과 출신 학생과 내신 3등급이 주로 가는 비인기 학과 출신 학생 중 전자를 선호할 회사는 없습니다.

학생 : 대학과 상관없이 취업이 잘되는 학과로 진학만 한다면 취업 걱정은 덜해도 될 거라 생각했는데 말씀을 듣고 보니 그렇겠네요.

맵 : 인지도가 낮은 대학 진학은 취업에서 확실히 불리합니다. 대학 입학 후에 학점, 스펙, 자소서, 면접 등을 통해서 불리함을 만회해볼 수는 있겠지만 취직이 잘되는 학과로 진학한다고 해서 좋은 직장에 취직할 수 있는 것은 아닙니다. 지금 수능 성적이 유리하게 적용되는 대학과 관련된 입시정보를 최대한 활용해 최적의 지원전략을 세워볼 수는 있지만 수능 성적이 확정되어 있는 상황이기에 입시를 통한 좋은 직장으로의 취직에 대한 기대치는 낮추셔야 합니다. 취직을 최우선으로 생각하신다면 출신 대학과 상관없이 취업이 보장되는 자격증이 나오는 학과로 지원을 생각하시는 것이 낫습니다.

모 : 그러면 그런 학과는 어떤 학과가 있나요? 보건 쪽 학과 말씀하시는 건 가요? 저희도 물리치료과나 임상병리과는 생각해보았습니다.

맵 : 네, 대학과 상관없이 자격증이 나오는 학과는 보건 관련 학과들입니다. 그런데 보건 관련 학과를 나오고 자격증이 있다고 해서 100% 취업이 되는 것은 아닙니다. 예로 들어주신 물리치료과는 자격증만 있으면 근무나 급여조건이 평준화되어 있는 편이며 일자리도 많습니다. 더 좋은 조건을 위한 노력은 필요하겠지만 직장을 구하기가 어렵지 않습니다. 하지만 임상병리과는 상황이 조금 다릅니다. 신규 임상병리사를 찾는 일자리가 이전보다 많이 줄어들어 근무조건이 좋은 직장을 찾기가 어렵습니다. 임상병리사로 일할 수 있는 안정된 직장, 큰 병원을 전처럼 지속적으로 짓지 않기 때문에 신규 인력 수요가 크지 않습니다. 그 안정된 직장에서 임상병리사로 일하시는 분들의 은퇴 시기까지는 아직 한참 남았습니다. 그래서 취업 경쟁이 치열합니다. 사회적 구조 변화까지 파악해 지원학과를 정해야 합니다. 현시점에서 자격증만 있으면 일정 이상 대우로 취업이 보장된다고 확실히 얘기해줄 수 있는 학과는 '간호', '물리치료', '치위생'정도입니다. 다른 보건 관련학과 졸업 시 취업이 아예 안 된다는 것이 아니라 경쟁의 정도가 다르다는 것입니다. 남학생이니 '치위생'은 제외하고 '간호'나 '물리치료'는 거부감이 있지 않다면 고려해보기를 제안합니다.

학생 : 나쁘지는 않다고 생각됩니다. 간호과는 높다고 듣기도 했고 둘 중에서는 물리치료과 쪽으로 더 관심이 갑니다. 수도권 내 전문대 물리치료과로 진학이 가능할까요?

맵 : 취업 중심의 학과선택이 일반화된 지금 취업을 위해 물리치료과를 선택하는 학생이 많아졌습니다. 또 수도권 내에서는 물리치료과가 있는 전문대가 여섯 군데밖에 없기 때문에 학생의 성적으로 진학은 불가능합니다. 작년 수시에서 합격자들의 내신등급을 보면 전문대라 해도 수도권의 물리치료과는 합격에 요구되는 학업 수준이 상당히 높습니다. 만약 물리치료과 진학을 고려하신다면 수도권에 대한 기대는 접으셔야 합니다.

∨ 수도권 전문대 물리치료과 2020 수시 입시 결과

학교	수시 1차		수시 2차		2020년 학생부 반영 기준
	커트라인	평균	커트라인	평균	
동남보건대	2.30	1.91	2.13	1.85	1~2학년 4개 학기 중 선택 2학기
신구대	2.69	2.25	2.75	2.28	1~2학년 전 과목
수원여대	2.71	2.55	2.85	2.49	1~2학년 4개 학기 중 선택 2학기
안산대	2.07	1.65	2.11	1.82	1학년~3-1학기 5개 학기 중 선택 1학기
경복대	3.24	3.10	3.04	2.80	국·영·수(사or과 중 택1) 전 과목
여주대	2.10	1.65	2.00	1.50	1학년~3-1학기 5개 학기 중 선택 1학기

학생 : 사실 지방에 있는 대학에 진학하는 것은 생각해보지 않았습니다. 그렇게까지 대학을 진학해야 할까요?

맵 : 대학과 전공 선택에는 정답이 없습니다. 어떤 선택을 하더라도 그것이 끝이 아니고 거기서부터 새로운 출발이기 때문입니다. 하지만 어떤 길을 선택하더라도 열심히만 하면 어떻게든 자신이 원하는 방향으로 갈 것이라 생각

하는 것은 현명하지 않습니다. 정보를 최대한 활용해야 합니다. 정확한 정보를 우선 파악한 뒤 피할 수 있는 어려움이라면 피하고, 극복해야만 하는 것이라면 어떤 식으로 극복해야 할지 그 방법을 잘 알아보고 노력해야 합니다.

지방 전문대 물리치료과 진학의 장점은 졸업 후에 취업이 보장된다는 것입니다. 단점은 지방에 내려가서 타지에서 생활해야 한다는 것이며, 그마저도 대도시 진학은 어렵다고 생각됩니다. 사실 지금 학생의 성적으로는 지방전문대 물리치료과라도 합격을 장담할 수 있는 곳이 한 군데도 없습니다. 입시정보의 불균형과 입시의 불확실성에 따라 입시 결과가 낮게 나오는 대학들이 있으므로 그럴 가능성이 있는 대학에 최대한 많이 지원해야 합니다.

∨ 물리치료과가 있는 전문대 리스트

대학명	지역	대학명	지역	대학명	지역	대학명	지역
동남보건대	경기	대원대	충북	전남과학대	전남	포항대	경북
신구대	경기	강릉영동대	강원	청암대	전남	경남정보대	부산
수원여대	경기	한림성심대	강원	대구과학대	대구	동의과학대	부산
안산대	경기	군장대	전북	대구보건대	대구	동주대	부산
경복대	경기	원광보건대	전북	영남이공대	대구	울산과학대	울산
여주대	경기	전주비전대	전북	경북전문대	경북	춘해보건대	울산
대전보건대	대전	광주보건대	광주	호산대	경북	김해대	경남
대전과학기술대	대전	서영대(광주)	광주	구미대	경북	마산대	경남
신성대	충남	광양보건대	전남	선린대	경북	제주관광대	제주
강동대	충북	목포과학대	전남	안동과학대	경북	제주한라대	제주

수도권 전문대 인기학과 진학의 장점은 가까운 곳에서 대학을 다닐 수 있

다는 것입니다. 단점은 졸업 후에 취업이 보장되지 않는다는 것입니다. 하지만 대학 진학 후 노력에 따라 취업 결과는 바뀔 수 있습니다.

학생의 현재 상황은 내신과 수능 성적이 모두 좋지 않기 때문에 절대적 기준에서는 만족할 만한 진학 결과를 얻기가 불가능하다는 것을 인지하고 진학 방향을 결정해야 합니다. 이 성적을 최대한 활용해 같은 성적에서 낼 수 있는 최대의 결과는 기대할 수 있겠지만 성적 자체를 바꿀 수는 없습니다. 컨설팅의 역할은 상황에 맞는 입시정보를 파악하고 이해하실 수 있게 정리해드리는 일입니다. 지금 상황은 두 방향으로 좁혀져 있는데 최종 선택은 학생과 학부모님께서 의논하셔야 합니다. 입시를 잘 모르는 상태에서 세우신 계획은 백지화하시고 오늘 얻은 정보를 토대로 더 고민해보셔야 할 것 같습니다. 두 가지 방향 모두에서 지원을 고려해야 할 대학들을 정리해드리니 천천히 생각해보시고 선택하시기 바랍니다. 두 방향 모두 일단 지원하고 최종 추가합격까지 고민의 시간을 길게 가지시는 것도 좋습니다. (지방 전문대 물리치료과를 선택할 경우와 수도권 전문대 진학을 선택할 경우 모두 지원을 고려해야 할 학교들을 상세히 설명하였으나 사례에서는 생략하였다.)

08

공업고등학교 다니는 학생이
사회복지과로 진학하려면?

학생 : 서울에서 특성화고를 다니고 있는 고3 학생입니다. 중학교 때 성적이 좋지 않았고 공부에 자신도 없어서 공고로 진학했습니다. 중학교 때는 성적이 중간 이하였는데 공고로 간 후 성적이 올랐습니다. 내신등급이 3.53이 나왔습니다. 제가 공부하는 양은 달라지지 않았는데 아무래도 특성화고에 다니는 학생들이 공부를 열심히 하지 않아서 그런 것 같습니다.

공고에서 제 전공은 전기전자입니다. 하지만 고등학교를 다니면서 사회복지사가 되어서 NGO에서 일하고 싶다는 꿈이 생겼습니다. 특성화고 출신이 대학을 가려면 수능을 공부해야 한다고 들었는데 저는 수능 준비가 전혀되어 있지 않습니다. 수시모집에서 사회복지과로 진학할 수 있는 방법은 없을까요? 전문대보다는 4년제로 진학하고 싶습니다.

입시에 대해 알아보려고 노력도 했습니다. 지역 아동센터를 다니는데, 센터장님께서 충청권의 A대학 사회복지과를 추천해주셨습니다. 그래서 코엑

스에서 열린 입시박람회에 성적표를 들고 어머니와 함께 방문했습니다. A대학 부스에서 학교에서 파견 나온 직원과 상담했는데 직원 분이 합격이 가능할 것 같다고 하셨습니다. 그리고 수도권에 있는 B대학의 학생부 종합전형도 지원할 계획입니다. 6번의 기회가 있는 수시에서 A대학에만 지원하면 뭔가 아쉬운 것 같아서 다른 곳도 일단 지원은 해봐야 할 것 같습니다. 사실 B대학은 합격 가능성이 거의 없다는 생각이 들긴 합니다. 하지만 저는 A대학 진학만으로도 충분히 괜찮다고 생각합니다. 그래서 군이 입시컨설팅이 필요할 것 같지는 않은데, 혹시 충청권이 아닌 수도권의 4년제 대학의 사회복지과에 진학이 가능한지 궁금합니다.

∨ 학생의 정보 요약

학년 & 컨설팅 시기 : 고3(특성화고 학생) 수시 컨설팅 시즌		
내신 성적	전 과목	3.53등급(전문교과 제외)
	주요 과목	국·영·수·사-3.60등급
모의고사 성적	수능 준비를 하지 않았으며 성적이 최하위권이라 제출하지 않음.	
학생부 비교과 활동	특이할 만한 비교과 활동 없음.	
희망 대학	· 4년제 대학 진학 원함. · 집에서 가까운 수도권 대학이면 더 좋음.	
희망 전공	사회복지과	
특징 요약	· 수시에서 꼭 합격해야 함. · 비교과 활동과 수능 준비가 전혀 되어 있지 않음.	

특성화고 학생의 4년제 대학 지원 자격 확인

맵 : 일단 학생이 말한 대학들의 입학 가능성부터 확인해보면, A대학에는 내신등급으로 선발하는 학생부 교과전형과 입학사정관의 평가로 선발하는 학생부 종합전형이 있습니다. A대 직원이 합격 가능성에 대해 이야기할 수 있는 전형은 학생부 교과전형입니다. 합격자들의 명확한 커트라인과 평균 성적이 있기 때문입니다. 학생부 종합전형은 주관적 평가 중심이기 때문에 그런 기준이 없습니다. A대학의 입시요강 중 학생부 교과전형 지원 자격에 대한 부분을 보면, '3개 학년(5학기 이상)의 성적이 있어야 지원 가능'하다고 되어 있습니다. 하지만 특성화고 재학 중인 학생의 학생부에는 3학년 1학기 성적에 국·영·수 같은 일반 교과는 없고 전문교과만 있습니다. 이 경우도 지원 자격이 부여되는지 확인해야 합니다.

∨ 특성화고의 3학년 1학기 성적표 예시

교과	과목	1학기		
		단위 수	원점수/과목평균 (표준편차)	석차등급 (수강자수)
공업에 대한 교과	디지털 논리회로	5	91/87.3(6.5)	A(94)
공업에 대한 교과	자동화설비	7	88/89.8(4.5)	B(24)
공업에 대한 교과	전기CAD	5	90/86.7(3.9)	A(24)
공업에 대한 교과	전력설비Ⅲ	7	90/89.7(5)	A(24)
공업에 대한 교과	지능형 교통시스템 설계 실무	4	90/88.2(5.3)	A(24)

맵 : 일반 교과는 9등급으로 표기되는 등급이 적혀 있고, 그 등급으로 대학

이 평가합니다. 하지만 학생의 3학년 1학기 학생부는 석차등급이 있는 과목이 없고 A~E의 성취도가 표기된 전문교과만 있습니다. 석차등급이 없는 3학년 1학기의 학생부를 인정해주는지 여부에 따라 지원 자격 충족 여부가 결정됩니다. 요강에는 더 이상 자세히 나와 있지 않아 A대학교의 입학 팀에 문의한 결과, 석차등급이 없는 특성화고 3학년 1학기 학생부는 인정하지 않는다는 답변을 받았습니다. 3학년 성적은 9등급 처리가 됩니다. 특성화고 학생은 지원 자격 미달인 것입니다.

만약 이대로 A대학교 학생부 교과전형에 지원한다면 이유도 모른 채 불합격하게 됩니다. 학생은 100% 합격을 확신하고 다른 학교에 대해 자세히 알아보지도 않았기 때문에 오늘 상담이 없었다면 준비 없이 입시에서 실패할 상황이었습니다.

학생: 학교 직원 분이 합격이 가능하다고 하셨는데요?

맵: 입시박람회에서 만났던 A대학의 관계자가 잘 몰랐을 수 있습니다. 입시요강은 너무 복잡하기 때문에 학교 직원도 세세한 부분까지는 다 알지 못하는 경우가 많습니다. 특성화고 학생이 일반전형에 지원하는 것이 흔한 케이스가 아니기 때문에 더더욱 그렇습니다. 요강에 나와 있는 지원 자격이 불명확해 제가 상세히 학교에 문의한 결과 학생부 교과전형 지원 자격은 미달이고 학생부 종합전형 지원은 가능합니다. 하지만 학생부 종합전형은 입학사정관이 주관적으로 평가하기 때문에 합격 가능성을 정확히 예측할 수 없습니다.

대신 일반고 학생에 비해 불리한 부분이 있다는 것만은 확실합니다. 입학사정관 입장에서 특성화고 출신의 내신등급을 일반고 학생과 동일하게 인정하지 않을 것이기 때문입니다. 게다가 학생은 학생부 비교과 관리도 전혀 되어 있지 않습니다. 그러니 불합격할 확률이 높습니다. 마찬가지 이유로 B학교는 지원하면 불합격이 거의 확실합니다. B학교는 작년 학생부 종합전형의 합격자 평균이 3.5 정도입니다. 일반고 출신 내신 3.5등급에 학생부 비교과까지 잘된 학생들이 합격했다는 것입니다. 이는 학생의 상황과 큰 차이가 있습니다.

입시에 있어서 정확한 정보는 필수입니다. 특히 학생처럼 특별한 상황이라면 정확한 정보가 합격 여부를 결정짓습니다. 잘못된 정보를 바탕으로 학생이 세웠던 지원 계획은 모두 버리고 새로운 입시전략을 짜야 합니다.

특성화고 학생의 4년제 대학 지원 전략

맵 : 학생의 경우 상황이 좋은 편이 아닙니다. 전문대보다는 4년제 대학을 우선으로 하고 있으니, 4년제 대학의 지원 전략을 구성해봅시다. 단 4년제 대학을 목표로 하더라도 전문대까지 지원하는 것이 좋습니다.

지원 전략에 있어서 가장 중요한 것은 지원 자격 여부입니다. 학생의 경우는 흔치 않은 사례이기 때문에 추천할 대학교를 찾기 위해 1차로 요강을 분석한 후, 지원해볼 만한 모든 학교의 입학 팀에 문의하고, 지원 자격에 대해 확답을 받은 대학만 정리했습니다. 특성화고 학생에게 유리한 전형은 특성화고 학생의 내신을 일반고와 동일하게 반영하는 학생부 교과전형입니다. 면접을 보거나 입학사정관의 평가가 반영되면 특성화고 출신이라는 것은 불리하게 반영될 수밖에 없습니다. 그러나 지원 자격을 부여하면서 특성화고 출신 학생의 내신을 일반고와 동일하게 적용해주는 대학은 많지 않습니다. 지명도가 떨어지거나 종교적 색채가 강한 대학이 대부분입니다. 사실 내신

등급 3.5~6을 그대로 인정받는다고 해도 수도권 내에서 인지도가 있는 대학들은 지원이 어렵기도 합니다.

∨ 수도권 내 추천 대학

학교-학과	전형법	학생의 변환 등급	작년 입시 결과
C대학-사회복지학	학생부 70% + 면접 30%	3.38	평균 4.25
C대학-아동복지학	학생부 90% + 면접 10%	3.38	평균 3.58
D대학-사회복지과	학생부 80% + 면접 20%	3.55	평균 3.77 / 최저 4.2
E대학-사회복지과	학생부 100%	3.6	적성고사로 선발
F대학-사회복지과	학생부 100%	2.9	평균 2.43 / 최저 3
G대학-사회복지과	학생부 80% + 면접 20%	3.53	평균 3.80 / 최저 4.66

맵 : C대학은 서울에 있는 기독교 대학입니다. 이 학교는 일반전형과 교역자 추천자 전형으로 총 2회의 지원을 해야 합니다. 교역자 추천자 전형이 모집인원은 적지만 지원자가 적기 때문에 커트라인이 낮습니다. 이 학교는 다른 전형으로 각각 지원이 가능한 대신 동일한 과에 지원할 수는 없습니다. 그래서 사회복지과를 교역자 추천자 전형으로 지원하고 일반전형으로 아동복지과를 지원할 것을 추천합니다. 특성화고 출신이라는 점이 면접에서 감점으로 작용할 수 있지만 그래도 합격을 노려볼 만합니다.

D대학 역시 면접이 20% 반영됩니다. 작년 성적으로는 합격이 가능한데 재작년 입시 결과와 차이가 큽니다. 재작년 커트라인 기준으로는 불합격이 예상됩니다. E대학은 추천 대학 중 가장 인지도가 있는 대학입니다. 작년에는 적성고사 전형으로 선발했기 때문에 참고할 만한 입시 결과가 없습니다. 하지만 면접도 없고 학생부를 평가할 때 특성화고 학생에게 불이익을 주지

않기 때문에 추천합니다.

F대학도 면접이 없고 특성화고 학생에게 불이익은 없습니다. 지난 입시 결과에 따르면 커트라인과 학생의 성적이 비슷합니다. 일단 지원이 필요한 대학입니다. G대학은 면접이 20% 반영되지만 지난 입시 결과를 보면 성적에 여유가 있는 편입니다. 지원하는 대학 중 가장 안정적인 대학으로 합격이 기대되는 카드로 사용하기 좋습니다.

학생 : 수능 성적은 관련이 없나요?

맵 : 수능 준비가 전혀 되어 있지 않은 상태이기 때문에 수능 최저학력기준을 반영하는 대학은 다 제외했습니다. 또 특성화고 학생들에게 학생부 평가에서 불이익을 주는 대학도 제외했습니다. 최대한 유리하게 적용받는 대학들만 추천했습니다.

중하위권 대학은 상위권 대학과 달리 입시 결과의 변동이 심한 편입니다. 또 학생이 지원할 대학들이 대부분 면접을 반영하고 있어서 변수가 많습니다. 면접에서 특성화고 출신이라는 불리함을 만회하기 위해서 면접 준비에 최선을 다해야 합니다.

마지막으로 덧붙이자면, 학생이 진학 가능한 대학이 사회적으로 인지도가 높은 대학은 아닙니다. NGO에서 일하는 것이 목표라면 지금부터 실력을 키워야 합니다. NGO에 들어가려면 학벌이 더 좋은 대학 출신의 다른 지원자들과의 경쟁에서 이겨야 합니다. 사회복지와 관련된 공부나 활동을 많이 하고, 영어 실력도 쌓아야 합니다. 뒤늦게 공부를 시작하겠다고 마음먹은 만큼 열심히 하서서 목표를 꼭 이루기 바랍니다.

09

내신과 모의고사 모두 6등급인 예비 고3, 간호사가 될 수 있을까?

학생 : 간호사가 되는 것이 꿈인 예비 고3입니다. 하지만 성적이 좋지 않아 고민입니다. 나름 공부를 한다고 하는데 성적이 바닥에서 맴돌고 있습니다. 영어와 수학 과외도 꾸준히 받아왔고 친구들이 잘 다니지 않는 과학 학원도 주 1회 다니고 있는데 성적이 오르지 않습니다. 내신도 6~7등급을 맴돌고 모의고사 성적도 5~6등급입니다. 벌써 고3이 되는데 어떻게 해야 할지 모르겠습니다.

이미 대학의 인지도에 대한 욕심은 버렸습니다. 전문대라도 좋으니 간호학과에 가고 싶습니다. 부모님께서는 지방에 있는 대학 진학은 반대하십니다. 요즘 간호학과가 커트라인이 계속 올라가고 있다는 얘기를 많이 듣는데 제 성적을 생각하면 더 불안합니다. 방학이 끝나면 고3이 되고 입시까지 시간이 얼마 남지 않았습니다. 제가 수도권에 있는 간호학과에 갈 수 있을까요?

V 학생의 정보 요약

학년 & 컨설팅 시기 : 예비 고3 겨울 방학	
내신 성적	6~7등급
모의고사 성적	국어·수학·탐구 5~6등급(6등급이 더 많음), 영어 4등급(절대평가 기준)
학생부 비교과 활동	특이할 만한 비교과 활동 없음.
희망 대학	· 가까운 수도권 대학 · 4년제와 전문대 상관없음.
희망 전공	간호학과
특징 요약	· 6등급의 바닥권 싱직이지만 간호사 지망 · 꾸준히 사교육까지 받아왔지만 성적이 오르지 않음.

학생이 지원 가능한 전형 찾기

맵 : 일단 결론부터 말씀드리면 수시로 수도권에 있는 대학의 간호학과 진학은 불가능하다고 생각합니다. 대신 열심히 한다면 정시에서의 가능성은 남아 있습니다. 수시모집은 내신 성적 위주로 학생을 선발하는데, 수도권의 전문대는 비교적 선호도가 낮은 대학도 4등급 내외는 되어야 합격이 가능합니다. 지금 학생 성적이 좋지 않은 데다 만회할 시간이 1학기밖에 없으니 수시모집에서는 합격이 불가능합니다.

하지만 수능 중심인 정시에서는 아직 가능성이 남아 있습니다. 열심히 해서 성적을 올리면 가능하다는 뻔한 이야기는 하지 않겠습니다. 전문대가 정시모집에서 어떤 식으로 수능을 반영하는지 파악하고 그에 맞춘 전략을 세우고 공부한다면 가능성이 있다는 것입니다. 아무리 전략을 잘 세우고 노력한다고 해도 남은 시간이 많지 않기 때문에 4년제 대학은 쉽지 않습니다. 하지만 전문대 간호학과라면 노력 여부에 따라 충분히 합격이 가능합니다.

지원 가능한 전문대 간호학과의 수능 반영법 확인

맵 : 일단 4년제 대학은 수능의 '국어, 영어, 수학, 탐구'의 4개 영역을 모두 반영하거나 3개 영역을 반영합니다. 탐구과목의 경우 2개 영역 평균 성적을 반영하는 학교가 꽤 많습니다. 그리고 수도권 4년제 간호학과 중 가장 입학의 문턱이 낮은 학교의 커트라인은 3등급 정도입니다. 백분위 상위 20%도 합격을 확신한다고 얘기하기 어렵습니다. 수도권의 4년제 대학의 간호학과에 합격하려면 수능에서 3개 영역 이상을 3등급까지 끌어올려야 합니다. 하지만 수능까지 남은 시간 동안 지금 학생의 성적에서 출발해 그만큼 성적을 올리는 것은 현실적으로 쉽지 않습니다.

그러나 전문대 간호학과의 경우, 전략적으로 대비한다면 가능성이 남아 있습니다. 수도권의 전문대 간호학과는 수능의 4개 영역을 모두 반영하는 대학교가 거의 없습니다. 대부분이 3개 영역 또는 2개 영역만 반영합니다.

∨ 2021 경민대 정시 수능 반영 방법 (출처: 경민대 전형계획)

수학성적 영역별 반영 비율				비고
국어	수학	영어	탐구	
50	50	50	50	- 최우수 2개 영역 백분위 평균점수 반영 (탐구영역은 최우수 1개 과목만 반영) - 영어영역은 등급점수를 백분위 점수로 환산하여 반영

맵 : 경민대의 경우 정시에서 국·영·수·탐 중 상위 2개 영역만 반영하고 탐구영역 같은 경우에는 상위 1과목의 성적만 반영합니다. 우리가 노려야 할 대학들이 경민대처럼 수능의 2개 영역만 반영하는 학교들입니다. 4년제 대학 간호학과는 3~4개 영역(3~5과목)을 공부해야 하지만, 이런 수능 반영 방식을 가진 전문대 위주로 지원한다면 2개 영역(2과목)만 공부하면 됩니다. 공부의 부담이 절반 정도로 줄게 됩니다.

그렇게 해서 우선 2과목을 3등급 정도까지 끌어올려야 합니다. 대부분 수도권 전문대 간호학과의 커트라인은 백분위로는 70대 후반에서 80대 중반에 형성되어 있습니다. 3등급 이내에 들어야 한다는 것입니다. 남은 1년도 되지 않는 기간에 전 과목을 3등급으로 만들기는 어렵습니다. 하지만 2과목만이라면 가능합니다. 그러면 대략 3등급 정도 학생들까지 합격이 가능합니다. 절대평가인 영어의 경우 수능 난이도에 따라 달라질 수 있겠지만 대략 2등급 정도의 성적으로 볼 수 있습니다.

전략 과목을 선택한 후 집중 공부

맵 : 국·영·수 중 1과목과 탐구영역 중에서 1과목을 집중적으로 공부할 전략 과목으로 선택해야 합니다. 그러나 지금 상담에서 과목 선택에 대한 결론을 낼 수는 없습니다. 한 번의 컨설팅으로 학생의 과목별 적합성을 세세하게 파악하기란 쉽지 않기 때문입니다. 그리고 그 선택의 영향력은 입시 결과 자체를 바꿀 수도 있을 만큼 중요합니다. 일단 일반적인 경우 어떤 식으로 과목을 선택하는지 설명을 들어보시고 돌아가서서 고민한 후 선택하시기 바랍니다.

먼저 국·영·수 중에서 국어를 선택하는 것은 좋지 않은 선택입니다. 어릴 때 이미 형성된 독서 습관, 독해력, 언어 능력 등이 수능 국어 성적에 큰 영향을 줍니다. 그래서 공부를 해도 성적을 올리기 가장 어려운 과목이 국어입니다. 또 수포자(수학 포기자), 영포자(영어 포기자)는 주변에서 쉽게 찾을 수 있지만, 국어 포기자는 찾아보기 어렵습니다. 상대평가 경쟁에서 유리하지도 않습니다. 영어와 수학의 경우는 각각 특징이 다릅니다.

영어의 경우 절대평가가 적용되기 때문에 높은 등급을 받으면 2과목만 반영하는 학교의 입시에서 많이 유리해집니다. 원점수 90점만 받으면 전국 최고점인 학생의 성적과 같아지기 때문에 기회의 문이 열려 있습니다. 또 1등급 또는 2등급을 받으면 등급별 변환 점수가 상대평가 백분위나 표준점수에 비해 높게 책정되는 경우가 많을 것입니다. 영어 원점수 90점으로 절대평가 1등급을 받으면 백분위 95%보다 점수가 높게 평가되는 학교가 대부분일 것으로 예상됩니다. 노력한 시간 대비 점수를 많이 얻을 수 있습니다. 절대평가 도입 이후 수능 2과목 또는 3과목에만 집중해야 하는 학생들이 가장 집중해야 할 과목은 영어입니다.

절대평가가 적용되는 영어를 선택하는 것이 입시의 구조상 가장 유리하지만, 영어에 자신이 없다면 그다음 고려해야 할 과목은 수학입니다. 간호학과를 지망하는 대부분 학생은 이과를 선택해야 하고, 수능 모의고사도 수학 미적분이나 기하를 선택하고 있을 것입니다. 그런데 수학 선택과목을 문과 수학인 확률과 통계로 바꾼다면 성적이 크게 오를 수 있습니다. 문제의 난이도가 낮고 경쟁도 덜 치열하기 때문입니다. 그리고 전문대의 경우 미적분 또는 기하 선택 시 주는 가산점이 대부분 없습니다. 4년제의 경우는 미적분 또는 기하에 10%의 가산점을 주는 대학이 많지만 전문대는 그렇지 않은 곳이 많습니다. 굳이 어렵고 경쟁도 치열한 미적분이나 기하를 선택할 이유가 없는 거죠. 따라서 전문대 간호학과 진학을 원한다면, 수학은 확률과 통계로 수능을 치르는 것이 입시에서 여러모로 유리합니다.

돌아가서 고민해보시고 영어 또는 수학 중에서 자신에게 더 유리하다고 생각되는 과목을 선택해 집중해서 공부하면 됩니다. 지금 성적이 둘 다 바닥권이라면 저는 절대평가가 적용되는 영어를 추천해 드리고 싶습니다.

그리고 탐구영역의 경우에는 과탐을 과감히 포기하고 사탐으로 바꾸는 것을 제안해드리고 싶습니다. 간호학과라고 하면 아무래도 사탐보다는 과탐을 해야 할 것 같지만, 전문대 입시에서는 사탐과 과탐 어느 것을 선택해도 상관없습니다. 사탐을 선택하는 것이 더 좋은 성적을 얻기 쉽습니다.

학생의 경우 과탐 사교육까지 받으며 노력했는데 과탐 성적 6~7등급이 나왔습니다. 7등급부터는 바닥권 성적입니다. 공부를 했는데도 이 정도라면 이 과목에 재능이 없다고 봐야 합니다. 과탐만 공부해오다가 생소한 사탐으로 바꾸는 것이 두려운 점은 이해합니다. 그래서 사탐 중에서 공부의 양이 적은 과목을 전략 과목으로 추천하며, 해당 과목의 기초 커리큘럼 인터넷 강의를 볼 것을 제안합니다. 주말을 이용해서라도 인터넷 강의 기초 커리큘럼을 한 번이라도 처음부터 끝까지 보고, 이후에 그 과목의 지난 모의고사를 보고서 그 성적으로 결정하는 것이 좋습니다. 이는 시간 투자를 해볼 만한 가치가 충분히 있습니다. 정말 적성에 맞지 않는 경우만 제외하면 대부분의 학생이 6~7등급보다는 좋은 성적이 나옵니다. 결과를 보고 과탐을 그대로 유지하거나 사탐으로 전환하거나 선택을 하면 됩니다.

부모 : 만약 수능 2과목만 준비했다가 지원하는 학교에 다 떨어지면 어떻

게 하죠?

맵 : 상대평가 기준 수능 2과목 3등급(영어는 2등급)이 수도권 전문대 간호학과 합격이 간신히 가능한 선입니다. 하지만 지금 학생의 성적에서는 모든 과목의 성적을 올리는 것은 현실적으로 어렵습니다. 100명 중 60등 하던 학생이 20등까지 성적을 올리려면 엄청난 노력이 필요합니다. 그렇기에 다른 과목 공부를 내려놓고 2과목만 공부해서 어떻게든 2과목만이라도 3등급(영어는 2등급)을 만들도록 노력해야 한다는 것입니다. 그것이 현 상황에서 간호학과 입시에서 합격할 수 있는 가장 확률이 높은 방법입니다. 만약 성적이 부족해서 간호학과를 포기하고 다른 학과로 진학한다 해도 전문대의 다른 학과 전형 방법은 동일합니다. 성적에 맞춰 다른 학과로 진학이 가능합니다. 하지만 지금은 포기나 떨어진 이후를 걱정할 때가 아니라 공부해야 할 과목을 선택하고 그 과목 공부에 최대한의 노력을 투자해야 할 때입니다. 전략 과목으로 선택한 2과목의 성적이 빨리 향상된다면 그때 1과목을 추가로 준비하는 것도 고려해볼 수 있습니다.

학생 : 그럼 내신은 신경 안 써도 되나요?

맵 : 정시모집에서 내신을 반영하는 학교도 있지만 수능의 영향력이 훨씬 큽니다. 그리고 수능 100%로 선발하는 대학들도 있습니다. 그래서 최대한 내신준비기간을 짧게 가져가는 것이 좋습니다. 그리고 3학년 1학기 때의 내신은 수능특강 등 수능 중심의 책이 거의 내신범위이므로 평소에 수능공부에 집중하다가, 내신 기간에는 그 범위를 수능 공부한다고 생각하고 대비하기를 추천합니다.

10

[고2 컨설팅]
내신도 모의고사도 중간인 고2, 대입 준비 어떻게 해야 하나요?

학생 : 이제 막 고등학교 2학년이 된 이과 학생입니다. 성적은 별로 좋지 않습니다. 내신 성적도 5등급 정도이고 모의고사 성적도 5등급 정도로 둘 다 딱 중간입니다. 목표는 인서울 대학에 들어가는 것입니다. 하지만 제 현재 성적으로는 힘들 것 같아 고민입니다. 부모님은 열심히 해서 꼭 인서울 대학에 들어가야 한다고 말씀합니다. 저도 가고 싶지만 솔직히 자신은 없습니다. 그래서 수도권에 있는 대학까지는 생각하고 있습니다. 희망 전공은 전자과입니다.

이제 고2도 되었고 정말 열심히 공부해보려고 합니다. 그런데 요즘 입시는 너무 복잡하고, 게다가 제 성적도 애매합니다. 내신과 수능 모의고사 성적이 비슷해서 수시에 집중해야 할지 내신에 집중해야 할지 모르겠습니다. 수시는 전형의 종류도 너무 많습니다. 입시를 대비해 열심히 공부할 마음은 먹었는데 방향을 잡기가 어려워서 도움을 받고 싶습니다. 지금 성적으로 원하는 대학 진학이 어려울 것 같은데 그냥 열심히 해서 성적을 올리는 방법밖에 없나요? 욕심일지도 모르겠지만 제가 받는 성적보다 더 좋은 대학을 갈 방법은 없나요? 저한테 맞는 입시 준비는 어떤 것일까요?

∨ 학생의 정보 요약

학년 & 컨설팅 시기 : 고2 3월	
내신 성적	평균 5등급
모의고사 성적	평균 5등급
학생부 비교과 활동	특이할 만한 비교과 활동 없음.
희망 대학	인서울 대학(수도권 대학까지 고려 중)
희망 전공	전자공학과
특징 요약	· 내신과 수능 모의고사 성적이 비슷한 학생 · 입시 준비의 방향을 알고 싶어 함.

지원을 포기할 전형 찾기

맵 : 요즘 입시는 모든 부분을 고르게 잘하는 학생보다는 특정 부분에 강점이 있는 학생이 더 유리합니다. 자신에게 유리한 입시전형을 찾아서 그 준비에 시간을 투자해야 좋은 결과를 얻을 수 있습니다. 그런데 학생의 성적이 내신과 모의고사 모두 5등급 내외입니다. 모든 부분에서 딱 중간 정도입니다. 그래서 내신이 좋으면 수시, 수능이 좋으면 정시라는 기본 원칙을 적용하기 어렵습니다.

지금은 자신에게 유리한 전형을 확정할 시기가 아닙니다. 확실히 신경을 쓰지 말아야 할 전형을 확정하고 나머지에서 우선순위를 정해야 합니다. 이를 위해서는 입시전형을 유형별로 알아야 합니다. 대입 전형은 '학생부 교과', '학생부 종합', '논술', '수능', '실기'라는 5가지 전형이 있습니다. 이 중 현재 학생의 관심에서 지워야 할 전형은 실기 전형과 논술 전형입니다. 먼저 실기전형은 대부분 예체능 전공을 위한 전형입니다. 상위권 일부 대학에서 언어와 수학, 과학 특기자 등을 선발하지만 지금 학생의 성적에서는 생각하기 어렵고 선발 인원도 극소수입니다. 학생과는 아예 상관이 없는 전형입니다.

논술전형은 상위권 대학에서만 실시하는 전형입니다. 명문대 진학을 원하지만 성적이 부족한 학생들이 논술전형으로 방향을 많이 잡습니다. 내신 등급 또는 모의고사 성적은 숫자로 자기 성적의 부족함이 확인되지만 논술 성적은 미지의 영역이기 때문입니다. 하지만 내신이나 수능 모의고사 성적이 경쟁자들에 비해 떨어지는데 논술 실력만 뛰어난 학생은 흔치 않습니다. 게다가 논술은 경쟁률도 다른 전형에 비해 월등히 높습니다. 논술전형의 경쟁률은 40 대 1 정도 됩니다. 또한 내신을 전혀 반영하지 않는 것도 아닙니다. 수능 최저학력기준도 적용됩니다. 논술전형의 성공 확률은 낮을 수밖에 없습니다.

가장 중요한 것은 논술전형은 낮은 합격 가능성에 비해 많은 준비 시간이 투자된다는 것입니다. 그 투자한 시간만큼 내신이나 수능 준비에 소홀해질 수밖에 없습니다. 상위권 대학 입학이 어렵다면 성적에 맞추어 그 아래 대학이라도 진학해야 하는데 그게 어려워집니다. 실패 확률이 높은데 대안도 없다는 것이 논술전형의 가장 큰 문제입니다.

실질적인 합격 가능성이 상당히 낮은 것을 감안하면 논술전형 준비에 시간을 소비하기보다는 학생부 위주 전형과 수능을 대비하는 것이 현명합니다.

부모 : 논술은 아예 포기해야 하는 건가요?

맵 : 논술전형은 자신의 성적에 비해 좋은 대학을 가고 싶은 학생들이 주로 선택하는 전형입니다. 하지만 대학 선택의 폭이 좁으며 수능 최저학력기준을 적용하는 경우에는 일정 이상의 수능 점수도 요구합니다. 경쟁률도 높습니다. 다른 전형을 대비할 시간까지 사용하면서 지금부터 준비하는 것은 현명하지 못합니다. 고2가 끝나는 시점에 다시 고민해볼 수 있겠지만 지금은 논술전형을 고려하거나 준비할 타이밍은 아닙니다.

적극적으로 노려야 할 전략 전형 찾기

맵 : 이제 2학년 초기이기 때문에 수시모집을 노려야 합니다. 모든 전형의 가능성이 열려 있는 현재 시점에서는 기회의 문이 넓은 수시모집을 노리는 것이 유리합니다. 수시모집은 정시보다 선발 인원이 월등히 많기 때문에 내신이 좋지 않다고 해서 지금부터 정시의 수능전형을 전략 전형으로 삼으면 안 됩니다. 수시에서 논술전형을 제외하면 학생부 교과전형과 학생부 종합전형이 남습니다. 그중 현시점에서 학생이 중점적으로 노려야 할 전형은 학생부 종합전형입니다. 두 전형 중 내신 성적에 비해 더 좋은 대학을 갈 수 있는 전형이 학생부 종합전형이기 때문입니다. 학생부 종합전형은 학생부 비교과가 잘 관리된 학생에게 내신 성적보다 0.5~1.5등급 정도 가산점을 주는 전형이라고 생각하면 됩니다.

∨ 2020 수시 입시 결과 비교. 학생부 교과 vs 학생부 종합

학교	2020 수시 입시 결과(합격자 평균)	
	학생부 교과	학생부 종합
숭실대	2.27	2.92
명지대	2.48	3.41
경기대	2.88	3.38
단국대(천안)	3.48	3.74
순천향대	3.68	4.17
상명대(천안)	3.70	4.53

맵 : 숭실대의 경우, 2020 수시에서 학생부 종합전형의 합격자 평균이 학생부 교과전형보다 0.65등급 낮았으며 명지대는 그 차이가 0.93등급이었습니다. 중하위권 입시에서도 마찬가지입니다. 순천향대는 0.49등급, 호서대는 0.83등급 차이가 났습니다. 학생부 종합전형이 학생부 교과전형보다 합격자들의 내신 편차가 더 큽니다. 그래서 학생부 종합전형 합격자들은 학생부 교과전형에 지원했을 때보다 0.5~1.5등급의 가산점을 받고 진학했다고 생각하면 됩니다.

학생부 종합전형의 핵심이 학생부 비교과라고 생각하는 사람들이 많습니다. 하지만 잘못된 생각입니다. 입학사정관이 지원자를 평가할 때 가장 중요하게 보는 것이 내신 성적입니다. 특히나 중하위권 입시에서는 더 그렇습니다. 내신 성적이 일정 등급 이상 갖춰진 학생 중에서 학생부 비교과를 평가하기 때문에 내신 성적 관리는 필수입니다. 특히 전자공학과를 지망한다면 관련 과목인 수학과 과학, 특히 화학이나 물리의 성적은 더욱 신경 써야 합니다. 1학년 성적은 좋지 않았지만 2학년부터 지속적으로 성적이 향상되는 모습을 보인다면 입학사정관에게 좋은 인상을 줄 수 있습니다.

내신 성적 관리와 함께 학생부 비교과 영역 관리를 해야 합니다. 진학을 희망하는 전공에 대한 관련 활동을 지금부터 학생부에 차곡차곡 쌓아둔다면 자기소개서를 쓸 때 자신만의 훌륭한 스토리를 만들 수 있습니다. 학생부 비교과 관리는 많은 시간과 노력을 투자해야만 하는 것이 아닙니다. 일찍 시작해서 꾸준한 모습을 보여주는 것이 가장 중요합니다. 1학년 때부터 준비했다면 더욱 좋았겠지만 아직 늦지 않았습니다.

다시 한 번 정리해보겠습니다. 학생부 종합전형은 지금 우리가 가장 중점으로 두어야 하는 전형입니다. 내신등급에 비해 좋은 대학을 갈 수 있는 전형입니다. 학생부 종합전형에서 가장 중요한 것은 내신등급입니다. 내신 성적 관리가 우리의 최우선 과제입니다. 그리고 우리의 상황에 적합한 학생부 비교과 관리 또한 필수입니다. 희망 전공과 관련 있는 비교과 활동을 꾸준히 하시기 바랍니다. 단 과도한 학생부 비교과 관리는 좋지 않습니다. 우리의 경쟁자들은 비교과가 화려한 1~2등급이 아닙니다. 비교과 관리는 필수지만 그보다 우선은 내신등급입니다.

학생부 종합전형은 입학사정관의 주관적 평가로 합격이 갈리는 전형이기 때문에 합격 가능성 예측이 어렵습니다. 수시에 6번의 지원 기회가 있는데, 그 기회를 모두 불확실성에 걸 수는 없습니다. 전략적으로 노리는 전형은 학생부 종합전형이지만 안전한 합격을 위한 학생부 교과전형 지원도 필수입니다. 학생부 비교과 관리가 잘되어 있는 상황이라면 학생부 종합전형 지원 4학교, 학생부 교과전형 지원 2학교 정도 비율로 지원하는 것이 좋습니다. 안정적인 성향을 추구한다면 3:3의 비율도 괜찮습니다.

학생부 교과전형과 학생부 종합전형 모두 내신등급 향상이 최우선입니다. 중간고사, 기말고사 시험이 바로 대학 입시라는 것을 꼭 명심하고 시험 준비에 최선을 다해야 합니다.

모 : 수능 준비는 할 필요 없나요?

맵 : 이제 막 2학년이 되었기 때문에 우리의 학생부 성적은 확정된 것이 아닙니다. 내신 성적 향상이 최우선 과제지만 얼마나 오를지는 아직 알 수 없습니다. 2학년 1학기가 끝나면 수시에 반영되는 내신 성적의 60%, 2학기가 끝나면 80%가 결정됩니다. 확정되는 2학년의 내신 성적에 따라 상황은 달라질 수 있습니다. 특히 내신 성적이 생각보다 오르지 않은 상황이라면 입시전략에도 조정이 필요합니다. 그래서 수능전형 대비는 꼭 필요합니다. 내신 준비 기간을 제외한 시간이 많이 있습니다. 특히 3학년이 되기 전까지 방학이 두 번이나 남아 있습니다. 그 시간에 수능 성적 향상을 위한 준비를 해야 합니다.

선호도가 높은 대학일수록 학생부 교과전형에서 수능 최저학력기준을 적용합니다. 그 기준을 만족시키지 못하는 학생들이 의외로 많기 때문에 수능 성적이 뒷받침된다면 학생부 교과전형의 경쟁력도 생깁니다. 논술전형 지원을 선택할 때도 수능 최저학력기준 충족은 큰 도움이 됩니다. 따라서 내신 시험 준비 기간이 아닐 때(특히 방학) 수능 성적 향상에 최선을 다해야 합니다.

입시 방향은 일찍 잡을수록 유리, 중간 점검 필수

맵 : 지금 컨설팅을 통해 세우는 입시전략은 현재의 정보와 상황으로 만드는 것입니다. 지금 우리가 가장 중점적으로 준비해야 할 전형은 학생부 종합 전형입니다. 지금 공부의 최우선순위는 내신 성적 향상입니다. 하지만 시간이 가고 내신 성적이 확정됨에 따라 우리의 상황이 바뀐다면 유리한 전형이 바뀔 수 있습니다.

최우선 전략 전형에 대비한 중간 결과가 만족스럽게 나온다면 기존 전략을 그대로 유지하면 됩니다. 열심히 했지만 결과가 좋지 않다면 입시전략을 바꿔야 합니다. 2학년 2학기가 끝나는 시점까지 내신 성적이 오르지 않는다면 다른 전형을 노려야 입시에서 유리할 수 있다는 것입니다. 그렇기 때문에 중간 점검은 꼭 필요하고 수능전형에 대한 대비도 함께 해야 합니다.

6부

입시 관련
Tip과
Q & A

01

불수능? 물수능? 수능의 난이도가 입시에 미치는 영향은?

매년 반복되는 수능의 난이도 논란

물수능이니 불수능이니 하는 수능의 난이도에 대한 논란은 매해 반복되고 있다. 사실 수능의 난이도에 있어서 완벽한 밸런스라는 것은 있을 수가 없다. 수능은 국어, 영어, 수학, 탐구의 4개 영역이 있고 같은 영역 안에서도 영어를 제외한 나머지 영역들은 과목을 선택할 수 있는데, 그 모든 영역의 난이도가 같을 수 없기 때문이다.

어려워진 수능? 과연 얼마나 어려워졌을까?

2019년에 치른 2020 수능의 난이도는 주목도가 높았다. 꾸준히 이어져 오던 '쉬운 수능'이라는 뚜렷한 방향성 속에서 갑자기 2019 수능이 상당히 어렵게 출제되어서 수험생들이 혼란을 겪었는데 이후 첫 수능이었기 때문이다. 시험의 난이도를 가장 잘 반영하는 지표인 수능 표준점수 만점으로 실제 난이도를 알아보자.

∨ 2007~2021 수능 국·영·수 표준점수 만점

연도	평균	국어	국어B	수학(문과)	수학(이과)	영어	영어B
2021	139.3	144	-	137	137	-	-
2020	141.0	140	-	149	134	-	-
2019	140.7	150	-	139	133	-	-
2018	133.0	134	-	135	130	-	-
2017	136.3	139	-	137	130	139	-
2016	134.4	134	136	139	127	136	-
2015	131.8	132	139	131	125	132	-
2014	135.5	132	131	143	138	133	136
2013	137.3	127	-	142	139	141	-
2012	136.0	137	-	138	139	130	-
2011	145.5	140	-	147	153	142	-
2010	139.5	134	-	142	142	140	-
2009	147.0	140	-	158	154	136	-
2008	136.0	142		140	129	133	
2007	137.8	132		140	145	134	

시험의 난이도가 높아 평균 원점수가 낮아질수록 표준점수 만점은 높아진다. 그래서 표준점수 만점이 높을수록 어려운 시험으로 볼 수 있다. 2014 수

능부터 2018 수능까지, 지난 5년간 국어, 영어, 수학 중에서 표준점수 만점이 140점을 넘었던 경우가 한 번도 없었다. 그만큼 쉬운 수능 기조가 꾸준히 유지되어왔다는 것이다. 그런데 2019 수능에서 국어의 표준점수 만점은 150점이다. 표준점수 150점이 등장한 것은 2011년 이후 처음 있는 일이었다. 지난 5년간은 과목마다 불수능, 물수능 논란이 있었어도 큰 틀에서 보면 일정한 기조가 유지되었다고 볼 수 있는데, 2019 수능은 진짜 불수능이었다. 그런데 2020 수능에서는 국어와 수학(나)의 표준점수 만점이 140점을 넘었다. 국어, 수학(가), 수학(나)의 표준점수 평균 만점도 2019년 140.7에서 141.0으로 오히려 높아졌다. 지표만 보아서는 역대급으로 어려웠다는 평가를 받았던 2019 수능과 난이도의 차이가 없다.

하지만 2020년 수능에서는 2019 수능에서처럼 어려운 난이도에 대한 논란이 없었다. 어려운 수능이 2년 연속 유지되었는데 그에 대한 불만은 터져 나오지 않았다. 그 이유는 크게 두 가지로 나눠볼 수 있다. 첫 번째는 한 해 앞의 수능이 어려웠으니 이번 수능도 어려울 가능성이 있다고 수험생과 교육계가 미리 마음의 준비를 하고 있었던 것이다. 작년 수능의 난이도까지 감안한 모의고사 등으로 수능을 준비했으니 크게 어렵다는 느낌은 받지 않은 것이다. 두 번째는 수시 위주의 입시체제 속에서 상당수의 중하위권 수험생들이 수능을 제대로 준비하지 않는다는 것이다. 2020 수능이 표준점수 만점이라는 지표로 확인되는 정도까지는 어렵지 않았다는 말이다.

2021 수능의 표준점수 만점은 2019, 2020 수능보다 낮았으며 당연히 난이도에 대한 논란도 없었다. 앞으로도 수능이 현재 수준보다 어려워질 것이라고는 예상하기 어렵다. 수능의 영향력을 어떻게든 낮추고 싶어하는 교육부의 기조가 바뀌지는 않을 것이기 때문이다. 2019~2021 수능의 난이도 정

도이거나 더 낮은 난이도가 지속될 것으로 예상한다.

그럼 수능의 난이도는 학생 개인의 입시에 어떠한 영향을 미칠까? 수능의 난이도가 미치는 영향력은 상위권과 중하위권으로 나누어 살펴보아야 한다. 먼저 꾸준히 기조가 유지될 것으로 보이는 쉬운 수능이 상위권에 미칠 영향부터 살펴보자.

쉬운 수능이 상위권 입시에 미치는 영향

상위권 입시에서 수능의 난이도는 큰 영향력을 가진다. 시험이 아주 쉽거나 어려우면 난이도가 개인의 입시에 미치는 영향력은 매우 커진다. 특히 상위권 중에서도 성적이 높은 최상위권 학생들에게는 더욱 그렇다. 쉬운 수능의 영향력을 살펴보기 위해 아주 쉽게 출제되었다고 평가받는 2015 수능 수학 B형의 점수를 보자.

∨ 2015 수능 수학 B형 등급 컷

등급	원점수	표준점수	백분위
만점	100	125	98
1등급	100	125	98
2등급	96	122	91
3등급	89	117	77
4등급	80	110	59
5등급	66	99	39
6등급	47	85	23

	25	68	11
7등급	25	68	11
8등급	15	60	4

2015 수능에서 수학 B형은 역대 수능 중 가장 쉽게 출제되어 만점을 받은 학생의 비율만 4.3%였다. 1등급의 비율이 4%이므로 하나라도 틀리면 2등급이 된다. 2등급 컷도 96점으로 두 문제를 틀리면 3등급이 되어버린다.

이런 쉬운 수능은 1~2등급의 상위권 학생의 실력을 평가하기에는 변별력이 떨어진다. 만점자가 많은 가운데 약간의 실수를 한 최상위권 학생의 성적이 크게 떨어지기 때문이다. 수능 모의고사에서는 한 문제까지 틀려도 보통 1등급이 나온다. 모의고사에서 늘 다 맞거나 한 문제를 틀려서 항상 1등급을 받아오던 학생이 실전 수능에서 약간 긴장해서 두 문제를 틀린다면 3등급까지 내려가게 되는 것이다. 반대로 2등급 안에 간신히 들던 학생과 3등급 상위권 성적의 학생이 쉽게 출제된 수능에서 문제를 다 맞히는 경우도 생긴다.

변별력이 떨어지는 쉬운 난이도의 수능 때문에 실력과 등급이 바뀔 수 있다. 수시에 지원했고 수능 최저학력기준만 채우면 합격인 학생들이 쉬운 수능에서 약간의 실수로 평소보다 등급이 떨어져 수시에서 불합격하고, 낮은 수능점수로 정시에서까지 연달아 탈락해 재수까지 이어지는 경우를 흔히 볼 수 있다. 쉬운 수능으로 인한 혼란은 상위권 입시에서 필연적으로 발생할 수밖에 없다.

쉬운 수능이 중하위권 입시에 미치는 영향

그러나 중하위권 입시에서는 쉬운 수능의 영향력이 상위권 입시와 달리 미미하다. 중하위권 학생들에게는 수능의 변별력이 큰 의미가 없다. 수능이 쉽게 출제되면 모든 수험생의 원점수가 높아지고, 어렵게 출제되면 원점수가 낮아질 뿐 대부분 실력에 비례한 성적을 받게 된다. 수능 성적은 대부분 영역에서 상대평가인 백분위와 표준점수로 나오기 때문에 대부분 자신의 실력대로 성적을 받는다.

수능이 쉽게 출제된다고 해도 중하위권 학생들이 받는 등급이나 백분위는 실력과 큰 차이가 없다. 평소에 6개 틀리던 학생이 4개를 틀리고 10개 틀리던 학생이 7~8개를 틀린 경우, 모두의 원점수만 올라갈 뿐 결국 백분위에서 큰 차이가 없다. 백분위 위주인 중하위권 입시에서는 몇 점이 아니라 몇 등을 했느냐가 중요한데, 여기서 쉬운 수능이 미치는 영향력은 거의 없다. 표준점수의 경우에도 상위권 입시에서는 수능의 난이도에 따른 영향력이 크지만 3등급부터는 수능의 난이도와 상관없이 비슷하게 나온다.

∨ 쉬운 수능의 변별력 전망 비교

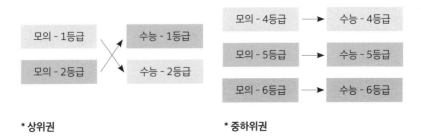

* **상위권**   * **중하위권**

※ 쉬운 수능에서 상위권은 한 문제의 실수가 전체 순위(등급, 백분위)에 큰 영향을 미친다(좌). 중하위권은 전체 원점수가 같이 오르고 내릴 뿐 약간의 실수가 있다고 해도 대부분 원래 실력이 그대로 반영된다(우).

어려운 수능이 상위권 입시에 미치는 영향

2019 수능처럼 어려운 수능도 상위권 입시에는 영향력을 크게 미친다. 상위권 대학은 표준점수를 활용해 학생을 선발하는 경우가 많은데, 학생들의 성적이 밀집되어 있기 때문에 표준점수 몇 점 차이로 진학 대학이 달라진다. 그런데 수능의 난이도가 높아지면 그중 가장 어렵게 출제된 영역의 성적이 다른 영역보다 영향력이 훨씬 커진다.

∨ 2019 수능의 영역별 만점과 1등급 커트라인

과목	만점	1등급 컷	차이
국어	150	132	18
수학(가)	133	126	7
수학(나)	139	130	9

예를 들어 국어보다 수학을 잘하는 이과 학생이 수학은 만점을 받았는데, 국어에서 1등급 커트라인 성적을 받았다면 그 학생의 두 과목 표준점수의 합은 265점이다. 반대로 수학보다 국어를 잘하는 학생이 국어는 만점, 수학은 1등급 커트라인을 받았다면 표준점수의 합은 276점이다. 11점이나 차이가 난다. 국어가 어려운 것을 감안해 두 번째 학생이 국어를 한 문제 틀렸다고 가정해도 성적이 265점보다 높을 것이다. 수학에서 만점을 받아도 국어 1등급 커트라인 성적보다 겨우 1점 높기 때문이다.

국어가 뛰어난 학생이 수학이 뛰어난 학생보다 유리해지는데 이런 난이도의 차이는 예상할 수 있는 것이 아니다. 수학이 어렵게 출제되어도 만점을 받을 수 있다고 생각하는 학생이라면 억울할 수 있다.

2019 수능에서는 국어뿐 아니라 절대평가인 영어도 어렵게 출제되었다. 2018 수능에서 1등급을 받은 학생의 비율은 전체 수험생의 10.03%였다. 하지만 2019 수능에서는 그 절반 정도인 5.3%밖에 되지 않았다. 어려운 수능으로 인해 수능 최저학력기준을 충족시키지 못한 학생이 많이 생겼고 수시에서 예상치 못하게 탈락한 경우가 많았다.

어려운 수능이 중하위권 입시에 미치는 영향

상위권 입시에서 수능의 난이도가 큰 영향을 미치는 반면, 중하위권 입시에서는 수능의 난이도가 가져오는 영향력이 그리 크지 않다. 백분위의 경우는 앞서 살펴본 쉬운 수능에서의 경우와 마찬가지다. 문제가 어렵게 출제된다면 전체 원점수 평균이 내려갈 뿐 백분위는 실력에 비례해 받는다. 표준점수의 경우도 마찬가지다. 상위권에서는 수능의 난이도에 따라 표준점수의 격차가 커질 수 있지만 중하위권에서는 별다른 차이가 없다. 2020 수능에서 국어와 수학의 등급 컷을 살펴보자.

∨ 2020 수능 국어, 수학 등급 컷

국어		수학(가)		수학(나)	
등급	등급 컷	등급	등급 컷	등급	등급 컷
만점	140	만점	134	만점	149
1	131	1	128	1	135
2	125	2	122	2	128
3	117	3	118	3	118
4	107	4	110	4	106

5	95	5	97	5	92
6	83	6	82	6	81
7	72	7	70	7	75
8	64	8	63	8	71

표준점수 만점이 가장 높은 수학(나)의 경우 만점과 1등급 컷은 다른 과목에 비해 높다. 하지만 2등급 컷으로 넘어가면 그 격차가 상당히 줄어든다. 3등급 컷은 쉽게 출제되었던 수학(가)의 등급 컷과 동일하다. 상위권, 그중에서도 최상위권의 경우 수능 난이도에 따라 어려울수록 점수가 높아져 난이도가 입시에 미치는 영향력이 크지만 중하위권에서는 어려운 수능이 입시에 큰 영향력을 미치지 못한다.

살펴본 것처럼 수능 난이도의 영향력은 상위권 학생에게는 크지만 중하위권 학생에게는 영향력이 극히 적은 편이다. '물수능/불수능으로 인한 대혼란', '입시 지원 전략 수립 어려워' 같은 언론의 호들갑은 상위권 입시만의 이야기라고 볼 수 있다.

수능을 마친 중하위권 학생이라면 주변 분위기에 흔들릴 필요가 없다. 수시 결과를 기다려야 한다면 차분한 마음으로 기다리면 되고, 정시지원 준비를 해야 한다면 지원 가능 대학에 대한 입시정보를 최대한 획득해서 지원 전략 수립에 최선을 다하면 된다. 상위권 학생들도 마찬가지다. 이미 수능시험을 마친 상황이라면 그 결과는 받아들여야 한다. 그 결과로 낼 수 있는 최선의 지원 전략을 준비하는 것이 현명한 선택이다.

02

고3 3월 수능 모의고사 성적이
수능까지 그대로 이어질까?

"3월 모의고사 성적이 실제 수능까지 그대로 갈까요?"

고3 학생들과 학부모들로부터 많이 받는 질문이다. 고3 3월 모의고사와 실전 수능 성적에 어떤 관계가 있는지 수능과 관련된 통계를 보면서 자세히 알아보자.

※ 2020년은 코로나로 인해 예정대로 수능 모의고사가 시행되지 않았으며 수능 날짜도 변경되었다. 하지만 2021년에는 다시 정상적인 일정으로 복귀할 것이기 때문에 일정 등 모든 내용을 코로나로 변경되기 이전 기준으로 기재했다.

수능은 재학생만 응시하는 것이 아니다

입시에서 수능 점수를 평가할 때 주로 활용하는 지표가 표준점수와 백분위다. 이 두 지표는 상대평가 지표다. 한국사와 영어에 절대평가 제도가 도입되었지만 한정된 모집인원을 선발하는 대학의 입장에서 절대평가 지표는 변별력이 떨어진다. 그래서 상대평가 지표에 중점을 두고 학생을 평가할 수밖에 없다. 결국 수능은 상대평가라는 틀에서 벗어나지 못하는 것이다. 상대평가의 결과는 시험을 함께 치르는 사람들이 누구인지에 큰 영향을 받는다. 똑같은 실력이라도 경쟁자들의 실력에 따라 성적이 달라진다. 먼저 수능 응시생 통계를 보자.

∨ 2015~2020 수능 응시생 통계

학년도	합계	재학생	졸업생 등
2020	484,737	347,765(71.7%)	136,972(28.3%)
2019	530,220	399,910(75.4%)	130,310(24.6%)
2018	531,327	398,838(75.1%)	132,489(24.9%)
2017	552,297	420,209(76.1%)	132,008(23.9%)
2016	585,332	449,058(76.7%)	136,274(23.3%)
2015	594,835	461,622(77.6%)	133,213(22.4%)

고2까지의 수능 모의고사에서 경쟁자들은 같은 학년의 학생들(재학생)로 한정되어 있었다. 재학생 비율이 100%였던 것이다. 하지만 실전에서는 재학생이 아닌 경쟁자가 전체 응시생의 25% 정도나 된다. 재수생이 중심이 된 졸업생과 검정고시 출신 학생 등이다(이하 통칭 졸업생으로 표기). 자신의 실력이 그대로 유지된다고 가정하면, 이 새로운 경쟁자들, 졸업생들이 어떤 실력을 가지고 있느냐가 자신의 수능 성적에 엄청난 영향을 주는 것이다. 즉 고3 3월 모의고사까지는 재학생끼리 경쟁하지만, 이후에는 재수생 등의 졸업생들과도 경쟁한다.

∨ 2020년 고3 모의고사 일정표 - 코로나로 인해 변경되기 이전 기준

구분	일정	시행처
3월	3월 12일(목)	서울특별시 교육청
4월	4월 8일(수)	경기도 교육청
6월	6월 4일(목)	한국교육과정평가원
7월	7월 8일(수)	인천광역시 교육청
9월	9월 2일(수)	한국교육과정평가원
10월	10월 13일(화)	서울특별시 교육청
11월	11월 19일(목)	대학 수학능력시험

　　3월·4월·7월·10월 모의고사의 시행처는 교육청이며 교육청에서 시행하는 모의고사는 재수생은 응시할 수 없다. 재수생과 함께 경쟁하는 모의고사는 한국교육과정평가원이 시행하는 6월과 9월 모의고사뿐이다. 고3 첫 모의고사인 3월 모의고사는 교육청 시행 모의고사이며, 이 시험은 고등학교 재학생만 응시할 수 있다. 고등학교 1, 2학년까지와 경쟁자가 동일한 것이다. 수능의 주요 영역은 상대평가로 경쟁자가 누구인지에 따라 내 성적이 달라진다. 3월 모의고사는 실전 수능에서 함께 경쟁하게 될 졸업생 없이 치른 시험이다. 따라서 이 성적이 그대로 수능까지 이어진다고 생각하면 안 된다. 2020 입시의 모의고사와 수능 응시생 통계를 보자.

∨ 2020 입시 수능 응시생 구성의 변화

	합계	재학생	졸업생 등
3월 모의고사	398,878	398,878(100%)	0(0%)
6월	466,138	397,354(85.2%)	68,784(14.8%)
9월	455,949	377,496(82.8%)	78,453(17.2%)
2020 수능	484,737	347,765(71.7%)	136,972(28.3%)

재학생은 3월 모의고사에서 398,878명이었지만 실전 수능에서는 347,765명으로 51,113명이 감소했다. 반대로 졸업생은 3월 모의고사에서 0명이었지만 실전 수능에서는 136,972명으로 늘어났다. 이 줄어든 재학생과 늘어난 졸업생의 학력 수준에 따라 내 수능 성적이 달라진다.

(책을 집필하는 시점이 2021 수능 전이라 2020 수능을 예시로 들어 설명했지만, 2021 수능의 졸업생 비율은 2020 수능과 비슷할 것으로 예상된다. 6월 모의고사에 응시한 재학생 수가 339,658명으로 전해보다 줄었지만, 졸업생 지원자 수 역시 55,828명으로 대폭 감소해 재학생/졸업생 비율은 2020 수능과 거의 비슷하다.)

사라진 5.1만 명과 새롭게 나타난 13.7만 명의 경쟁자

3월 모의고사 때는 같이 경쟁했지만 수능에서는 사라진 5.1만 명의 재학생은 대부분 두 가지 경우에 해당된다. 첫 번째 케이스는 졸업 후 진학 의사가 없는 학생들이다. 두 번째는 수시에서 수능 최저학력기준이 적용되지 않는 대학에 합격한 학생들이다. 표에서 실전 수능 응시자 통계는 수능 원서 접수는 했지만 수능 당일에 시험을 보지 않은 학생들을 제외한 것이다. 이 학생들도 3월 모의고사 통계에는 포함될 것이다.

이 학생들은 대부분 학업 능력이 뛰어나지 않다. 대학 진학을 원하지 않는 학생은 공부를 열심히 하는 경우가 드물며 시험에 제대로 임할 마음의 준비도 되어 있지 않은 경우가 많다. 3월 모의고사 때 잠을 잔다든지 한 번호로 찍는 경우도 많을 것이다. 수시에서 합격이 결정된 학생들도 대부분 공부를 잘하는 학생이 아니다. 수능 최저학력기준을 적용하지 않는 대학교는 대부분 커트라인이 낮은 학교들이다. 실전 수능에서 사라진 5.1만 명의 재학생은 대부분 성적이 평균보다 훨씬 낮다.

이렇게 평균 이하의 성적으로 소위 바닥을 깔아주던 5.1만 명이 빠진 대신 수능에서 함께 경쟁해야 할 13.7만 명의 졸업생들은 대부분 평균 이상의 성적을 보이는 강력한 실력자들이다. 하위권 학생이 재수를 선택하는 경우는 드물다. 공부에 대한 자신이 없는 학생과 그 학부모는 1년이라는 시간과 꽤 많은 지출이 필요한 재수를 선택하려고 하지 않는다. 결과에 대한 기대치가 낮기 때문이다. 그래서 재수를 선택하는 대부분 학생이 상위권 대학을 목표로 하는 학생들이다. 이는 실제 수능 결과에서도 확인할 수 있다. 2019년 수능에서 재학생과 졸업생(검정고시 출신 제외)의 점수 차이를 살펴보자.

∨ 2020 수능 표준점수 평균　　　(출처: 한국교육과정평가원)

	재학생	졸업생
국어	96.5	109.3
수학(가)	96.6	106.5
수학(나)	98.0	107.3

모든 영역에서 재학생보다 졸업생의 평균이 훨씬 높다. 3월 모의고사에

비해 많은 하위권 재학생이 빠지고 그보다 우수하면서 더 많은 수의 졸업생이 실전 수능의 경쟁자로 추가되었다. 실력이 그대로 유지된다면 실전 수능 성적은 3월 모의고사 성적과 비교해 떨어질 수밖에 없다.

결론적으로 실력과 노력이 그대로 유지된다면 고3 3월 모의고사 성적보다 실제 수능 성적이 떨어지는 것은 당연하다. 3월 모의고사 성적을 받아든 고3 학생이라면, 그리고 재학생끼리 경쟁하는 고1, 2 학생이라면 자신의 현재 모의고사 성적에 안주하면 안 된다. 객관적 통계자료를 바탕으로 자신의 실력을 현실적으로 인지하고 더 열심히 노력해야 실전 수능에서 좋은 결과를 얻을 수 있다.

03

영어 절대평가, 정말로 수능에서 영어의 중요도가 낮아졌는가?

2018 수능부터 영어영역에 절대평가가 도입되었다. 의도는 상대평가에서 생길 수밖에 없는 순위 경쟁에서 벗어나 실제 영어 실력을 향상시키는 방향으로 영어 교육을 바꾸어가겠다는 것이다. 하지만 교육과 입시는 다르다. 이 변화가 실제로 어떻게 입시에 적용되는지 살펴보자.

상대평가 vs 절대평가

우리에게 익숙한 상대평가 수능에서는 수시에서 활용하는 등급도, 정시에서 활용하는 백분위와 표준점수도 모두 상대적 순위에 따른 점수다. 전체 응시자 중에서 자신의 순위에 따라 점수가 결정된다. 내 원점수가 아무리 높아도 경쟁자의 점수가 더 높다면 순위가 밀리고 성적이 내려간다.

∨ 평가 방법에 따른 지표 산정 기준

평가 방법	지표 산정 기준
상대평가	(상대적) 순위
절대평가	(절대적) 점수

하지만 절대평가 수능에서는 자신이 받은 원점수대로 등급을 부여받기 때문에 순위는 의미가 없어진다. 상대평가는 수험생들을 성적대로 줄 세워서 순시대로 점수를 부여하는 것이고 절대평가는 받은 원점수대로 점수를 부여하는 것이다.

절대평가 도입 → 수능 점수 제공 방식 변화

영어의 절대평가 도입이 입시에 미치는 기본적인 변화는 점수 제공 방식이다. 상대평가 수능에서는 '등급, 표준점수, 백분위'의 3가지 지표로 성적이 제공되었지만, 절대평가에서는 '등급' 하나만 제공된다. 그리고 상대평가 수능에서 등급의 의미와 절대평가 수능에서 등급의 의미는 다르다. 상대평가 수능에서 등급은 순위 경쟁으로 얻은 등급이며, 절대평가에서는 단순 원점수로 얻은 등급이다. 입시에 실제로 가장 큰 영향을 미치는 변화는 제공된 지표가 등급 하나로 변경되었으며 그 등급의 의미가 기존의 것과 다르다는 점이다.

∨ 절대평가 도입에 따른 수능 영어 성적표 변화

상대평가 수능	
	영어영역
표준점수	113
백분위	72
등급	4

→

절대평가 수능	
	영어영역
등급	3

절대평가 수능은 상대평가 수능일 때보다 높은 등급을 받기가 수월하다. 열심히 노력하면 누구나 1등급을 받을 수 있는 제도라며 절대평가를 도입했는데, 상대평가 때보다 높은 등급을 받기 어렵게 출제하면 그 취지에 반하게된다. 실제 절대평가로 치른 2018, 2019, 2020 수능 결과를 살펴보아도 모두 이전의 상대평가 수능 때보다 높은 등급을 받을 수 있었다.

∨ 영어 등급별 누적 백분위 비교

등급	상대평가	2020 수능	2019 수능	2018 수능
1	4	7.43	5.30	10.03
2	11	23.68	19.64	29.68
3	23	45.56	38.15	55.11
4	40	64.04	59.06	73.08
5	60	76.31	75.59	83.57
6	77	85.52	86.26	90.31
7	89	92.89	93.69	95.05
8	96	98.13	98.28	98.54
9	100	100	100	100

2019 수능 영어는 절대평가 도입 이후 가장 높은 난이도의 시험이었다. 하지만 여전히 상대평가 시절과 비교해보면 높은 등급을 받기가 수월하다. 영어 등급별 누적 백분위를 통해 확인해보면 상대평가 수능에서는 100명 중 상위 23%까지 영어 3등급을 받는다. 하지만 가장 어렵다고 평가받는 2019 수능에서도 38.15%의 수험생이 3등급을 받았다. 상대평가 수능에서는 등급별로 수험생의 비율이 제한되지만 절대평가에서는 그런 제한이 없다. 1등급의 경우 상대평가 수능에서는 전체 수험생의 4%만 1등급을 받을 수 있지만, 절대평가 수능에서는 90점만 넘으면 누구나 1등급을 받을 수 있다.

교육부는 수능 영어 절대평가 도입이 입시에 대한 부담을 줄여줄 것이라고 생각하는 것 같다. 다른 응시생들과의 순위 경쟁이 없어지기 때문이다. 하지만 교육부의 생각과 현실은 다르다. 수능 영어에 절대평가가 도입되었다고 해도 입시의 본질은 변하지 않는다.

입시는 줄 세우기, 그 본질은 변하지 않는다

입시라는 시스템의 본질은 줄 세우기다. 대학의 모집정원보다 지원자가 많으면 경쟁은 필연적으로 생긴다. 그 지원자 중에서 합격자와 불합격자를 가리기 위해서는 줄을 세울 수밖에 없다. 줄을 세우는 방법과 기준은 바뀔지 몰라도 입시가 줄 세우기라는 본질은 변하지 않는다.

수능 영어영역에 절대평가가 도입되었다고 해서 입시 부담이 줄고 입시 서열화가 해소되는 것이 아니다. 어떤 방식으로든 지원자를 변별해야 하는 것이 대학의 입장이다. 그래서 어떻게든 학생을 평가할 방법을 찾아서 점수대로 줄을 세울 수밖에 없다. 입시에 대한 부담감은 하나도 줄지 않은 것이다. 절대평가의 도입이 입시의 부담을 덜어주는 것이 아니다.

상위권 학생이라면 수능 영어에 대한 부담은 줄겠지만 대신 다른 과목에 대한 부담감이 높아졌다. 그리고 중하위권 학생이라면 영어의 등급 하나 차이가 입시에서 큰 차이를 가져올 수 있으므로 영어의 중요성은 오히려 더 커진다. 영어 절대평가 도입이 실제로 어떤 식으로 입시에 영향을 주는지 상위권과 중하위권 그리고 수시와 정시로 나누어 자세히 살펴보자. 먼저 수능 위주로 선발해서 수능 영어 절대평가 도입의 영향력이 더 큰 정시부터 보자.

절대평가 도입 : 100개 등급 → 9개 등급

노력한다면 모두가 1등급을 받는 것이 절대평가라지만 실전 수능에서 모두 1등급을 받을 일은 발생하지 않는다. 수능 출제위원들이 난이도를 조절할 것이기 때문이다. 평가 도입의 취지를 고려하면 상대평가 수능보다 1등급을 받는 학생의 비율이 높아지겠지만 5~15% 범위 이내로 제한될 것으로 예상한다. 실제 수능에서 중하위권 학생 중 영어 1등급을 받을 수 있는 학생은 아주 적다. 결국 상위권 대학에 지원하는 학생의 영어 등급은 대부분 1~2등급이겠지만 중하위권 대학에 지원하는 학생의 영어 등급은 폭넓게 분포될 것이다.

절대평가 체제에서는 기존에 주로 활용하던 백분위 대신 9개로 나눈 등급을 활용한다. 백분위가 평가에 반영될 때는 100개의 등급이 있는 것과 마찬가지였다. 그 등급들을 9개 등급으로만 구분한다면 한 등급의 가치가 엄청나게 중요해진다. 게다가 문제의 난이도가 그렇게 높지 않으며 등급을 받는 학생 수에 제한이 없으므로 아주 낮은 등급을 받는 학생 수가 많지 않다.

가장 어려웠다는 2019 수능에서도 7, 8, 9등급을 받은 수험생은 전체의 13.75%밖에 되지 않았다. 그리고 전체 수험생의 70.29%가 2~5등급에 밀집되었다. 이렇게 몇 개 되지 않는 등급에 밀집된 상황에서 낮은 영어 등급을 받는다면 정시에서 급격히 불리해진다. 먼저 영어 절대평가 도입이 가장 큰 영향을 미치는 중하위권 정시부터 자세히 보자.

수능 영어 절대평가 도입의 영향력 - 중하위권 정시

수능전형에 영어 등급을 반영할 때는 그 등급을 백분위나 표준점수로 변환하거나 가산점 또는 감점을 주는 방법을 사용한다. 그런데 그 변환 방법이 학교마다 크게 다르다. 수도권에 있는 대학들의 영어 등급별 반영 방식을 살펴보자.

∨ 2022 수도권 주요 대학 수능 영어 등급별 변환 백분위

	등급별 변환 백분위								
	1등급	2등급	3등급	4등급	5등급	6등급	7등급	8등급	9등급
한경대	100	90	80	70	60	50	40	30	20
용인대	105	95	85	75	65	55	45	35	25
강남대	100	95	90	80	70	50	30	10	0
안양대	100	95	90	85	80	65	50	30	0
성결대	100	90	80	70	60	50	35	20	0
한신대	100	95	90	85	70	60	50	30	20
협성대	100	95	92	89	79	65	50	30	20
한세대	100	95	88	79	68	55	40	25	10

| 대진대 | 90 | 85 | 80 | 76 | 72 | 60 | 40 | 20 | 0 |
| 신한대 | 100 | 96 | 92 | 88 | 84 | 80 | 76 | 72 | 68 |

한경대학교의 경우 대학의 평가에서 영어 1등급은 백분위 100, 2등급은 백분위 90과 동일하게 인정해준다. 수능 영어 원점수가 90점인 학생은 백분위 100이며 89점인 학생은 90을 받는다. 이 차이가 실제 입시에서 어떤 결과를 가져오는지 예를 들어 살펴보자.

	수능 성적			
	국어(백분위)	수학(백분위)	영어	탐구(백분위)
A학생	70	70	2등급(원점수-80점)	70
B학생	73	73	3등급(원점수-79점)	73

한경대학교 인문계열 수능반영 방법 - 국어 30% + 수학 20% + 영어 30% + 탐구 20%
A학생은 영어 2등급으로 백분위 90으로 변환 반영
B학생은 영어 3등급으로 백분위 80으로 변환 반영

한경대학교 인문계열 지원 시 반영 성적
A학생 = (0.3×70) + (0.2×70) + (0.3×90) + (0.2×70) = 76
B학생 = (0.3×73) + (0.2×73) + (0.3×80) + (0.2×73) = 75.1

수능 성적은 B학생이 A학생보다 우수하다. 국어, 수학, 탐구에서 백분위가 3씩 높으며 영어에서 겨우 1점 뒤졌을 뿐이다. 그런데 영어 원점수 1점 차이로 등급이 갈리고 그 등급이 전형에서 큰 점수 차이를 만든다. 한경대에 지원할 경우 A학생이 B학생보다 더 나은 학생으로 평가된다. 영어 1점은 실력에서 큰 차이가 아니지만 실제 전형에서는 아주 큰 점수 차이가 된다. 다른 과목의 백분위 9%보다 영어 1점의 영향력이 더 크다. 영어 등급이 주는 영향력이 어마어마하게 커졌다.

한경대학교처럼 수능의 전 영역을 반영하지 않고 3개 영역만 반영하는 경우도 살펴보자. 3개 영역만 반영된다면 반영되는 각 영역의 비율이 더 올라갈 수밖에 없다. 영어 절대평가 등급의 중요성이 더욱 커지는 것이다. 성결대학교는 수능 국어, 수학, 영어 중에서 성적이 우수한 2개 영역만 반영한다. 이학교에 지원하는 C, D 학생의 성적이 아래와 같다고 가정해보자.

	수능 성적		
	국어(백분위)	수학(백분위)	영어
C학생	80	89	3등급 - 원점수 79점 - 변환백분위 80
D학생	80	10	2등급 - 원점수 80점 - 변환백분위 90

학업능력만 놓고 보면 C학생이 훨씬 뛰어나다. 그런데 성결대학교의 수능 반영 방법대로라면 C학생은 국·영·수 반영 성적이 89와 80의 평균인 84.5가 되고 D학생은 국·영·수 반영 성적이 80과 90의 평균인 85가 되어서 D학생이 C학생보다 전형점수가 높게 나온다. 수학 백분위 89보다 영어 2등급, 원점수 80점이 더 높은 평가를 받는 것이다. 이렇게 영어의 영향력이 다른 과목보다 훨씬 높아졌다. 영어에 대한 부담을 낮춰주기 위해 도입한 영어 절대평가지만 중하위권 정시에서는 오히려 영어의 영향력이 훨씬 커졌다. 전에는 정시에서의 중요도가 국어, 영어, 수학이 비슷했는데 이제 영어가 가장 중요한 과목이 되었다.

더욱 커진 입시정보의 중요성

영어 절대평가 도입 전의 수능전형에서는 각 영역의 반영 비율만 알면 유리한 대학과 불리한 대학을 판별할 수 있었다. 그러나 이제는 반영 비율뿐 아니라 영어 등급의 변환점수까지 알아야 유리한 대학을 찾을 수 있다. 앞서 살펴본 성결대학교의 경우 국어, 영어, 수학 중에서 2개 영역을 선택할 수 있으며 영어 등급별 변환점수 차이가 크다. 그래서 영어 등급이 높은 학생이 유리하다. 이렇게 영어의 영향력이 큰 대학이 많으며, 그곳들을 제외하고 입시를 준비할 수가 없다. 영어가 중하위권 정시에서 가장 중요한 이유다.

실전 수능에서 영어 등급이 좋지 않게 나온 학생은 영어의 영향력이 크지 않은 학교를 찾아 지원해야 한다. 앞의 표에서는 신한대학교가 가장 유리한 학교일 것이다. 영어 성적이 좋지 않은 학생에게는 영어 등급 간 변환점수의 차이가 적은 대학교가 유리하다. 이렇게 각 대학별 영어의 변환점수, 가산점 또는 감점의 크기까지 분석하고 유리한 대학을 찾아야 현명한 지원이 가능하다. 또 입시 결과를 분석할 때는 그 학교의 영어 등급별 변환점수가 작년과 비교했을 때 변화가 있는지 여부도 꼼꼼히 확인해야 한다. 입시정보가 전보다 훨씬 더 많이 필요한 상황이다. 영어 절대평가 도입으로 인해 수험생의 부담이 더 커졌다.

수능 영어 절대평가 도입의 영향력 - 상위권 정시

수능 영어 절대평가 도입을 통해 영어에 대한 부담감을 덜어주겠다는 교육부의 목표는 상위권 정시에서는 어느 정도 달성되었다. 특히 최상위권일수록 부담감은 더 줄어들 것이다. 최상위권 대학의 수능전형에서 영어 반영

방식과 등급별 변환점수, 가산점 또는 감점의 크기를 살펴보면 등급 간 점수 차이가 서울대처럼 아주 적은 학교도, 연세대처럼 비교적 큰 학교도 있다. 이런 학교별 변환점수의 차이가 지원에 유불리를 가져올 수 있는 것처럼 보일 수도 있다. 그러나 대학별로 다른 등급별 점수 차이가 실제 입시에서 미치는 영향은 거의 없을 것으로 보인다. 최상위권 대학 입시에서 영어의 부담감은 거의 없어진 상황이다. 지원하는 학생 중 영어 2등급을 받을 학생은 찾아보기 어려울 것이기 때문이다.

∨ 2022 최상위권 대학 수능 영어 등급별 변환점수

학교	반영 방식	등급별 변환점수, 가산점 또는 감점								
		1등급	2등급	3등급	4등급	5등급	6등급	7등급	8등급	9등급
서울대	가감점	0	-0.5	-1	-1.5	-2	-2.5	-3	-3.5	-4
연세대	변환점수	100	95	87.5	75	60	40	25	12.5	5
고려대	가감점	0	-3	-6	-9	-12	-15	-18	-21	-24
서강대	가감점	100	99	98	97	96	95	94	93	92
성균관대	가감점	100	97	92	86	75	64	58	83	50
한양대 (인문)	변환점수	100	96	90	82	72	60	46	30	12
한양대 (자연)	변환점수	100	98	94	88	80	70	58	44	28
중앙대	가감점	100	98	95	92	86	75	64	58	50
경희대	변환점수	200	192	178	154	120	80	46	22	0
한국외대	변환점수	140	138	134	128	120	110	90	60	0
서울시립대 (인문)	변환점수	250	248	244	240	236	232	228	224	0
이화여대	변환점수	100	98	94	88	84	80	76	72	68

영어 절대평가를 도입하기 전에는 최상위권 학생들도 영어 성적으로 줄 세우기가 가능했다. 상대평가 제도에서 백분위 99와 95는 진학 가능한 대학에서 큰 차이가 있다. 표준점수 139와 132도 마찬가지다. 실수로 한 문제를 틀려서 백분위나 표준점수가 낮게 나온 것은 학생 개인이 감당해야 할 문제였으며 대학은 수능 성적표에 표기된 성적을 기준으로 줄을 세울 수 있었다.

그러나 영어 절대평가 제도에서는 위의 학생들이 모두 1등급을 받게 된다. 모두가 1등급이니 줄을 세울 수가 없다. 변별력이 사라지는 것이다. 원점수 90점을 넘을 안정된 실력이 있다면 한 문제 차이로 성적이 크게 떨어질까 부담감을 가질 필요가 없다. 대신 다른 과목에 대한 부담감은 커질 것이다. 영어로 학생을 줄 세우기가 어려워진 최상위권 대학은 영어가 아닌 다른 과목으로 지원자를 줄 세울 수밖에 없다. 전체 입시에 대한 부담감이 줄지 않는 환경에서는 한 과목에 대한 부담감이 감소하면 다른 과목인 국어, 수학, 탐구 영역의 부담감이 증가한다. 입시 전체에 대한 부담감 총량은 변화가 없는 것이다.

나머지 상위권 대학의 정시에서도 영어에 대한 부담감은 거의 없다. 나머지 대학에 지원할 학업능력을 가진 학생들은 대부분 1~2등급에 분포한다. 대부분의 대학에서 1등급과 2등급에 각각 주어지는 변환점수의 차이는 크지 않다. 등급별 변환 점수의 차이가 비교적 큰 대학에 지원하는 것이 걱정된다면 그런 대학을 피해서 지원하면 된다. 정시에 주어지는 지원 기회는 3번에 불과하기 때문에 굳이 그런 대학을 지원할 필요가 없다. 영어는 3등급으로 중하위권과 겹치지만 다른 과목은 상위권인 학생이라면 2등급과 3등급의 변환점수 차이가 적은 학교에 지원하면 된다.

수능 영어 절대평가 도입의 영향력 - 수시

마지막으로 수시에서 영어 절대평가의 도입이 어떤 영향을 미치는지 살펴보자. 수시에서 수능 영어 성적을 반영하는 방법은 하나뿐이다. 수능 최저학력기준을 적용하는 것이다. 수능 최저학력기준을 적용하지 않는 대학이나 전형에서는 영어 절대평가 도입의 영향력이 전혀 없다. 주요 전형별로 영어 절대평가 도입의 영향력에 대해 자세히 살펴보자.

학생부 종합전형

학생부 종합전형에서는 영어 절대평가 도입에 따른 변화가 미미하다. 수능 최저학력기준을 적용하는 대학이 많지 않기 때문이다. 서울에 있는 4년제 종합대학 중에서 학생부 종합전형에서 수능 최저학력기준을 적용하는 전형이 있는 대학은 7개에 불과하며 대부분 최상위권 대학이다.

∨ 수능 최저학력기준을 적용하는 학생부 종합전형이 있는 종합대학(인서울, 2021 입시)

서울대, 연세대, 고려대,성균관대, 경희대, 이화여대, 홍익대

학생부 교과전형 & 논술전형

수능 최저학력기준이 주로 적용되는 전형은 학생부 교과전형과 논술전형이다. 절대평가 도입으로 인해 영어에서 높은 등급을 받기가 쉬워진 환경 속에서 이전의 수능 최저학력기준을 그대로 유지하는 대학도 있고 변화된 제도에 따라 조정한 대학도 있다. 학교마다 대처는 다르지만 수능 최저학력을 충족시키기 위한 전체적인 실질 난이도는 절대평가 도입 전보다 대체적으로 낮아졌다.

∨ 2017~2022 경희대 논술전형 수능 최저학력기준

	2017~2021	2022
인문	국어, 수학(가/나), 영어, 사회/과학탐구(1과목) 중 2개 영역 등급 합이 4 이내이고 한국사 5등급 이내	국어, 수학(가/나), 영어, 사회/과학탐구(1과목) 중 2개 영역 등급 합이 5 이내이고 한국사 5등급 이내
자연	국어, 수학(가), 영어, 과학탐구(1과목) 중 2개 영역 등급 합이 5 이내이고 한국사 5등급 이내	

경희대 논술전형의 경우 수능 영어가 상대평가이던 2017 입시의 수능 최저학력기준을 2021 입시까지는 변경 없이 그대로 유지했다. 수능 최저가 동일한 상황에서 절대평가가 도입되면 영어에서 높은 등급을 받기가 훨씬 수월해지기에 수능 최저를 훨씬 쉽게 충족시킬 수 있다. 지금까지도 대학의 인지도에 비해 수능 최저학력기준이 낮은 편인데 2022 입시에서는 인문계열은 1등급을 추가로 하향해 수능 최저의 실질 난이도는 더욱 낮아질 것이다.

정부의 방침에 따라 수능 최저학력기준은 지속적으로 낮아지는 추세였다. 그런데 영어 절대평가 도입과 함께 그 낮아지던 추세가 급격히 강해졌다. 대학들의 수능 최저학력기준 충족의 난이도가 전반적으로 많이 낮아졌다. 수능 최저학력기준을 충족시키는 수험생이 많아진다는 것은 더 많은 수험생에게 기회를 제공하지만 논술전형에서는 실질 경쟁률 증가, 학생부 교과전형에서는 합격자 내신등급 상승이라는 결과를 함께 가져온다.

수능 최저학력기준 충족의 열쇠는 영어

수시에서 수능 최저학력기준이 있는 전형에 지원할 때 잊지 말아야 할 것은 그 기준 충족의 열쇠는 영어라는 것이다. 투자한 노력에 비해 등급을 잘 받을 수 있는 과목이 절대평가로 등급을 부여하는 영어이기 때문이다. 수능 최저학력기준 충족에 자신이 없어서 수능 최저가 없는 학교 위주로 지원하는 학생이 많다. 하지만 절대평가가 도입된 영어에서는 상대평가 수능 때보다 훨씬 높은 등급을 받는 것이 가능하다. 절대평가 도입으로 인해 영어의 중요성이 줄었다는 얘기는 잘못됐다. 수능 최저학력기준이 적용되는 전형에 지원을 고려하는 학생이라면 영어를 적극적으로 활용해야 한다.

영어 절대평가 도입에 대처하는 수험생의 자세

정부가 영어 절대평가를 도입한 취지에는 공감한다. 하지만 바뀐 제도가 입시에서 어떻게 활용되며 어떤 문제가 생길지에 대한 고려는 부족한 것 같다. 이미 충분히 복잡했던 입시제도는 영어 절대평가 도입으로 더 복잡해졌다. 대학별로 영어 절대평가 등급별 변환점수가 달라졌기 때문이다. 수능 영어 절대평가 도입은 결과적으로 학생의 성적과 상관없이 입시에 대한 부담도 줄여주지 못하면서 입시를 더 혼란스럽게 만들 것으로 보인다. 특히 수시보다 정시에서 더 큰 혼란이 올 것으로 예상한다.

그러나 수험생의 입장에서 정해진 제도를 바꿀 수는 없으며 입시를 피할 수도 없다. 잘못된 방향으로 간 정책이라도 수험생이라면 일단 잘 파악하고 대처해야 한다. 영어 절대평가 도입으로 인해 수능 영어의 중요도가 낮아졌다는 잘못된 입시정보가 언론, 입시전문가들을 통해 마치 사실인 것처럼 여겨지고 있다. 자신의 성적에 따라 영어 절대평가가 어떻게 입시에 반영되는지 정확히 이해하고 이에 맞추어서 준비해야 한다. 특히 수험생의 대부분인 중하위권이라면 영어가 수능에서 가장 중요한 과목이라는 사실을 명심하자.

04

수능 필수과목 한국사, 입시에서 얼마나 중요한가?

수능에서 한국사는 2017 입시부터 필수 응시과목으로 지정되었다. 수험생 입장에서는 전보다 준비해야 할 수능 과목이 한 과목 늘었으며 점수를 제공하는 방식마저 상대평가가 아닌 절대평가이기 때문에 곤혹스러울 수 있다. 수능 한국사가 입시에 미치는 영향력을 알아보고 입시에 중요하다면 대비를 해야 할 것이다. 그러나 결론부터 얘기하면 수능 한국사 필수 지정과 절대평가 도입은 입시에 큰 영향력을 미치지 않는다. 실제 반영하는 대학이 많지 않으며 반영하더라도 그 영향력이 극히 미미한 수준이다.

∨ 2017 입시에서 수능 한국사를 반영한 대학교

반영 방법	대학 수	
	수시	정시
최저학력기준	29개교	8개교

응시 여부 확인	55개교	50개교
점수 합산		23개교
가산점 부여		80개교
동점자 처리 기준		1개교

수시에서 수능 한국사의 영향력

2017년 대교협에서 발표한 자료다. 입시에서 한국사의 중요성이 낮아서 그런지, 2018년부터는 대교협의 보도자료에서 한국사 반영과 관련된 통계도 기재하지 않는다. 2017 입시를 기준으로 한국사의 영향력을 알아보자. 2022 입시에서도 영향력의 크기는 비슷하다고 보면 된다.

2017 수시에서는 29개 대학에서 최저학력기준으로, 그리고 55개 대학에서 응시 여부 확인으로 수능 한국사를 반영해 총 84개 대학이 수능 한국사를 입시에 반영했다. 하지만 전국의 4년제 대학은 대교협 기준으로 198개다. 즉 수능 한국사가 필수로 지정되었다고 해서 모든 대학의 입시에 한국사가 필수로 반영되는 것은 아니라는 뜻이다. 절반 이상의 대학이 수시에 한국사를 전혀 반영하지 않는다. 그리고 응시 여부 확인으로 반영한다는 것은 한국사 등급에 상관없이 응시만 한다면 그 조건이 충족되는 것이니 실질적으로 반영하지 않는 것과 같다고 할 수 있다. 2017 수시모집에서 수능 한국사를 실제로 반영한 대학은 29개에 불과하다. 이게 다가 아니다.

수능 한국사를 수능 최저학력기준으로 활용하는 29개 대학도 모든 전형에서 한국사를 반영하지는 않는다. 같은 대학교 내에서도 여러 가지 전형으로 학생을 선발하는데 수능 최저학력기준을 적용하는 전형에서만 반영할 뿐이다.

∨ 2022 중앙대(서울) 수시전형별 한국사 수능 최저학력기준

전형	한국사 수능 최저학력기준
학생부 교과(지역균형)	4등급
다빈치형 인재	없음
탐구형 인재	없음
SW 인재	없음
논술	4등급

중앙대학교의 경우 학생부 교과전형과 논술전형에서만 한국사 수능 최저학력기준을 적용한다. 다빈치형인재 전형, 탐구형인재 전형, SW인재 전형에서는 적용되지 않는다. 한국사가 수능 최저학력기준 29개 대학의 모집인원 중 절반 정도에만 수능 최저학력기준이 적용된다고 가정해 보아도(실제는 그보다 훨씬 못미친다) 수시 전체 모집인원의 7% 정도에만 영향을 미치는 것이다. 2017년 이후 수능 최저학력기준을 폐지한 대학과 전형이 많기 때문에 실제 영향력은 이보다 훨씬 적다.

수시에서 한국사 수능 최저학력기준을 적용하는 대학은 대부분 명문대학교다. 명문대에 가고 싶다면 한국사에 대한 부담에서 완전히 자유로울 수 없다. 하지만 그마저도 기준이 높지 않다. 수시에서 한국사 수능 최저학력기준을 가장 높게 적용한 학교는 고려대. 수능 최저학력기준이 적용되는 전형에서 인문계는 3등급 이내, 자연계는 4등급 이내의 수능 최저학력기준을 적용하고 있다. 그런데 3등급의 커트라인은 50점 만점에 30점이다. 한국사 난이도가 높지 않기 때문에 30점 획득이 어렵다고 생각되지는 않는다. 고려대에 지원할 만한 학업 수준을 가진 학생 중 이 점수가 부담스러운 학생은 없을 것이다. 수시에서 수능 한국사 필수 도입의 영향력은 거의 없다고 볼 수 있다.

정시에서 수능 한국사의 영향력

정시에서도 모든 대학이 한국사를 반영하지는 않는다. 하지만 수시보다는 많은 대학이 좀 더 다양한 방법으로 한국사를 반영한다. 수능 최저학력기준과 응시 여부 확인은 앞서 살펴보았으며 동점자 처리 기준으로 반영하는 대학 역시 한국사 반영의 의미가 없다. 우리가 실제로 살펴봐야 할 것은 점수 합산 방법과 가산점 부여 방법이다. 먼저 점수 합산 방식으로 한국사를 반영하는 대학인 경희대를 살펴보자.

경희대는 정시에서 수능 100%로 선발하며 그중 한국사의 반영 비율은 5%이다. 수능 총점이 800점이니 한국사의 반영 점수는 800점의 5%인 40점이다. 등급별로 실제 반영되는 점수와 등급 간 감점 폭을 표로 정리해보면 다음과 같다.

∨ **2022 경희대 정시 한국사 수능 반영 방법**

		1등급	2등급	3등급	4등급	5등급	6등급	7등급	8등급	9등급
인문	실질 반영 점수	40	40	40	39	38	37	36	35	34
	등급 간 차이	0	0	0	1	1	1	1	1	1
자연	실질 반영 점수	40	40	40	40	38.8	37.6	36.4	35.2	34
	등급 간 차이	0	0	0	0	1.2	1.2	1.2	1.2	1.2

인문계의 경우 3등급까지, 자연계의 경우 4등급까지 한국사 만점을 준다. 30점만 넘으면 3등급을 받을 수 있는 한국사의 난이도를 생각하면 정시에서 경희대에 지원할 수 있는 학업 수준을 가진 학생이라면 누구나 만점을 받을 수 있을 것이다. 한국사에서 만점을 못 받는다고 해도 등급 간 감점 폭이 크지 않아 다른 과목에서 충분히 만회할 수 있다. 실제로 영향력이 거의 없다고 볼 수 있다.

이번에는 수능에서 한국사를 반영하는 가장 주된 방법인 가산점 부여 방법을 살펴보자. 등급에 따라 가산점을 부여하기도 하고 감점을 주기도 한다. 가산점 부여 방식 역시 점수 합산 방식과 비슷하다. 한성대학교의 경우를 살펴보자.

∨ 2022 한성대 정시 한국사 수능 가산점

		1등급	2등급	3등급	4등급	5등급	6등급	7등급	8등급	9등급
인문, 자연	가산점 크기	10	10	10	10	8	6	4	2	0
	등급 간 차이	0	0	0	0	2	2	2	2	2

한성대는 전형 총점이 1,000점이며 한국사의 최대 가산점은 10점이다. 반영률이 표면적으로 1%도 되지 않는다. 그리고 4등급까지는 감점이 없다. 절반만 맞춰도 감점이 아예 없는 것이다. 입시에 부담을 주지 않는 정도이다. 한성대가 다른 대학에 비해서 정시에서 한국사를 그나마 많이 반영하는 대학이라는 것을 감안하면 가산점 부여 방식에서도 수능 한국사의 영향력은 거의 없다고 볼 수 있다. 물론 전국에 수많은 대학이 있기에 한국사 반영률이 높은 극히 일부 대학이 있다. 하지만 이 대학들은 수험생의 선호도가 많이 떨어지

는 대학이며, 정시에서 4년제 대학의 지원 기회는 3번밖에 없기 때문에 한국사 성적이 좋지 않다면 그 대학들에 지원하지 않으면 된다.

앞서 살펴본 것처럼 수시와 정시 모두에서 한국사가 입시에 미치는 영향력은 극히 미미하다. 이는 상위권과 중하위권 입시 모두에 해당한다. 수능 한국사 성적 향상에 대한 부담을 갖고 많은 시간을 투자하기보다는 다른 준비에 집중하는 것이 현명한 입시전략이다.

05

학생부 비교과
항목별 분석

학생부는 학생부 종합전형 평가를 위해 만들어진 것이 아니다. 하지만 학생부 종합전형에서 가장 중요한 평가 기준이다. 학생부 종합전형을 준비하는 수험생의 입장에서 학생부를 분석해볼 필요가 있다. 학생부의 각 항목이 학생부 종합전형에서 어떤 의미가 있으며 어떻게 대비해야 할지 알아보자.

∨ 학생부 항목

1	인적·학적사항
2	출결상황
3	수상경력
4	자격증 및 인증 취득상황

		자율활동
5	창의적 체험활동사항	동아리활동
		진로활동
		봉사활동 실적
6	교과활동 발달상황	내신등급(교과)
		세부능력 및 특기사항
7	독서활동상황	
8	행동특성 및 종합의견	

① 인적·학적사항

인적사항은 학생의 기본적인 정보만 기재되기 때문에 학생을 평가할 때 중요하지 않은 항목이다. 학적사항은 2020 입시까지는 학생부 종합전형에서 중요한 항목이었지만 2021 입시부터 출신고교 블라인드가 적용되기 때문에 이제 입시에서는 중요하지 않은 항목이 되었다.

② 출결상황

미인정(무단)결석, 지각, 조퇴 기록은 학생부 종합전형에서 치명적인 결함이 될 수 있다. 무단으로 수업을 빠지는 행동은 하지 않아야 한다. 질병으로 인한 기록은 너무 많지만 않다면 크게 영향을 주지 않는다.

③ 수상경력

2021 입시까지는 모든 수상경력이 대학에게 제공되었지만 2022 입시부

터는 수상경력이 학생을 평가하는 대학에 학기당 하나씩만 제공된다. 고등학교에서 작성하는 학생부에는 모든 수상경력이 다 기재되지만, 학생을 평가하는 대학에는 학기당 하나씩만 제공되는 것이다. 어떤 수상경력을 어떤 방식으로 학생이 선택하고, 대학에 제공하는지 아직 제대로 공개되지 않았다.

2021 입시까지는 상위권 학생들의 수상경력에서 중요한 것은 개수였다. 경쟁 학생 모두의 내신등급이 높은 상위권 입시에서는 내신에서 확실한 변별력을 가지기 어렵기 때문에 수상경력이 변별력을 가질 수 있었다. 하지만 이제 학기당 하나밖에 대학에 제공되지 않아서 상위권 학생들은 수상경력의 개수에 대한 부담에서 해방이 되었다. 교내대회 수상을 위한 과도한 경쟁은 줄 것으로 예상한다. 자신이 지망하는 전공에 대한 관심과 노력을 보여줄 수 있는 수상경력을 최소한으로만 확보하고 다른 입시 준비에 더 시간을 투자할 수 있게 되었다.

중하위권 학생들에게 2021 입시까지는 수상경력보다는 내신에 수능에 집중하는 것을 권유해왔다. 이유는 두 가지였다. 하나는 학교의 관심이 상위권 학생들에게 집중되어 있어서 수상을 하기도 쉽지 않다는 것이었다. 교내대회 참가를 위해 시간을 투자했는데 수상을 하지 못한다면 학생부 어디에도 기재되지 않기 때문에 그 시간을 보상받을 수 없기 때문이었다. 나머지 하나는 수상경력보다는 내신이 더 중요하다는 것이었다. 학생부 종합전형에서 가장 중요한 내신을 대비할 시간을 투자해 교내대회 참가를 하는 것은 효율적이지 않기 때문이었다. 중하위권 학생의 교내 대회 참가와 그를 위한 노력은 분명 가치 있는 활동이지만 학생부 종합전형을 대비하는 수험생의 입장에서만 보면 교내대회 참가의 실이 득보다 확실히 큰 상황이었다.

그러나 변경된 입시제도에서는 상위권의 수상경력 싹쓸이 현상이 완화되어 교내대회 수상 경쟁이 이전만큼 치열하지 않은 상황이 되었다. 전공 관련 수상경력이 있다면 비슷한 내신끼리 경쟁할 때는 도움이 될 수 있는데 그 수상경력을 채우기 위한 기회의 문이 넓어졌다. 수상실패에 대한 불안감이 확연히 줄어들었기에 수상경력을 위해 시간을 투자하기보다는 내신이나 수능에 집중하라고 쉽게 제안해 줄 수 없는 상황이 되었다.

하지만 그럼에도 불구하고 중하위권 학생이라면 내신에 더 집중하는 것을 추천한다. 학생부 종합전형에서는 여전히 내신이 수상경력보다 훨씬 중요하기 때문이다. 그리고 수상경력의 문이 넓어졌다고는 해도 수상 여부는 확신하기 어렵기 때문이다. 단, 수상경력 기재의 문턱이 낮아졌으니 적은 시간으로 수상경력을 채울 수 있는 기회가 있다면 약간의 시간은 투자해보는 것도 함께 제안한다.

④ 자격증 및 인증 취득상황

자격증 및 인증 취득사항 항목은 2022 입시부터는 학생부에는 기재되지만 대학 진학 시 대학에 제공되지 않는다. 학생부 종합전형과는 아무런 상관이 없는 항목이다.

⑤ 창의적 체험활동

창의적 체험활동 항목은 다시 4가지 항목으로 나뉜다. 각 항목별로 자세히 알아보자.

a. 자율활동

자율활동이라는 명칭만 보면 학생이 자율적으로 활동한 모습이 연상되어 학생부 종합전형에서 아주 중요한 항목일 것 같은 느낌이 든다. 하지만 실제로는 전혀 아니다. 자율활동 항목은 학생부 종합전형에서 중요하지 않은 항목으로 분류할 수 있다. 학생부는 교내 활동만 기록할 수 있기 때문에 학생의 자율적인 활동을 적기에 적합하지 않다. 이 항목은 학생의 자율활동이 아니라 학교에서 단체로 하는 자율활동이라고 보면 된다. 실제 내용을 보아도 같은 반 학생이라면 누구나 비슷한 내용을 담고 있다. 학급회장이나 단체 활동의 책임자를 맡은 학생처럼 역할이 큰 경우만 내용이 조금 추가될 뿐이다. 그래서 학생부를 평가하는 입학사정관의 관심에서 멀어져 있는 항목이다. 자율활동에 기재된 내용을 입학사정관이 주목해주기를 원한다면 자기소개서에서 꼭 언급하는 것이 좋다.

∨ 자율활동 예시

교내 체육대회의 학급별 농구시합에서 우승하는 데 적극적으로 기여함. 시합 진행 중 갈등이 발생했을 때 대화를 통해 해결하기 위해 힘씀. 인터넷 중독 예방교육(나와 꿈 센터 201X.04.07)에서 인터넷 중독의 위험성과 학업에 미치는 영향에 대해 탐구했으며 필리핀 태풍 피해 학생 돕기 동전 모금 활동에 참여해 3일간(201X.04.20~04.22) 캠페인 및 모금활동을 펼침. 장애인 이해교육(201X.05.12)에서 장애우가 우리와 틀린 것이 아니라 다르다는 것을 이해하고 성숙해지는 마음을 갖게 됨.

b. 동아리활동

창의적 체험활동에서 가장 중요한 항목이 동아리활동이다. 제약 없이 관심 있는 분야에 대한 활동을 마음껏 할 수 있기 때문이다. 또 동아리에서 활동한 내용을 나중에 자기소개서의 소재로 활용할 수도 있다. 동아리활동 내역이 학생부에 기재될 때는 동아리의 일원으로 함께 활동한 내용보다는 그 안에서 자신이 맡았던 역할과 내용이 구체적으로 기재되도록 해야 한다. 예시의 '적극적으로 참여함' 같은 추상적인 표현으로는 좋은 평가를 받기 어렵다. 동아리활동을 통해 배우고 느낀 점까지 기재되면 더욱 좋다.

∨ 동아리활동 예시

> (행복나눔) 동아리활동 및 동아리원들과 함께 실시한 자율 봉사활동에 적극적으로 참여함. 장애인케어 봉사체험을 통해 봉사하는 사람도 행복할 수 있다는 점을 알고 자신을 낮추는 소중한 체험을 한 계기가 되었음을 소감문으로 작성함. 학교축제인 OO제(201X.10.11)에서는 동아리원들과 행사 홍보 및 공간 꾸미기, 판매 부분의 일을 맡아 성실히 참여함.

c. 진로활동

진로활동 항목은 희망분야와 특기사항으로 나뉜다. 희망분야는 학생의 진로희망을 기재하는데 이 항목은 대학에 제공되지 않는다. 이전의 학생부에서는 진로희망사항이라는 항목으로 독립되어 있었으며 지원전공에 대한 학생의 관심을 쉽게 확인할 수 있어서 학생부 종합전형에서 중요했던 항목이다. 이 중요했던 항목을 이제 입학사정관에게 제공하지 않는 것이다. 입학사정관의 입장에서는 이제는 제공되지 않는 학생의 진로희망이 여전히 궁금할 것이다. 학생부 종합전형을 준비하는 학생이라면 학생부 내의 다른 항목에서 자신의 진로희망과 관련된 활동으로 자신의 전공에 대한 관심의 흔적을 남겨놓는 것이 중요하다.

진로활동의 특기사항은 대부분 학교에서 단체로 함께 참여한 진로활동이 기재되어 있다. 입학사정관의 관심을 끌기 어려운 내용이 대부분이다.

∨ 진로활동 특기사항 예시

청소년 적성검사(한국고용정보원)를 실시(201X.05.22)하여 적합한 학업계열과 관련 직업 분야, 진로 방향에 대해 탐색하고 그 결과를 분석한 내용으로 상담하여 자기주도학습능력을 키움. 한국잡월드 청소년 진로체험관 생명공학연구소에 참가(201X.10.29)하여 평소 관심 있던 직업의 이해와 실제 직무 내용을 체험해봄으로써 자신의 희망 진로를 구체적으로 계획할 수 있었음.

하지만 진로희망사항이 삭제된 상황에서 담임선생님이 학생의 관심 영역이나 진로희망을 특기사항 항목에 같이 기재해주실 수 있고, 그때 입학사정관이 볼 수 없는 희망 분야을 참고할 수 있기 때문에 희망 분야는 지원하고자 하는 학과와 관련이 있는 관심 분야를 기재하는 것이 좋다.

d. 봉사활동 실적

학생의 인성과 사회성을 보여주는 봉사활동도 학생부 종합전형에서 중요한 항목이다. 이전의 학생부에서는 봉사활동 실적과 봉사활동 특기사항을 적는 란이 별도로 있었으나 2015 개정 교육과정이 본격 도입되면서 봉사활동 특기사항 항목은 삭제되었다. 학생이 봉사활동에서 구체적으로 어떤 역할을 맡았으며 어떤 점을 느꼈는지 기재할 수 있는 항목이 사라진 것이다. 어디에서 어떤 봉사를 참여했는지 실적만 단순히 기재된다.

봉사활동 실적에서 중요한 것은 봉사의 양이 아니라 질이다. 학교에서 단체로 청소를 해서 채워진 봉사활동 시간을 가치가 있다고 평가할 입학사정관은 없다. 장소 또는 주관기관명에서 학교라고 표기된 부분들과 개인 봉사 중에서도 헌혈이나 선거 봉사 등은 단체로 참가했을 확률이 높아 보여서 학생부 종합전형 평가에 도움이 되지 않는다. 봉사활동 실적에 기록된 총 봉사활동 시간보다는 의미가 있는 봉사를 얼마나 꾸준히 해왔는지가 중요하다. 주변에서 도움이 필요한 봉사처를 직접 찾아 지속적으로 봉사를 실천하는 것이 좋다.

∨ 봉사활동 실적 예시

학년	봉사활동실적				
	일자 또는 기간	장소 또는 주관기관명	활동 내용	시간	누계 시간
1	201X.05.08	(학교)OO고등학교	한강 환경 정화 활동	2	2
	201X.05.12	(학교)OO고등학교	영상물을 통한 봉사 교육 '사랑의 가족' 희망을 요리하는 남자 시청	1	3
	201X.08.12	(학교)OO고등학교	교실 환경 정화 활동	2	5
	201X.11.16	(개인)대한적십자사 OO혈액원	헌혈(전혈)	4	9
	201X.12.19	(개인)OO구 선거관리위원회 위원장	투표 안내 도우미	6	15
	201X.12.23	(학교)OO고등학교	봉사교육활동 소감문 발표	1	16
	201X.01.07. ~ 201X.01.27	(개인)OO복지병원	생활지원(식사, 목욕, 세탁, 간병, 이미용 등)	9	25

⑥ 교과활동 발달상황

교과활동 발달상황은 과목별 등급이 기재된 학생부 교과와 세부능력 및 특기사항으로 구성되어 있다. 반복하지만 학생부 종합전형에서 가장 중요한 것은 내신 성적이다. 학생부 종합전형 지원을 고려하는 학생이라면 내신 성적 관리에 최선을 다해야 한다. 특히 3학년 내신 성적 그리고 희망 전공과 관런성이 높은 과목의 등급이 더욱 중요하다는 점을 잊지 말자.

세부능력 및 특기 사항은 각 과목별 선생님이 그 과목 수업에 대한 학생의 기록을 남기는 항목이다. 수업을 듣는 모든 학생에 대한 기록을 반드시 해야 하는 것은 아니다. 기재하고 싶은 학생 또는 기억나는 학생에 대해서만 기재하면 된다. 그래서 학생부 종합전형에서는 이 항목을 중요하게 여긴다.

교과 담당 선생님이 기록을 남겼다는 것은, 기억에 남을 만큼 수업 태도, 수행평가, 주제 발표 등에서 좋은 모습을 보였다고 생각할 수 있다. 수업에 대한 노력과 세부능력 및 특기사항의 분량은 비례한다는 추정이 가능하다는 것이다. 학생에 대한 직접적인 정보가 부족한 대학과 입학사정관에게는 이 정도만 해도 훌륭한 정보가 된다. 이 때문에 일부 고등학교에서는 입시실적에 직접적 영향을 주는 과목 성적 3등급 이내인 학생에게만 세부능력 및 특기사항을 기재해주는 다소 불공정한 룰을 만들기도 한다.

세부능력 및 특기사항에서 좋은 기록을 남기기 위해서는 우선 내신등급에 신경 쓰면서, 특히 진학하고자 하는 전공과 관련된 과목의 공부를 열심히 해야 한다. 선생님의 기억에 남을 만한 수행평가를 제출하는 것도 좋다.

2015 개정 교육과정부터 본격적으로 도입되는 진로선택 과목의 경우는 1~9의 석차등급이 기재되지 않고 A, B, C의 성취도 등급과 성취도별 분포비율만 기재된다. 전체 수강생 중에서 A를 받는 학생의 비율이 너무 높기에 등급으로는 변별력을 가지기 어렵다. 하지만 A의 비율이 높은 상황에서 A를 받지 못한다면 좋지 않은 인상을 줄 수 있다는 점을 유의하자. 진로선택 과목은 자신이 지망하는 전공과 연관이 높은 과목을 선택하는 것이 학생부 종합전형 지원에 유리할 것이다.

Ⅴ 교과활동발달활동 예시

[1학년 1학기]

교과	과목	1학기			
		단위 수	원점수/과목평균 (표준편차)	성취도 (수강자수)	석차 등급
한국사	한국사	3	71/71(20.4)	C(505)	5
국어	국어Ⅰ	4	82/71.6(16.4)	B(505)	4
수학	수학Ⅰ	4	59/54.7(21.9)	E(505)	5
영어	실용영어Ⅰ	4	81/73.1(20.8)	B(505)	5
사회(역사/도덕 포함)	사회	3	82/72.8(17.2)	B(505)	4
과학	과학	3	64/62.2	D(505)	5
기술·가정/제2외국어/ 한문/교양	기술가정	5	92/76.1(11.5)	A(235)	2
		26			

과목	세부능력 및 특기사항
한국사	한국사 수업시간에 15분간 발표하는 주제 발표 시간에 '조선 시대의 서민 생활'이라는 주제로 프레젠테이션을 통한 발표 수업(201X.04.29)을 우수하게 수행했음. 특히 발표 수업 준비를 위해 교과 담당 교사와 발표의 흐름에 대한 사전 준비 시간을 통하여 완성도 높은 발표 수업이 이루어지도록 철저한 노력을 했음.
국어Ⅰ	가을 시·문학 산책 체험학습(201X.06.15.)에 참석하여, 문학적 감수성을 개발하고 국어 인문 분야 소양을 기름, 특히 시대별, 제재별, 주제별로 작품을 찾아 감상하고, 정감 있는 보고서를 작성하여 제출함.
실용영어Ⅰ	수업시간 중 '호주의 3개 도시'(시드니, 멜버른, 캔버라)라는 주제로 각 도시의 특징, 유명한 명소인 오페라 하우스, 미사의 거리, 갭파크 등의 내용을 통하여 개별 발표에 성실히 참여함.

∨ 진로 선택 과목

학기	교과	과목	단위 수	원점수/ 과목평균	성취도 (수강자수)	성취도별 분포비율
1	영어	실용 영어	3	83/77	A(341)	A(45.8%) B(37.5%) C(16.7%)
1	과학	생명과학II	3	62/72	B(255)	A(38.1%) B(39.2%) C(22.7%)

과목	세부능력 및 특기사항
실용영어	세계의 주요 영화제를 소개하는 수업 시간에 미국의 영화제에 대한 다양한 사진 및 동영상 자료와 함께 친구들의 흥미를 유발하는 효과적인 발표를 함.
생명과학II	혈구 관찰을 위해 혈액을 프레파라트에 도말하여 관찰에 적합한 프레파라트를 제작하였고 현미경 사용법을 잘 숙지하여 적혈구를 찾아 검경함. 실험활동에 참여하는 자세가 매우 적극적이며 실험결과 분석과정에서 자신의 의견을 조리 있게 주장하는 등 실험 수업에 대한 흥미가 높음.

⑦ 독서활동상황

독서활동상황도 학생부 종합전형에서는 중요한 항목이다. 입학사정관들은 희망 전공, 희망 분야와 관련된 독서 경험 또는 다양한 주제의 독서 능력이 있는 학생을 선호한다. 또한 독서 목록을 통해 학생이 관심을 가진 분야 등에 대해서도 알 수 있다.

전에는 독서활동상황에 학생의 독서 성향이나 소감 등까지 기재할 수 있었으나 지금은 읽은 책의 제목과 저자만 기재할 수 있다. 독서 과정을 관찰할 수 없다는 점을 이용해 많은 학생이 책을 읽지 않고 인터넷에서 핵심 내용만 검색해 독서활동상황에 기재해온 것이 사실이다. 이로 인해 학생부의 독서활동상황에 대한 신뢰도가 떨어지자 교육부가 기재방식을 변경한 것으로 보인다. 학생부 종합전형을 준비하는 학생 입장에서는 독서 성향이나 소감을 기재해야 한다는 부담감이 준 것 외의 변화는 없다고 볼 수 있다.

⑧ 행동특성 및 종합의견

학생에 대한 종합적인 의견을 담임교사가 기재하는 항목이다. 학생부 종합전형에서는 아주 중요한 항목이다. 어떤 담임교사를 만나느냐에 따라 결과물이 크게 달라질 수 있다. 학생부 종합전형의 전성시대지만 여전히 학생부 기재 내용에 전혀 신경 쓰지 않는 교사도 흔히 볼 수 있다. 반대로 1등부터 꼴등까지 모든 학생의 내용을 성심성의껏 써주는 교사도 있다.

하지만 행동특성 및 종합의견 항목에서 좋은 기재 내용을 얻기 위해 수험생이 할 수 있는 대비책은 많지 않다. 이 항목의 기재는 담임교사의 고유 권한이다. 학교생활을 성실히 하고 교우들과 원만히 지내야 한다는 원론적인 해법만 있을 뿐이다.

학생부 비교과 관리 얼마나 해야 할까? 상위권 vs 중하위권

학생부 종합전형을 대비하는 입장에서 학생부의 각 항목별 특징을 살펴보았다. 입학사정관의 평가에서 각 항목이 어떤 의미가 있는지 잘 이해하고 대비해야 한다.

상위권 입시에서는 내신이 비슷한 학생들끼리 경쟁하게 되니 학생부 비교과 관리의 변별력이 높다. 그렇다고 내신을 소홀히 해도 된다는 것이 아니다. 애초에 내신 성적이 좋지 않다면 상위권 입시 진입도 어렵다. 내신 성적은 당연히 좋아야 하고, 거기에 더해 비교과까지 훌륭해야 한다는 것이다.

중하위권 학생은 비교과보다 내신 성적 향상에 더 투자해야 한다. 학생부 비교과에 대해 손을 완전히 놓아서는 안 되겠지만, 비교과 준비는 정말 필요한 부분만 최소한으로 하고 나머지 시간은 성적 향상에 집중해야 한다.

06

중하위권을 위한
학생부 비교과 관리 가이드

상위권 입시에서의 학생부 비교과 관리

학생부 종합전형은 상위권 입시의 주요 전형이다. 전체 4년제 대학 입시에서 학생부 종합전형의 모집 비중은 22.9%지만 상위권 대학으로 갈수록 그 비중이 높다. TOP 11 대학에서는 39.9%이며, 서울대학교는 70.0%이다. 상위권 대학에 진학하고 싶다면 학생부 종합전형에 대한 대비는 필수다. 하지만 이 책에서는 상위권 학생을 위한 학생부 비교과 관리 가이드라인을 구체적으로 제시하지 않으려고 한다. 필요성을 느끼지 못하기 때문이다. 두 가지 이유를 들 수 있다.

첫째, 학생부 종합전형의 핵심 내용은 이제 상위권 학생이라면 대부분 잘 안다. 학생부 종합전형이 입학사정관 전형이라는 명칭으로 도입된 초기에는 상위권 학생들 사이에서도 학생부 비교과 관리의 편차가 심했다. 지금껏 시도되지 않은 새로운 전형이라 학생, 학부모, 고등학교 모두가 정보와 대비가 부족했다. 하지만 시간이 지나고, 학생부 종합전형이 입시의 주요 전형으로 자리 잡으면서 학생들의 비교과 관리가 상향평준화되었다.

상위권 입시에서 학생부 종합전형의 중요성을 깨달은 학생과 학부모가 스스로 입시정보를 찾고 적극적으로 학생부 비교과를 관리했기 때문이다. 학교에서도 상위권 학생을 중심으로 학생부 비교과에 신경을 쓰고 있다. 학교 내 상위권 학생의 입시 결과가 학교의 입시 실적으로 연결되기 때문이다. 그래서 지금은 학생부 비교과의 핵심 내용조차 모르는 학생을 상위권에서 보기는 어렵다. 또 정부에서 학생부 내용을 간소화시킨 것도 상위권 학생의 비교과 상향평준화에 큰 영향을 주었다.

둘째, 핵심 내용을 안다면 그 이상의 가이드라인 제시는 무의미하다. 학생부 종합전형의 비교과 관리에는 정답이 없기 때문이다. 어떤 활동을 어떻게 하면 합격할 수 있다는 룰이 없다. 똑같은 활동이라도 입학사정관에 따라 다른 점수를 받을 수 있기 때문이다. 그리고 고등학교 3년간 학생부 내용이 동일할 수도 없다. 합격 사례 등에서 확인되는 주요 활동들은 좋은 점수로 작용할 수 있겠지만 그런 활동이 정답은 아니며 합격한 학생조차 그 활동뿐 아니라 다른 내용이 종합적으로 평가되어 합격한 것이다. 그렇기 때문에 핵심 기초 내용을 숙지하고 학교생활에 충실한 상위권 학생이라면 구체적인 학생부 가이드라인 제시가 불필요하다. 하지만 중하위권 학생의 경우는 다르다.

중하위권 입시의 비교과 관리

대부분의 중하위권 학생은 학생부 비교과 관리의 핵심 내용에 대한 이해가 부족하며 제대로 대비를 하는 학생도 많지 않다. 그러나 중하위권일수록 학생부 비교과 관리는 더 필요하다. 학생부 종합전형을 피해 가기는 어렵기 때문이다. 선발 비율이 정시보다 월등히 높은 수시의 전형별 특징을 살펴보면서 이유를 알아보자.

∨ 2022 중하위권 대학 입시전형별 선발 비율

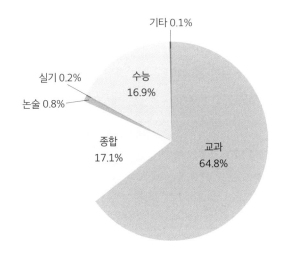

중하위권 입시의 수시모집에서는 논술전형의 비중은 미미하며 경쟁률이 너무 높아서 리스크가 크다. 그렇다면 남은 전형은 학생부 교과전형과 학생부 종합전형뿐이다. 이 두 전형 모두 내신 성적이 가장 중요한데, 같은 내신 성적이라면 학생부 종합전형이 학생부 교과전형보다 더 좋은 대학으로 진학이 가능하다. 중하위권 입시에서 학생부 종합전형은 학생부 비교과를 잘 관리한 학생들에게 내신 0.5~1.5등급 정도의 가산점을 얻을 기회를 주는 전형이라고 볼 수 있다. 결국 학생부 종합전형은 입시전략에서 최우선으로 고려해야 할 전형이다. 학생부 비교과 관리는 필수인 것이다.

비교과 관리, 꾸준함만 있으면 된다

중하위권 학생 중 자신의 비교과 상황에 자신 있는 학생은 거의 없을 것이다. 또 중하위권 학생은 현재 성적이 뛰어나지 않은 학생들이다. 성적을 올리기 위한 공부 시간도 부족한데 학생부 비교과 관리까지 병행해야 한다면 부담감이 상당하다. 하지만 중하위권 입시에서 요구하는 학생부 비교과에 대한 준비는 많은 시간을 투자할 필요가 없다. 중하위권 입시에서 경쟁할 다른 학생들도 대부분 학생부 종합전형에 대한 대비가 부족하기 때문이다. 자신의 비교과만 생각하면 자신이 생기지 않을 수 있다. 그러나 경쟁자도 마찬가지인 상황이다. 중하위권 입시에서는 거창한 비교과 관리가 필요 없다. 입학사정관이 가장 중요하게 보는 핵심 부분만 잘 파악하고 준비한다면 경쟁자들에 비해 좋은 평가를 받을 수 있다.

> 비교과, 나도 부족하지만 경쟁자들도 마찬가지다.
> 자신을 가지고 필수적인 부분만 꾸준히 챙기자!

학생부 비교과 대비에 많은 시간을 투자할 필요는 없다. 하지만 대비는 일찍 시작해야 한다. 학생부 종합전형의 핵심은 일관성이기 때문이다. 고등학교 2학년 후반이나 고3이 되어서 부랴부랴 관리를 한다면 좋은 평가를 받기 어렵다. 핵심적인 학생부 비교과 관리만 하되 일찍부터 준비한다면 중하위권 입시에서는 충분한 수준이 된다. 그 영향력은 중하위권 대학뿐 아니라 상위권 입시에서 선호도가 낮은 대학까지 유효할 것이다. 비교과 관리에 들어가는 시간은 최소한으로 하고 나머지 시간은 내신 관리와 수능 대비에 힘쓰면 입시에서 좋은 결과를 기대할 수 있다.

중하위권 학생의 학생부 비교과 필수 관리 항목

∨ 학생부 항목

1	인적·학적사항	
2	출결상황	
3	수상경력	
4	자격증 및 인증 취득상황	
5	창의적 체험활동사항	자율활동
		동아리활동
		진로활동
		봉사활동 실적
6	교과활동 발달상황	내신등급(교과)
		세부능력 및 특기사항
7	독서활동상황	
8	행동특성 및 종합의견	

중하위권 학생이 필수적으로 관리할 학생부 비교과 항목은 동아리활동,

진로활동, 봉사활동, 독서활동상황이다. 많은 노력이나 시간이 투자되지 않지만 학생부 평가에서 입학사정관이 유심히 살피는 항목이다. 각 항목별로 노력과 시간 투자를 최소화한 관리법을 알아보자.

① 동아리활동

동아리활동을 통해 인상 깊은 비교과 활동을 남기려면 동아리에서 회장을 맡거나 어떤 행사에서 주도적인 활약을 해야 한다고 생각하는 학생이 많다. 하지만 그런 기회를 만들기는 쉽지 않으며 가능하다고 해도 많은 시간과 노력이 들어간다. 성적 향상이 더 시급한 중하위권 학생이 동아리활동에 많은 시간을 투자한다면 현명한 입시전략이 아니다. 대신 동아리활동에 사용한 시간에 비해 알찬 내용으로 학생부에 기재되도록 노력해야 한다.

입학사정관은 학생의 동아리활동을 눈으로 확인할 수 없고 학생부에 기재된 내용을 토대로 평가할 수밖에 없다. 학생부 종합전형에서 가장 중요한 것은 '실제로 동아리활동을 어떻게 했느냐'가 아니다. '학생부에 어떻게 기록돼 있느냐'다. 요즘은 많은 고등학교에서 학생들에게 동아리 행사 후 또는 학기나 학년 후 소감을 적어 제출하게 한다. 그리고 학생이 적어 낸 내용이 거의 그대로 학생부에 기재된다. 아무리 시간 투자를 최소화했더라도 동아리활동 자체가 의무이기 때문에 작은 일이라도 맡은 부분이 있을 것이다. 그 역할이 아주 작더라도 자신이 맡았던 역할을 구체적으로 기입하고 이를 통해 배우고 느낀 점을 상세히 적어서 제출해 학생부에 기재될 수 있도록 해야 한다. 동아리활동에 대한 내용을 적어서 제출하라는 얘기가 없는 경우에는 스스로 내용을 준비해서 동아리 담당 선생님께 제출하는 것이 좋다.

② 진로활동

학생부 종합전형에서는 지원하는 학과에 대한 지속적 관심이 학생부에 드러나야 한다. 작년까지는 진로희망사항이라는 독립된 항목이 있어서 그 내용을 통해 입학사정관이 지원자의 전공에 대한 관심을 쉽게 확인할 수 있었다. 하지만 올해부터는 진로희망사항 항목은 폐지되고 대신 제출한 진로희망은 진로활동 내의 희망 분야라는 항목으로 기재된다. 단, 이 항목은 입학사정관에게 제공되지 않는다. 대학이 학생의 진로희망을 쉽게 확인할 수 없게 된 것이다.

하지만 입학사정관은 학생부의 다른 영역을 통해서라도 학생의 관심 분야 또는 진로희망을 확인하고 싶을 것이다. 그렇다면 입학사정관에게 자신의 전공에 대한 관심을 다른 방식으로 잘 보여주는 것이 중요하다. 그중 가장 쉬운 것이 희망 분야를 상세하게 적어내는 것이다. 희망 분야를 입학사정관이 확인할 수는 없지만, 담임선생님이 진로활동 영역의 내용을 기재할 때 '진로희망인 OOO 분야에 대한 강연 참여', '진로 프로그램에서 관심 분야인 OOO를 선택해' 등으로 학생의 관심 또는 진로희망을 남겨주실 수 있기 때문이다.

③ 봉사활동 실적

봉사활동은 인성과 사회성을 확인할 수 있는 학생부 비교과 항목이다. 상담을 오는 학생들의 학생부를 보면 봉사활동 실적이 전혀 없는 학생은 보기 힘들다. 학교에서 주관하는 봉사활동이 꽤 많기 때문이다. 문제는 그런 학교 주관 봉사만으로 가득 채운 학생이 꽤 많다는 것이다.

∨ 봉사활동 실적 예시

학년	봉사활동 실적				
	일자 또는 기간	장소 또는 주관기관명	활동 내용	시간	누계 시간
1	201X.05.08	(학교)○○고등학교	한강 환경 정화 활동	2	2
	201X.05.12	(학교)○○고등학교	영상물을 통한 봉사 교육 '사랑의 가족' 희망을 요리하는 남자 시청	1	3
	201X.08.12	(학교)○○고등학교	교실 환경 정화 활동	2	5
	201X.11.16	(개인)대한석십자사 ○○혈액원	헌혈(전혈)	4	9
	201X.12.19	(개인)○○구 선거관리위원회 위원장	투표 안내 도우미	6	15
	201X.12.23	(학교)○○고등학교	봉사교육활동 소감문 발표	1	16
	201X.01.07 ~ 201X.01.27	(개인)○○복지병원	생활지원 (식사, 목욕, 세탁, 간병, 이미용 등)	9	25

　예시의 경우는 마지막에 기재된 병원에서의 봉사활동을 제외하면 모두 학교에서 시켜서 또는 단체로 참여한 활동 이상의 의미를 찾아볼 수 없다. 중하위권 학생 중에는 의미를 부여하기 어려운 봉사활동만으로 항목이 채워진 경우가 많다. 봉사활동을 많이 하면 학생부 종합전형에 유리하다는 잘못된 이해를 가진 학교와 학생이 많아서 그렇다. 하지만 총 봉사시간이 아무리 많아도 그런 활동들로는 입학사정관에게 좋은 평가를 받을 수 없다.

　입학사정관은 봉사활동 항목을 통해 지원자의 인성을 확인하고 싶어 한다. 사회에 대한 관심, 어려운 자들을 위한 마음가짐이 꾸준해 보이는 지원자가 좋은 평가를 받는다. 그래서 학교에서 단체로 참가하는 활동보다는 의미 있는 봉사활동을 직접 찾아서 꾸준히 하는 것이 중요하다. 봉사활동의 양보다는 질이 우선한다.

④ 독서활동상황

독서활동상황은 자신이 고등학교 기간에 읽었던 책에 대한 기록이다. 지식과 인성에 큰 영향을 주는 독서량과 함께 학생이 어떤 분야에 관심 있는지 볼 수 있는 중요한 항목이다. 또한 자기소개서를 쓸 때 학생부에 기록된 책이 자신의 변화나 다짐에 큰 영향을 주었다는 내용으로 활용할 수도 있다.

∨ 독서활동상황 예시

학년	과목 또는 영역	독서활동상황
1	공통	(1학기) 엄마를 부탁해(신경숙), 폭풍의 언덕(브론테), 혈의 누(이인직), 청소년 부의 미래(앨빈 토플러)
		(2학기) 아프니까 청춘이다(김난도)
2	공통	(1학기) 그리스로마신화(이윤기), 한 권으로 읽는 조선왕조실록(박영규)
	한국사	(2학기) 조선국왕 이야기(임용한)
3	공통	

중하위권 학생을 상담하다 보면 독서활동상황 항목이 아예 비어 있는 경우가 꽤 많다. 채워져 있다 해도 누구나 들어본 제목의 책들로만 구성된 경우가 많다. 고등학생 필독서나 베스트셀러 리스트에서 쉽게 찾아볼 수 있는 책들이다. 이런 독서활동 기록으로는 입학사정관에게 좋은 평가를 받기 어렵다.

우선 자신이 지원하는 학과와 관련된 책에 대한 독서기록은 필수다. 그 분야에 대한 꾸준한 관심을 보여주는 중요한 근거가 된다. 특히 올해 고3부터는 진로희망사항 항목이 삭제되기 때문에 독서기록을 통해서 자신의 관심 분야를 보여주는 것은 중요하다. 그렇다고 관련 도서로만 가득 채워도 곤란하다. 적성과 인성을 모두 중요시하는 학생부 종합전형에서 특정 분야에만 치우친 학생으로 보일 수 있다. 관심 분야에 대한 관심과 사회나 문학에 대한 일반적 관심이 적절히 조화된 독서활동상황이 가장 이상적이다.

중하위권의 학생부 비교과 관리는 어렵지 않다

중하위권에서는 학생부 비교과 관리의 중요성과 그 핵심 내용을 인지하고 준비하는 학생이 많지 않다. 그래서 학생부 비교과를 최소한으로만 관리해도 학생부 종합전형에서 유리한 고지를 점할 수 있다. 중하위권 입시에서 학생부 비교과는 준비한 학생과 준비하지 않은 학생을 구분하는 용도라고 볼 수 있다.

언론이나 학원, 입시설명회 등에서 접할 수 있는 학생부 종합전형과 그 대비에 관련된 내용은 모두 상위권 입시를 위한 것이다. 중하위권 입시에서는 그렇게 시간과 노력이 많이 들 만큼 학생부 비교과 관리를 요구하지 않는다. 성적은 4~5등급인데 대학생에게도 어려운 주제에 대해 소논문 수준의 조사보고서를 제출한다면 입학사정관 입장에서는 더 이상해 보일 것이다. 그런 활동을 준비할 시간에 내신 성적이나 수능 성적을 더 올리는 것이 현명한 입시전략이다.

학생부 비교과 관리는 앞서 설명한 정도면 충분하다. 그 준비에 시간이 많이 투자되는 것도 아니다. 사소한 것 같지만 1학년 때부터 착실히 학생부 비교과 항목을 쌓아두면 나중에 입시에서 큰 도움이 된다. 비교과에 대한 노력은 꾸준한 준비를 해온 학생들에게 학생부 교과전형보다 0.5~1.5등급 더 좋은 대학으로 갈 수 있게 하는 기회를 부여한다. 상위권 대학 중 입학 가능 성적이 낮은 학교까지 노려볼 수 있다.

학생부 비교과 관리에서 가장 중요한 점은 일찍부터 관리를 시작해야 한다는 것이다. 그 준비 내용은 핵심적인 것만 이해하면 복잡하거나 어렵지 않다. 하지만 준비 시기가 늦어진다면 학생부 종합전형에서 많이 불리해지니 저학년 때부터 필수항목을 꼭 챙기도록 하자.

07

내신 절대평가가 도입되면
대학은 학생을 어떻게 선발할까?

고등학교 내신에 절대평가(성취평가제)를 도입하려는 목적은 학생들을 서열화에서 해방시키기 위해서다. 상대평가로 내신등급을 부여하는 현행 제도에서는 같은 반에서 함께 공부하는 친구와의 순위 경쟁이 필수다. 하지만 절대평가에서는 경쟁을 통해 순위를 매기지 않고 학생이 받은 원점수대로 학업 성취도를 부여한다. 순위가 아닌 점수로 성적을 매기는 것이다.

내신에 절대평가가 도입되어도 입시는 상대평가다

입시에서 학생부 성적이 평가요소로 활용되지 않는다면 내신 절대평가 도입은 아무런 문제가 되지 않는다. 문제는 현재 입시에서 가장 중요한 평가요소가 학생부 성적이라는 것이다. 그리고 입시는 그 본질이 줄 세우기다. 선발 인원이 한정되어 있기 때문에 대학은 지원자들의 학생부를 어떤 방식으로든 평가해 점수를 부여하고 줄을 세울 수밖에 없다.

내신 절대평가가 도입되면 (이론적으로) 모든 학생이 학업성취도에서 높은 점수를 받을 수는 있다. 하지만 그런 상황이 발생해도 모든 학생이 명문대에 진학할 수는 없다. 명문대 선발 인원은 한정되어 있기 때문이다. 내신 또는 수능에 절대평가가 도입돼도 입시가 상대평가라는 속성은 결코 변하지 않는다.

내신 절대평가 도입 시 대학의 내신 반영법

내신 절대평가가 도입된다면 대학이 입시에서 내신 성적을 어떻게 반영할지 전형별로 알아보자. 내신 반영 비율이 적은 논술, 실기, 수능 전형을 제외하면 자세히 살펴볼 전형은 현재 대학 입시의 중심인 학생부 위주 전형밖에 남지 않는다. 학생부 교과전형과 학생부 종합전형이 절대평가 도입 시 어떻게 내신을 반영할지 알아보자.

학생부 교과전형의 예상 선발 방식

학생부 교과전형은 학생의 내신등급으로 줄 세워 선발하는 전형이다. 학생부는 1~9등급의 석차등급이 있는 과목과 A, B, C의 성취도평가가 있는 진로선택과목이 있는데 먼저 전체 이수단위의 대부분을 차지하는 1~9등급이 있는 과목의 예시부터 보자.

∨ 학생부 예시

교과	과목	1학기			
		단위수	원점/과목평균 (표준편차)	성취도 (수강자수)	석차등급
국어	국어 I	4	54/57.6(17.8)	E(356)	5
수학	수학 II	4	68/56.8(22.7)	D(356)	4
영어	실용영어 I	3	82/58.2(22.8)	B(356)	3
사회	한국사	3	78/70(18.1)	C(356)	4
과학	물리	2	36/54.1(21.8)	E(158)	7

학생부 예시를 보면 제일 오른쪽의 석차등급 옆에 성취도 등급이 기재되어 있다. 이미 학생부에는 상대평가인 석차등급과 함께 절대평가인 성취도 등급도 함께 기재된 것이다. 대학이 입시에서 상대평가인 석차등급은 활용하고 성취도 등급은 활용하지 않는다는 차이만 있다. 그렇다면 학생부에서 석차등급이 사라지면 대학은 지원자의 내신등급을 어떻게 반영할까? 그 답은 이미 나와 있다.

석차등급이 없어도 Z점수(표준화 점수)를 활용해 등급 추산 가능

상대평가인 석차등급이 학생부에 기재되지 않는다 해도 학생의 '원점수'와 그 과목의 시험을 치른 학생들의 '평균점수' 그리고 '표준편차'는 여전히 기재된다. 그러면 이 3가지 항목을 활용한 Z점수를 통해 통계적으로 학생의 백분위 추산이 가능하다. 이미 몇몇 대학교에서는 학생부 교과전형에서 내신을 산출할 때 이 방법을 활용한다. 서울시립대의 2021 수시 요강에서 학생부 교과전형의 점수를 산출하는 방식을 보자.

∨ 서울시립대 학생부 교과전형 학생부 반영 방법 (출처: 서울시립대 2021 수시 요강)

다. 교과점수반영방법: 전 학년 전 교과 원점수, 평균, 표준편차 반영

1) 과목별 원점수, 평균, 표준편차를 이용하여 Z점수를 산출합니다.

　Z점수 = (원점수 - 평균) / 표준편차

　※ Z점수는 소수점 둘째자리에서 반올림하며, 점수가 3.0보다 크거나 -3.0보다 작
　　을 경우에는 각각 3.0과 -3.0으로 간주합니다.

2) 계산된 Z점수에 대하여 다음 표와 같이 과목별 반영점수를 적용합니다.

Z점수	반영점수	Z점수	반영점수	Z점수	반영점수
3.0	100	1.0	84.13	-1.0	15.87
2.9	99.81	0.9	81.59	-1.1	13.57
2.8	99.74	0.8	78.81	-1.2	11.51
2.7	99.65	0.7	75.8	-1.3	9.68
2.6	99.53	0.6	72.57	-1.4	8.08
2.5	99.38	0.5	69.15	-1.5	6.68
2.4	99.18	0.4	65.54	-1.6	5.48
2.3	98.93	0.3	61.79	-1.7	4.46
2.2	98.61	0.2	57.93	-1.8	3.59
2.1	98.21	0.1	53.38	-1.9	2.87
2.0	97.72	0.0	50	-2.0	2.28
1.9	97.13	-0.1	46.02	-2.1	1.79
1.8	96.41	-0.2	42.07	-2.2	1.39
1.7	95.54	-0.3	38.21	-2.3	1.07

1.6	94.52	-0.4	34.46	-2.4	0.82
1.5	93.32	-0.5	30.85	-2.5	0.62
1.4	91.92	-0.6	27.43	-2.6	0.47
1.3	90.32	-0.7	24.2	-2.7	0.35
1.2	88.49	-0.8	21.19	-2.8	0.26
1.1	86.43	-0.9	18.41	-2.9	0.19
				-3.0	0

　서울시립대는 학생부 성적을 산출할 때 학생부의 석차등급을 활용하지 않는다. 석차등급 대신 원점수, 평균, 표준편차를 활용한 Z점수를 통해 통계적으로 학생의 상대적 순위를 추산한다. 앞서 예시로 보았던 학생부의 국어의 경우 원점수(54점), 평균점수(57.6), 표준편차(17.8)를 활용해 Z점수를 산출해보면 -0.2이다(반올림). 이 Z점수를 표에 대입해보면 42.07점이다. 이는 통계적으로 추정했을 때 국어 시험을 치른 100명의 학생 중 57.93등을 했다는 의미다. 석차로 등급을 부여해주지 않아도 여전히 상대평가 등급을 산출할 수 있다. 성취평가제가 도입된다면 대부분 대학이 학생부 교과전형에서 위와 같은 방식으로 학생들을 선발할 것으로 보인다.

Z점수를 산출할 수 없는 진로선택 과목

　과목의 원점수와 평균, 표준편차가 있다면 앞에서 설명한 방식대로 통계적으로 등급 산출이 가능하다. 하지만 2015 개정 교육과정부터 등장한 진로선택 과목에서는 석차등급과 표준편차가 모두 제공되지 않는다. 교육부가 원하는 완전 성취평가제에 부합하는 형식이다. 이런 형식으로 성적이 제공된다면 대학이 학생들의 내신 성적을 평가할 합리적인 방법이 없다.

∨ 진로선택 과목 학생부 기재 예시

학기	교과	과목	단위 수	원점수/ 과목평균	성취도 (수강자수)	성취도별 분포비율
1	영어	실용 영어	3	83/77	A(341)	A(45.8%) B(37.5%) C(16.7%)
1	과학	생명과학II	3	62/72	B(255)	A(38.1%) B(39.2%) C(22.7%)

하지만 이런 방식으로 학생부 성적이 기재되는 진로선택 과목은 3년 동안 3개 과목 이상만 이수하면 된다. 고등학교의 현실적인 상황을 고려하면 진로선택 과목을 다양하게 개설하기 어렵기 때문에, 대부분 고등학교에서 진로선택 과목을 학생들에게 많이 수강이 가능하게 해주지는 않는다. 그렇다면 대학의 평가에 반영될 전체 과목 중 진로선택 과목의 비중은 얼마 되지 않는다. 결국은 원점수, 평균, 표준편차가 모두 제공되는 과목의 성적 위주로 학생의 내신등급을 산출해 입시에 활용하게 될 것이다. 석차등급을 없앤다고 해도 내신으로 줄 세우는 것을 막을 수 없다.

※ 진로선택 과목의 성적을 학생부 교과전형에 반영하는 방식은 다른 장을 통해 설명했다.

학생부 종합전형의 예상 선발 방식

학생부 종합전형은 학생부를 종합적으로 정성평가해 선발하는 전형이다. 교과와 비교과가 모두 평가에 반영되지만 가장 중요한 것은 결국 교과, 즉 내신이다. 비교과 내용은 변별력이 부족하기 때문이다. 학생부 교과전형과 비교하면 출신 고등학교의 학업 수준이 평가에 반영된다는 차이가 있지만 기본적으로 내신이 가장 중요한 전형이라는 점은 동일하다. 정성평가로 진행되는 학생부 종합전형이라지만 평가를 위해 어떤 식으로든 내신등급이 입학사정관에게 제공될 것이고 눈에 보이는 숫자를 무시할 수 없을 것이다.

성취평가제가 시행될 경우 학생부 종합전형의 변화는 상위권과 중하위권으로 나누어 살펴보아야 한다. 먼저 중하위권 대학의 경우는 입시에서 큰 변화가 없을 것으로 보인다. 석차로 매기던 내신등급이 Z점수로 매겨진다는 차이는 입시에서 큰 변화로 볼 수 없다. 상대평가 등급과 Z점수로 매기는 등급이 엄청난 편차가 있을 것으로 보이지 않는다.

문제는 상위권 대학이다. Z점수로 산출되는 내신등급은 최상위권 학생일수록 석차등급과 편차가 상황에 따라 커진다. 상대평가로 내신등급을 부여하면 전체 학생 중 4%는 1등급을 받을 수 있다. 하지만 Z점수로 등급을 매기면 시험 난이도와 지원자 학업 수준에 따라 1등급이 아예 나오지 않을 수도 있다. Z점수로 매겨진 등급은 통계적 추산이라는 한계가 있기 때문이다. 학교 시험의 난이도가 낮아 평균점수가 높은 학교일수록 평균과 1등의 성적 차가 크지 않고 1등급이 적게 나올 것이다.

이런 점을 고려하면 명문대 합격 실적을 높이고 싶은 고등학교는 내신의 난이도를 높일 것이다. 그래야 1등급이 많이 나올 수 있다. 그렇게 출제된 높은 난이도의 시험에 맞추어야 하는 그 학교의 중하위권 학생들은 어려운 시험에 좌절할 수도 있다. 학교의 명문대 입시실적을 위해 희생되는 것이다. 반대로 쉬운 난이도의 시험을 치르는 학교는 명문대 진학 실적을 내는 데 불리할 수밖에 없다. 또한 시험 난이도를 급격히 변경하는 고등학교를 대학이 파악할 방법이 없다는 것도 문제다.

내신 절대평가를 도입하면 학생부 종합전형은 혼탁해진다

이렇게 성취평가제 도입, 즉 내신 절대평가 도입은 학생부 종합전형에서 고교, 대학, 수험생 모두를 혼란스럽게 만들 가능성이 높다. 출신고교 블라인드 제도 도입으로 인해 대학이 지원자가 다니는 고등학교의 수준을 파악하기 어려운 상황 속에서 석차등급마저 제공되지 않아 대학이 지원자를 제대로 평가할 만한 자료가 부족해졌기 때문이다. 이런 상황 속에서도 합격/불합격은 가려질 것이고, 불합격한 학생들은 그 결과를 쉬이 납득하기 어려울 것이다. 입시는 줄 세우기고 그 줄을 세우는 기준은 공정해야 한다. 내신 절대평가 제도 시행은 입시를 불투명하게 만들어 공정함을 잃는 결과를 낳을 것이다.

08

특성화고 학생을 위한
전형별 입시제도 분석

특성화고는 직업교육을 위해 만든 학교다. 그렇지만 특성화고 학생들의 대학 진학률은 결코 낮은 편이 아니다. 한때 70%를 상회했던 특성화고 대학 진학률은 꾸준히 감소해 2017년에 30% 초반까지 떨어졌다. 하지만 이후 2년간 꾸준히 올라 2019년에 다시 40%를 넘겼다. (책을 집필하는 시점까지 2020년 대학진학률이 공개되지 않았다.)

∨ **특성화고, 연도별 대학 진학률**   (출처: 교육통계)

연 도	졸업자	진학자	진학률
2015	100,941	39,668	39.3%
2016	100,337	34,778	34.7%
2017	95,131	30,839	32.4%
2018	91,886	33,072	36.0%
2019	90,116	38,321	42.5%

2017년까지 특성화고의 대학 진학률이 떨어졌던 가장 큰 이유는 특성화고에 대한 정부 정책이 취업 중심으로 방향을 틀었기 때문이다. 그러나 특성화고 학생들이 바로 취업할 만한 양질의 일자리는 턱없이 부족하다. 그래서 진학률도 다시 상승하고 있다. 또한 학벌을 중시하는 사회 분위기도 무시할 수 없기에 특성화고 학생도 입시에 대해 알 필요가 있다. 그래야 취업과 진학 중에서 제대로 된 선택을 할 수 있다.

입시에서 특성화고와 일반고의 차이

특성화고 학생의 입시와 일반고 학생의 입시는 많이 다르다. 특성화고 학생들의 학업 수준과 교육과정이 일반고와 많이 다르기 때문이다. 일단 특성화고 학생의 학업 수준은 일반고보다 평균적으로 많이 부족하다. 중학교 때 공부를 잘하는 학생이 특성화고를 선택하는 비율은 극히 낮다. 그래서 특성화고에서의 내신 경쟁은 일반고보다 수월하다. 아무래도 공부를 열심히 하는 학생이 적기 때문이다. 특성화고의 내신도 국·영·수·사·과 등 일반 교과에서는 일반고와 똑같이 9등급 제도를 적용하고 있다. 하지만 특성화고 3등급과 일반고 3등급의 학업 수준을 비슷하다고 생각하는 사람은 없다.

특성화고는 교과 과정이 일반고와 달라서 학생부도 일반고와 다르다. 특성화고의 커리큘럼에는 인문계에서 배우지 않는 전문교과가 있다. 예를 들면 공업 고등학교에는 전자회로, 전력설비 등의 과목이 있으며, 디자인 고등학교에는 컴퓨터그래픽, 전기CAD 등의 과목이 있다. 이런 전문교과들은 국·영·수 같은 일반교과에서 사용하는 9등급제도 대신 성취평가제를 사용한다. 상대평가이며 9개 구간으로 나뉘는 등급 제도와 달리 성취평가제는 절대평가이며 시험에서 얻은 원점수에 따라 A, B, C, D, E 5개의 성취수준으로 나뉜다.

이렇게 일반고와 다른 특성화고의 특성 때문에 특성화고 학생의 입시는 일반고 학생의 입시보다 복잡하며 다양하다. 특성화고 출신 학생이 대학에 진학하는 방법은 크게 4가지다.

특성화고 학생이 대학에 진학하는 방법

① 특성화고교 졸업자 전형(수시, 정시)

특성화고교 졸업자 전형은 특성화고등학교 출신 학생만 지원 가능한 특별 전형이다. 하지만 특성화고 출신자라고 무조건 지원 가능한 것이 아니다. 특성화고에서 배운 전공이 지원하는 대학의 학과와 학업적 연속성이 있다는 동일계열 인정을 받아야 지원 가능하다.

다음은 한경대학교의 2021 특성화고교 졸업자 전형 모집 요강의 일부분이다. 요강을 보면 한경대학교가 모집하는 모집 단위별 기준학과를 다녔거나 지정한 계열별 전문교과 과목을 30단위 이상 이수해야 지원할 수 있다. 특성화고 출신자 전형에 지원하기 위해서는 원하는 대학교의 학과에 자신이 지원 가능한지 자격 여부부터 확인해야 한다.

∨ 한경대학교 2021 특성화고교 졸업자 전형 지원 자격 (출처: 한경대학교 입시요강)

02 지원자격

특성화 고등학교의 전 교육과정을 이수한 자로서 모집단위별 기준학과에 해당되는 자

1. 위 모집단위별 기준학과에 해당하지 않을 경우 모집단위 지정계열별 전문교과 30단위 이상 이수자도 지원 가능

2. 종합고의 보통과, 인문계 고교 등에서 중도에 전학한 경우 및 마이스터고 출신자는 지원 자격 없음.

07. 모집 단위별 기준학과 및 동일계 인정 기준

모집 단위별 기준학과에 해당되는 자는 아래 표를 반드시 확인하시기 바람.

1. 한국대학교육협의회 특성화 고등학교 기준학과 정보 활용
2. 각 시·도교육청에서 지정한 고교별 교육과정 기준 학과명도 인정하며 관련 현황은
   본 대학 입학홈페이지 공지사항 참고.

모집단위명	출신고교 기준학과명	계열명
웰니스산업융합학부	식품가공과, 농산물유통정보과, 환경·관광농업과 디자인과, 섬유과, 식품공업과 의상과, 조리과 관광경영과 수산식품과	농업생명산업계열 공업계열 가사계열 상업계열 수산(해양)계열
식물자원조경학부	식물자원과, 동물자원과, 산림자원과, 조경과, 식품가공과, 농산물유통정보과, 환경·관광농업과, 생물공학기술과 건축과, 디자인과	농업생명산업계열 공업계열
동물생명융합학부	식품공업과 동물자원과	공업계열 농업생명산업계열
생명공학부	식물자원과, 산림자원과, 조경과, 농산물유통정보과, 환경·관광농업과, 생물공학기술과, 동물자원과	농업생명산업계열
건설환경공학부	기계과, 전자기계과, 자동차과, 조선과, 항공과, 금속재료과, 전기과, 전자과, 통신과, 컴퓨터응용과, 토목과, 건축과, 디자인과, 화학공업과, 환경공업과, 섬유과, 식품공업과 식물자원과, 산림자원과, 농업토목과, 농업기계과, 식품가공과, 환경·관광농업과 해양생산과, 자영수산과, 수산식품과, 해양환경과, 냉동공조과, 동력기계과, 항해과, 전자통신과, 해양정보과	공업계열 농업생명산업계열 수산(해양)계열

식품생명화학공학부	식품공업과, 화학공업과, 환경공업과, 섬유과	공업계열
	식품가공과, 농산물유통정보과	농업생명산업계열
	유통정보과	상업계열
	수산식품과	수산(해양)계열
	조리과	가사계열
컴퓨터응용수학부	통신과, 컴퓨터응용과, 컴퓨터게임과, 만화애니메 이션과, 영상제작과	공업계열
	경영정보과, 회계정보과, 무역정보과, 유통정보과, 금융정보과, 정보처리과, 콘텐츠개발과, 전자상거 래과	상업계열
	전자통신과, 해양정보과	수산(해양)계열
전자전기공학부	전자기계과, 전기과, 전자과, 통신과, 컴퓨터응용 과, 컴퓨터게임과	공업계열
	정보처리과	상업계열

특성화고교 졸업자 전형은 정시보다는 수시에서 더 많이 모집한다. 많은 대학이 대부분의 선발 인원을 수시에서 모집하고 이월된 극소수 인원만 정시에서 모집한다. 이 전형을 통해서 대학 진학을 노린다면 수시에서 승부를 보는 것이 좋다.

지원 자격에 큰 제한이 있을 뿐 전형 방법은 학생부 종합전형 또는 학생부 교과전형, 수능전형의 방식과 같다. 상위권 대학은 대부분 학생부 종합전형과 같은 방식으로 선발하며 중하위권 대학은 학생부 교과전형의 비율이 학생부 종합전형보다 높다. 상위권 대학은 수능 최저학력기준을 적용하기도 한다. 지원을 원한다면 각 학교의 요강을 일일이 체크하고 지원 자격과 모집 방법을 확인해야 한다.

특성화고교 졸업자 전형은 특성화고 학생끼리 경쟁하기 때문에 오히려 쉽다고 여기는 사람들이 있다. 하지만 모집 인원 자체가 너무 적기 때문에 결코 만만하지 않다. 일단 대학에 존재하는 모든 학과가 특성화고 출신을 선발하는 것이 아니다. 목표로 하는 대학이 자신이 특성화고에서 배운 동일계열 학생을 모집하지 않는다면 지원 자체가 불가능하다. 게다가 모집 인원도 과마다 보통 1~2명 정도로 아주 적다. 자신이 아무리 특성화고에서 성적이 좋다 해도 자신보다 성적이 좋은 경쟁자가 1명만 더 지원해도 탈락하게 된다. 2022 입시에서 TOP 11 대학의 특성화고 전형 모집 인원을 정리한 표를 보자.

∨ **TOP 11 대학, 2022 입시 특성화고 졸업자 전형 모집 인원 - 전형 계획 기준**

대학교	모집 인원	선발 시기
서울대	4	수시
연세대	24	정시
고려대	25	정시
서강대	9	정시
성균관대	23	수시
한양대	36	정시
중앙대	30	정시
경희대	70	수시
한국외대	0	-
서울시립대	25	수시
이화여대	25	정시
총계	271	-

TOP 11 대학에서 특성화고 졸업자 전형을 통해 모집하는 총 인원의 수가 271명뿐이다. 반면 전국의 특성화고 수는 2020 교육통계 기준으로 488개다. 특성화고 전교 1등도 TOP 11 대학에 들어가기 어렵다는 결론이 나온다. 즉 특성화고교 졸업자 전형으로 명문대에 진학하는 문은 바늘구멍만큼 좁다.

특성화고에서 내신 성적이 좋다고 자신의 학업 역량을 과신하고 입시 결과를 낙관하는 학생이라면 입시에서 좋은 결과를 얻기 어렵다. 특성화고에서 얻은 내신보다 수능 모의고사 성적이 자신의 실제 학업 능력과 더 가깝다는 사실을 명심해야 한다. 너무나 적은 선발인원과 그로 인한 높은 경쟁률로 말미암아 특성화고 졸업자 전형은 불합격 가능성을 염두에 두지 않을 수 없는 전형이다.

② 특성화고졸 재직자 전형

특성화고졸 재직자 전형은 특성화고 졸업 후 바로 진학하는 학생을 위한 전형이 아니다. 특성화고를 졸업하고 3년 이상 산업체에서 근무한 재직자를 위한 선취업 후진학 특별전형이다. 대학을 가겠다는 계획을 세운 학생이 이 전형으로 진학할 생각을 한다면 무의미하다. 일단 3년 동안 산업체에서 일해야 하는데 사회에 첫발을 내딛는 3년 사이에 가치관과 계획이 크게 바뀔 수 있다. 그래서 이 전형은 도입 의도와 다르게 특성화고를 졸업하고 직장생활을 하다가 공부를 해야겠다는 생각이 든 경우만을 위한 전형이 되어버렸다. 이 전형을 통해 대학 진학을 계획하고 있다면 섣부를 확률이 높다. 대학 진학을 생각한다면 이 전형은 없다고 생각하는 편이 낫다.

③ 수시 일반전형

학생부 교과전형의 경우 많은 대학이, 특히 상위권 대학은 대부분 특성화고 학생의 지원을 제한하고 있다. 특성화고와 일반고의 학업 수준 차이가 크기 때문에 같은 등급의 학생이라도 학업 능력 차이가 크기 때문이다. 예를 들어 일반고 3등급 학생의 학업 수준은 특성화고 3등급 학생보다 훨씬 높다. 그런데 학생부 교과전형은 학생부 내신등급을 그대로 평가에 반영하기 때문에 내신등급을 숫자 그대로 반영한다면 형평성에 어긋나는 부분이 있다. 그런 취지에서 많은 대학이 학생부 교과전형에서 특성화고 학생의 지원을 제한한다.

하지만 일부 대학교는 학생부 교과전형에 특성화고 학생의 지원을 허용하고 있다. 일반고 학생 입장에서는 억울할 수 있겠지만, 특성화고 학생에게는 아주 유리하다. 대학 진학을 원하는 특성화고 학생이라면 이런 대학을 찾아 지원하는 것은 좋은 전략이다. 그 대학에서 수능 최저학력기준을 적용한다면 그 기준만 맞추면 된다. 수능에 자신 없는 학생이라면 수능 최저학력기준을 적용하지 않는 대학에 지원하면 된다. 내신에서 큰 가산점을 받고 지원하는 셈이기 때문에 아주 좋은 결과를 기대해볼 수 있다.

일부 대학은 특성화고 학생의 지원은 허용하지만 내신 경쟁에서의 수월함을 고려해 약간의 불이익을 준다.

∨ 성결대학교 2022 학생부 반영법 (출처: 성결대학교 전형 계획)

3. 학교생활기록부 교과 성적 반영방법(수시, 정시 공통, 일반계 고교 기준)

모집단위	모집시기	반영학기	활용지표	반영과목 선택기준	반영 교과영역	비고
모든 학부 (과)	수시	3-1학기까지 (재수생 포함)	석차등급	학기별	국어, 수학, 영어, 사회/과학	1. 반영교과 영역별로 석차등급이 가장 우수한 과목을 선택하여 반영함(1학기-4과목) 2. 이수단위는 고려 안 함 3. 도덕/역사교과는 사회 교과에 포함됨 4. 교과별 반영과목이 없는 학기의 경우 직전 학기 동일 교과 과목의 석차등급을 반영함
	정시	3-2학기까지				

※ 특성화고교 출신자, 마이스터고교, 2년제 고교, 각종학교, 학력인정고교 출신자, 일반(종합)고 특성화과 정 이수자는 전 학년, 전 과목을 반영함.
※ 석차등급이 없는 과목은 제외함.

성결대학교의 학생부 반영법을 보면, 일반고 출신 학생은 학기별 4과목씩 총 20과목을 반영하지만, 특성화고 출신 학생은 보통교과 전 과목을 반영한 다. 하지만 그런 불이익을 받는다 해도 내신 경쟁이 수월해서 일반고 출신보 다 유리할 것이다.

특성화고 학생에게 학생부 교과전형은 지원이 가능하기만 하다면 자신의 학업능력에 비해 더 좋은 대학으로 입학이 가능한 전형이다. 단 지원 자격을 주는 학교가 많지 않으며 자격을 부여하는 학교가 매년 바뀐다. 각 대학교의 입시 담당 직원도 이 부분에 대해 잘 모르는 경우가 많아서 정보를 얻기가 어 렵다. 학생부 교과전형의 또 다른 장점은 특성화고에서 배운 전공과 상관없이 원하는 전공 지원이 가능하다는 것이다. 따라서 동일계열 학과만 지원이 가능한 특성화고교 졸업자 전형과 비교해 선택의 폭이 넓다.

학생부 종합전형의 경우 특성화고 출신 학생에게도 대부분 제약 없는 지원 자격이 주어진다. 하지만 유리한 전형은 아니다. 그 이유는 입학사정관의 입장에서 생각해보면 간단하다. 일반고 학생의 지원만으로도 경쟁률이 충분히 높은 상황에서 학업 능력을 신뢰할 수 없는 특성화고 출신 학생에게 좋은 평가를 주기가 어렵다. 대학에 들어와서 해야 할 공부를 따라갈 수 있을지에 대한 불안감도 있다. 학생부 비교과에서 커다란 장점을 가진 학생이라면 가능할 수도 있다. 하지만 특성화고는 입학사정관에게 인상을 남길 만한 교내 활동이 활성화돼 있지 않은 편이라 그것도 쉽지 않다.

논술전형은 상위권 대학에만 있는 전형이며 내신과 논술 성적을 반영한다. 특성화고 학생의 내신은 대부분 논술 성적에 맞추어 비교 내신을 적용한다. 일반고 학생과 똑같은 상황에서 경쟁하는 것이다. 불합격했을 때 대안이 없어서 추천하지 않으며 실제로 특성화고 학생 중에서 논술전형으로 대학 진학을 계획하는 학생은 거의 없다.

④ 정시 일반전형

수능전형은 일반고와 특성화고 학생이 모두 함께 치르는 수능이라는 전국 단위 시험의 결과로 지원자를 평가하기 때문에 특성화고 학생에게 유불리가 없다. 수능 100%로 학생을 선발하는 경우에는 일반고와 같은 조건에서 경쟁하게 된다. 내신을 반영하는 학교에서는 특성화고 학생이 지원할 경우 비교 내신을 적용하는 학교도 있고 내신을 그대로 적용하는 학교도 있다. 반영법은 제각각이지만 특성화고 출신이기 때문에 손해를 보는 경우는 드물다.

하지만 특성화고 학생은 고교 생활 동안 수능 공부를 할 수 있는 좋은 환경이 제공되지 않는다. 일반고 학생이 수능에 출제되는 교과를 배우는 동안 전문 교과를 배우며 취업을 권장하는 학교의 압박도 만만치 않다. 취업률이 학교의 실적과 연계돼 있어 담임선생님이 대학 진학을 원하는 학생까지 실습을 보내는 경우도 많다. 수능을 준비하기에 일반고 학생보다 훨씬 불리한 상황이다. 게다가 수시 비중이 70%가 넘는 현재 입시제도에서는 아무래도 정시보다 수시 위주로 준비하는 것이 유리하다.

대학 진학을 원하는 특성화고 학생의 입시 준비

대학 진학을 원하는 특성화고 학생이라면 모의고사 성적을 통해 현재 자신의 학업 수준에 대해 냉정하고 정확히 인지할 필요가 있다. 경쟁이 심하지 않은 특성화고에서 받은 내신 성적은 자신의 실력을 과신하게 만든다. 특성화고 최상위권 학생도 모의고사 성적으로는 인서울 대학 진학이 어려운 경우가 대부분이다. 모의고사 성적 확인을 통해 자신의 객관적 학업 능력을 인지하고 상황에 맞는 입시전략을 세워야 한다.

내신 관리와 수능 준비 중에서는 내신 관리에 중점을 두어야 유리하다. 대부분의 경우에서 수능전형을 준비하는 것보다 더 좋은 결과를 얻을 수 있다. 특성화고 졸업자 전형과 학생부 교과전형을 동시에 노릴 수 있는데, 두 전형 모두 자신의 학업 수준과 비교해 더 좋은 대학 진학이 가능하다. 특성화고 졸업자 전형으로 상위권 대학을 노리는 학생이라면 학생부 비교과 관리도 필수다. 물론 수능 최저학력기준이 적용되는 대학에 지원을 원한다면 그 최저 기준에 맞추기 위한 수능 준비도 필요하다.

내신 관리가 되지 않은 특성화고 고학년이라면 내신과 수능 중 선택을 해야 한다. 4년제 대학과 전문대학을 모두 염두에 두고 어느 쪽이 자신의 입시 결과에 더 도움이 될지 냉정하게 판단해야 한다. 고2의 경우라면 상황에 따라 다를 것이며 대부분의 고3은 수능을 선택하는 편이 더 나은 결과를 보인다. 수능 선택 시 4개 교과를 모두 반영하는 대학은 과감히 포기하고 3개 교과만 반영하는 대학만 목표로 한 뒤 남은 시간 동안 자신이 강한 과목을 선택해 집중적으로 공부해야 한다.

09

문·이과 선택을 되돌리고 싶은 학생들을 위한 교차지원 가이드

2015 개정 교육과정으로 인해 문·이과 통합시대가 시작되었다지만 실제 학생들은 이과 수학과 문과 수학 중 하나를 선택해야 하고, 사회나 과학 중 어떤 과목 위주로 수업을 들을 것인지 선택해야 하는 현실이다. 고등학교 교육 커리큘럼에 약간의 차이는 생겼지만 실제로 문·이과 구분은 여전히 존재하는 것이다.

문·이과 선택에 따라서 고등학교 때 배우는 커리큘럼이 달라진다. 그뿐 아니라 대학에 지원할 때와 전공을 선택할 때도 문·이과는 커다란 영향을 미친다. 대부분 학생이 고2 때 선택한 문·이과와 동일한 계열의 전공으로 진학한다. 문·이과 선택은 인생의 방향까지 영향을 주는 중요한 선택이다.

문·이과를 선택할 때는 자신의 적성, 꿈꾸는 미래 등에 대한 많은 고민이 필요한데 그 선택의 시기까지 고민이 끝나지 않는 경우가 많다. 하지만 일정 시점이 되면 문·이과 중 하나를 선택해야 한다. 진지하게 고민해보지 않은 학생도 마찬가지다. 그런 학생 중에서 선택한 문·이과를 바꾸고 싶은 경우가 많이 생긴다.

또 문·이과를 선택할 때 충분히 고민해보고 결정했다 해도 그 후에 선택을 바꾸고 싶은 학생도 많다. 고등학교 1학년이 끝난 시점에서 자신의 인생 방향을 완전히 잡는다는 것은 쉬운 일이 아니다. 그런데 선택해야 하는 시기는 정해져 있고, 문·이과 선택은 필수다. 그렇다 보니 이미 선택한 문·이과를 바꾸고 싶은 학생이 많이 생길 수밖에 없다.

그중 가장 흔히 볼 수 있는 경우가 수학에 자신이 없다는 이유로 문과를 선택한 학생들이다. 이과에서는 수학이 가장 중요한 과목인데 자신이 없다며 문과를 선택하는 학생이 상당히 많다. 수학을 피해 일단 문과를 선택했지만 적성도 대학에서 배우고 싶은 전공도 모두 이과 쪽인 학생들이 많다. 또 반대로 문과에 적합한 적성을 가지고 있고 이과에서 가장 중요한 과목인 수학에 재능이 없는 학생들 중에서 이과로 가야 취직이 잘된다는 사회적 분위기 때문에 이과를 선택하는 학생도 많다.

고등학교 과정 내에서 문·이과 전환이 자유롭다면 다행이지만 여러 상황이 맞아떨어져야만 해서 쉽지 않다. 그렇다고 대학에 지원할 때까지 고등학교 때 선택한 문·이과를 따라가야만 하는 것은 아니다. 이때 필요한 것이 교차지원이다. 교차지원을 통해 고2 때 선택한 문·이과와 다른 계열의 전공으로 대학에 진학할 수 있다. 교차지원에 대해 알아보자.

교차지원 가능 여부부터 확인하라

대부분 학생과 학부모들이 교차지원이 가능한 대학이 많지 않다고 생각한다. 하지만 그것은 상위권 입시에만 해당하는 이야기다. 상위권 입시에서는 교차지원이 불가능한 대학교가 많다. 입시에 대한 관심과 정보가 상위권 대학 위주로만 쏠려 있어 교차지원 가능성 여부에 대해 잘못 알고 있는 경우가 많다. 중하위권 입시에서는 상위권과 달리 대부분 대학에 교차지원이 가능하다.

단, 교차지원 자체는 가능하지만 평가에 불이익이 있는 경우가 있다. 대학이 지원자를 평가할 때 교차지원자의 성적을 어떻게 반영하는지 잘 확인해야 한다. 대학마다 교차지원자의 성적 반영 방법이 다르니 입시요강을 잘 분석하고 자신의 상황과 비교해 유리한 학교에 지원해야 한다. 입시전형별로 교차지원자의 성적이 어떤 식으로 반영되는지 살펴보자.

① 학생부 교과전형의 교차지원

상위권 입시의 학생부 교과전형은 교차지원이 제한된 학교가 많다. 제한할 때는 주로 수능최저학력기준을 이용한다. 수능 최저학력기준에 활용할 수 있는 수능 영역을 지원하는 계열에 맞추어 제한하는 방법이다.

∨ 홍익대학교(서울) 2022 학생부 교과전형 수능 최저학력기준

(출처: 홍익대학교 전형 계획)

캠퍼스	모집계열/모집단위	수능최저학력기준	
서울	인문계열/예술학과/ 캠퍼스자율전공(인문·예능)	국어, 수학, 영어, 탐구(사탐/과탐) 영역 중 3개 영역 등급 합 7 이내	한국사 4등급 이내
	자연계열/ 캠퍼스자율전공(자연·예능)	국어, 수학(미적분/기하), 영어, 과탐(과학) 영역 중 3개 영역 등급 합 8 이내	

※ 각 모집계열/모집단위별 수능최저학력기준에 제시된 4가지 영역[국어, 수학, 영어, 탐구(2과목)] 및 한국사를 모두 응시해야 함

※ 탐구영역의 경우 최상위 1과목 등급을 반영함

홍익대학교 서울캠퍼스의 수능 최저학력기준을 보면 모집 단위별로 수능의 필수 응시영역이 지정돼 있다. 수능 응시영역을 다르게 선택한 학생은 아예 지원조차 할 수 없다. 수학에서 확률과 통계를 선택해 응시했거나 사탐을 응시한 학생은 수능 응시영역을 바꾸지 않는 이상 자연계열로의 교차지원이 완전히 제한된다. 요즘 상위권 대학은 이과 학생의 문과 지원은 대부분 허용하지만 문과 학생의 이과 지원은 허용하지 않는 경우가 많다. 이과에 우수한 학생들이 많이 몰리는 경향 때문으로 보인다.

이런 식으로 수능 응시영역이 지정돼 있지 않다 해도 수능 최저학력기준에 수학이 미적분/기하로 지정돼 있거나 과탐 또는 사탐이 지정돼 있다면 교차지원은 어려울 수 있다. 자신이 지원하려는 대학의 교차지원 가능 여부를 확인하려면 요강의 수능 최저학력기준을 살펴보면 된다.

중하위권 입시에서는 학생부 교과전형에 수능 최저학력기준이 설정돼 있지 않은 대학이 많다. 그런 대학은 대부분 교차지원이 허용된다. 수능 최저학

력기준을 적용한다고 해도 교차지원이 허용되는 대학이 많다.

∨ 한경대학교 2022 학생부 교과전형 수능 최저학력기준

(출처: 한경대학교 전형 계획)

02 최저학력기준(수시 일반전형 해당)

모집단위	최저학력기준
농업생명과학대학 (경영학과 포함)	대학수학능력시험 4개 영역 중 성적우수 2개 영역 등급의 합이 8등급 이내 * 4개영역 중 2개
공과대학(주간) 및 자연과학대학	대학수학능력시험 수학영역 등급과 그 외 3개 영역 중 성적우수 1개 영역 등급의 합이 8등급 이내 * 수학+3개영역 중 1개
인문사회과학대학	대학수학능력시험 국어영역 및 영어영역 중 성적우수 1개 영역 등급과 그 외 영역 중 성적우수 1개 영역 등급의 합이 8등급 이내 * 국어 또는 영어+수학 또는 탐구
공과대학(야간)	대학수학능력시험 수학영역 등급과 그 외 3개 영역 중 성적우수 1개 영역 등급의 합이 9등급 이내 * 수학+3개영역 중 1개

※ 1. 국어, 수학, 영어, 탐구영역에 한하여 최저학력기준을 적용함
　2. 수학 미적분 또는 기하 응시자는 취득 등급에 1등급을 감산[(예시) 4등급 → 3등급으로 계산]하여 최저학력 기준을 적용함(법경영학부, 인문융합공공인재학부 지원자 제외)
　3. 탐구영역은 사회탐구 및 과학탐구 중 성적우수 1개 영역을 반영함(직업탐구 미반영)
　4. 한국사는 필수 응시

　한경대학교의 수능 최저학력기준을 보면 수학을 선택과목과 상관없이 모두가 지원할 수 있다. 문과 학생과 이과 학생 구분 없이 지원 가능한 것이다. 중하위권 입시에서는 수능 최저학력기준을 적용하는 학교도 대부분 교차지원이 가능하다. 그럼 교차지원을 할 경우 내신 성적이 어떻게 반영되는지 알아보자.

∨ 한경대학교 2022 학생부 반영법 (출처: 한경대학교 전형 계획)

모집단위	반영교과	학년별 성적 반영 비율(100%)		
		1학년	2학년	3학년
전 모집단위	전 교과	구분 없음		

※ 1. 교과별 과목 반영: 교과별 전 과목 반영(등급 및 성취도 반영)
   2. 학생부 성적은 3학년 2학기까지 반영하되, 수시모집 지원자 중 2022년 2월 졸업 예정자는 3학년 1학기 성적까지 반영함

    인문계열과 자연계열 모두 이수한 전 과목을 반영한다. 인문계열과 자연계열의 학생부 반영 방법이 같다. 수학의 경우 문과 수학이 이과보다 경쟁이 덜하지만 문과에서 얻은 등급을 그대로 인정한다. 문과는 과학보다 사회를 많이 배울 것이고 이과는 반대일 것이다. 하지만 한경대학교 학생부 교과전형에서는 어느 교과의 수업을 많이 이수했는지 여부와 상관 없이 배운 과목의 등급만 반영한다. 교차지원으로 인한 불이익은 전혀 없다. 인문계열과 자연계열의 학생부 반영 방법이 다른 대학도 마찬가지다. 강남대학교의 학생부 반영 방법을 살펴보자.

∨ 강남대학교 2022 학생부 반영법 (출처: 강남대학교 전형 계획)

계열	반영교과 상세 및 반영방법
인문·사회계	• 전학년 국어, 수학, 영어, 사회(역사/도덕포함)교과 전 과목 반영(등급과 이수단위 적용) • 졸업예정자는 3-1학기까지, 졸업자는 전학년 반영 • 석차등급이 9등급제로 표시되지 않는 과목은 반영하지 않음
자연계	• 전학년 국어, 수학, 영어, 과학교과 전 과목 반영(등급과 이수단위 적용) • 졸업예정자는 3-1학기까지, 졸업자는 전학년 반영 • 석차등급이 9등급제로 표시되지 않는 과목은 반영하지 않음

인문계열과 자연계열의 학생부 반영 방식이 다르다. 자연계열에 지원하고 싶은 문과 학생이라면 '나는 문과라서 과학 수업을 많이 듣지 않았는데 지원이 가능할까?'라는 의문이 들 수 있을 것이다. 하지만 전혀 그렇지 않다. 문과 학생이라도 일정 이상의 과학 수업은 필수로 듣는다. 이과 위주로 공부한 학생보다 과학을 적게 배운 것은 사실이지만 그래도 과학을 배웠고 1~9등급의 성적을 받았다. 그 과학 성적을 활용해서 대학이 학생을 선발한다. 문이과 교차지원에서 불리한 점은 전혀 없다.

② 학생부 종합전형의 교차지원

학생부 종합전형은 대부분 대학이 교차지원을 허용한다. 지원 자격에 문·이과 출신의 제한을 두는 대학은 거의 없다. 하지만 교차지원을 하면 눈에 보이지 않는 불리함이 있다는 점을 명심해야 한다. 교차지원의 표면적 불이익은 없지만 실질적 불이익은 있을 수 있다.

학생부 종합전형은 입학사정관의 평가를 통해 선발하는 전형이다. 지원하는 전공에 대한 일관된 관심과 가능성을 보여주어야 하는데 교차지원 응시자는 일관성이 부족해 보일 수밖에 없다. 또한 입학사정관이 관심을 두고 자세히 보고 싶은 과목에 대한 학생부 기재 내용이 많지 않다. 교차지원을 한 이유와 지원 전공에 대한 관심 등을 설득력 있게 보여주기 어렵다. 입학사정관 입장에서는 좋은 평가를 해주기 쉽지 않다. 입학사정관의 평가가 곧 학생의 점수가 되는 학생부 종합전형에서 교차지원 응시자는 불리하다.

문과 학생이 이과 전공으로 교차지원할 때는 반대의 경우보다 더 불리하다. 우수한 학생들이 이과로 몰려 이과의 내신 경쟁이 심화되면서 같은 내신이라도 이과에서 받은 내신을 더 우수하게 받아들이는 경향이 있다. 또한 수학을 가장 중요하게 보는 이과에서 학생을 선발할 때 문과 출신 학생에게 좋은 점수를 주기도 어렵다. 학생부 종합전형으로 교차지원을 원한다면 이런 불리함을 만회하기 위한 많은 노력이 필요하다.

③ 논술전형의 교차지원

논술이 주요 평가요소인 논술전형의 경우는 상위권 입시의 주요 전형이다. 수능 최저학력기준을 적용하는 학교가 많다. 만약 수능 최저학력기준을 적용하지 않는다면 교차지원의 제한은 없다고 보면 된다.

④ 수능전형의 교차지원

수능전형은 수능 성적 위주로 학생을 선발하는 전형이다. 상위권 대학은 대부분 교차지원이 제한된다. 교차지원 제한 여부는 요강의 수능 반영법을 확인해보면 알 수 있다.

∨ 홍익대학교 서울캠퍼스 2022 수능반영 방법 (출처: 홍익대학교 전형 계획)

모집계열/ 모집단위	모집군	수능영역별 반영비율						
		국어	수학			탐구		영어
			미적분	기하	확률과통계	사회	과학	
인문계열/ 캠퍼스자율전공 (인문·예능)	㉰군	30%	30%			25%		15%
자연계열/ 캠퍼스자율전공 (자연·예능)		20%	35%		-	-	30%	15%

인문계열은 수학과 탐구의 지정과목이 없다. 이과 학생도 자유롭게 인문계열 지원이 가능하다. 하지만 자연계열은 수학(미적분/기하)과 과탐을 필수 응시영역으로 지정하고 있다. 고등학교에서 선택했던 문·이과는 중요하지 않다. 오로지 수능 응시영역만으로 지원 자격을 제한한다. 이렇게 대부분의 상위권 대학은 수능에서 반영되지 않는 영역을 응시한 학생에게 교차지원을 허락하지 않는다. 이번에는 중하위권 대학의 수능 반영법을 살펴보자.

∨ 안양대학교 2022 수능 반영법

(출처: 안양대학교 전형 계획)

모집 단위 (계열)	점수 활용 지표	수능시험 영역별 반영비율(100%)					한국사	가산점
		국어	수학	영어	사회/과학/직업 탐구영역			
					사회/과학/ 직업	반영방법		
인문· 사회· 예능계열	백분위	● 40	-	● 30	● 30	사회/과학/직업 최고점 1과목 반영	필수 응시	-
자연계열	백분위	-	● 40	● 30	● 30	사회/과학/직업 최고점 1과목 반영	필수 응시	미적분, 기하 선택 시 10%

안양대학교는 수학이나 탐구 응시과목에 상관없이 수능에 응시한 모든 학생이 어떤 계열이든 지원 가능하다. 대신 자연계열에 지원할 경우 난이도가 높고 경쟁이 더 치열한 이과 수학인 미적분/기하 응시자에게는 가산점을 부여한다. 안양대의 경우는 미적분/기하 가산점이 10%인데, 미적분/기하 가산점은 없는 대학부터 25%를 부여하는 대학까지 그 폭이 다양하다.

수능전형으로 교차지원을 할 때는 목표로 하는 대학의 요강을 분석하고 지원 가능 여부와 가산점을 잘 확인해야 한다. 교차지원을 생각하는 학생이라면 이런 입시정보 활용이 수능 점수 향상과 같은 효과를 불러오기 때문에 충분한 입시정보를 얻기 위해 노력을 아끼지 말아야 한다.

⑤ 전문대 교차지원

4년제 대학의 교차지원은 교차지원 가능 여부 확인과 가산점으로 인한 불이익 등을 꼼꼼히 살펴보아야 한다. 하지만 전문대는 모집할 때 아예 문·이과의 구분조차 두지 않는 경우가 대부분이라 교차지원이 완전히 자유롭다.

전문대 수시모집은 대부분 학생부 교과전형이다. 하지만 학생부 반영법은 4년제와 다르다. 4년제는 계열에 따라서 인문계열은 '국어, 수학, 영어, 사회' 중심으로, 자연계열은 '국어, 수학, 영어, 과학' 중심으로 학생부를 반영한다. 하지만 전문대는 주요 과목이 아니라 전 과목을 반영한다.

∨ 인하공전 2022 수시 학생부 반영 방법   (출처: 인하공전 전형 계획)

모집 시기	반영 과목 수	학년별 반영 비율(100%)						
		학년공통	공통비율	1학년		2학년		3학년
				1학기	2학기	1학기	2학기	
수시	전 과목	학년별 비율지정		20	20	20	20	20
	전 과목	학년별 비율지정		20	20	20	20	20

인하공전의 수시모집 학생부 반영법을 보면, 주요 과목이 아니라 전 과목을 반영하고 있다. 평가에 문·이과는 어떠한 영향도 주지 않는다. 수능 최저학력기준을 적용하는 대학도 소수이며 적용한다 해도 교차지원에 제한이 없다. 전문대 정시모집 역시 교차지원이 자유롭다.

∨ 서일대학교 2022 수능 반영 방법

(출처: 서일대학교 전형 계획)

일반전형 전체학과

모집 시기	점수 활용 지표	반영 영역 수	국어	영어	수학	한국사	탐구영역 사회/과학/직업	제2 외국어/ 한문	비고 (세부 반영법)
정시	백분위	3		66.6		가산점	33.3	–	• 당해 연도 수능성적만 반영함 • 국어, 영어, 수학 중 최우수 2개 영역 백분위와 탐구영역 최우수 1과목 백분위 반영함.

서일대학교는 수능을 어떤 영역으로 응시하더라도 지원이 가능하며 수학이나 탐구의 가산점도 없다. 게다가 반영 영역도 지정돼 있지 않아 교차지원이 완전히 자유롭다. 극히 일부 대학을 제외한 대부분 전문대가 이렇게 교차지원이 자유롭다.

현명한 선택이 필요한 교차지원

상위권 입시에서는 교차지원이 쉽지 않다. 문·이과 선택을 할 때 신중히 고민하고 결정해야 한다. 불가피하게 교차지원을 해야 하는 상황이라면 엄청난 불이익을 감수해야 한다. 대학에 들어간 후 전과를 하는 것이 차라리 더 나을 수 있다.

중하위권 입시에서는 교차지원의 문이 넓게 열려 있다. 고등학교에서의 문·이과 선택은 되돌릴 수 없다 해도 교차지원에 대한 입시정보를 잘 활용하면 적성에 맞는 전공으로 진학 가능하다. 목표 대학이 있다면 교차지원 가능 여부와 지원 시 불이익을 우선 확인해야 한다. 그리고 자신의 상황에 맞춰 유불리를 따져본다면 입시에 큰 도움이 될 것이다.

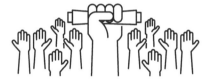

나가는 글

모든 수험생과 학부모가 입시에 대한 부담감을 느낄 것이다. 대한민국에서 입시가 가지는 무게가 그만큼 무겁기 때문이다. 복잡한 입시제도에서 좋은 결과를 얻기 위해서는 열심히 공부하는 것만으로는 부족하다. 노력뿐 아니라 상황에 맞는 입시전략까지 있어야 한다.

입시전략에 대한 부담감을 덜어주기 위해 복잡한 입시를 최대한 쉽게 설명하고자 노력했다. 다양한 성적대의 학생들을 위한 정보를 책에 담다보니 분량이 만만치 않다. 기존의 입시전략 서적들이 모두 상위권 정보만 다루고 있어 중하위권 학생들을 위해 특별히 더 신경 썼다. 이 책을 읽은 독자라면 1등부터 꼴찌까지 어떤 성적대의 학생이라도 자신의 상황에 맞는 입시전략을 세울 수 있을 것이라 믿는다.

전략이 세워졌다면 이제 최선을 다하면 된다. 어떤 방향으로 달려야 할지 고민은 끝났으니 열심히 달리기만 하면 된다. 최선을 다한 모든 수험생들 그리고 입시를 함께 준비하는 학부모님들이 좋은 결실을 맺기를 바란다.

2021년 1월

김기석

부록

대한민국
전국 대학
목록

∨ 전국 4년제 대학 목록

※ 짙은 파란색 바탕이 있는 학교는 맵스터디 분류 기준의 상위권 대학입니다.

가톨릭대	서울	세종대	서울	명지대(용인)	경기	인천가톨릭대	인천
감리교신학대	서울	숙명여대	서울	서울신학대	경기	인천대	인천
건국대(서울)	서울	숭실대	서울	서울장신대	경기	인하대	인천
경희대	서울	연세대(서울)	서울	성결대	경기	청운대(인천)	인천
고려대(서울)	서울	이화여대	서울	수원가톨릭대	경기	대전대	대전
광운대	서울	장신대	서울	수원대	경기	대전신학대	대전
국민대	서울	중앙대	서울	신경대	경기	목원대	대전
덕성여대	서울	총신대	서울	신한대	경기	배재대	대전
동국대(서울)	서울	추계예술대	서울	아세아연합신학대	경기	우송대	대전
동덕여대	서울	한국성서대	서울	아주대	경기	을지대(대전)	대전
명지대	서울	한국외대(서울)	서울	안양대	경기	충남대	대전
삼육대	서울	한국체육대	서울	용인대	경기	침례신학대	대전
상명대(서울)	서울	한성대	서울	을지대(성남, 의정부)	경기	한남대	대전
서강대	서울	한양대(서울)	서울	중부대(고양)	경기	한밭대	대전
서경대	서울	홍익대(서울)	서울	차의과학대	경기	건양대	충남
서울과기대	서울	KC대	서울	칼빈대	경기	고려대(세종)	충남
서울교대	서울	가천대	경기	평택대	경기	공주교대	충남
서울기독대	서울	강남대	경기	한경대	경기	공주대	충남
서울대	서울	경기대	경기	한국산업기술대	경기	금강대	충남
서울시립대	서울	경동대(양주)	경기	한국외대(글로벌)	경기	나사렛대	충남
서울여대	서울	경인교대	경기	한국항공대	경기	남서울대	충남
서울한영대	서울	단국대(죽전)	경기	한세대	경기	단국대(천안)	충남
성공회대	서울	대진대	경기	한신대	경기	대전가톨릭대	충남
성균관대	서울	동양대(북서울)	경기	한양대(에리카)	경기	백석대	충남
성신여대	서울	루터대	경기	협성대	경기	상명대(천안)	충남

선문대	충남	충북대	충북	세한대	전남	고신대	부산
세한대(당진)	충남	한국교원대	충북	순천대	전남	동명대	부산
순천향대	충남	한국교통대	충북	영산선학대	전남	동서대	부산
중부대	충남	군산대	전북	전남대(여수)	전남	동아대	부산
청운대	충남	예수대	전북	초당대	전남	동의대	부산
한국기술교육대	충남	예원예술대	전북	한려대	전남	부경대	부산
한서대	충남	우석대	전북	경북대	대구	부산가톨릭대	부산
호서대	충남	원광대	전북	계명대	대구	부산교대	부산
홍익대(세종)	충남	전북대	전북	대구교대	대구	부산대	부산
가톨릭관동대	강원	전주교대	전북	경운대	경북	부산외국어대	부산
강릉원주대	강원	전주대	전북	경일대	경북	신라대	부산
강원대(삼척,도계)	강원	한일장신대	전북	경주대	경북	영산대(부산)	부산
강원대(춘천)	강원	호원대	전북	금오공대	경북	한국해양대	부산
경동대	강원	광신대	광주	김천대	경북	울산대	울산
상지대	강원	광주교대	광주	대구가톨릭대	경북	가야대	경남
연세대(미래)	강원	광주대	광주	대구대	경북	경남과학기술대	경남
춘천교대	강원	광주여대	광주	대구예술대	경북	경남대	경남
한라대	강원	남부대	광주	대구한의대	경북	경상대	경남
한림대	강원	송원대	광주	대신대	경북	부산장신대	경남
건국대(글로컬)	충북	전남대(광주)	광주	동국대(경주)	경북	영산대(양산)	경남
극동대	충북	조선대	광주	동양대	경북	인제대	경남
꽃동네대	충북	호남대	광주	안동대	경북	진주교대	경남
서원대	충북	호남신학대	광주	영남대	경북	창신대	경남
세명대	충북	광주가톨릭대	전남	영남신학대	경북	창원대	경남
유원대	충북	동신대	전남	위덕대	경북	한국국제대	경남
중원대	충북	목포가톨릭대	전남	포항공대	경북	제주국제대	제주
청주교대	충북	목포대	전남	한동대	경북	제주대	제주
청주대	충북	목포해양대	전남	경성대	부산		

∨ 전국 전문대학 목록

국제예술대	서울	부천대	경기	우송정보대	대전	전북과학대	전북
동양미래대	서울	서영대(파주)	경기	백석문화대	충남	전주기전대	전북
명지전문대	서울	서울예술대	경기	신성대	충남	전주비전대	전북
배화여대	서울	서정대	경기	아주자동차대	충남	한국농수산대	전북
백석예술대	서울	수원과학대	경기	연암대	충남	광주보건대	광주
삼육보건대	서울	수원여대	경기	충남도립대	충남	기독간호대	광주
서울여자간호대	서울	신구대	경기	한국영상대	충남	동강대	광주
서일대	서울	신안산대	경기	혜전대	충남	서영대(광주)	광주
숭의여대	서울	안산대	경기	강동대	충북	조선간호대	광주
인덕대	서울	여주대	경기	대원대	충북	조선이공대	광주
정화예술대	서울	연성대	경기	충북도립대	충북	고구려대	전남
한양여대	서울	오산대	경기	충북보건과학대	충북	광양보건대	전남
경기과학기술대	경기	용인송담대	경기	충청대	충북	동아보건대	전남
경민대	경기	웅지세무대	경기	강릉영동대	강원	목포과학대	전남
경복대	경기	유한대	경기	강원관광대	강원	순천제일대	전남
계원예술대	경기	장안대	경기	강원도립대	강원	전남과학대	전남
국제대	경기	청강문화산업대	경기	세경대	강원	전남도립대	전남
김포대	경기	한국관광대	경기	송곡대	강원	청암대	전남
농협대	경기	한국복지대	경기	송호대	강원	한영대	전남
대림대	경기	경인여대	인천	한국골프대	강원	계명문화대	대구
동남보건대	경기	인천재능대	인천	한림성심대	강원	대구공업대	대구
동서울대	경기	인하공전	인천	군산간호대	전북	대구과학대	대구
동아방송예술대	경기	대덕대	대전	군장대	전북	대구보건대	대구
동원대	경기	대전과학기술대	대전	백제예술대	전북	수성대	대구
두원공과대	경기	대전보건대	대전	원광보건대	전북	영남이공대	대구

영진전문대	대구	선린대	경북	부산경상대	부산	동원과학기술대	경남
가톨릭상지대	경북	성운대	경북	부산과학기술대	부산	마산대	경남
경북과학대	경북	안동과학대	경북	부산여대	부산	연암공대	경남
경북도립대	경북	영남외국어대	경북	부산예술대	부산	진주보건대	경남
경북보건대	경북	포항대	경북	울산과학대	울산	창원문성대	경남
경북전문대	경북	호산대	경북	춘해보건대	울산	한국승강기대	경남
구미대	경북	경남정보대	부산	거제대	경남	제주관광대	제주
대경대	경북	대동대	부산	경남도립거창대	경남	제주한라대	제주
문경대	경북	동의과학대	부산	경남도립남해대	경남		
서라벌대	경북	동주대	부산	김해대	경남